吉金文库

发现从前的中国

上古中国的神

先秦时期的彼岸世界

晁福林 著

新星出版社

图书在版编目（CIP）数据

上古中国的神：先秦时期的彼岸世界 / 晁福林著.
北京：新星出版社, 2025.8. -- ISBN 978-7-5133-6102-6
Ⅰ. B933
中国国家版本馆 CIP 数据核字第 2025MB7639 号

吉金文库

上古中国的神：先秦时期的彼岸世界

晁福林　著

责任编辑	孙立英
责任校对	刘　义
责任印制	李珊珊
装帧设计	冷暖儿

出 版 人	马汝军
出版发行	新星出版社
	（北京市西城区车公庄大街丙 3 号楼 8001　100044）
网　　址	www.newstarpress.com
法律顾问	北京市岳成律师事务所
印　　刷	北京美图印务有限公司
开　　本	660mm×970mm　1/16
印　　张	24.25
字　　数	318 千字
版　　次	2025 年 8 月第 1 版　　2025 年 8 月第 1 次印刷
书　　号	ISBN 978-7-5133-6102-6
定　　价	88.00 元

版权专有，侵权必究。如有印装错误，请与出版社联系。
总机：010-88310888　传真：010-65270449　销售中心：010-88310811

神人纹玉琮局部：神人兽面像，新石器时代，浙江余杭反山出土
（浙江省博物馆藏）

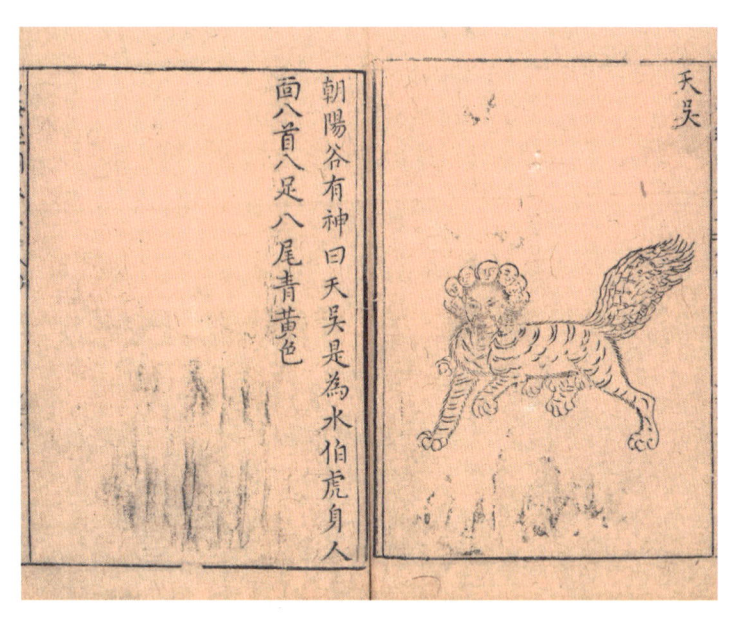

天吴
(《新刻山海经图》，明胡文焕编刻，格致丛书本)

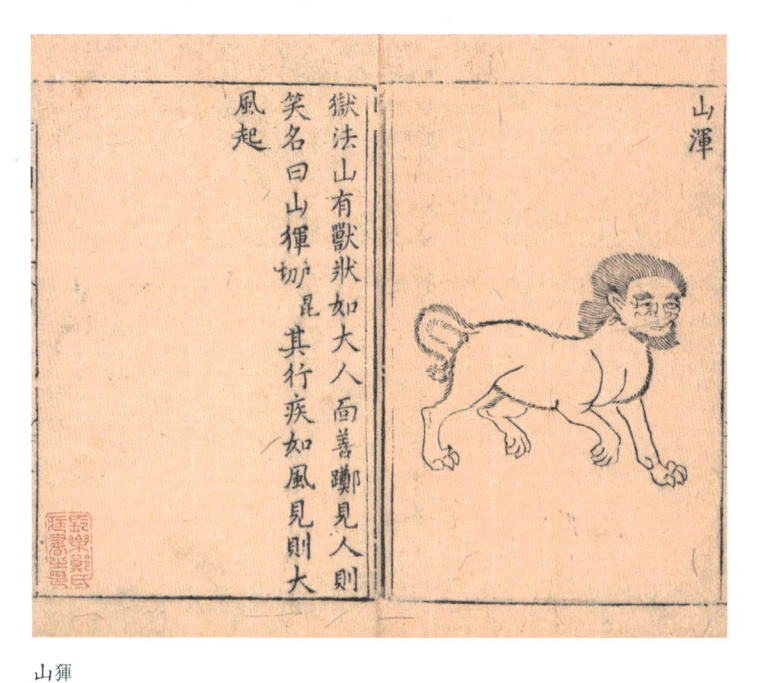

山㺄
(《新刻山海经图》，明胡文焕编刻，格致丛书本)

▶ 广西左江花山岩画
(《左江花山岩画文化景观》，广西科学技术出版社，2017年，第30—32页)

卜骨，商晚期，河南安阳殷墟出土
（中国国家博物馆藏）

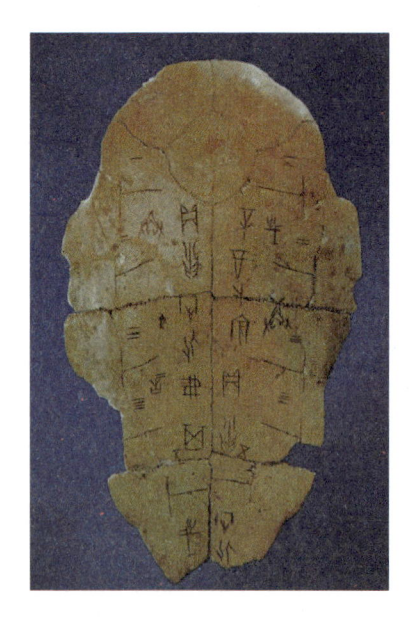

卜甲，商，河南安阳殷墟出土
（殷墟博物馆藏）

玉羽人，商，江西新干大洋洲出土
（江西省博物馆藏）

青铜人面龙纹盉,商晚期,传河南安阳殷墟出土
(美国弗利尔美术馆藏)

人面纹铜方鼎,商周时期,湖南宁乡出土
(湖南博物馆藏)

戴金面罩人头像，商，四川广汉出土
（三星堆博物馆藏）

三星堆青铜人像，商，四川广汉出土
（三星堆博物馆藏）

三星堆青铜神树，商，四川广汉出土
（三星堆博物馆藏）

▲青铜史墙盘，西周，陕西扶风庄白村出土
（周原博物院藏）

▼史墙盘铭文

▲青铜胡簋,西周晚期,陕西扶风齐家村出土
(宝鸡青铜器博物院藏)

▼胡簋铭文

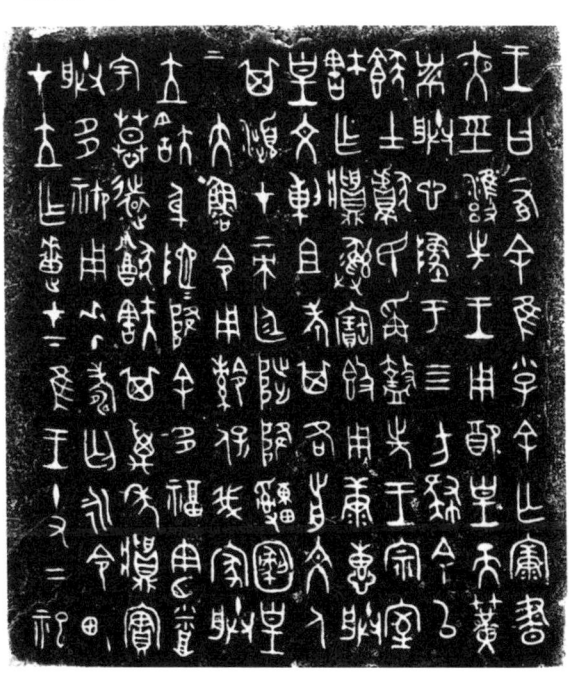

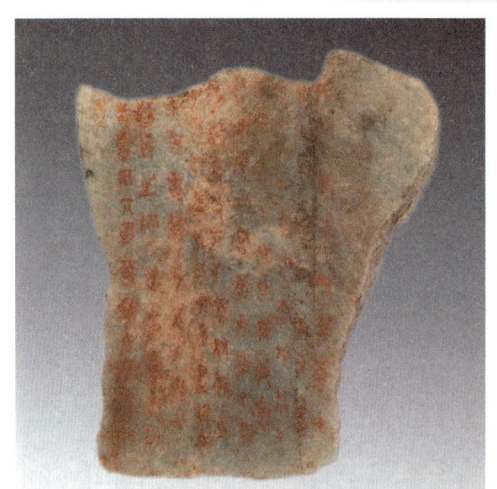

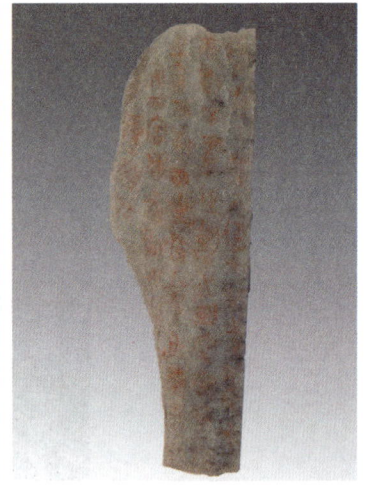

侯马盟书，春秋晚期，山西侯马秦村出土
（山西博物院藏）

帛画人物御龙图,战国中晚期,湖南长沙子弹库一号墓出土
(湖南博物院藏)

错银铜双翼神兽，战国，河北平山中山王墓出土（河北博物院藏）

前　言

从很早的时候开始，人们就喜欢在河岸边冥思苦想。《论语》载孔子站在河岸看着逝去的流水，感叹道："逝者如斯夫，不舍昼夜！"[1]他慨叹时光流逝，去而不返。后来的庄子站在秋水浩荡的河岸观望对岸，说道："两涘渚崖之间，不辩牛马。"[2]他没有关注流逝之水，而是慨叹彼岸之远而模糊不清。一般来说，彼岸即指河湖江海之对岸。在佛教用语里则指一种超脱生死的境界，与"涅槃"相近，指脱离尘世烦恼，修成正果之处。如唐白居易诗云"闻君登彼岸，舍筏复何如"[3]，僧皎然诗云"脱身投彼岸，吊影念生涯"[4]等，"彼岸"皆指脱离尘世的境界。彼岸世界不仅是人们死后的世界，而且是极远的人不能至的所在，说它是渺茫的诗与远方，亦不为过。

在人们的印象里，彼岸世界多指一种虚拟的想象中的世界，这个世界是人迹不可至的极遥远处所，也指人们死后的世界，后来的"天堂""地狱"之类的概念与此颇有关系。中国上古时代，在很长的时段

---

[1]《论语·子罕》。
[2]《庄子·秋水》，郭庆藩：《庄子集释》卷六下，中华书局，1961年，第561页。
[3]《和李澧州题韦开州经藏诗》，《全唐诗》卷四四一。
[4]《早春书怀寄李少府仲宣》，《全唐诗》卷八一六。

里，神与鬼原本是不分的。人死为鬼，先祖既是鬼，又是神。到了春秋战国时期，在人们的观念里，"鬼"的地位下降，"神"的地位上升，两者才趋于分离。在以后的观念中，神所居在天上，鬼则居于荒郊野外或某个偏僻之处。然而他们皆生活居住于彼岸世界。先秦时期的人们认为上天是彼岸世界一个伟大所在，神异之人可登天梯而上达于天。据说昆仑山和高大无比的树木皆有天梯的功能。《山海经》谓有十名神巫皆可"从此升降"[1]，《诗经》谓"文王陟降，在帝左右"[2]，可见著名的周文王是可以陟降于天地之间的。《山海经》一书所记不少神奇的国度，神人和奇异怪物甚多，它们皆生活在人们所虚拟的彼岸世界里。

听研究西方哲学的专家说，古希腊大哲学家柏拉图有著名的哲学三问，即我是谁？我从哪里来？我要到哪里去？解答前两个问题已是非常麻烦，第三个问题则更难回答。包括"我"在内的人们要到哪里去呢？当然在此岸世界里。要去生活，要去奋斗，然而所有人最终必然要到彼岸世界里去，正如司马迁所说："人固有一死，死有重于太（泰）山，或轻于鸿毛。"[3]他看出了人从此岸到彼岸世界跨越的价值与意义，提出了为伟大事业奋斗的思想。人在此岸世界为伟大事业而奋斗，死而无憾。那么，死后呢？表面看来可以得到长眠安息，但在虚拟的彼岸世界里，人不仅可以过日子，而且还可以完成在此岸世界未竟的事情。《牡丹亭》剧里的杜丽娘与梦中情人幽媾于牡丹亭畔、芍药栏边。她死而复生，经过奋斗与有情人终成眷属。《李慧娘》剧里的李慧娘在冤死后还魂，救出她喜欢的裴公子，并怒斥奸相贾似道。虚拟的彼岸世界在传说中，与此岸世界似乎只一线之隔，桥若不能过，还会有喜鹊帮忙搭一座桥让牛郎与织女相会。彼岸世界的神仙羡慕此岸世界的繁华，也可以到此岸

---

1 《山海经·大荒西经》，袁珂：《山海经校注》，上海古籍出版社，1980年，第397页。
2 《诗经·大雅·文王》，阮元校刻《十三经注疏·毛诗正义》卷十六，中华书局，1980年，第504页上栏。
3 班固：《汉书》卷六十二《司马迁传》，中华书局，1962年，第2732页。

世界来体验生活，七仙女和修炼成仙的白蛇的故事就是两个最典型的例子。就是普通人，也可以看见在彼岸世界的亲人，苏轼梦见逝去十年的妻子，见她在"小轩窗"旁，"正梳妆，相顾无言，惟有泪千行"(《江城子》)。《聊斋》一书可谓是写尽彼岸世界风景的伟大作品，其间的鬼狐神灵，无不折射着此岸世界的景象。人们对于彼岸世界毕竟还有许多清醒的认识，所以陶渊明有"死去何所道，托体同山阿"(《挽歌》)之说，陆游有"死后元（原）知万事空"(《示儿》)之叹。

先秦时期人们所虚拟的彼岸世界十分广泛和复杂。睡虎地秦墓竹简《日书》所载的鬼的居处与人并不遥远，似乎某个黑暗的角落就是他们的居处，他们可破墙穿屋，就在人们附近。当然，在先秦时期人们所虚拟的彼岸世界里，祖先神灵和一般的鬼神还是当时人们所关注的重点。礼书所载频繁的祭典和琐杂的仪节，就是一个证明。本书所涉及的只是先秦时期人们所虚拟的彼岸世界的一个很小的部分。此岸世界的发展和进步，是关于彼岸世界探索的基础。人们对于虚拟的彼岸世界的丰富想象和探寻，永远不会停息，古往今来对于彼岸世界的幻化描绘，不仅反映了人们想象力的丰妍，而且从一个侧面反映出人们思想的发展、探索力量的进步。

晁福林

2024年9月7日

目 录

绪　论　神之源：中国原始时代社会观念的萌生及发展 ………… 1

第一章　天与帝 ……………………………………………… 19
　　《山海经》与上古时代的"天"观念 ………………… 21
　　　　附录《山海经》的"天虞"和"天台" …………… 39
　　《山海经》与上古时代的"帝"观念 ………………… 43
　　　　附录 古代岩画中的祭祀场景 ………………… 69
　　商代的"天"和"帝" …………………………………… 74

第二章　鬼与神 ……………………………………………… 107
　　先秦时期鬼、魂观念的起源及特点 ………………… 109
　　春秋时期的鬼神观念及其社会影响 ………………… 138
　　春秋时期的社神与社祭 ……………………………… 161
　　战国时期的鬼神观念及其社会影响 ………………… 173

第三章　巫与诅 …… 191
商代的巫与巫术 …… 193
孔子与《宛丘》 …… 207
——兼论周代巫觋地位的变化与巫女不嫁之俗
春秋时期的"诅"及其社会影响 …… 223

第四章　占与筮 …… 233
殷代易卦筮法初探 …… 235
西周易卦筮法初探 …… 246
"穆卜""枚卜"与"蔽志" …… 264
——周代占卜方式的一个进展

第五章　王权与神权 …… 289
殷代的王权与神权 …… 291
先秦社会最高权力的变迁及其制约因素 …… 306
先秦时期的神道设教 …… 331

参考文献 …… 346
后　　记 …… 361

绪论

神之源：中国原始时代社会观念的萌生及发展

"神"之观念的出现，应当是早期人类开始形成自己的主体观念并将人与自然初步区分开来以后的事情。《国语》所说的人神"杂糅"，与法国文化人类学家列维-布留尔所说的人与自然的"互渗"，都是对于原始时代一定发展阶段的社会观念的概括。"杂糅""互渗"是混沌初开、鸿蒙初判以后，才能够呈现出来的社会精神面貌。这种观念是上古时代神话的渊薮和古史传说的源头之一。人们脱离原始思维状态，具备"人"的自主意识，经历了一个漫长的发展过程。原始宗教观念和神灵世界的相继出现，为人走向神坛和英雄时代的降临创造了条件。

在中国古代的观念中，"神"可以有精神、神妙、神灵等意。我们这里所说的神，仅指"神灵"而言，它是人们所崇拜的对象。殷商时代的甲骨卜辞及可信的商代文献里面，已经有了明确的"神"的记载。《尚书·盘庚》篇的"我先神后"之语，即指商族祖先已经作为神灵而存在。在考古资料中，红山文化的"女神庙"所发现的女神塑像及良渚文化玉器纹饰中的神像，可能是现在已知的最早的确凿的神的形象。可以推测，神的观念的出现应当在此很早以前。本文拟探讨原始时代社会观念的萌生及其发展情况，进而讨论神灵观念的起源及其与原始思维的关系等问题。

一、中国原始时代社会观念的基本特点

中国原始时代社会观念的基本特点，如果借用《国语·楚语》的话来说，可以称之为人神"杂糅"，如果借用法国著名的文化人类学家列维-布留尔的话来说，便是人与自然的"互渗"。这个特点的本质表现

出那个时代的人们,还没有从思想观念上将自己与自然界的植物及动物等区分开来。这也就是说,当时还没有出现作为认识主体的"人"的观念,在很大程度上,"人"隐于自然之后。人们只是看到(而不是想到)了自然,而没有看清楚"人"自身。《国语·楚语下》篇说:

> 民神杂糅,不可方物。夫人作享,家为巫史,无有要质。民匮于祀,而不知其福。烝享无度,民神同位。民渎齐(通斋)盟,无有严威。神狎民则,不蠲其为。嘉生不降,无物以享。祸灾荐臻,莫尽其气。颛顼受之,乃命南正重司天以属神,命火正黎司地以属民,使复旧常,无相侵渎,是谓绝地天通。[1]

这段话并不是在讲人类精神出现的问题,而是在讲巫的出现与"绝地天通",但是我们可以借用其中的一些表达来认识问题。这里所谓"不可方物",即不可分别事物,所谓"神"实即包含了自然在内。在我们今天看来,"民神杂糅",意即民神之间没有界限,我们可以借用来说明人与自然没有区别的情况。我们借用"杂糅"之语来说明原始时代的社会观念问题,应该是可以的。

法国学者列维-布留尔曾经将原始思维的主要特点概括为"互渗律",他认为"在原始人的思维的集体表象中,客体、存在物、现象能够以我们不可思议的方式同时是它们自身,又是其他什么东西。……它不是反逻辑的,也不是非逻辑的。我说它是原逻辑的,只是想说它不像我们的思维那样必须避免矛盾。它首先是和主要是服从于'互渗律'。具有这种趋向的思维并不怎么害怕矛盾(这一点使它在我们的眼里成为完全荒谬的东西),但它也不尽力去避免矛盾"。[2] "互渗律"比较恰当地揭示出原始人的思维特征,对于我们认识原始时代的社会观念是很有启

---

[1] 《国语》,上海古籍出版社,1998年,第562页。
[2] 列维-布留尔:《原始思维》,丁由译,商务印书馆,1981年,第69—71页。

发的。头脑混沌的原始人可以坚信他所看见的那只红鹦鹉就是他自己，这并不是说他自己变成了红鹦鹉，或者红鹦鹉变成了他，而是肯定认为他既是自己又是那只红鹦鹉。我们过去见到中国古代传说中的人兽合为一体的形象，常常感到十分费解，弄不清楚它出现的原因何在。例如《山海经·南山经》所载的称为"类"的怪兽，它人面兽身，披长毛，有利爪，双目炯炯有神，巨口利齿，很是威风。再如《中山经》记载的称为"马腹"的怪兽，与"类"相似，人面虎身，"其音如婴儿"。这类例子，在《山海经》中还有很多。例如：

> 单张之山，其上无草木。有兽焉，其状如豹而长尾，人首而牛耳，一目。（《北山经》）
>
> 其中多化蛇，其状如人面而豺身，鸟翼而蛇行，其音如叱呼。……自煇诸之山至于蔓渠之山，凡九山，一千六百七十里。其神皆人面而鸟身。……自鹿蹄之山至于玄扈之山，凡九山，千六百七十里。其神状皆人面兽身。……光山，其上多碧，其下多木。神计蒙处之，其状人身而龙首，恒游于漳渊，出入必有飘风暴雨。……自景山至琴鼓之山，凡二十三山，二千八百九十里。其神状皆鸟身而人面。……凡荆山之首，自翼望之山至于几山，凡四十八山，三千七百三十二里。其神状皆彘身人首。（《中山经》）
>
> 有神焉，人首蛇身，长如辕，左右有首，衣紫衣，冠旃冠，名曰延维。（《海内经》）
>
> 自樕螽之山以至于竹山，凡十二山，三千六百里。其神状皆人身龙首。……自空桑之山至于硜山，凡十七山，六千六百四十里。其神状皆兽身人面。……自尸胡之山至于无皋之山，凡九山，六千九百里。其神状皆人身而羊角。（《东山经》）
>
> 北方禺强，人面鸟身，珥两青蛇，践两青蛇。（《海外北经》）
>
> 有神，九首人面鸟身，名曰九凤。又有神，衔蛇操蛇，其状虎

首人身,四蹄长肘,名曰强良。(《大荒北经》)

有鸟焉,其状如枭,人面而一足。……有鸟焉,其状如雄鸡而人面,名曰凫徯。……自钤山至于莱山,凡十七山,四千一百四十里。其十神者,皆人面而马身。其七神皆人面牛身,四足而一臂,操杖以行,是为飞兽之神。……钟山,其子曰鼓,其状如人面而龙身。……其状马身而人面,虎文而鸟翼,徇于四海。(《西山经》)

有鸟焉,其状如雌雉而人面,见人则跃,名曰竦斯。……有兽焉,其状如牛,而赤身、人面、马足,名曰窦窳。……自单狐之山至于堤山,凡二十五山,五千四百九十里,其神皆人面蛇身。……有兽焉,其状如羊身人面,其目在腋下,虎齿人爪,其音如婴儿,名曰狍鸮。……有鸟焉,其状如乌,人面。……自管涔之山至于敦题之山,凡十七山,五千六百九十里。其神皆蛇身人面。(《北山经》)

毕方鸟在其东,青水西,其为鸟人面一脚。……讙头国在其南,其为人人面有翼,鸟喙,方捕鱼。……南方祝融,兽身人面,乘两龙。(《海外南经》)

奢比之尸在其北,兽身、人面、大耳,珥两青蛇。……东方句芒,鸟身人面,乘两龙。(《海外东经》)

鬼国在贰负之尸北,为物人面而一目。一曰贰负神在其东,为物人面蛇身。……阘非,人面而兽身,青色。……陵鱼,人面,手足,鱼身,在海中。(《海内北经》)[1]

这些例证虽然还不完全,但足可说明这种现象在《山海经》一书所保存的上古传说中是具有普遍意义的。这些或"人首",或"人面",或"人身"的野兽、鱼、鸟,其原型都应当出自"杂糅""互渗"观念。

我们在这里,不得不略微说一下《山海经》这部书。它虽然是在汉

---

[1] 袁珂:《山海经校注》,上海古籍出版社,1980年,第73、156—160、456、105—110、248、426、27—45、73—100、188、253、311页。

代才编定的，但是它的内容来源却十分久远。一般认为其内容保存了远古时代的传说资料，这还是比较可信的。编定其书的刘歆说它"出于唐虞之际"[1]，虽然没有确证，但恐怕距实际不远。此书可以肯定非于唐虞之际编写，但是若谓本书所载传说出自唐虞时代，应当是没有太大问题的。可以推测，《山海经》这部书最初可能出现于战国时期，但并非战国时人虚拟，而是对于传说资料的整理，到汉代才被正式编定。

从古代传说中的人兽杂糅合一的例证中，我们还可以看到这些"兽（人？）"还常有人的本能，例如《北山经》所记载称为"山㹱"的怪兽，"其状如犬而人面，善投，见人则笑……其行如风"。这种怪兽，不仅面目类人，而且会"笑"，会如风般地快走。在《山海经》中，属于人兽合一者，大部分不是简单地结合，而且常有神异性质出现，例如《海外东经》记载一种称为"天吴"的"神"，"是为水伯"，"八首人面，八足八尾，皆青黄"。这种情况非一般的兽类可比，就是人也无法与之相类。其威力之大，可以想见。

《山海经》中多半人半兽的怪物，这是符合远古人类思维状态的。原始人类中的这种思维情况，并非独见于《山海经》，而是有一定普遍意义的现象。例如在澳大利亚土人的文化英雄崇拜中，"文化英雄的形象往往十分朦胧，尚属半人半兽"，北美印第安部落中有"动物形体之文化英雄的神话"。这里面虽然不能排除其中包括对于远方民族的荒唐想象的因素，但居于主流地位的则应当是原始思维的结果。这种原始思维，除了列维-布留尔所说的"互渗"之外，法国另一位文化人类学家涂尔干也曾指出，这是"普遍的心理混淆。在那里，个体本身失去了他的人格；在他、他的外部灵魂以及他的图腾之间，根本没有区别。他和他的动物伙伴共同组成了一个单一的人格"，人类学家曾经发现，"马布亚哥（Mabuiag）岛上的鳄鱼族人，都被认为具有鳄鱼的脾气：他们自

---

[1] 刘歆：《山海经叙录》，见袁珂《山海经校注》，第477页。

高自大，凶狠残暴，随时准备动武"。[1]《史记·五帝本纪》载：黄帝与炎帝族作战之前曾经"教熊罴貔貅貙虎"，然后与炎帝族"战于阪泉之野，三战然后得其志"。所谓"熊、罴、貔、貅、貙、虎"，专家多认为是以某种动物为图腾的氏族部落名称，并非真的动物，这当然是正确的。然而，我们今天用历史的眼光来看，却非必尽为"图腾"，其中很大的因素应当是长时期的"杂糅""互渗"思维所形成的社会观念的孑遗。在某部落人们的"集体表象"中，认为他们自己就是雄壮有力的"熊"，那么别的部落的人也就认为那个部落是"熊"。在中国远古时代并没有严格意义上的图腾观念，不一定硬要拿西方的"图腾"观念来套用。

可以推测，人与动物或者其他自然物的"杂糅"，实际上是认为自己可以获得那动物（或其他自然物）的能力与威风。例如《山海经·海内南经》所载"氐人"，"其为人面而鱼身，无足"，《海内北经》所载"陵鱼"，"人面，手足，鱼身，在海中"，应当都是原始先民人鱼合一观念的反映。后世传说中多有美人鱼，如《太平广记》卷四六四引《洽闻记》谓："海人鱼状如人，眉目口鼻手爪，皆为美丽女子，皮肉白如玉，发如马尾，长五六尺。"这类传说的源头，应当是《山海经》所记的这些人鱼合一的形象。

原始思维中这种混沌不清的情况表明，当时人的知识和经验的积累还远远没有达到产生逻辑思维的水准，但是有些则还是应当引起我们注意的问题。对此我们可以考虑到，当时的人对于外界事物已经有了最初的认识，当时的"杂糅"与"互渗"，并非漫无边界和限制，而是有着比较一致的情况，那就是人的形象与动物杂糅而少与植物及其他自然物相混，《山海经》中所见到的主要是人兽杂糅、人鱼杂糅、人鸟杂糅。这些动物为人们所常见，并且具备了人所没有的习性，如野兽的狂奔、鱼的游水、鸟的飞翔等，原始先民见其动而羡之慕之，遂产生与之杂糅而得其特性的

---

[1] 爱弥尔·涂尔干、马塞尔·莫斯：《原始分类》，汲喆译，上海人民出版社，2000年，第6页。

愿望，与之杂糅而得出合一的影像。例如《山海经·南山经》所载的鹠与颙就是两个人鸟杂糅的形象，这与列维-布留尔讲到原始部族的人以为他自己就是红鹦鹉的事例很是接近，只不过是更形象和具体化了。

原始时代社会观念的"杂糅""互渗"虽然有一定的规律可循，但总的来说仍然是杂乱无章的。"杂糅""互渗"并非单一的固定不变的，而是多方面的。人一会儿可以是这种动物（或自然物），一会儿可能又变成别的什么动物（或自然物）。相传，著名的女娲"人面蛇身，一日中七十变"[1]，就是一个典型的例子。上古时代的岩画多反映这种混乱无章的情况，[2]如江苏连云港将军崖的岩画，画面上有多个人头与兽头合一的形象，人的眼睛圆，但每个脸面上又有类似猫、虎的胡须。简化的形象，则作无面目而只突出了高耸的长发形象，或者只余下两眼和口的三点状，最简单者则只余下表示两眼的两个点在若隐若现之际，整个画面显示出杂乱而神秘。

专家或认为这种神话，或这些人兽合一形象中的"造物主"实际上是人，是充满好奇心、求知欲、危机感和神秘思维的人，是这种人把自己的内在本质和创造欲望在陌生物种上加以外化。这样创造出来的神话符合情感移入和生命馈借的原则。其实这种认识可能是拔高了原始先民社会观念水平的说法。原始先民的思维绝对达不到当代人类那种可以驰骋想象使浪漫情思无限扩展的地步。"杂糅"与"互渗"已经是原始先民可能达到的思维水准，展开其想象的翅膀而摆脱神秘思维，尚需很长的历史时段的路要走。

---

1 《山海经·大荒西经》郭璞注。《楚辞·天问》王逸注谓"女娲人头蛇身，一日七十化"，说与此同。
2 中国古代岩画的整理与研究，已有专家做了开创性的工作，提出了很好的见解，明确了今后进一步研究的方向。愚以为岩画的断代工作仍然是一个长期的艰巨任务，用碳-14年代测定法并不能够测定岩画的时代，所以现今的断代似乎只能依据岩画本身的内容来进行一些分析。从原始时代的人的社会观念来看，那些描摹自然物的岩画一般应当早于描摹人的形象的岩画，画出人与动物或自然物合一形象的要早于那些比较真实的描摹人的形象的岩画。从绘画形式上看，那些杂乱无章的岩画，比那些逻辑清楚、形象鲜明的岩画要早。由于原始岩画的复杂性质，所以这些推测只能是据一般情况而言。

二、神之萌芽

原始时代人们的神灵世界应当是从"杂糅""互渗"状态中萌生的。"杂糅""互渗"是原始时代的社会观念的一个重要发展阶段，但是它并非最初的阶段。在"杂糅""互渗"观念占据社会观念主导地位之前，原始先民的社会观念应当还经历过一个混沌不清的阶段。这个阶段里，人刚刚走出动物界，思想意识还十分低级幼稚，"人"的主体观念尚未发生。旧石器时代的食人之风就是这方面的证据之一。有些考古学家和古人类学家认为，北京猿人的遗骨多数为头骨，而少见身体上其他部位的骨骼遗存，并且所发现的头盖骨上多有伤痕，这些伤痕可能是用石刀砍斫和破去头皮所致。关于这些不正常的情况，学者或认为是远古时代食人之风的反映。对于发现北京猿人的洞穴里多见头骨而少见身体其他部位的骨骼的问题，贾兰坡先生曾经指出：

> 据我看来，这样做是有他们的目的的，那就是把脑盖部分作为盛水的器皿。发现的所有比较完整的头骨，都只保存了头盖部分，从外貌看很像水瓢。有许多鹿的头骨，也去掉了角、面部和脑底部分，也是为了同一目的加工处理的。用人的脑盖作为盛东西的器皿，直到晚近还存在。我在一个喇嘛庙里就亲眼见到过。赫胥黎在《人类在自然界的位置》一书中，讲到澳大利亚人头骨的特征时也谈到："大多数具有这些特征的头骨，我是在南澳洲阿德莱得港附近见到的。当地人用这种头骨做盛水器具，为了达到盛水的目的，面部被敲去。"[1]

---

[1] 贾兰坡：《远古的食人之风》，《化石》1979 年第 1 期。按，和食人之风有关，在原始时代还有剥头皮和使用头盖杯的习俗。河北邯郸涧沟的龙山文化遗址中的两座半地穴式房屋基址，各放置三个人头盖骨。这些头盖骨均从眉弓经颞骨到枕后砍下，以获取一个完整的头盖。属于三个青年女性的头盖骨都有割剥头皮的刀痕，都是从头盖的正中切开而剥下头皮的。用头盖杯的习俗流传甚久。郑州商城宫殿区的一条壕沟内堆集近百个人的头盖骨，多从眉弓和耳际的上端横截锯开。春秋战国之际"赵襄子最怨智伯，而将其头以为饮器"（《战国策·赵策一》），西汉时"匈奴破月氏王，以其头为饮器"（《史记·大宛列传》），此皆为其证。

这个分析是很有道理的。属于早期智人阶段的许家窑人遗址所发现的人类化石，都是破碎的，甚至同一个个体遗骨的化石相距数十米之遥。据研究，食人之风在远古时代是一种普遍存在的现象。摩尔根说："在古代，吃人之风普遍流行，这一点现已逐渐得到了证实。"[1] 食人之风固然是生产力极端低下的结果，但更重要的原因在于人还没有将人自己与动物区别开来，食人者认为他吃一个人和吃一只野兽或一条鱼，并没有多少区别。

当远古人类的社会观念鸿蒙初判的时候，食人之风稍有止息，人与人之间的亲情开始出现，亲人死后人们开始感到悲痛，在这种观念支配下，逐渐出现了埋葬习俗。孟子论此事甚精，他在《孟子·滕文公上》篇里说：

> 盖上世尝有不葬其亲者。其亲死，则举而委之于壑。他日过之，狐狸食之，蝇蚋姑嘬之。其颡有泚，睨而不视。夫泚也，非为人泚，中心达于面目。盖归反虆梩而掩之。掩之诚是也，则孝子仁人之掩其亲，亦必有道矣。[2]

孟子认为埋葬其亲的亲情观念，就是"孝""仁"观念的起源所在。考古材料表明，埋葬之事大约出现于旧石器时代末期，至新石器时代遂成社会风俗。由食人之风到埋葬亲属，这表面看来是习俗的变迁，而更重要的内在根本因素则是社会观念的巨大变化。这个变化，经历了几十万年的漫长世代。那个时代社会观念变迁之缓慢，非今日所能想象。在这种埋葬习俗出现之后，祖先才慢慢地进入神灵世界，逐渐成为人们崇拜的偶像。

---

[1] 路易斯·亨利·摩尔根：《古代社会》上册，杨东莼、马雍、马巨译，商务印书馆，1977年，第20页。
[2] 阮元校刻《十三经注疏·孟子注疏》，中华书局，1980年，第2707页下栏。

"杂糅""互渗",应当是人已经有了一定思考的结果,是原始人类愿望的最初表达,其价值和意义不可低估。大体说来,可以有这样两个方面。

第一,"杂糅"与"互渗"的社会观念下所产生的许多意念,是上古神话的渊薮。例如,《山海经·北山经》载:

> 炎帝之少女名曰女娃,女娃游于东海,溺而不返,故为精卫。常衔西山之木石,以堙于东海。[1]

《山海经》将"女娃—精卫"的时代置于"炎帝"时期,可见其并非最初的故事原型,但是可以推测,其起源应当是较早。这个美丽的传说很可能是由先民在原始思维状态下认为精卫鸟与自己"杂糅"合一而肇其端绪。

一般说来,神话是人世间的力量所采取的置于天国的表现形式。但是在起初的阶段,天国的观念在先民头脑中尚未出现。最初的"神",可能就是那些"杂糅""互渗"后所出现的影像,那些人兽合一、人鱼合一、人鸟合一的观念支配下所形成的影像比之于常人有更大的威力,这虽然也是人的潜能借以表现的形式,但其所注目的仍然不在于人,而在于动物(或自然物)。这些超人的影像,应当是那个时代人们头脑中最主要的"神"。纯粹的自然神或祖先神的出现,应当是在这种"杂糅"之神出现以后的事情。

第二,这种"杂糅"观念还是中国上古时代古史传说的重要源头之一。中国古代在保存很多古史传说的《山海经》《列子》等书中,神、人、物常常有形象合一的情况出现,如伏羲、共工、黄帝、相柳、窫窳、贰负等皆"人面蛇身",雷神、烛龙、鼓等则是"龙身人头"。再

---

[1] 袁珂:《山海经校注》,第111页。

如郭璞注《山海经·大荒西经》谓"女娲，古神女而帝者，人面蛇身，一日中七十变"（《太平御览》卷七八引同）。王逸注《天问》亦云"传言女娲人头蛇身，一日七十化"。前面提到的这些人、神、物合一的巨人，如伏羲、共工、黄帝、女娲等在古史传说中皆有赫然彪炳史册的光荣。其中最引人注目的是那位女娲，她不再是一对一的人兽合一，而是普遍地与自然物合一，可以说她的影子能够无处不在，所以说她的威力也就超越一般的神，而能够成为"补天"与"造人"的始祖神。至于作为"五帝"之首的黄帝，相关的古史传说甚多，其中之一便是他出身于"混沌"。混沌的情况与能够"七十化"的女娲类似。混沌，什么也不像，但又什么都像，所以人们看不出其真面目来，所以其威力之大和地位之高，不在女娲之下。

从以上两个方面看，原始时代的社会观念中人与动物（或其他自然物）的"杂糅""互渗"构成了原始时代人们社会观念从萌生而具备清楚逻辑的思维增长过程的重要发展阶段。如果一定要缕析出一个发展线索的话，我们不妨有如下的简略表达：

混沌（chaos）——鸿蒙初判——人神杂糅（互渗）——绝地天通——神灵世界

三、走向文明之路

先秦时代，人的社会观念进入文明状态经历了一个漫长的时代。这个时代的特点之一，就是人的社会认识逐渐走出了自然状态，而逐步具备了对于自然和社会的理性思考。这个漫长的过程大致可以分为以下几个阶段。

第一，原始宗教观念萌生。

如前所述，原始时代最初出现的神灵，可能是那些人兽合一、人鸟合一、人鱼合一的形象，至于风、雨、雷、电等成为人们观念中的神灵，倒在其次。人与动物"杂糅"，若经历了较长时间，久而久之，这些动物便成为人们心目中的"神"。例如贺兰山地区大西峰沟的岩画，其中有一幅单独画出一个雄伟威风的猛虎形象，这只虎几乎占据了整个画面，显示出至尊无上的气势，虎的大张的口和满口的利齿，显示出吞啮一切的威力。这幅岩画上隐约还有一些较小的动物形象，但都居于边缘地位，没有一个能够与这只硕大而威武的虎比拟，我们如果把这幅岩画命名为《虎神》似不为过分。原始宗教观念萌生的途径是比较多的，除了人与自然的"杂糅""互渗"以外，其他还有对于威严的自然力的崇拜，风、雪、雷、电、高山、大川等，无一不给原始先民留下深刻印象而衍生出崇拜之情，多神崇拜与泛神论发轫于此，应当是没有多大问题的。

第二，盘桓于神灵世界。

原始先民的神灵世界起初应当呈现着泛神的状态，后来，神灵有了一定的位置，主次开始区分，重要的神灵开始成为"天神"。但即便如此，也还走不出"杂糅""互渗"的影响。由烛阴（龙）到盘古的衍化就是一个典型例子。据《山海经·海外北经》说，烛阴原为钟山之神，"视为昼，瞑为夜，吹为冬，呼为夏，不饮，不食，不息，息为风。身长千里……其为物，人面蛇身，赤色，居钟山下"，《大荒北经》还说它"不食，不寝，不息，风雨是谒，是烛九阴"，神力更是强大。古史传说中，开辟天地的"盘古"可能与它有一定的关系。任昉《述异记》说："盘古氏泣为江河，气为风，声为雷，目瞳为电。……喜为晴，怒为阴。"其形象与烛阴相近。这种可以光耀天地的大神，已经远非一般的人与自然"杂糅"而生之神能比。

第三，走向神坛。

原始时代神灵世界的构筑是当时社会观念的一大进步，这个构筑的过程是从人走向神坛开端的。在没有"人"的身影出现的时候，神灵世界不大可能显现，只有"人"才能使神灵世界的再现迈出关键的一步。

从"人"到"神"，这不是迷信倒退，而是原始时代社会观念的一大进步。它虽然是人的力量被神化、被异化的表现,但却在本质上表明了人在自然面前能力与主动性的增强。例如,阴山地区几公海勒斯太沟的一幅岩画,原摹绘者定其名为《猎人》。这位强健的猎人手持长弓,其男性生殖器上挺,颇含有此生殖器似弓箭一样威力无边的寓意在内。这幅画比较古拙,全然不顾透视效果,离视界近的一条腿,却比距离远的那条腿细了不少,而所画的生殖器则过分硕大而上扬,超乎常规,但所表达的意思也正由此而凸显出来。再如一幅岩画,所画内容与那幅《猎人》类似,但人作双手上举形,其旁则高耸一木棒形的工具,造型虽然十分古拙,但没有忘记将男性生殖器凸显出来,并且指向那高耸的木棒。如果说这幅画本意是为了突出人的生殖功能,似乎是吻合的。这两幅用意相同的岩画,似乎都不应当简单地命名为《猎人》,而应当视为一种神灵崇拜的形象,若命名为《生殖之神》,恐怕没有太大的错误。再如《山海经·海外南经》载有"长臂国",说其人"捕鱼水中,两手各操一鱼";《淮南子·地形训》则有"修臂民",高诱注说"一国民皆长臂,臂长于身,皆南方之国也",这里突出了人的长臂的功能,可以方便于水中捕鱼。这虽然是对于人的上臂功能的夸大,但总有现实的影像在内。这里突出的是人的力量而不是自然的力量。著名的夸父逐日,也是一个典型例证。有些人的善走,也会给人留下深刻印象,《山海经·海外北经》说:"夸父与日逐走,入日。""逐走",一作"竞走",[1]意思是在强调他走得很快,简直可以比得上太阳的速度。人可以和太阳

---

[1] 关于这一点,袁珂先生考证如下:"郭璞云:'言及于日将入也,逐音胄。'郝懿行云:'《北堂书钞》一百三十三卷,李善注(《文选》)《西京赋》《鹦鹉赋》及张协《七命》引此经并作"与日竞走",《初学记》一卷引此经作"逐日",《史记·礼书》裴骃集解引此经作"与日逐走,日入",并与今本异。'王念孙云:'《御览·天部三》(卷三,影宋本作逐日——珂)、服用十二(卷七一〇)作竞走,《妖异三》(卷八八七)作竞走。《文选》阮籍《孤怀诗》注引作"夸父与日竞逐而渴死,其杖化为邓林",《七命》注引作竞走,《书钞·服饰二》(卷一三三)作竞走,《酒食三》(卷一四四)同。'珂案:竞、逐互见,是一本作竞也。"(《山海经校注》,第238—239页)。今按,"逐"本意为追赶、追逐,本来就有竞走之意,所以先秦时期曾将其与"竞"并用而意同。《韩非子·五蠹》篇谓"上古竞于道德,中世逐于智谋,当今争于气力",是为例证。

赛跑，这是对于人的奔跑能力的张扬称颂。这应当是夸父神话的原型。[1]据《山海经》记载，夸父曾经是人兽合一，或人鸟合一的形象。例如《西山经》载"有兽焉，其状如禺而文臂，豹虎（尾？）而善投，名曰举父"，郭璞注指出，举父"或作夸父"，是夸父在传说中曾为似人之兽。《东山经》载"有兽焉，其状如夸父而彘毛，其音如呼"，此兽属于"犲（豺）山"，依《山海经》的说法，犲（豺）山是《东次一经》十二山之一，"其神状皆人身龙首"。《北山经》载，在梁渠之山，"有鸟焉，其状如夸父，四翼，一目，犬尾，名曰嚣，其音如鹊"。作为人兽（或人鸟）合一的形象，这样的夸父与后来出现的追日神话，多少还是有一些关系的，举父的"善投"与夸父"弃其杖，化为邓林"[2]是一致的。有"四翼"的嚣鸟必定善飞，与夸父的善奔跑，亦有相似之处。这些都在表明，夸父追日的神话，应当是起源于人与自然"杂糅""互渗"的社会观念。正是在这种观念支配下，人迈出了走向神坛的步伐。

第四，英雄时代。

所谓"英雄时代"，依照恩格斯《家庭、私有制和国家的起源》的说法，指的是"野蛮时代的高级阶段"，并且，"一切文化民族都在这个时期经历了自己的英雄时代：铁剑时代，但同时也是铁犁和铁斧的时代"。[3]中国的情况与西方不同，我国古史的英雄时代并非铁器时代，而是青铜时代，但作为"野蛮时代的高级阶段"这一点则是中西共通的。我国的英雄时代应当是野蛮与文明之际的五帝时代。我们之所以借用"英雄时代"的名称，是因为这是真正的"人"登上社会历史舞台的时

---

1 在后来的演变中，夸父的形象变成愚昧无知者。《山海经·大荒北经》说："有人珥两黄蛇，把两黄蛇，名曰夸父。后土生信，信生夸父。夸父不量力，欲追日景。"这里把夸父作为一个自不量力的人，异想天开地要追上太阳的影子。在古史传说中，后土为炎帝支裔，将夸父纳入这个系统，可见这个传说的时代不会太早。

2 《山海经·海外北经》，袁珂：《山海经校注》，第238页。

3 《马克思恩格斯选集》第四卷，人民出版社，1972年，第159页。

代。五帝时代虽然"英雄"辈出,但是仔细分析起来可以发现,尽管这些英雄已经是真正的"人"、大写的"人",但是他们往往还是多少带着一些原始的人与自然"杂糅"的印记。

就拿作为"五帝"之一,被尊为华夏族"人文初祖"的黄帝来说,在关于他的众多传说中,其中有一个就是说他本为"混沌",而混沌则是一个非人非兽的怪物,《山海经·西山经》说:"其状如黄囊,赤如丹火,六足四翼,浑敦无面目,是识歌舞,实为帝江也。"所谓"帝江",即帝鸿,《世本》及《左传·文公十八年》杜注明确指出帝鸿就是黄帝。依照《礼记·月令》的说法,黄帝乃是"中央"之帝,而恰与《庄子·应帝王》篇的说法相吻合。是篇谓:

> 南海之帝为儵,北海之帝为忽,中央之帝为浑沌。儵与忽时相与遇于浑沌之地,浑沌待之甚善。儵与忽谋报浑沌之德,曰:"人皆有七窍以视听食息,此独无有,尝试凿之。"日凿一窍,七日而浑沌死。

我们今天来理解这个传说,可以从一个新的角度来考虑,那就是"黄帝"实际上是中国上古时代由混沌状态向文明时代的理性思考迈进的标志。在黄帝时代之前,占据神坛的是自然神灵,而黄帝时代及其以后在神坛上显赫的则是祖先神灵,这些神灵多已摆脱了人兽杂糅状态,而成为人世间的高大无比的英雄。神灵世界在五帝时代以后与人世间一样也进入了文明阶段。

第一章

天与帝

《山海经》与上古时代的"天"观念

《山海经》虽编定于西汉末年,但其写成的时间一般认为是在春秋战国时期,此书诸篇皆在诸子蜂起的时候,由好奇嗜古之士"闻见杂博,案往旧造说"[1],汇集上古传说而成。此书内容驳杂奇特,专家多关注其历史地理方面的记载,而较少关注其中所载的上古先民的思想观念问题,特别是关于其中"天"的观念则更鲜有专门研究。今述其要以窥见上古时代"天"观念的若干情况。

关于这个问题,我的基本看法是,《山海经》是追述传说时代"天"观念的最为重要而不可或缺的宝贵文献。在《山海经》里,"天"只用在名词之前,表示作为处所的"天空"。在天上生活着"帝"及其他各种神人。在《山海经》里,"天"还不是一个单独的具有抽象意义的概念。冯友兰先生早曾提出的"天"之五义,在《山海经》时代尚未出现。今由此线索依次讨论。

一、"天"观念的滥觞与发展

若谓在古代中国影响最大的思想观念,"天命"观念当名列其中。

---

[1] 《荀子·非十二子》篇批评子思孟子时语。王先谦:《荀子集解》,沈啸寰、王星贤点校,中华书局,1988年,第94页。

"天命"观的出现和形成是中国上古时代思想史上的大事。这种影响很大并且十分久远的社会观念，其出现和形成并非一蹴而就，而是经历了漫长时段才臻于完成的，它肇端于对于"天"的印象及认识。我们对此可以做一概述，以期了解"天命"观念形成的历史路径。

关于上古先民对于"天"的认识经历，我们可以先从理论上做如下的概述。在漫长而遥远的远古时代，先民印象中的"天"应当是无限深远的天空，它启迪了先民的好奇之心，先民对于天空的兴趣增长，使得人们对于天空进行最直接的观察与思索，渐渐充满了虔敬、疑惑与联想。在这之后，远古先民对于天的认识逐渐丰富，在先民的印象里，"天"不再是没有实体存在的天之"空"，而是逐渐把地上的美景、美居、美之山水、美之树木花草移到天上，使空空如也之"天"成为美好而诗意的神仙之居。这个时期的"天"，是作为处所之意念存在于人们印象之中的。经过长期的社会实践，在上古先民的意识中逐渐将"天"抽象化，由形象的自然之天，渐至成为抽象的神灵之天，天之神性渐渐增加，而天之作为处所的物性则相应地减少。这个阶段的最后的过程就是"天"之权威性增强，在神灵世界里其地位上升，天命观念形成。在进入文明时代的早期阶段，对于天之决定性的思考，逐渐衍生出天之理性，使天减少了人格，而侧重于义理，有了终极的规律与趋势的意蕴。简言之，自然之天——神灵之天——天命之天——义理之天，应当就是我国先秦时期这个长时段里面天命观念起源、产生、演化的主要阶段。这每一个阶段，除了新萌生的观念之外，传统的观念依然保存，可以说是一个不断丰富的过程。这每一个阶段的进步都是经历很长的历史时期才完成的。当然，上述这些都只是理论上约略推测，实际情况应当是极其复杂而曲折的。

关于"天"之意蕴，早在20世纪40年代，冯友兰先生就精辟地指出：

在中国文字中，所谓天有五义：曰物质之天，即与地相对之天；曰主宰之天，即所谓皇天上帝，有人格的天、帝；曰运命之天，乃指人生中吾人所无奈何者，如《孟子》所谓"若夫成功则天也"之天是也；曰自然之天，乃指自然之运行，如《荀子·天论》篇所说之天是也；曰义理之天，乃谓宇宙之最高原理，如《中庸》所说"天命之为性"之天是也。[1]

将古代笼统的"天"的观念分为"五义"来认识，实为一个重要发现。天之"五义"说，是一个相当全面而精辟的论析，"天"之意蕴大体若是，冯先生的这个分析至今也未过时。

我们于此应当指出的是，冯先生所言"天"之五义，已经强调了是"文字"（而非传说）的"天"。现在我们来探讨"天"观念的问题，可以在冯先生这个认识的基础上进而明确指出，"五义"之"天"并非同时形成的观念，而是经历漫长时段方逐渐形成和完备的，并且传说与文字记载的"天"，有着相当的区别，似不可以用"五义"来衡量传说时代的"天"。

上古传说时代，先民对于"天"的观念只有"自然之天"的一些萌芽。直到殷商时期，我们从甲骨卜辞中才看到"天"有逐步神化的迹象。商代被神化的"天"是由"帝"来表现的。甲骨卜辞中凡言"帝"令风雨雷雹者，皆可换称为"天"令风雨雷雹；凡言"帝"降旱、降祸者，皆可换称"天"降旱、降祸；凡言"帝"若、不若者，皆可换称"天"若、不若；凡言"帝"受（授）又（佑）者，皆可换言"天"授佑。[2] 这时期的上古先民的"天""帝"观念中的神性只是开始渐渐增强，

---

[1] 冯友兰：《中国哲学史》上册，中华书局，1961年，第55页。按，此书系中华书局用商务印书馆1947年版重印，书前附有冯先生于1961年所撰做全面检讨的《关于中国哲学中的自我批判》，此文未涉及他所提出的天有五义说。

[2] 胡厚宣先生早曾指出："武丁时卜辞中称帝者甚多，实为殷人之天神，其权能力量，厥有八端。"（《殷代之天神崇拜》，《甲骨学商史论丛初集》，齐鲁大学国学研究所，1944年，第283页）殷代"天""帝"合一，已是当今学界共识。

那个主宰天下命运的"上帝"还只是一个"隐蔽的上帝"[1]。

若谓真正具有普遍性的可以主宰一切的"上帝",周代所说的"天命"与之约略相当。[2]这个"上帝"直到周代才戴着"天命"的面具从隐蔽的后台"闪亮"登场。到了这个时候,"天"观念的早期要义的两个主要方面(即自然之天和"天命"之天)初步具备。上古时期的"天""帝"融一的情况,到了周代虽然发生了变化("天"主要指自然之天,而"帝"则主要指天神),但"天"和"帝"还时常通假,带着两者曾长时间融而为一的痕迹。顾颉刚先生曾精辟分析上古时代的"天""帝"二字音近字通的情况,今具引如下:

> "帝"与"天"为同纽字,故二字常通用。《诗·商颂·玄鸟》曰"天命玄鸟,降而生商",《长发》曰"有娀方将,帝立子生商",生商者"天"也而即"帝"也。《周颂·思文》曰"思文后稷,克配彼天",《大雅·文王》曰"殷之未丧师,克配上帝",所配者"天"也而即"帝"也。……又说商之孙子曰"上帝既命,侯于周服",又曰"侯服于周,天命靡常",发此命者"帝"也而即"天"也。凡此种种,皆足证"帝"与"天"为互文。[3]

"帝"字古音属端纽,"天"字属透纽,皆舌头音,顾先生说两者声纽同,是正确的。就声(韵)部来说,"帝"的古音属锡部,"天"属真部,两者为阴入对转。[4]这两个字古音接近,有通假的条件。我们说的

---

[1] 黑格尔讲到普遍性的上帝观念的时候说:"希腊人的神灵只是特殊的精神力量,而有普遍性的上帝,一切民族所共仰的上帝,对于雅典人说来,还是一个隐蔽的上帝。"(黑格尔:《小逻辑》,贺麟译,商务印书馆,1980年,第333页)

[2] 主宰一切的"上帝",其人格化十分明显;而"天命"只是指一种最大、最终的权力,一种不可违拗的规律和趋势,"天命"之"天"并无人格化的倾向。

[3] 顾颉刚:《史林杂识初编·黄帝》,中华书局,1963年,第176页。

[4] 陈复华、何九盈:《古韵通晓》,中国社会科学出版社,1987年,第227、303页。

这两个字的古音即春秋战国时期的古音，可以推测，两者融而为一的时候，发音相同，随着意义的分化，其声、韵才发生了分离。"帝"与"天"的通假，主要的原因不在于古音，而在于两者初始意义的同一。因为两者起初为一，所以古音必然相同。后来，意义发生分化，其声纽和韵部也随之而略有所变。"天"与"帝"的通假，是主要因由意同而通假的较典型的例子。具体分析两者相通假的用例，会发现"天"与"帝"相通假的时候，用的是神化了的"天"之意，而不是与自然之天相通假。反过来说，"帝"只与神化了的"天"相通假，而不与自然之"天"相通假。

从上古先民质朴的"天"观念发展到周代的"天命"观念，经历了漫长的时段。"天命"，简言之，就是天对于社会与个人命运的安排。天命的安排，具有任何力量都不能撼动的最高权威。天命观念的起源与演变，特别是在远古时代，先民智力相对低下的情况下，进步得尤其缓慢。传说时代天命观的发展进步，与春秋战国时期相比，其进步速度的差距不啻天壤之别。从"天"到"天命"，看起来似乎只是一步之遥，而这一步却跨越了数千年之久才臻至完成。此正如黑格尔讲"概念"的普遍性时所说："普遍性就其真正的广泛的意义来说就是思想，我们必须说，费了许多千年的时间，思想才进入人的意识。"[1]"天"观念的产生和发展是世代相传的上古先民的集体智慧的结晶。此一概念传承的历史悠久，在中国古代的诸概念中可谓独占鳌头。按照黑格尔"许多千年"的说法，我国上古先民对于"天"的印象和认识，再逐渐形成社会的共识的具有普遍性的观念而成为一种社会思想，这一过程绵延了从传说时代到商周这样漫长的历史时段乃是完全合乎情理的事情。

1　黑格尔：《小逻辑》，第 332 页。

二、《山海经》关于"天"的记载

具体说来,上古时期的传说时代,虽然尚无"天命"之观念,但已有对"天"的比较模糊的认识和敬仰。这种敬仰,正是出现在天命观念滥觞的时期。和其他物象相比,天象的长久、持续与广大的性质最为突出,和人类社会的发展变迁相比,天穹与日月的变化几乎可以忽略不计,此正如唐代诗人所云"荒台汉时月,色与旧时同"[1]。浩渺无际的天空,任何地域的人皆可见到,并且都可以得到对天的大体一致的印象。上古先民所见之最为奇妙的景象者莫过于光天白昼那高远无际的湛蓝天空、夜晚时分幽黑夜幕上的灿烂星空,日月星辰的运行、风雨雷电的震撼、卷舒莫测的云朵,这些都会在先民头脑中留下深刻的印痕。我们很难想象,数以千百年为计的长时段里,上古先民对于迷茫难测的天空,会产生出怎样的疑惑,会幻化出怎样的神思。实践中的印象肯定是存在的。上古先民的神秘想象与幻影挪移,世代口耳相传,成为上古先民的历史记忆,到了有文字记载的时段,可能会有文字资料予以记载。我们今天可以见到的《山海经》就是这样一部极为宝贵的资料。

我们可以将《山海经》所载"天"的具体情况列表如下:

表一 《山海经》所载"天"的情况表

编号	出处①	修饰自然物	修饰动植物	修饰人
1	南山经 17			天虞②
2	南山经 23			天虞
3	西山经 63		天狗	
4	西山经 65	天山		
5	大荒北经 491			天女
6	山经 200	天井		
7	山经 465		天犬	
8	北山经 105	天池之山		

---

[1] 岑参:《司马相如琴台》,《全唐诗》卷一九八。

续表

编号	出处	修饰自然物	修饰动植物	修饰人
9	中山经 144		天婴（状如龙骨）	
10	海外北经 303、401			天吴（水伯）
11	西山经 53			天神
12	北山经 104		天马	
13	海内经 501	天毒（天竺）		
14	西山经 34			天帝之山
15	海内东经 384			三天子都
16	海内东经 385	天息山		
17	中山经 173		天楄（服者不哩）	神天愚
18	大荒南经 437	天台高山③		
19	大荒西经 463			天虞（即尸虞）
20	大荒西经 473	天穆之野		
总计		7	5	9

① "出处"所列的数字，为袁珂《山海经校注》（巴蜀书社，1992 年）一书的页码。
② "天虞之山"，郝懿行据晋人所撰《广州记》，认为即夫卢山，"天虞、夫卢字形相近，或传写之讹"（范祥雍：《山海经笺疏补校》，上海古籍出版社，2013 年，第 24 页）。按，这两个字在古代文献里并不易混淆，故此处未从其说。
③ 原文作"大荒之中，有山名曰天台高山"，王念孙据《太平御览·地部》十五所引无"高山"二字，说"高山"二字衍。袁珂从之。此说有《御览》引文为证，不为无据。然亦不能证明原文必错。愚以为《大荒南经》所载或当读为："大荒之中，有山名曰天台，高山、海水入焉。"意谓"天台"广大无际，可容高山海水进入，意指"天台"之上亦有高山海水。

分析这些记载，我们可以得出以下几点认识。

其一，将"天"冠之于某一动物（或植物）之上，如天犬、天马、天婴（状如龙骨的药材），计有 5 处。所云"天犬""天马"，意即天上之犬、天上之马。

其二，将"天"冠于某人或某神之上，如天虞、天女、天吴、天神、天帝等，计有 9 处。所云"天女""天神"，意即天上之女、天上之神。

其三，将"天"冠于某一地域名词之前，如"天山"（高耸云天之山）、"天池之山"（上有天池之山）；山上的高原被称为"天穆之野"等，计有 7 处。

其四，没有单独将"天"作为名词使用，也就是说，"天"还不是一个独立的可以有主动行为的概念。

从以上四项看，《山海经》里的"天"应当理解为处于高远处的天空，它跟其后的名词组合以后，只是对于其后的名词的说明，如谓高远处天空上的某种动植物，如"天犬""天楄""天婴"等；或者是某种处所，如"天台""天池"等；或者如某类神仙，如"天帝""天神""天吴"等。"天"，虽然本质上是处所的指称，但从不单独使用，如言某种性质之"天"或"天"要做某种事情，如"天令""天佑""天行"之类。[1] 可以肯定地说，《山海经》的时代，"天"尚未成为一种严格意义上的实体，更没有成为神灵。"天"之前没有冠以形容、限定之词者，亦无用以说明"天"的性质之词，这一点与战国秦汉时的情况迥异。从西周时代开始，"天"被赋予美称、尊称，如称其"苍天""皇天"等，至汉代将这些称谓系统化，分别指四季之天。许慎《五经异义·天号》谓："今《尚书》欧阳说，春曰昊天，夏曰苍天，秋曰旻天，冬曰上天，总为皇天，《尔雅》亦然。"[2] 郑玄进一步解释这种分类的意义，谓："春气博施，故以广大言之；夏气高明，故以远大言之；秋气或杀或生，故以闵下言之；冬气闭藏而清察，故以监下言之。"[3] 可以说，《山海经》的时代，"天"的这些观念是一概不存在的。从我们前面所分析的"天"之观念形成的一般规律来看，远古时代，特别是传说时代的"天"的观念应当与《山海经》里的相关记载相符合，都只是一个模糊的概念。若以冯友兰先生所说的"天"之五义来衡量，只能勉强说是与地相对应的

---

[1] 将"天"当成行为的主体，应当是周代兴起的观念，如《易传》谓"天造草昧""天宠""天行""天施"，《尚书》中的《皋陶谟》谓"天叙有典""天讨有罪"，《大诰》谓"天降割（害）"，《康诰》谓"天乃大命文王"，《酒诰》谓"天降命"，《诗经》中的《北门》谓"天实为之"，《白华》谓"天步艰难"，等等（依次见阮元校刻《十三经注疏》，第19、25、35、53、139、198、206、310、496页）。

[2] 郑玄：《驳五经异义》引许慎说，《丛书集成初编》本，商务印书馆，1936年，第2页。

[3] 同上书，第3页。

天，说它是初始的"自然之天"应当比说它是"物质之天"可能要好一些。总之，在《山海经》里，"天"本身并不是一个神灵。这种天只是人们最为熟悉的高远无比的天空，这样的"天"，本质上只是自然之天。这样的"天"，距离幻化为神灵，并由此而渐生出"天命"之观念还有很长一段路要走。

我们可以总结一下《山海经》里的"天"观念的要点：一是，只约略具有自然之天的意义，而没有神化的因素出现；二是，它与"帝"观念已经明显分开，"帝"是神人而"天"则只表示处所。这两个要点能不能代表上古先民的"天"观念呢？愚以为第一点是可以的，第二点则是《山海经》写定时（即春秋战国时期）加入的概念（说详下）。关于第一点，我们需要通过《山海经》的材料进行具体考察。

三、《山海经》与上古时代"天"的性质

《山海经》时代的先民的心目中只有具体的"天"，没有抽象的"天"。在《山海经》里，"天"可以是处所之名，上面有山、有井，有各种动物植物，有神灵。但"天"本身还不是神灵。上古先民对于天上的日月是关注和崇拜的。《山海经》记日月出入之处甚详，《大荒东经》记日月所出者有大言、合虚、明星、鞠陵于天、东极、离瞀、猗天苏门、壑明俊疾等八山，《大荒西经》记日月所入者有方山、丰沮玉门、龙山、天门等四山（《西山经》的"泑山"也是日入之处，还有《南山经》的望丘山，日于此"载出载入"[1]），《海外西经》和《大荒南经》皆有日月沐浴之处，《大荒东经》的神人"鵷"和《大荒西经》的神人"石夷"，管理日月出入有序，使其出入的时间短长合适。从关注的程度看，《山海经》时代的日月神性比较明显。我国上古时代岩画

---

[1] "载"有始意，《诗·周颂·载芟》"载芟载柞"，郑笺"载，始也"，是为其证。"载出载入"，意即日月于此始出又入。经文之意盖指日光于山壑中隐现之状。郝懿行引杨慎说谓："盖峰峦隐映壑谷，层叠所见然矣，非必日月出没定在是也。"（范祥雍：《山海经笺疏补校》，第23页）

中亦有拜日的形象（见图一），可与《山海经》的记载相对照。日月为天象中之巨擘，[1] 人们时常可望见其运行，比之于虚无缥缈的"天"要具体得多。

图一[2]

这是一幅膜拜太阳的岩画，拜者肃穆虔诚，双臂上举，双手合十过顶，太阳高悬空际，表现了对于太阳的崇敬。此图的时代疑在新石器时代前期。此图似可称为《拜日图》。如前所述，《山海经》中的人十分关注日出日落，所记日出、日入之山之名者，就有十几处之多，反映了当时对于日的关注与恭敬。《尚书·尧典》讲"寅宾日出""寅饯纳日"，意即恭敬地迎接和送别日出日落。寅者，敬也。若谓此图中之向日而恭敬膜拜，当无错误。就景象来说，"天"空而无可观，而天上的日月星辰则举头可见。上古先民在没有抽象出天神观念之前不对天膜拜，乃属常理。若从另一个角度看，拜日月星辰亦可视为拜日月星辰所在之天，先民是否有这些想法，现在尚无法判断。

---

[1] 天上的星辰也收入于《山海经》时代先民的视野，所以《大荒西经》有"日月星辰之行次"之说，但星辰为《山海经》所偶记，远不如关注日月为多。
[2] 采自盖山林《阴山岩画》，文物出版社，1986年，第212页，图841。

我们在这里可以联系《山海经》讨论一下夏代"天"观念的情况。《山海经》载：

> 大乐之野，夏后启于此儛九代，乘两龙，云盖三层。左手操翳，右手操环，佩玉璜。在大运山北，一曰大遗之野。
>
> 西南海之外，赤水之南，流沙之西，有人珥两青蛇，乘两龙，名曰夏后开。开上三嫔（宾）于天，得《九辩》与《九歌》以下。此天穆之野，高二千仞，开焉得始歌《九招》。[1]

这两条材料，应当是夏以后进入《山海经》传说系统的。说它们反映了夏代的观念，大致不差。其前一条，说夏代的君主名开（即"夏后启"）者，他骑着两条龙，后面有画着祥云的三层仪仗，左手拿着作为道具的翳，右手拿着玉环，头上佩戴着玉璜，在名叫大乐之野的地方表演称为"九代"的舞蹈。后一条则说夏后开（启）头戴着贯于耳后的两条青蛇，乘两条龙，三次登到（"宾"）天上，窃得称为"九辩""九歌"的天乐然后再回到世间。他所登的天上称为"天穆之野"，有两千仞之高。夏后启就从那里开始得到"九招"之乐。

按照儒家的古史系统，夏后启是禹之子，是夏王朝的建立者。他三次登天窃得天乐之事必当是夏王朝或其以后的传说。夏后启之祖名鲧者，也是一位能够登天的神人。《山海经·海内经》说："洪水滔天，鲧窃帝之息壤以堙洪水。"晋代学问家郭璞注《山海经》说："息壤者言土自长息无限，故可以塞洪水也。"[2]鲧是为了治理洪水而登到天上偷窃"息壤"，后被天帝命人杀死于羽山。鲧是一位造福于世人而不惜牺牲个人生命的英雄。他的儿子禹艰苦卓绝治水成功，他的孙子登天窃取天乐，应当说也都是了不起的神人。《山海经》所载鲧、启登天之说，与那个

---

[1] 上引两段材料，见袁珂《山海经校注》，巴蜀书社，1992年，第253、473页。
[2] 同上书，第536页。

时代的"天"之观念是完全一致的。在夏代人的观念里，天上藏有"息壤"这样的宝贝，还有美妙无比的音乐，但也仅是神仙之居而已。

《山海经》所说夏后启所登到的"天"上，实即高山之上，第一条材料所说的"大乐之野"（又称"大遗之野"），位置在"大运山"的北面，应当是比大运山更高的山。第二条材料所说的"天"上，称为"天穆之野"。王念孙据《海外西经》校改为"大穆之野"。[1] 据《大荒西经》所言，"天穆"乃是一座高二千仞的高山。

依据这两条材料，我们可以推测，夏代人们心目中的"天"只是一个虚空的所在，尚未将"天"概念化和神灵化。上古先民在开初的阶段没有形成"天"的观念，符合原始思维的基本规律。据专家研究，在起初的阶段，人还不能把客体（即外在的自然界）与主体（即人自身）区别开来，用法国社会学家列维-布留尔的话来说，就是"人和物之间的'互渗'"[2]。原始思维的另一特点是靠经验、感觉和习惯通过幻想、联系，拼接不同的类化意象，[3] 只有经过漫长的时段才会形成比较清晰的概念。我们再来看上古先民心目中的"天"，它是虚空的，不是具体的可以与之互渗的"物"，所以关于"天"的类化意象的出现应当是较晚的事情，再由此而形成"天"的概念，就更是一段遥远的路程。由此我们就可以理解为什么我国上古相当的时期里"天""帝"融而为一，单独的"天"观念出现得很晚。总之，远古先民的思维尚处于质素朴拙的阶段，后世那种贪欲和权势欲，还远未出现于他们的头脑中。远古先民以无比良善而澄澈的心境来看待天地和周围的一切。他们将世间的美妙事物都在想

---

[1] 王睿谓："'天穆'当即'天翟'，'穆'亦作'繆'。其中'翏'与'翟'近，因以致误也。此校，怀祖先生据《海外西经》改'天'为'大'，更上一层矣。见范祥雍《山海经笺疏补校》，第371页。按，他称赞王念孙的校改，甚是，但"天穆"是否作"天繆"，仍以存疑较妥。疑"大穆之野"与"大遗之野"可能即一处，是为传说异辞。

[2] 列维-布留尔：《原始思维》，第69页。

[3] 参见刘文英《原始思维怎样走向逻辑化》，《哲学研究》1987年第7期。

象中归并到"天"这个所在。[1] 这些美好的境域，这些撼人的力量，与其说是天神之力，毋宁说是远古先民想象中的自己。先民用自己的想象构筑了那个时代的天国（见图二、图三）。从这样的"天国"，可以看出创造出它的那些上古先民那平和而美丽的心灵。

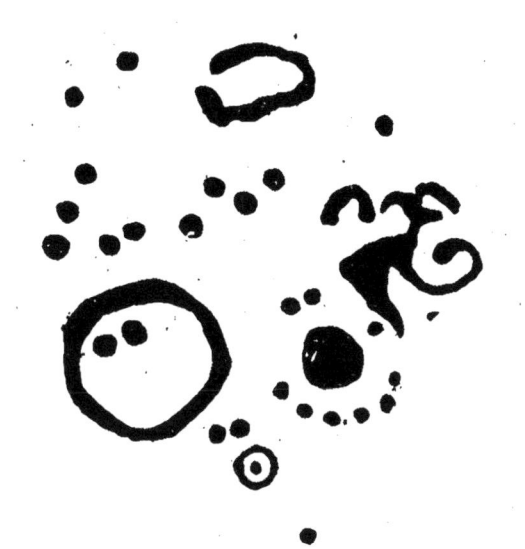

图二 [2]

这是一幅表现星空的岩画，上有大大小小的星星，有一个简略的人面像，只有脸的轮廓和两眼，人像的右边有一个大的黑点，不似星星，有可能是太阳。画面右部有一只大角的羊。人面在星空中，有可能寓意着升空的神人。天上有神人，有太阳星辰，还有羊，应当是先民想象中的天国。此图似可命名为《天国图》。由于岩画条件的局限，这个想象中的天国比较简单，远没有《山海经》所描绘的那样美妙和富饶。

---

[1] "天"作为一个虚空的处所，上古先民形成这个意象，应当是从处于云雾之上的缥缈的高山之巅类化联想的结果，而非"天"的概念的展现。
[2] 采自盖山林《阴山岩画》，第 236 页，图 932。

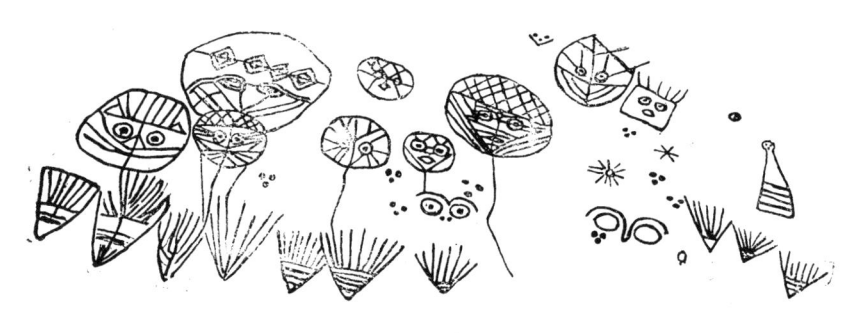

图三[1]

  这是江苏连云港将军崖岩画中最著名的一幅，也是专家们在历年的岩画研究中释解最多、分歧最大的一幅。陈兆复先生曾经分析此岩画的位置特点，指出这幅岩画"刻在锦屏山南面入口处的弧形巨石上，巨石形似穹隆，所刻之神灵及四周星相图，犹如天上星象，前面是低洼开阔地，祭礼的人们对之顶礼膜拜，正是拜倒在苍穹之下"[2]。根据此岩画的位置特点以及岩画内容，可以推测此图中的人面像，应当就是升入天上的部落首领，这些人面像的共同特点是都有一双大眼睛，可能是在表示着这些祖先神灵的聪明。他们在天上依然悠闲地生活。人们所以礼敬而祭祀他们，就是因为他们已经是部落的祖先神。《山海经》中有"群帝"之称，若将升天的部落首领称为"帝"的话，这些人像就是此部落的"群帝"。此图似亦可称为《天国图》。

四、余论：几个令人纠结的问题

  问题之一，因为传说时代尚无文字记载，那么，传说时代的"天"观念，是否可以用"默证"的方法来解释呢？所谓"默证"，类似于刑法上的"无罪推定"，不能证其有罪的时候，当认定其无罪。近年关于"默证"的问题，专家们讨论得较多。学者们比较一致的看法是：第一，默证是一种探寻历史之真的研究方法，但其运用有一定的限度。默证这种方法往往只能证明到相关问题悬而未决的地步，井田制和夏代文字之有无的问题，就是典型。第二，"说有易，讲无难"，是为常理，以文字

---

[1] 采自陈兆复《中国岩画发现史》，上海人民出版社，1991年，第209页，图50。
[2] 同上书，第241页。

或文献未见记载为默证的根据,是可以的。但现今未见的文字记载,并不等于说以后不会发现,也不能断定原先是有文字记载的(只是后来佚失)为绝无可能。第三,用直接的当时的文字记载说明其事为有,当然是最好的方法,可是,若无这样的记载,用后世的记载来说明问题,也不失为一种较好的方法,顾颉刚先生研究商周时代的畿服制就是很好的榜样。[1]

要之,"默证"所得出的结论若能够成立,就必须有一个前提,即那个时代的史事和观念必定都是载入了文字记载的。可是如果把这种默证的前提扩展到传说时代,恐怕不行。那个时代没有文字记载出现,史事与观念主要靠传说流传,要是"默证"起来,传说时代就将是一片空白;或者说即令不是一片空白,那也会被认为是后人的虚拟编造。我们讲"默证"的问题,不是将这种证明方式完全否定,而是指出传说时代的史事与观念,不可用这种方式一笔抹杀。我们当然可以说,文字记载所没有的史事和观念,没有进入那个时代史官及文人的视野,没有被充分重视。可是并不能说文献所没有记载的皆为子虚。上古时代的许多史事和观念,往往介乎信史和传说之际,需要认真分析,不应当以"默证"而简单地予以否定其存在,也不应当将它们一股脑儿地都放在"神话的保险柜"里。[2]《山海经》里没有抽象意义的"天"的记载,不等于说那个时代没有这个观念。我们需要研究的问题应当是那个时代的先民有着什么样的"天"观念。

问题之二,传说时代怎样表达"天"之观念?这里有一个前提,那就是"天"观念是一个不断发展变化的观念。可以说,传说时代的

---

[1] 顾颉刚:《史林杂识初编·畿服》,第1—19页。顾先生据《国语》《左传》等春秋战国时的记载肯定"甸服也,侯服也,要服也,皆古代所实有;宾服也,荒服也,则文家所析出"。他不取默证而否定商周时期此制的存在。

[2] 徐旭生先生不同意极端疑古,他认为,炎帝、黄帝、蚩尤、尧、舜、禹的传说里面所掺杂的神话并不多,不应当"一股脑儿把它们送到神话的保险柜中封锁起来"(《中国古史的传说时代》,文物出版社,1985年,第25页)。徐先生此说是有道理的。

"天"与商周时期的"天"不可能有完全相同的意义。据甲骨卜辞的研究，直到殷商时代，尚没有出现表示天空意思的"天"字。殷墟甲骨卜辞的"天"字都是"大"字的异体。[1] "天"字出现于周初，它是周人的创造。现在的问题是，在周初之前，是否有"天"的观念呢？

《山海经》的时代（亦即传说时代），应当是以"帝"来表达"天"观念的。上古先民对天的直观印象，是把它作为高悬于上的处所，人世间的部落首领可能被认为有时是居于天上的神人。[2] 上古先民这种对于"天"的印象，从《山海经》的时代一直延续到商代才出现新的认识。甲骨卜辞的材料表明，商代的"帝"，实即"天"。卜辞中的"帝（天）"被赋予主宰气象的神力，并在某些方面对人世间的事务可以表示态度，但商代还没有创造出表示抽象意义的"天"的观念。到了周代，周人延续了将天作为处所的意念，并且明确指出祖先神是升到天上为帝服务的。除此之外，周人还创造出"天命"的理论，作为周王朝的立国之本。对于"天""帝"的安排以及"天命"之说，皆为影响深远的传统理念的核心内容之一。周人的这些说法可以说在整个中国古代都在延续。

问题之三，《山海经》里，"天"与"帝"区分得很清楚，没有一点混淆的迹象，这应当是周代及其以后的观念，而在周代之前，"天"与"帝"是合一的。就时代而言，传说时代的"天""帝"二者应当是合一的，而在《山海经》里这两者却泾渭分明。这该如何理解呢？

简单说来，《山海经》的记载与上古时代应有观念相左，这是春秋战国时人编写《山海经》的时候，以其当时的观念述古的结果。如果推敲起来，可以再进一步考虑，这样述古是否违背了真实的历史观念呢？

---

[1] 卜辞里的"天"与"大"字意同，如"大邑商"，又作"天邑商"，商王"大乙"又称"天乙"等皆为其证。
[2] 原始时代人们可能幻想出有些杰出的人物可以分身，或者位移，同时在不同的处所出现。法国社会学家列维-布留尔讲到北美愚丹人的原始思维情况时说："他们能看见自己的一些首领同时在两个地点活着。"（列维-布留尔：《原始思维》，第 38 页）

应当说，这样"述古"，既保存了真实观念，又对其进行了改造。我国上古时代的许多概念，都经历了长时段的发展变化。就一般情况看，概念多附加了新的内涵，例如，"道"本来只是指道路，后来才引申出道理、规律等意蕴。其他如"德""人"等亦复如是。[1] 也有些概念与原初的内涵发生了变异，例如"申"字，本指闪电，但在甲骨文中就已经用作神灵之"神"来使用了。这种变异是一种引申变化，距离原义有较大差距。

我们来说"帝"字。"帝"本义指燎祭天神[2]，后来引申指天神，又用来指天。这在殷墟卜辞中可以得到证明。可以推测传说时代亦是"天""帝"合一的概念。春秋战国时期循西周时期的观念，"天""帝"二者相分，《山海经》以之述上古观念，可谓不失本真，但却与传说时代的原义有了一定的距离。从传说时代的"天"观念，到《山海经》的"天"观念，可以说是一个由混沌到清晰的过程。我们不能说《山海经》所述在传说时代就是如此，但也不能否认《山海经》所述的"天"观念有上古时代观念的影子。

"天"与"帝"的纠葛绵延了很久，直到战国秦汉时期编造古史系统时，还可以看到这个问题的痕迹。齐、鲁、韩三家《诗》说商祖契、周祖后稷，皆无父，而是感天而生。与三家《诗》约略同时的《大戴礼记·帝系》则说是有父而生，并且皆出自黄帝。司马迁写《周本纪》则兼采两说，实际上是对"有父"与"无父"相左这个问题和了一把稀泥。[3] 司马迁既说周祖后稷之母姜原是"帝喾元妃"，又说她践"巨人

---

[1] 关于"德""人"等观念的发展，愚曾有小文讨论，见《先秦时期"德"观念的起源及其发展》（《中国社会科学》2005 年第 4 期）、《发现"人"的历史》（《学术月刊》2008 年第 5 期）等。

[2] "帝"之本义为燎祭之说，有严一萍先生说，见于省吾主编《甲骨文字诂林》第二册，中华书局，1996 年，第 1082 页；还有王辉先生说，见其所撰《殷人火祭说》（载《古文字研究论文集》，《四川大学学报丛刊》第十辑，四川人民出版社，1982 年，第 269—276 页）一文。

[3] 上古先圣"有父"与"无父"的问题实为战国秦汉儒者的一大难题，若谓"有父"，则何以不为"父"庙并祭祀；若谓"无父"，则又类乎禽兽。参见皮锡瑞《经学通论》卷二《论"生民""玄鸟""长发""閟宫"四诗当从三家不当从毛》，中华书局，1954 年，第 41—42 页。

迹"[1]而生子,这就表达了后稷之生得天命之助,但又是"有父"而生。这样看来便是既得天命,又合人意。其实,这两说皆当源自上古先民"天""帝"相融为一的观念。说这个观念为神,那就是天;说它为人,那就是帝。后来的"有父""无父"两说,皆出一源,属传闻异辞耳。

春秋战国时期,随着人们历史观念和认识能力的增强,在儒家复古理念的影响下,追寻古史成为社会风气。《尚书》的《虞夏书》几篇以及《诗经》中的史诗,多将夏商周诸族的先祖的历史追溯至久远。上古先民在叙述时代久远先祖历史的时候,也不免提到远古时代的社会观念,"天"与"帝"的观念当然亦在其中。那个时期所写文献中的"天"观念,与《山海经》相同的是也保存了自然之天的概念,[2]也将天与帝明显分开;不同的是将"天"神化的意向十分突出,如谓"亮天功"(辅助天功)、"天叙有典"(天叙定社会伦常)、"天命有德"(天任命有德之人)、"敬天之命"(谨遵天命)、"行天之罚"(执行天之惩罚)[3],这些说法应当都是春秋战国时人以当时的"天"观念和辞语述古的结果,而不能证明所述的那个时代真的具有了这样的观念。《山海经》没有将"天"神化,这一点应当意味着它较多地保存了上古先民的观念,而较少掺入后世的观念。《山海经》所载"天"观念材料之宝贵,于此可见一端。

---

1 司马迁:《史记》卷四《周本纪》,中华书局,1959年,第111页。
2 春秋战国时人保存了自然之天的观念,如《尧典》称"天"为"昊天",以"滔天"言说洪水之大,《皋陶谟》称普天之下谓"光天之下",是为其例。
3 《尚书·虞夏书》之语,依次见阮元校刻《十三经注疏·尚书正义》,第132、139、144、155页。

附录　《山海经》的"天虞"和"天台"

《山海经》一书载上古传说，时代渺茫，不易索解。今就其所言"天虞"与"天台"二事，试作解析，以供专家研究时参考。《山海经·南山经》的"天虞"当读为"天吴"，系传说中的水神。《大荒南经》的"天台"一条，"高山"当与其后的"海水"相系连，意指天台之广阔。兹就这两个问题，试说如下。

一、"天虞"

《南山经》有"天虞之山"，郝懿行据晋人所撰《广州记》，认为即夫卢山，"天虞、夫卢字形相近，或传写之讹"[1]。按，这两个字不易讹误，郝说疑非是。"天虞"疑当读为天吴。虞、吴两字古音同字通，如《论语·微子》"虞仲"，当即吴仲，清儒刘宝楠说："'虞''吴'通用。……仲雍称吴仲雍，故或称虞仲。"[2]《史记·孝武本纪》"不虞不骜"索隐云："何承天云'虞'当为'吴'……与吴声相近，故假借也。"[3]清儒钱大昕说："古文虞与吴通，汉碑亦有'不虞不扬'之文。今《封禅书》

---

1 范祥雍：《山海经笺疏补校》，第24页。
2 刘宝楠：《论语正义》，中华书局，1990年，第727页。
3 《史记》卷十二，第466页。

作'不吴',乃后人据毛诗私改。"[1]在《山海经》中,"天吴"见于《海外东经》,谓"朝阳之谷,神曰天吴,是为水伯",其形象是"八首人面,八足八尾";又见于《大荒东经》,是一位"八首人面,虎身十尾"的"神人"。两个记载一致,可以肯定天吴是传说中的水神。依《山海经·大荒北经》"风伯"为司风之神的例子,则水伯当是司水之神,古人常将风雨连称,《大荒北经》即谓"风伯雨师,纵大风雨"之说,疑"水伯"也是像"雨师"那样的司雨之神。若此则可与《南山经》所谓祭龙神之说相符合。《南山经》说:"自天虞之山以至南禺之山,……其神皆龙身而人面,其祠皆一白狗祈。"作为"龙身"之神,与传说降水的龙神(亦即水神)是一致的。难能可贵的是,殷商卜辞中有以犬祈雨的记载,与《南山经》所云"其祠皆一白狗祈"相合。《甲骨文合集》第31191片,这版卜辞包括四条卜辞,依次是"三豚此雨""叀犬一此雨""二犬此雨""三犬此雨"。这四条卜辞皆贞用豚或犬求雨的事。卜辞中的"此"字当用如"则",是承接连词。[2]卜辞问是用三豚为祭品就会下雨,抑或是用一犬(或二犬,或三犬)为祭品就会下雨。总之,《南山经》的"天虞之山",天虞当即《海外东经》及《大荒东经》作为"水伯"的天吴。《南山经》所说用"祈"的方式处理"白狗",用以祭祀"天虞(吴)",清儒毕沅说"祈"字当读若"衁",袁珂引用此说为释。[3]于省吾论证了文献典籍中"衁"字假借为幾、匄、祈等,这个字在甲骨文中作"冗""肎"等形,意指"匄物牲或人牲,献血以祭"。[4]甲骨卜辞中有衁犬祭神的记载,如:"丁丑贞,甲申用羊九、犬十又一,衁至于多毓用牛一。"[5]意思是:丁丑这天贞问,甲申这天是否用九只羊、十一

---

[1] 钱大昕:《廿二史考异》卷一,上海古籍出版社,2004年,第12页。
[2] 杨树达:《词诠》,中华书局,1965年,第307页。
[3] 袁珂:《山海经校注》,巴蜀书社,1992年,第23页。
[4] 于省吾:《甲骨文字释林·释冗》,中华书局,1978年,第24页。
[5] 《小屯南地甲骨》第1089片。姚孝遂、肖丁:《小屯南地甲骨考释》,中华书局,1985年,第262页。

条狗，采其牲血以祭多毓，还要用一头牛为祭品。这个"蛊犬祭神"的记载，与《南山经》所谓"祠皆一白狗祈（蛊）"若合符契，颇可以相互发明。

另外，《大荒西经》载："有人反臂，名曰天虞。"郭注说"亦尸虞"，郝懿行说"据郭注当有成文，疑在经内，今逸"。[1] 依《山海经》称"尸"之例，"尸虞"若当为"虞尸"，即天虞之尸。《南山经》所言"龙身而人面"，《大荒东经》所言"八首人面，虎身十尾"，应当就是祭典上巫师所扮的"天虞之尸"的形象。

总之，《南山经》的"天虞"当即《海外东经》的"天吴"。理由是，其一，虞、吴二字古通；其二，"天虞"被作为水神而被祭祀，要取"白狗"之血（祈，蛊）以祭。"天吴"作为水神，与天虞是一致的。

二、"天台"

《大荒南经》载"天台高山"，袁珂先生《山海经校注》作"大荒之中，有山名曰天台高山，海水入焉"，王念孙据《太平御览·地部》十五所引无"高山"二字，说"高山"二字衍。袁珂先生从之。[2] 愚以为，此说虽然有《御览》引文为证，不为无据，但并不能证明原文必错。"入焉"者，表示进入此处。《大荒南经》谓："有山名曰融天，海水南入焉。"郝懿行说："盖海所泻处必有归虚，尾闾为之孔穴，地脉潜通，故曰入也。"[3] 袁珂引专家说以"海侵"现象的变化为释，[4] 但"海侵"变化当第四纪冰期结束时，恐与《山海经》传说时代距离过远，郝懿行以"地脉潜通"而海水进入为释，比较可信。袁珂曾斥之谓"海水入

---

1 范祥雍：《山海经笺疏补校》，第365页。
2 袁珂：《山海经校注》，第437页。
3 范祥雍：《山海经笺疏补校》，第351页。
4 袁珂：《山海经校注》，第428—429页。

山,盖古人臆想"[1]。愚以为《大荒南经》所载或当读为:"大荒之中,有山名曰天台,高山、海水入焉。"意指"天台"之上亦有高山海水。《大荒北经》"有山名曰融父山,顺水入焉","有顺山者,顺水出焉",可见,"顺水"当在两山之上。在古人想象中,广袤无际的天台上有高山,或者说高山耸入云天,犹在天台之上,都是可能的。屈原讲他自己遨游于天,"邅吾道夫昆仑兮","路不周以左转",在天上路过了昆仑和不周山,《楚辞·惜誓》"登苍天而高举兮,历众山而日远",[2]可见战国秦汉时出现了天上有众山的概念。而这样的观念,在商和西周时期人们思想素朴、尚不十分浪漫的时期应当是不会出现的。综上所述,《大荒南经》所载之语,当读作"大荒之中,有山名曰天台,高山、海水入焉",庶几近乎原意。

---

[1] 袁珂:《山海经校注》,上海古籍出版社,1980年,第372页。按,袁先生于20世纪90年代初出版此书增订本时,盖认为此说过苛而删去此语。
[2] 洪兴祖:《楚辞补注》卷一、卷十一,中华书局,1983年,第43、45、227页。

《山海经》与上古时代的"帝"观念

《山海经》关于"帝"的记载,是我们认识上古先民"帝"观念的宝贵资料。此书的《山经》部分多记帝在天下居住之处以及帝都的情况,而《海经》《荒经》则多记帝的世系与功勋。这与《山海经》各部分写成的时代早晚有直接关系。《山海经》所载"冡祭"与"禘祭"反映了上古先民祭祀情况及天神观念,"帝"之观念应当衍生于此。在《山海经》里"黄帝"只是诸帝之一,直到春秋战国时期才被定于一尊。

在上古先民的思想观念中,"帝"观念占有较重要的地位。"帝"与"天"原本是合一的,直到周代才完全分开。研究"帝"观念的直接文字资料,现在可以追溯到甲骨卜辞,殷商时代以前者则主要靠《山海经》一书。《山海经》虽然编定于汉代,但却是汇集上古传说的宝库。此书虽然如顾颉刚先生所言,"是一部幸免于西汉儒者改窜的古书"[1],但毕竟其所述的内容与写成的时代悬隔较远,所以研究上古史事与观念的专家多取谨慎态度,不大利用其材料来说明重大问题。通过分析考索,我们还是可以看到《山海经》所记内容的宝贵,关于"天""帝"等的记载多有

---

1 顾颉刚:《〈山海经〉中的昆仑区》,《中国社会科学》1982 年第 1 期。

他书未载的重要内容。

一、《山海经》中"帝"的基本情况

关于《山海经》里的"帝"的具体情况，为观览方便计，特列下表：

表二 《山海经》所载"帝"的情况表

编号	出处①	帝、天帝	黄帝	其他的帝
1	西山经34	天帝之山		
2	西山经45	崇吾之山，"西望帝之搏兽之丘（山）"。		
3	西山经48		玉膏，其原沸沸汤汤，黄帝是食是飨。……黄帝乃取峚山之玉荣，而投之钟山之阳。	
4	西山经50	钟山，"帝乃戮之钟山之东"。		
5	西山经53	槐江之山，"实惟帝之平圃"。		
6	西山经55—56	"昆仑之丘，是实惟帝之下都"，神陆吾"司天之九部及帝之囿时"；"鹑鸟"，"是司帝之百服"。		
7	西山经61			其神白帝少昊居之。
8	西山经66			浑敦，"实为帝江也"。
9	北山经111			炎帝之少女名曰女娃。
10	北山经119	泰泽，其中有山焉，曰帝都之山。		
11	中山经150	青要之山，"实惟帝之密都"。		
12	中山经170	帝台之石，所以祷百神者也。		
13	中山经171	鼓钟之山，"帝台之所以觞百神也"。		
14	中山经171	姑瑶（媱）之山，"帝女死焉"。		
15	中山经176	其上有木焉，其名曰帝休。		

续表

编号	出处	帝、天帝	黄帝	其他的帝
16	中山经 178	讲山,"有木焉,名曰帝屋"。		
17	中山经 195	熊山,"席(帝)也②。其祠:羞酒,太牢具,婴毛一璧"。		
18	中山经 198	騩山,"帝也,其祠:羞酒,太牢其(具)"。		
19	中山经 200	帝囷之山,"帝囷之水出于其上"。		
20	中山经 204	高前之山,"其上有水焉,甚寒而清,帝台之浆也"。		
21	中山经 206	毕山,"帝苑之水出焉"。		
22	中山经 207	倚帝之山,其上多玉,其下多金。		
23	中山经 208	宣山,其上有桑焉,名曰"帝女之桑"。		
24	中山经 213	禾山,帝也,"其祠:太牢之具,羞瘗,倒毛,用一璧,牛无常"。		
25	中山经 216	洞庭之山,"帝之二女居之"。		
26	海外南经 229	神人二八,连臂,为帝司夜于此野。		
27	海外南经 246			帝尧葬于阳,帝喾葬于阴。
28	海外西经 258	形天与帝至此争神,帝断其首,葬之常羊之山。		
29	海内西经 335	贰负之臣曰危,"帝乃梏之疏属之山"。		
30	海内西经 344	海内昆仑之虚,在西北,帝之下都。		
31	海内北经 365			帝尧台、帝喾台、帝丹朱台、帝舜台,各二台,台四方,在昆仑东北。
32	海内东经 385			汉水出鲋鱼之山,帝颛顼葬于阳,九嫔葬于阴。

续表

编号	出处	帝、天帝	黄帝	其他的帝
33	大荒东经 390			东海之外大壑，少昊之国，少昊孺帝颛顼于此，弃其琴瑟。
34	大荒东经 397			有中容之国。帝俊生中容，中容人食兽、木实。
35	大荒东经 398			有司幽之国。帝俊生晏龙，晏龙生司幽，司幽生思士。
36	大荒东经 399			有白民之国，帝俊生帝鸿，帝鸿生白民，白民销姓，黍食。
37	大荒东经 401			有黑齿之国。帝俊生黑齿，姜姓，黍食，使四鸟。
38	大荒东经 403		黄帝生禺䝞，禺䝞生禺京。	
39	大荒东经 404			有困民国，"帝舜生戏，戏生摇民"。
40	大荒东经 409			有五采之鸟，相乡弃沙。惟帝俊下友，帝下两坛，采鸟是司。
41	大荒东经 416		夔，黄帝得之，以其皮为鼓，橛以雷兽之骨，声闻五百里，以威天下。	
42	大荒南经 422	有巫山者，西有黄鸟。帝药，八斋。		
43	大荒南经 422			有人三身，帝俊妻娥皇，生此三身之国。……从渊，舜之所浴也。
44	大荒南经 423			有季禺之国，颛顼之子，食黍。

续表

编号	出处	帝、天帝	黄帝	其他的帝
45	大荒南经 428			有载民之国。帝舜生无淫，降载处，是谓巫载民。
46	大荒南经 433			有云雨之山，……群帝焉取药。
47	大荒南经 437			帝尧、帝喾、帝舜葬于岳山。
48	大荒南经 438			有羲和之国。有女子名曰羲和。……羲和者，帝俊之妻，生十日。
49	大荒西经 449			有西周之国，姬姓。"帝俊生后稷，稷降以百谷。"
50	大荒西经 452		有北狄之国。黄帝之孙曰始均，始均生北狄。	
51	大荒西经 459—460			大荒之中，有山名曰日月山，……颛顼生老童，老童生重及黎，帝令重献上天，令黎邛下地。
52	大荒西经 463			有女子方浴月。帝俊妻常羲，生月十有二，此始浴之。
53	大荒西经 474			有互人之国，炎帝之孙，名曰灵恝。灵恝生互人，是能上下于天。
54	大荒北经 478			东北海之外，大荒之中，河水之间，附禹之山，帝颛顼与九嫔葬焉。
55	大荒北经 484	有毛民之国，"帝念之，潜为之国，是此毛民"。		
56	大荒北经 489			群帝因是以为台，在昆仑之北。

续表

编号	出处	帝、天帝	黄帝	其他的帝
57	大荒北经 490—491		有人衣青衣,名曰黄帝女魃。蚩尤作兵伐黄帝,黄帝乃令应龙攻之冀州之野。应龙畜水,蚩尤请风伯雨师,从大风雨。黄帝乃下天女曰魃,雨止,遂杀蚩尤。魃不得复上,所居不雨。叔均言之帝,后置之赤水之北。	
58	大荒北经495		有人名曰犬戎。黄帝生苗龙,苗龙生融吾,融吾生弄明,弄明生白犬,白犬有牝牡,是为犬戎。	
59	海内经503		黄帝妻雷祖,生昌意,昌意降处若水,生韩流……生帝颛顼。	
60	海内经509		有九丘,以水络之,名曰陶唐之丘,……建木……大皞(暤)爰过,黄帝所为。	
61	海内经527			炎帝之孙伯陵,伯陵同吴权之妻阿女缘妇。
62	海内经528		黄帝生骆明,骆明生白马,白马是为鲧。	
63	海内经529			帝俊生禹号,禹号生淫梁,淫梁生番禺,是始为舟。番禺生奚仲,奚仲生吉光,吉光是始以木为车。

续表

编号	出处	帝、天帝	黄帝	其他的帝
64	海内经 530			帝俊赐羿彤弓素矰，以扶下国。
65	海内经 531			帝俊生晏龙，晏龙是为琴瑟。
66	海内经 532			帝俊有子八人，是始为歌舞。
67	海内经 532			帝俊生三身，三身生义均……后稷是播百谷，稷之孙曰叔均，是始作牛耕。
68	海内经 534			炎帝之妻赤水之子听訞生炎居，炎居生节并，节并生戏器，戏器生祝融。
69	海内经 536	鲧窃帝之息壤以堙洪水，不待帝命。帝令祝融杀鲧于羽郊。鲧复生禹，帝乃命禹卒布土以定九州。		

①此表"出处"所标某"经"后的数字，是袁珂《山海经校注》（巴蜀书社，1992年）一书的页数。
②经文"席"字，郭注："席者，神之所凭者也。"郝懿行说："席当为帝字，形之讹也。上下经文并以帝冢为对。此讹作席，郭氏意为之说，盖失之。"见范祥雍《山海经笺疏补校》卷五，第214页。按，黄帝称有熊氏，所葬之山称"熊山"盖与之有关。黄帝死后以山为冢而葬，如熊山、騩山、禾山、尧山。《中山经》说文山、勾檷用高规格祭品祭帝。

二、"帝"之居与"帝"之都

分析上表的记载，我们可以得出以下的基本认识，那就是《山海经》里的"帝"常居住和活动于高山之上；这些高山，最著名的是昆仑山，其他有崇吾之山、峚山、槐江之山、轩辕之丘、天山、青要之山、鼓钟之山、讲山、熊山、騩山、高前之山、毕山、禾山等多处。在上古先民的心目中，"骏极于天"（《诗·崧高》句）的高山是离天最近的地方，帝应当居住生活于此。仰望耸入云端的高山之巅，感觉山巅处就如同天上。居住于高山之巅的"帝"，就像居住在天上。[1]《西山经》又把帝称为"天帝"(住在天上的帝),其理由应当就在于此。

帝居之高山多有美好的生活环境,如有玉,有圃,有棋盘棋子,有像房屋一样的大树,有粮仓,有可以做酒的好水,有苑囿,有桑树,有琴瑟,有洗浴之处,有仙药,有可以登天的称为"建木"的大树;还有各种服务者,如有为帝服务的五采鸟,有负责巡夜的天神。《山海经》里的"帝"还有妻室女儿。总之,人世间最高领袖所拥有者,"帝"也都拥有。

《山海经》里的"帝"不仅常居于耸入云端的山上,而且其常居之处被称为"都",我们可以对这些"都"进行一些分析。

帝常居之"下都":昆仑山。

如《西山经》有"下都",谓"昆仑之丘,是实惟帝之下都";《海内西经》也说"海内昆仑之虚,在西北,帝之下都。昆仑之虚,方八百里,高万仞"。郭璞注谓"天帝都邑之在下者",是可信的。所谓"下都"的"下"意当即与上面的"天"相对应,"下都"或当为在地上(而非天上)之都。但这个"下都",在昆仑山之上,已经距天不远。可以推测,在先民的想象中,这个"下都"与天上的"都"应当相差不多。"帝"的下都位于昆仑山。这座昆仑山上的帝的"下都"的情况如何呢?我们可以引用顾颉刚先生据《山海经》和《淮南子》的相关记载而进行的概述来做全面的观察。顾先生说:

> 在中国的西面,有一座极高极大的神山,叫作昆仑,这是上帝的地面上的都城,远远望去有耀眼的光焰。走到跟前,有四条至六

---

[1] 此种观念流传甚久,汉朝时人尚有如此看法。《史记·封禅书》载:"初,天子封泰山,泰山东北址古时有明堂处,处险不敞。上欲治明堂奉高旁,未晓其制度。济南人公玉带上黄帝时明堂图。明堂图中有一殿,四面无壁,以茅盖,通水,圜宫垣为复道,上有楼,从西南入,命曰昆仑,……天子从昆仑道入,始拜明堂如郊礼。"(《史记》卷二十八,第1401页)此举意味着所祭之帝在天上,"昆仑道"即登天之路,公玉带把它说成是黄帝时所为,犹存古意。

条大川潆洄盘绕,浩瀚奔腾,向四方流去。山上有好多位上帝和神……这个城叫作增城,城里有倾宫、旋室等最精美的建筑,城墙上开着很多门,城外又浚了很多井。每一个城门都有人面九头的开明兽守着,还有猛鸷的鸟兽虫豸,因此能上去的人是不多的,指得出来的只有羿和群巫。山上万物尽有,尤其多的是玉,处处的树上结着,许多器物都是用玉制的。……这真是一个雄伟的、美丽的、生活上最能满足的所在。[1]

关于昆仑山的地理方位,说法纷杂,不啻有数十种之多。我国西北地区的不少雄伟高山都符合《山海经》里所说的昆仑山的条件。有专家说是今山东的泰山,也不无道理。可以说《山海经》里的昆仑山的具体方位要具体坐实为某一座山是很困难的,从其出现的历史时段上看,我们毋宁说昆仑山是春秋战国时期先民心目中的雄伟神山,[2]它位于那个时期人们的心里。

帝之"密都":青要之山。

《中山经》有"密都",谓"青要之山……实惟帝之密都"。郭注:"天帝曲密之邑。"意思不够准确。密与宓为古今字。《说文》训宓为"安也"。段玉裁说:"密行而宓废矣。《大雅》'止旅乃密',《传》曰:'密,安也。'《正义》曰:'释诂'曰:密,康、静也;康,安也。转以相训,是宓得为安。'"[3]依密字古训,"密都"意当指天帝安康居住之都。

"泰泽"中的"帝都之山"。

《北山经》载:"泰泽,其中有山焉,曰帝都之山,广员百里,无草木,有金玉。"按,这座"帝都之山",顾名释义,当即其上有"帝都"

---

1 顾颉刚:《〈山海经〉中的昆仑区》,《中国社会科学》1982年第1期。
2 "昆仑"是春秋战国时期出现的叠韵连语之一,这类例子还有旁薄、混沌、蹈腾、营惑、狼戾等,参见朱骏声《说文通训定声》,中华书局,1984年,第807—808页;王念孙:《读书杂志》,中国书店,1985年,第31—36页。是可推测其出现的时代。
3 段玉裁:《说文解字注》七篇下,上海古籍出版社,1981年,第339页。

之山。它的位置在"泰泽"之中。"泰泽"之称在上古文献中仅见于此，疑当即"大泽"[1]。《山海经》里"大泽"多见，较大面积的湖泊似皆可称为"大泽"，《西山经》《北山经》《海外北经》《海内西经》《海内北经》《大荒西经》《大荒北经》等皆有相关的说法。[2] 此"大泽"之所在，或谓即"古之瀚海"。作为水域的"瀚海"，有贝加尔湖、呼伦湖等说。所谓"大泽"又或谓在今河套地区，或谓在今黑龙江省的嫩江地区[3]。这些说法，似皆有些过远，且"瀚海"之说出自汉代，与《山海经》的时代相左。揆诸上古先民活动区域，此"大泽"疑当在今山西境内。《左传·昭公元年》有"宣汾洮，障大泽"之说，意即疏通汾河、洮水，修筑"大泽"之堤坝。据说这是黄帝之子少昊金天氏时候的事情，春秋时人犹能道之。从"大泽"的位置看，这个"帝都之山"，疑即山西境内的太岳山（又称霍太山），此山在长治盆地和太原盆地中间，这两个盆地，上古时代多水，皆可称为"大泽"，并且，《左传》已称其为"大泽"。相传韩、赵、魏三家分晋的时候，有"霍太山之神"的传说。[4] 可见，霍太山乃是自古以来的神山。要之，《北山经》所说的这座在"泰（大）泽"之中的"帝都之山"，很可能就是在春秋时期被视为神山的太岳山（霍太山）。

值得我们注意的是，"都"之称不古，甲骨卜辞和金文中未见。在

---

[1] 泰、太、大三个字为同源字，音近意通（见王力：《同源字典》，商务印书馆，1982年，第490页）。在上古文献里这三个字相通假的例子不胜枚举，《尚书》的《大誓》，《尚书大传》和《史记》并作《泰誓》，是为显证。

[2] 《山海经》里关于"大泽"的记载如下：《西山经》："槐江之山……实惟帝之平圃，……西望大泽，后稷所潜也。"《北山经》："维龙之山……敲铁之水出焉，而北流注于大泽。"《海外北经》："夸父与日逐走，……饮于河渭；河渭不足，北饮大泽。未至，道渴而死。"《海内西经》："大泽方百里，群鸟所生及所解，在雁门北。"《海内北经》："舜妻登比氏生宵明、烛光，处河大泽。二女之灵能照此所方百里。"《大荒西经》："有大泽之长山，有白氏之国。"《大荒北经》："有大泽方千里，群鸟所解。"

[3] 今嫩江下游地区在古代曾是一个方千余里的大湖，《魏书》卷一《序纪》称拓跋鲜卑之祖曾经"南迁大泽，方千余里"，这个大泽当即今嫩江下游地区的古代大湖。说见陈可畏《拓跋鲜卑南迁大泽考》，《黑龙江民族丛刊》1989年第4期。

[4] 黄晖：《论衡校释》卷二十二，中华书局，1990年，第919—920页。

上古文献里，始见于《左传·隐公元年》，谓"都城过百雉，国之害也"。"都"之观念，是西周后期至春秋前期这个时段出现的。可以推测，《山海经》把"帝"常居之处称为"都"，以及对于"帝"都的安排，是春秋战国时期的人所进行的工作。这对于《山海经》的成书时代的推定应当是一个参考。

三、《山海经》里的"冢祭"

关于《山海经》所载祭祀情况，专家少有关注。其实，这方面的内容正是我们探讨上古先民的思想与观念的重要而珍贵的材料，特别是其冢祭与禘祭更值得重视。《山海经》的祭天礼多表现于在"冢"的祭祀。上古先民，常常选择山巅处作为祭天的地点。这种祭祀，可以简称为冢祭。冢祭以《西山经》中的一个记载最有系统，谓：

> 华山，冢也，其祠之礼：太牢。斋百日，以百牺，瘗用百瑜，汤其酒百樽，婴以百珪百璧。其余十七山之属，皆毛牷用一羊祠之。[1] 翰，山神也，祠之用烛。

这段经文的意思是说：在华山的山巅处的祭祀，要用太牢。主祭的人要斋戒百日，要用一百头牺牲、瘗埋一百件瑜（美玉）、一百樽温酒、一百件缠着丝络的玉珪[2]、一百件缠着丝络的玉璧为祭品，其余的十七座山的祭祀所用长有兽毛的牺牷都用一只羊为祭品。向作为山神的"翰"祈祷是用火烛。这段话先说"华山"，再说其他的"十七山"，最后提到

---

[1]《山海经·西山经》，袁珂：《山海经校注》，巴蜀书社，1992年，第38页。按，原文在"祠之"之后有"烛者百草之未灰，白蓆采等纯之"之语，毕沅说是"周秦人释语，旧本乱入经文"（毕沅注《山海经》卷二，光绪三年浙江书局校刻本，第11页），其说甚是，今从之。

[2] 关于经文"婴"字的解释多歧，或读若璎，指玉器；不若读为缠绕之意的"䌉"为优，新蔡楚简"婴之以兆玉"，是为其证。说见罗新慧《说新蔡楚简"婴之以兆玉"及相关问题》，《文物》2005年第3期。

称为"獜"的山神，层次很清楚。[1]

我们在这里特别要关注"冢"字之意。冢字在春秋战国时期有"坟墓"和"大""顶"三种意蕴。郭璞云："冢者，神鬼之所舍也。"不直接取坟墓之意，只谓冢是鬼神之居，这样来解释，虽然比清儒吴任臣直接说"冢犹墓意"[2]为优，但还是不够准确。华山固然可以是鬼神之居，但别的大山何尝不是如此呢？按照《北山经·北次二经》所说，其十七山皆有山神，"其神皆蛇身人面"，皆享用祭祀，可见是山山有神。依郭璞之说，应当是山山皆冢，而不必单指"华山"。要之，经文所言"华山，冢也"，这里的"冢"字之意当指华山之巅。《尔雅·释山》云"山顶，冢"，《尔雅·释诂》"冢，大也"，[3]是为其证。[4]我们理解"华山，冢也，其祠……"，可以说是在山下遥望山巅而祭，但如此说，不如说在山顶祭更合适。因为既然《释山》明谓"山顶，冢"，那么，要说单祭一处山顶，就不若说到山顶祭祀为妥。并且后世帝王的封禅礼也要到山顶祭祀，也可反证说某山之冢的"祠"，是到"冢"祭祀。

比较典型的关于"冢"的记载还有《中山经》的一处：

> 升山，冢也，其祠礼：太牢，婴用吉玉。太牢之具、蘖酿；干舞，置鼓；婴用一璧。尸水，合天也，肥牲祠之，用一黑犬于上，

---

[1] 这段话末尾的"獜，山神也，祠之用烛"八字，原在"太牢"之后。愚以为，从文意上看应当处于此段话末尾，因为后面的享用"百牺""百瑜""百樽""百璧"这样高规格祭品者，不可能是作为"山神"的"獜"，而应当是华山之巅的天神。关于"獜"，郭璞认为《北山经》的"闾"就是獜，"似驴而岐蹄，角如麢羊，一名山驴"（见袁珂《山海经校注》，第97页）。段玉裁以为獜就是母山羊（说见《说文解字注》四篇上，第146页）。

[2] 吴任臣：《山海经广注》卷二，四库全书本。

[3] 阮元校刻《十三经注疏·尔雅注疏》，第2618页上栏、第2568页中栏。

[4] 清儒毕沅已经指出此点，见毕沅注《山海经》卷二，光绪三年浙江书局校刻本。

用一雌鸡于下，刉一牝羊，献血。婴用吉玉，采之，飨之。[1]

这段经文的意思是：在升山山巅处的祈祷之礼，要备好太牢，太牢的牺牲都要用丝络悬挂吉祥之玉。除了备好太牢以外，还有用糵酿好的酒，还有拿着干楯的舞蹈，放置好鼓；牺牲上用丝络悬挂一件玉璧。要陈水为祭品，因为水中有天的倒影，符合天象。要用肥的牺牲祈祷，用一只黑犬祭上天，用一只雌鸡祭下地，祭典上刺杀一只母羊取血以祭。这些牺牲上也悬挂吉玉，要以缯彩为饰，还要劝神享用。

《山海经》祭于"冢"的记载还有《中山经》如下的几处：

历儿，冢也，其祠礼：毛，太牢之具，县以吉玉。其余十三山者，毛用一羊，县婴用桑封，瘗而不糈。

苦山、少室、太室，皆冢也，其祠之：太牢之具，婴以吉玉。

骄山，冢也，其祠：用羞酒少牢祈瘗，婴毛一璧。

文山、勾檷、风雨、騩之山，是皆冢也，其祠之：羞酒，少牢具，婴用（毛？）一吉玉。

堵山，冢也，其祠之：少牢具，羞酒祠，婴毛一璧瘗。

堵山、玉山，冢也，皆倒［毛］祠，羞毛少牢，婴毛吉玉。

尧山、阳帝之山，皆冢也，其祠皆肆瘗，祈用酒，毛用少牢，婴毛一吉玉。[2]

这些经文里的话需要进行一些解释。所言某山"冢也"，意指某山之巅。

---

[1] 袁珂：《山海经校注》，第163页。此条经文在"吉玉"之下，原有"首山，䰠也，其祠用稌、黑牺"十字，疑错简而误置于此。其下的经文，言"太牢"之事，必当连于讲"太牢""婴用吉玉"之后。"䰠"字义为神。《中山经》青要之山，"是多仆累、蒲卢，䰠武罗司之"，郭璞注"武罗，神名；䰠即神字"，或谓这个字应当是"神鬼"之意，指鬼之神者。愚以为，"䰠"当是神字异构。

[2] 以上七条引文依次见袁珂《山海经校注》，第146、181、188、195、198、213、219页。

在山巅进行"祠（祈祷）"的祭品，皆有"太牢"或"少牢"。祭祀时若牛、羊、豕三牲齐备，则称为"太牢具"，若只有羊、豕齐备则称为"少牢具"。"县（悬）以吉玉"的意思与"婴毛一璧"相类似，都是指在牺牲上用丝络系上玉饰。

分析在诸山的"冢"的祭祀与其他的山上的祭祀，两者的区别在于，冢祭的祭品规格最高、最为齐备，一般都是"太牢具"或"少牢具"，而其他的山的祭祀都是比不上的。例如上述"历儿"之冢的祭祀用太牢，并且"县以吉玉"，而"其余十三山者，毛用一羊，县婴用桑封"。所谓"桑封"即桑木作的木牌，比之于冢祭所用的"吉玉"，显然是等而下之的。在"历儿"山的冢祭要具备"太牢"，而其余诸山的祭祀只用一羊，差别也很明显。

山顶处距离"天"比较近，"骏极于天"的高山之上就如同天上。我国北方地区分布广泛的红山文化的大型墓葬皆位于山顶，如内蒙古林西县白音长汗红山文化的七座大墓皆位于山顶，墓周围有石砌的围圈。[1] 牛河梁遗址第二地点的大墓，是在山顶处筑成边长20米的大型方坛，在其东侧是由三圈淡红色石桩围成的圆形祭坛，其外圈直径22米，内圈直径11米，堆砌积石成三层叠起的巨型祭坛。专家指出这是"圆形和方形坛址的群体组合"[2]。在这样的祭坛上的祭祀，既是祭天也是祭祖，汉儒所说"祭天则以祖配之"[3]的祭礼，在这里似乎看到了它的远古面貌。南方地势低平地区的先民，为了缩短与"天"的距离，不惜以大量的人力物力来堆造出"山"来。东南地区新石器时代遗址多发现有被称为"山"的"高台土冢"。这些"山"全部是人工搬运堆土筑成，例如太湖流域的"反山"高7.3米，"草鞋山"高10.5米，"张陵山"高8.4

---

[1] 内蒙古自治区文物考古研究所：《内蒙古林西县白音长汗新石器时代遗址发掘简报》，《考古》1993年第7期。

[2] 田广林：《红山文化"坛、庙、冢"与中国古代宗庙、陵寝的起源》，《史学集刊》2004年第2期。

[3] 《礼记·丧服小记》郑玄注，阮元校刻《十三经注疏·礼记正义》卷三十二，第1495页中栏。

米,"福泉山"高6米,"寺墩"高20米,其"山"上皆有随葬显示权力的玉钺、琮、璧等器物的良渚文化大墓,[1]应当是部落首领的墓葬。在这些高台土冢上多发现燎祭遗迹。例如福泉山顶所发现的祭坛,自下而上共有三级台面,"整座祭坛包括土块和地面,都被大火烧红","另有两长条红烧土块堆积,……土块也内外烧红",高台附近另有五个积灰坑,坑中堆积着山上大火燎祭后清扫的草木灰。[2]分析我国新石器时代的位于山顶的大墓和祭坛,可以说《山海经》所述在"冢"的祭祀情况与之是接近的。

《山海经》所称某山"冢也",意指在某组山中此山为最高者,是为顶端、山巅,而本组的其他诸山则没有它高。所以选择在这座山的山巅处祭祀,应当是在先民的心目中此处是距离"天"最近之所在。在此祭天,天神最容易享用各种祭品。关于在"冢"的祭祀,《山海经》虽然没有明确提到所祭的神灵,但可以推测,它就是祭天之礼。在后世的祭礼中,祭天为最隆重者,《山海经》在冢的祭祀符合这一规律。我们来看《山海经》里在"冢"祭祀的诸山的情况,如苦山之上有"帝台之石",应当就是禘祭的石台。少室山有称为"帝休"之树木,可见天帝曾来此休息。再如堵山,其上的神称为"神天愚",主管风雨之事。又如玉山,是"司天之厉"的西王母所居之处,亦与"天"有密切关系。再如尧山,径以尧帝命名。[3]总之,在《山海经》里凡是称为"冢也"的诸山皆与"天"若"帝"有关。在山巅处祭祀,所祭对象非天莫属,主管风雨之事的称为"神天愚"者,就是天神,在山巅处祭他,就是祭天

---

1 王明达:《反山良渚文化墓地初论》,《文物》1989年第12期。
2 黄宣佩主编《福泉山——新石器时代遗址发掘报告》,文物出版社,2000年,第64—66页。
3 在《山海经》里将尧称为"帝"者,见于《海外南经》《海内北经》《大荒南经》等。

神。这种在山巅祭天的涵意,用周代人的说法就是"因天事天"[1]。

这种在山巅处祭天神之举,流传到周秦两汉时期逐渐形成君主的封禅礼,战国时人对于上古时代部落首领祭天还有一些记忆。《管子·封禅》篇列举上古封泰山的说法是有七十二家之多,记得起名字的有无怀氏、伏羲、神农、炎帝、黄帝、颛顼、帝喾、尧、舜、禹、汤、周成王等十二家。[2] 这里所说的以封禅礼祭泰山,指今山东泰山,其实从《山海经》里可以看到上古祭山非必在泰山,只不过是春秋战国时人将所有部落首领的"冢祭",都搬到了"泰山"而已。

四、《山海经》里的"禘"祭

可以推测,在山巅处的祭祀,是燔柴焚烧祭品而享天神的"禘"祭。《山海经》里和在"冢"的祭天礼差可比肩的是"帝(禘)"祭。这有如下三条记载:

> 骄山,帝也,其祠:羞酒,太牢其(具);合巫祝二人舞,婴一璧。
>
> 禾山,帝也,其祠:太牢之具,羞瘗,倒毛,用一璧,牛无常。
>
> 熊山,席(帝)也,其祠:羞酒,太牢具,婴毛一璧,干舞,

---

[1] 《礼记·礼器》云:"因天事天,因地事地。因名山升中于天,……升中于天而凤凰降,龟龙假。"郑注:"天高,因高者以事也。"(阮元校刻《十三经注疏·礼记正义》,第1440页中栏)依此意,则"天"在高处,所以要在山顶祭天神,就是"因高者以事"。汉晋时人或认为天未必那么高,《列子·天瑞》言"天,积气耳,亡处亡气,若屈伸呼吸,终日在天中行止,奈何忧崩坠乎",张湛注说:"自地而上则皆天矣。"(杨伯峻:《列子集释》卷一,中华书局,1979年,第31页)这是从哲学思辨的角度所做的解说。张湛的这一观念,先秦时期并不存在,先秦时期所理解的"天"是在高处,而不在身旁。《易·大畜·象传》谓"天在山中",是据其上艮(表山)下乾(表天)的卦象所做的解释,是古人对于"骏极于天"(《大雅·崧高》句)的高山的印象。耸入云端,犹如在天。《礼器》所谓"因天事天",与在山顶处祭天是一致的。

[2] 黎翔凤:《管子校注》卷十六,梁运华整理,中华书局,2004年,第952—953页。

用兵以禳，祈，璆冕舞。[1]

从祭品规格上看，称"帝也"诸山的情况与称"冢也"诸山者完全一致，并且騩山称"帝也"，又称"冢也"。可见"冢也""帝也"的含义是相同的。可以推测，在高山山巅处的燔柴祭天，可以因其祭礼位置而称为"冢也"，亦因为燔柴的祭祀方式而称"帝（禘）也"。以上三条经文所提到的"帝"必当读为"禘"，因为它不可能以某山作为人称的"帝"。

为什么经文要把祭礼称为"帝（禘）"呢？

这需要从"帝"的造字本义谈起。在甲骨文字中，"帝"的本义，过去多以为象花蒂之形，现在越来越多的专家主张它与古代的燎祭有关，帝、禘、燎、柴等字的古义皆有密切关系，其本义即束柴燎祭于天。[2]对于此点，诸家多有所论，以陈梦家所说最为详审。他说："卜辞寮字象燃木之形，或省去火焰之形，或于火焰外更增一火的形符。《说文》：'寮，柴祭天也'，'柴，烧柴焚燎以祭天神'，《尔雅·释天》：'祭天曰燔柴'，《风俗通·祀典》篇：'樵者，积薪燎柴也'。凡此寮（燎）、燔、柴、樵等皆所以祭天神，所以《周礼·大宗伯》'以禋祀祀昊天上帝，以实柴祀日月星辰，以槱燎祀司中、司命、风师、雨师'。这些都是焚烧积薪以祭天神。"[3]

---

[1] 以上三条经文分别见袁珂：《山海经校注》，第198、213、195页。经文的"席"字，袁珂指出，王念孙校改为"帝"，郝懿行亦谓"席当为帝字，形之讹也。上下经文并以帝冢为对，此讹作席"（范祥雍：《山海经笺疏补校》，第214页）。诸家说甚是，今据改。

[2] 关于"帝"字本义指束柴燎祭于天的说法，见王辉《殷人火祭说》（载《古文字研究论文集》，《四川大学学报丛刊》第十辑）、严一萍《美国纳尔森艺术馆藏甲骨卜辞考释》（《中国文字》第六卷）两文。两说均见于省吾主编《甲骨文字诂林》第二册，第1082—1083页。

[3] 陈梦家：《殷虚卜辞综述》，中华书局，1988年，第352页。按，关于禘祭之义，汉儒有争议。郑玄以为《礼记·丧服小记》"王者禘其祖之所自出"，意谓"禘，大祭也。始祖感天神灵而生，祭天则以祖配之"（阮元校刻《十三经注疏·礼记正义》卷三十二，第1495页中栏），将禘义定为郊祀天神之祭，后来王肃等则以为祭祖的庙祭。清儒金鹗曾经详加辨析，肯定郑玄之说，见其所撰《求古录礼说·禘祭考》（《清经解续编》第三册，上海书店，1988年，第286—292页）。

卜辞里有的帝字应当读若"禘",用作祭名。多有所见的"方帝",意即盛大的禘祭。请看相关记载:

> 贞,方帝(禘)一羌、二犬、卯一牛。
> ……午卜,方帝(禘)三豕又犬,卯于土(社)牢,祈雨。
> 己亥卜贞,方帝(禘)一豕、一犬、二羊,二月。[1]

这几例中的"方帝"的"方"本有"大"之意,在古文献里每与旁相通,可以读若旁,意为大也、遍也。清儒马瑞辰释《诗·大明》"以受方国",谓:"《广雅·释诂》:'方,大也。'《晋语》'今晋国之方',韦昭注:'方,大也。'《尔雅》:'方丘,胡丘。'方与胡皆大也。又方与旁古声义并同,旁亦大也。方有大义,方国犹言大国也。《笺》训为四方,失之。"[2] 王引之谓《尚书》所云"汤汤洪水方割""小民方兴""方行天下""方告无辜于上"等的"方","皆读为旁,旁之言溥也,遍也。《说文》曰:'旁,溥也。'旁与方古字通,《商颂·玄鸟》篇:'方命厥后。'郑笺曰:'谓遍告诸侯。'是方为遍也。'汤汤洪水方割',言洪水遍害下民也。'小民方兴,相为敌雠',言小民遍起相为敌雠也。……'方告无辜于上',言遍告无辜于天也"[3]。马瑞辰和王引之的这些说法甚精当,我们可以据此而推测卜辞"方帝(禘)",意即大禘,举行盛大的禘祭。这三例卜辞所言的羌、羊、犬、豕皆为禘祭时所用之牺牲,把这些牺牲放在火堆上烧,肉的香味随烟而上升于天,使天神闻到而喜欢。此犹如《诗·生民》篇所言"其香始升,上帝居歆,胡臭亶时"(上帝闻到升腾而上的浓烈的确实好闻的香味,就如同吃了祭品一样高兴)。甲骨卜

---

1 郭沫若主编,胡厚宣总编辑《甲骨文合集》,中华书局,1978—1982年,第418、12855、14301片。以下称引甲骨卜辞,皆简称书名和片数。
2 马瑞辰:《毛诗传笺通释》,中华书局,1989年,第803页。
3 王引之:《经义述闻》第三册,台北世界书局,1975年,第69页。

辞里的"帝（禘）"就是焚柴以祭天神之祭祀，焚烧牺牲而让天神歆闻香味的最佳地点当然是在高山之巅。甲骨文"岳"字亦是一个参证。这个字多作"👑"形，其下从山（或曰从火），其上从羊。[1]意指在山上焚羊（羊，代表所有种类的牺牲）以祭天神。这样的山高耸特立，所以岳即指高山，或有专家释岳专指太岳山若嵩山者。《诗·商颂·长发》序云："大禘也。"毛传："大禘，郊祭天也。"[2]此处所云的商人祭天的"大禘"与甲骨卜辞的"方帝"之意应当是一致的。

综上所述，我们可以把相关的认识概括如下。《山海经》在高山山巅处的祭祀对象原本是"天"，后来部落首领被视为神而居于天上，因此，祭天亦是祭作为天神的部落首领，这些天神因为享用燔柴以祭的"帝（禘）"祭，所以被称为"帝"。"帝"之称本身就意味着是天神，[3]但《西山经》还是将"天"之称挂之于"帝"的前面而称为"天帝"，强调其天神之特色。这是早期"帝"的性质的一个表现。作为天神的"帝"本身就意味着高尚和神圣。人世间的部落首领去世后上升于天成为伟大的"帝"，再进一步，"帝"之称就"兼摄到人王上来了"[4]，而这一步却是

---

[1] 关于甲骨文"岳"字上部所从形体的解释，有专家认为它不是羊。小屯南地甲骨出土之后，其第2906片"岳"字作"👑"形，姚孝遂和赵诚先生指出："此👑字上从'羊'，与一般的形体有别。过去关于此字是从'👑'还是从'👑、👑'（即👑）'均有争议，据此则字或从羊，或从'👑'，似无区分。"（《小屯南地甲骨考释》，第11页）这个发现解决了甲骨文"岳"字是否从"羊"问题的争论，是对于"岳"字考释的一个突破。

[2] 阮元校刻《十三经注疏·毛诗正义》卷二十，第625页下栏。

[3] 将"帝"作为天神，在我国上古时代的观念里影响甚久，战国秦汉时尚且存在。《礼记·曲礼》云："措之庙，立之主曰帝。"郑玄注谓："同之天神。"（阮元校刻《十三经注疏·礼记正义》卷四，第1260页下栏）是为一例。顾颉刚先生亦曾指出，"'帝'与'天'为同纽字，故二字常通用"，在上古文献中，帝、天二字常为互文，"王也而曰'帝'者，臣子对于所崩之王，尊之至极，配天不足则上同于天，故假帝号以号之"（《史林杂识初编·黄帝》，第177页）。顾先生此说甚精辟。我们可以进而指出早在上古时代的祭天祀礼中，"帝"与"天"就已经有了意义的系连，这两个字的意相涵而音相通，有着悠久的渊源关系。

[4] 郭沫若：《先秦天道观之进展》，《郭沫若全集·历史编》第一卷，人民出版社，1982年，第321页。按，将帝号"兼摄"到人王头上，应当是很晚的事情，商代并无如此。商代称帝甲、帝丁、帝乙、帝辛等皆当为庙号，说见陈梦家《殷虚卜辞综述》（第440页）和常玉芝《由商代的"帝"看所谓"黄帝"》（《文史哲》2008年第6期）。

经历了漫长时段才完成的。在商代的甲骨卜辞里,"帝"与"天"本无严格区别,实际上是以"帝"作为"天"的代称。我们从《山海经》里可以看到这种情况的端绪。

这里可以附带说明的一点是,"帝"的称谓何时由死谥变为生称,是个待研究的问题。从《大戴礼记·五帝德》及《尚书·尧典》所载"五帝"的情况看,在传说时代似乎就将部落首领生称为"帝",《山海经》亦支持此点。但这些文献所载俱为春秋战国时人的说法,能否代表远古先民的实际说法,当有疑问,可存以待考。部落首领的称谓,起初盖皆以其名为称,如尧、舜然,后来所上尊号则难以推测。愚以为可以考虑的另一种解释是称为"酋"。酋本有终极、会聚之意,并且通假为遒、猷。[1] 周初时习称的"猷",常用作发语词,如《尚书·大诰》和《多方》:"王若曰:猷。"以发语词为释,固然是通顺,但愚以为它还可以假为"酋",意谓诸位首领。《诗》所言"先公酋"(《卷阿》)、"大猷"(《巧言》),《礼记·月令》所言"大酋",皆有首领之意。到了秦汉时期,"酋长"则为习用之词。盖远古先民呼唤首领为酋,酋长辞世被视为天神而享用禘祭,则逐渐冠以"帝"称。若此推测可信的话,那么就可以说,《山海经》所称的"帝",除了表示禘祭者外,作为人称使用者,应当是较晚的事情,在最初的时候,他们是没有"帝"称的。《山海经》的此类"帝"称可能是春秋战国时人以当时语而述古的结果。

五、从"天帝"到"黄帝":"帝"的观念之变迁

将《山海经》里单称的"帝"作为"黄帝"的省称,这是一个很有影响的说法。袁珂先生曾经对此进行了全面分析。他指出:《山海经》中凡言帝,均指天帝,而天帝非一,除《中次七经》"姑媱之山,帝女死焉,其名曰女尸"之"帝"指炎帝、《中次十二经》"洞庭之山,帝之

---

[1] 说见郝懿行《尔雅义疏》,上海古籍出版社,1983年,第347页。

二女居之"之"帝"指尧而外,其余疑均指黄帝。[1] 现在看来,这个论断尚有再讨论的余地。

《中次七经》所载"帝女",袁先生以巫山神女当之,主要依据是帝女所居之山为姑媱之山,而《文选·高唐赋》注引《襄阳耆旧传》云"赤帝女曰瑶姬",盖因为一载"姑媱之山",一云"瑶姬",涉媱、瑶二字,[2] 因此牵涉为一,说这个帝就是赤帝。这恐怕不足以成为证据。后世传说对于前事多有附会之处,以《襄阳耆旧传》来判断《中次七经》所载帝女即赤帝之女,是比较牵强的。断定《中次十二经》所言"帝之二女"即尧之二女,又是这方面的一个例子。上古传说,多有踵事增华的情况,越说越具体,越说越像实有其事。袁先生所举的这两个事例,都是后世的附会,不足以断定《山经》这两个记载的"帝"即赤帝。

我们应当将《山海经》称"帝"的情况做一简单分析。

首先,单称"帝"者,见于《西山经》者7(其中一处称"天帝")、《北山经》者1、《中山经》者15,共计23处;见于《海经》者5,见于《荒经》者2。从数量对比上可以看出《山经》占了大多数。并且《海内西经》所谓"海内昆仑之虚,在西北,帝之下都"一处记载内容与《西山经》所记完全相同,且无《西山经》所记详细,疑为《山经》之语而误入者。

其次,述"帝"的居住及都邑情况者,皆见于《山经》,而《海经》《荒经》则只偶述帝臣之事。

再次,述"黄帝""帝俊""赤帝""帝尧"等复合称谓的帝,见于

---

[1] 袁珂:《山海经校注》,第229页。
[2] 检《文选》李善注引《襄阳耆旧传》以及《古今图书集成·历象·乾象·云霞部外编》皆作"姚姬"(《文选》卷十九,上海古籍出版社,1986年,第875页),《文选·别赋》又引作"瑶姬"(《文选》卷十六,第754页),盖传闻异辞,作瑶、作姚皆可。然即令作瑶,亦不能证明巫山神女就是《中次七经》之"帝女"。

《山经》5处[1]，见于《海经》《荒经》51处，数量悬殊。《山经》所记不仅数量少，而且极简略。

最后，讲复合称谓的"帝"的世系者只见于《海经》《荒经》，而不见于《山经》。

从以上四个方面的区别，可以看出《山经》与《海经》《荒经》关于帝的记载是有一定规律可循的。约略言之，可以说时代较早的《山经》多讲单称的帝，而时代较晚的《海经》《荒经》则多言复合称谓的帝。

关于《山经》的时代的早晚问题，比较复杂，本文暂不讨论，只简要写出愚之浅见。我赞成《山经》是《山海经》里写成时代及所述内容为最早的说法。理由如下。其一，《山经》所写的古地理范围，是我国新石器时代末期，即传说时代部落联盟的核心区域。谭其骧先生说：《山经》所述"晋南、陕中、豫西地区记述得最详细最正确，经文里距与实距相差一般不到二倍；离开这个地区越远，就越不正确。……肯定顾颉刚的《山经》作者为周秦河汉间人说"[2]。这个地区是仰韶文化直到龙山文化的典型遗址分布最多的区域，只有在这个部落联盟的中心区，才有可能将各种传说集为一体，有较为翔实并能长久流传的共同记忆。其二，那是一个部落联盟的时代，邦国等社会组织形式尚未出现。《山经》不提邦国，足证其时代比讲邦国的《海经》《荒经》为早。其三，《山经》多写异禽怪兽、山林土石，少有鬼神，更无国家、五帝之说，其内容应当是早期先民所见所闻，而非商周时代之事。概括说来，《山经》见物（包括动物）不见人，物多而人少；而《海经》《荒经》等则多"人"及"神人"的魅影，是人多而物少。就先民认识规律而言，先关注特异的自然物，然后才将认识的眼光扩展到人与社会。总之，从《山

---

1 《中山经》所载复合性的帝称有一处称"阳帝"者，但系作为山名而非人名，且经文明谓"阳帝之山皆冢也"，所以不将此例计算在内。
2 谭其骧：《〈五藏山经〉的地域范围提要》，《〈山海经〉新探》，四川省社会科学院出版社，1986年，第14页。

经》所述内容看,它的时代应当是《山海经》全书中最早者。

在《山经》里,提到黄帝的仅《西山经》一处,而提到单称"帝"者则在所多有。这个情况很能说明一些问题。如果我们关于《山经》所述时代较早这个判断没有大误的话,我们就可以进而推论说,在较早的时代里,人们只称"帝"或"天帝",只是到了后代(亦即周代)才开始出现黄帝及其他诸帝的称谓。分析此一问题,用顾颉刚先生提出的"层累地造成的中国古史"说的精见,非常合适。顾先生说"即不能知道某一件事的真确的状况,但可以知道某一件事在传说中的最早的状况"[1],关于黄帝的概念就是如此。在《山海经》里,《山经》部分基本上不提黄帝,而《海经》《荒经》里虽提及黄帝,但却没有天下共主的面貌,只是诸帝之一。平实而论,他的地位还赶不上"帝俊"。

关于"黄帝""帝俊"等的关系,值得我们考究。请先看《山海经》里的"帝俊"情况表:[2]

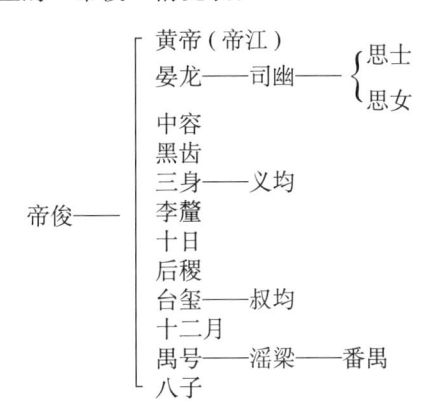

```
        ┌ 黄帝(帝江)
        │ 晏龙——司幽——┤思士
        │              └思女
        │ 中容
        │ 黑齿
        │ 三身——义均
帝俊——┤ 李釐
        │ 十日
        │ 后稷
        │ 台玺——叔均
        │ 十二月
        │ 禺号——淫梁——番禺
        └ 八子
```

可以肯定,在《山海经》里,帝俊的影响远甚于黄帝。关于帝俊其人,郭璞以为就是帝舜,[3] 皇甫谧《帝王世纪》说:"帝喾高辛氏,姬姓也,其

---

1 顾颉刚:《与钱玄同先生论古史书》,《古史辨》第一册,上海古籍出版社,1982年,第60页。
2 此表取自徐中舒、唐嘉弘《〈山海经〉和"黄帝"》(《〈山海经〉新探》,第98页)一文。
3 "帝俊"于《山海经》里凡十二见,郭璞注多谓是帝舜,惟《大荒西经》"帝俊生后稷",郭注"俊宜(且)为喾"。经文"宜"字,王念孙校改为"且"。见范祥雍《山海经笺疏补校》,第359页。

母不见，生而神异，自言其名曰'夋'。"[1]

王国维同意皇甫谧此说，并举甲骨卜辞为证，认为"郭璞以帝俊为帝舜，不如皇甫以夋为帝喾名之当矣"[2]。郭沫若肯定王国维说"倍有见地"，又指出《山海经》"盖以舜、俊、喾为三人也，……凡神话传说之性质，一人每化为数人，一事每化为数事，此乃常见之事实，殊不足怪"，"《山海经》之帝俊实即天帝，日月均为其子息。……实如希腊神话中之至上神'瑳宇司'，并非人王也"[3]。诸家之说，层层深入，皆有依据，其中以郭沫若说帝俊即"天帝"，最为宏观而近是。皇甫、王、郭三家，以为帝俊即帝喾，有甲骨卜辞为证，可信度很高。亦可以推测，这是商代时殷人的观念，殷人试图把帝俊（喾）作为统领天下的天帝，合乎情理。但到了周代，则没有完全认同这一观念。虽然亦以姜原为"帝喾元妃"，顺从了殷人的观念，还用"禘喾"的祭法与殷人保持一致[4]，但又说周祖后稷乃姜原直接与天神所生，编造出她践巨人迹，"身动如孕"[5]的神话，[6]与天帝攀上直接关系。再者，周人每以"夏"自称，似乎是夏之后人。[7]这样做的目的，应当是在表示与殷商有别。周人对于殷商传统的态度游移不定，表明周人对于殷商传统既有保持一致的倾向，又有别出蹊径，直接攀附于天帝并且和夏的传统挂钩的意向，但总的趋势是强调周人自己固有的传统，彰显周人自己的传统。周人编排的古史系

1　皇甫谧：《帝王世纪》第二，《二十五别史》，齐鲁书社，2000年，第11页。
2　王国维：《殷卜辞中所见先公先王考》，《观堂集林》卷九，中华书局，1959年，第413页。
3　郭沫若：《释祖妣》，《郭沫若全集·考古编》第一卷，科学出版社，1982年，第27页。
4　《礼记·祭法》："殷人禘喾而郊冥……周人禘喾而郊稷"（阮元校刻《十三经注疏·礼记正义》卷四十六，第1587页中栏），皆对喾行禘祭，可见其一致的情况。
5　《史记》卷四《周本纪》，第111页。
6　见《诗·大雅·生民》和《史记·周本纪》。
7　《尚书·康诰》说文王"用肇造我区夏"，《左传·成公二年》引《周书》说文王"所以造周"，可见区夏即周。"我区夏"意即"我周"（或有专家以为区夏意为华夏，恐非。因为此时尚无华夏的概念）。《尚书·立政》"乃伻我有夏，式商受命，奄甸万姓"，说是上帝使我有夏接管了商所受的天命，抚治天下万民。"有夏"亦是周人自称。徐旭生先生曾指出，我国上古先民"从古代起，就自称诸夏，又自称华夏，又或单称夏或华"（《中国古史的传说时代》，第37页），周人以夏人后裔自称，有向殷人自炫历史悠久之意。

统，极大地提高了黄帝的地位，应当与夏人"禘黄帝"[1]有关。把他与帝俊的位置颠倒过来，说帝俊（喾）是黄帝的后裔。春秋战国时期写成的《尚书·尧典》及《大戴礼记·帝系》等书，总结了周人的古史编排，截断众流，厘定出一个传承有绪的古史系统。这个系统，可以概括为下表：

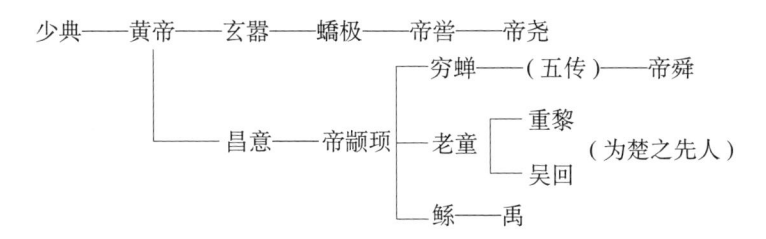

```
少典──黄帝──玄嚣──蟜极──帝喾──帝尧
         │                    ┌─穷蝉──（五传）──帝舜
         └─昌意──帝颛顼──┤        ┌─重黎
                          │─老童──┤          （为楚之先人）
                          │        └─吴回
                          └─鲧──禹
```

这是为司马迁承认的古史系统，是我国古代占有统治地位的认识。把这个表和《山海经》里"帝俊"的情况表相比较，可以明显看出上古时代古史系统化时的轨迹，那就是极大地提高了黄帝的地位，降低了帝俊（喾）的地位。这个转变的深层因素在于周人自己的古史观念从"服殷"到"附夏"终而"崇周"的变化。通过这一转变，周人自己的古史系统就超越了殷人，而更为源远流长。

关于"黄帝"的文献记载，最初出现于西周初年成书的《逸周书·尝麦》篇。这就可以考虑"黄帝"之说出现的时代问题，有两种可能：一是"黄帝"的观念甫一出现（即周初）就被载入《尝麦》篇，二是长期流传的说法被整合进入《尝麦》篇。愚以为后一种推测更为可信些。这是因为，《尝麦》篇不仅提到了黄帝，而且详述了他与赤帝联合大战蚩尤的传说，这一个系统的古老传说，非经历一个漫长世代不足以定型，很可能它是五帝时代就有的说法，历经夏商两代而至周初才被写

---

[1] 《礼记·祭法》"夏后氏亦禘黄帝而郊鲧"，及《礼记·丧服小记》所言"王者禘其祖之所自出"，则夏人实认为自己是黄帝后裔。见阮元校刻《十三经注疏·礼记正义》，第1587页中栏、第1495页中栏。

入文献。[1]

总之，上古时代"帝"观念的变化，约略说来，最初是只将天神尊奉为单称的"帝"，意即作为天神的帝，待到我国古史的传说时代（亦即五帝时代），部落联盟首领去世后成为天神，被尊为"帝"，开始有了黄帝、炎帝、帝喾等复名的帝。殷商甲骨卜辞表明，那个时代延续了单称帝的传统，只是将帝视为天神，但那个时代的传说里很可能有了复名的帝，所以到了周代就顺理成章再将这些帝名载入文献。《山海经》的时代黄帝只是《大荒南经》所说的"群帝"之一，还远未被定于一尊。经过漫长时间的整合，到了春秋战国时期才出现了传承有绪的五帝系统，黄帝的名称才赫然显然而位于诸帝之上，从而彪炳千古。

---

[1] 甲骨卜辞中没有发现关于"黄帝"的记载，很可能是因为商人以喾为始祖，而不禘祭黄帝的缘故。文字记载所见古史传说，可以说明此文字记载的时代必当有此传说，但不能因此默证在此文字记载以前的时代无此传说。黄帝的传说应当就是这种情况。周初的文献始有关于"黄帝"的记载，不能绝对证明在此之前没有黄帝的传说。

附录　古代岩画中的祭祀场景

我国历年所发现的古代岩画中有些内容与《山海经》所记祭祀情况相类，特选取若干典型的岩画附后，希望能够促进对于《山海经》相关问题的认识。这些岩画的具体时代难以确定（一般认为多在旧石器时代晚期至商周时期），内容多歧而不易妄测，专家的解释也多不一致，许多问题尚待长时间的研究才能确定。尽管这些岩画资料不能直接拿来与《山海经》的相关说法印证，但还是有一定的参考价值。今姑且附列于此，谨供参考。

图一[1]

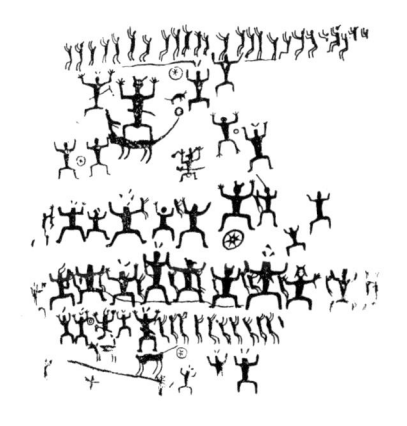

1　采自陈兆复《古代岩画》，文物出版社，2002年，第96页。

这是广西壮族自治区左江花山岩画的代表作品,据说这是我国迄今所发现的最大的一幅岩画。画面规模宏大,场面壮观,人物众多。所有人物皆双手上举,上部居中和下部居中皆有一人站立巨兽之上,此人是所有人像中最大者,疑兼任大巫的部落首领形象。整幅画面表现了向上苍祈祷的场面。画中有七个大小不一的圆形,专家或谓是铜鼓之形,愚以为还是释为太阳之形较好。太阳与人持平,或在人的脚下,实有人在天上(即山巅处)的寓意,或当理解为在山巅处祭天。此图或可称为《祭天图》。

图二[1]

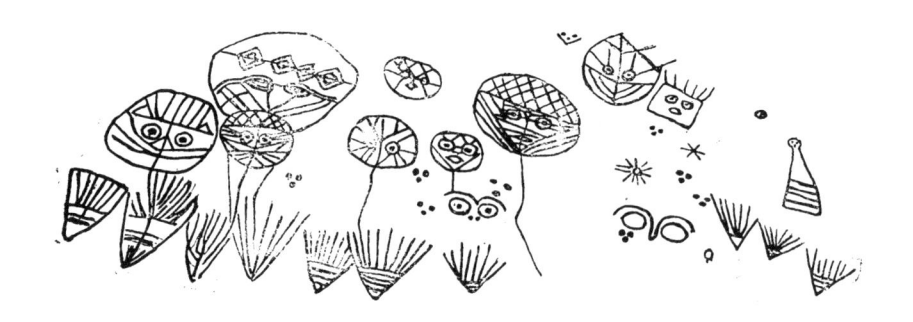

这是江苏连云港将军崖岩画中最著名的一幅,也是专家们在历年的岩画研究中释解最多、分歧最大的一幅。陈兆复先生曾经分析此岩画的位置特点,指出这幅岩画"刻在锦屏山南面入口处的弧形巨石上。巨石形似穹隆,所刻之神灵及四周的星相图,犹如天上星象,前面是低洼开阔地,祭礼的人们对之顶礼膜拜,正是拜倒在苍穹之下"[2]。根据此岩画的位置特点以及岩画内容,可以推测此图中的人面像,应当就是升入天上的部落首领。这些人面像的共同特点是都有一双大眼睛,可能是在表示着这些祖先神灵的聪明。他们在天上依然悠闲地生活。人们所以礼敬而祭祀他们,就是因为他们已经是部落的祖先神。《山海经》中有"群帝"

---

1 采自陈兆复《中国岩画发现史》,第 209 页,图 50。
2 同上书,第 241 页。

之称，若将升天的部落首领称为"帝"的话，这些人像就是此部落的"群帝"。此图似可称为《天国图》。

图三[1]

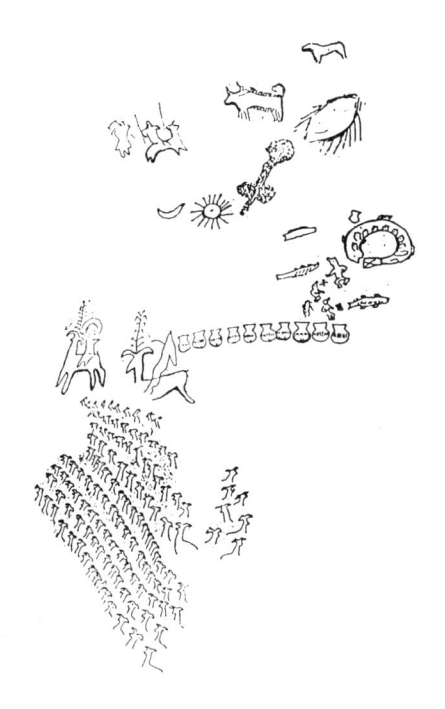

这是西藏自治区日土县任姆栋岩画（局部），其内容是祭祀太阳神和月亮神的场景。画的左下方部位画着九排羊，共一百二十五只。羊的前面有十只陶罐，应当是用于盛牲血的祭器，旁边有两只羊，作被刺后血液喷出之形。在这些祭器的画面上部有戴着鸟形面具的巫师在跳舞，旁边画着一条椭圆形的母鱼。所绘血祭天神的场面氛围庄严，祭牲数量众多。此图或可称为《血祭日月图》。初读《山海经·西山经》所载华山的冢祭，谓用"百牺"，觉得是夸大为说，观此岩画所述血祭场面，顿觉《西山经》之说可信。

---

1 采自陈兆复《古代岩画》，第164页。

图四 [1]

这是一幅出自青海省野牛沟的岩画,画面正中是一位身着长袍,头戴繁饰物的人物,其左手托有一鸟,岩画右下部有一骆驼,岩画左上部有日和月,与日月相伴的这位人物,有可能是大巫或部落首领,去世后成为天上的神人。此图似可称为《神巫图》。

图五 [2]

此岩画出自内蒙古自治区雅布赖山的纳仁高勒地区。岩画上有各种形态的人面像,还有以圆圈内加点或加交叉形纹及小圆圈所表示的太

---

[1] 采自张亚莎《西藏的岩画》,青海人民出版社,2006年,第160页。
[2] 采自盖山林《巴丹吉林沙漠岩画》,北京图书馆出版社,1998年,第1261图。

阳,以及用圆圈表示的月亮,还有以圆圈上加连一线或两线所表示的云彩,另有两只兽首。盖山林先生考释,此岩画中部偏上部位,"有一奇异图像,似一扶弓猎人射中一只野牲",又指出,"全部画面,表现了原始人的宗教信仰"。[1] 愚以为此图居于中心位置的三个突出的人面像,应当就是想象当中的神人,他们和太阳月亮一同居于天上,在天上还可以打猎。这幅岩画和江苏连云港将军崖的那幅著名岩画(见图二)类似,也可称为《天国图》。

---

1 盖山林:《巴丹吉林沙漠岩画》,第66页。

商代的"天"和"帝"

商代的"天"观念,在甲骨卜辞里是由"帝"来表现的。甲骨文的"帝"能够表示"天"的大部分意蕴,但无"处所"之意。《尚书·商书》部分所载的"天"观念,与甲骨卜辞基本一致,但杂有周人述古之语,有一些是周人的观念,所以应当予以缕析和区分。从甲骨卜辞和相关文献的记载里,可以较为清楚地认识商代的"天""帝"观念,这对于研究我国上古时代思想文化的起源有比较重要的意义。

商周时代的"天"与"帝"的内涵、意义及其相互之间的关系等问题,长期以来为学术界所关注,迭经专家研究,在许多方面有了基本一致的认识。对于商代"天""帝"的考析,自王国维以来,胡厚宣、常玉芝、朱凤瀚等先生皆有深入研究,提出许多卓见而让人信服。但尚有一些问题,还有再研讨的余地,今可试作补充性质的研讨。

愚以为要想讲清楚商代的"天"之观念,非要弄明白以下三个问题不可:其一,殷墟卜辞里的"天"之意蕴何在;其二,殷商卜辞以什么来表示"天";其三,如何理解《尚书·商书》和《诗·商颂》这些公认可靠的文献里所说的"天"和"帝"。今依次试探讨如下。

一、甲骨文"天"字的意蕴何在

"天"的观念是我国上古时代宗教崇拜的核心,从我们现在见到的文字资料看,"天"这个字最初出现于殷商时代的甲骨卜辞中,作"![]""![]"等形(另有作"![]"或"![]"者虽然与之相似,但却不是天字,在卜辞中只是人名之字)。于省吾先生指出:

> 商代甲骨文的天字作![]或![],商代金文的天字作![]或![]。商代甲骨文的大字作![]或![],周代金文的大字作![]或![]。以上所列古文字均象人之正立形。……总之,早期或较早期的天、大、人三种形体,因为都起着表示人形的作用,所以有时在偏旁中互用无别。[1]

"天"字本义,与表示人的"大"字相近,但突出了头颠形状。一期卜辞有一条贞问王会不会头痛,辞谓:"庚辰,王,弗疾朕天。"[2]《说文》训"天"为"颠也,至高无上","颠"指人之顶。王国维曾经指出:

> 古文天字,本象人形,殷虚卜辞或作![],盂鼎、大丰敦作![],其首独巨。案,《说文》:"天,颠也。"《易·睽》:"六三,其人天且劓。"马融亦释天为"凿颠之刑"。是天本谓人颠顶,故象人形。……![]、![]为象形字,![]为指事字。篆文之从一、大者,为会意字。文字因其作法之不同,而所属之六书亦异。[3]

王国维解释"天"之本义,甚确,揆诸殷墟卜辞,莫不皆然。

在甲骨卜辞中,"天"字的用例大凡有二,一是表示作为人之颠的

---

[1] 于省吾:《释从天从大从人的一些古文字》,《古文字研究》第十五辑,中华书局,1986年,第185页。
[2] 《合集》第20975片。于省吾先生说是"占卜人之颠顶之有无疾病"(于省吾:《释具有部分表音的独体象形字》,《甲骨文字释林》,第440页)。按,另有一片一期卜辞谓"于……朕……天……"(《合集》第17985片),其意当与此片相近。
[3] 王国维:《释天》,《观堂集林》卷六,第282—283页。

头部，二是与"大"相通，但只见于商代晚期卜辞的"大邑商"之称，并且用例不多（只有四例）。此外，或有用作人名者，如"天戊"[1]，但正如专家所指出的那样，"属于特例，不是普遍的现象"[2]。疑此"天戊"，当即"大戊"，"天"实为"大"字之异体。可以说卜辞中所反映的"天"的观念，不出其造字本义的范围。揆诸实际，应当说甲骨卜辞所载的"天"，与后来所言的"天"观念实有很大距离。

后来所说的"天"，是我国上古时代极为重要的概念，它的内涵非常丰富。冯友兰在20世纪40年代曾说过："在中国文字中，所谓天有五义：曰物质之天，即与地相对之天；曰主宰之天，即所谓皇天上帝，有人格的天、帝；曰运命之天，乃指人生中吾人所无奈何者，如《孟子》所谓'若夫成功则天也'之天是也；曰自然之天，乃指自然之运行，如《荀子·天论》篇所说之天是也；曰义理之天，乃谓宇宙之最高原理，如《中庸》所说'天命之为性'之天是也。《诗》《书》《左传》《国语》中所谓之天，除指物质之天外，似皆指主宰之天。《论语》中孔子所说之天，亦皆主宰之天也。"[3] 纵观殷墟卜辞所载"天"的资料，我们可以说，殷墟甲骨文的"天"字并不具备冯友兰所说"天"之五义当中的任何一项。在甲骨文字中，"天"之义只是依其造字本义（即人之颠）为据，说它是"物质之天"或"自然之天"，当然亦无不可，但却不表示与"地"相对应的天，也不含有天在人上之意蕴。从卜辞记载看，商代人并不以"天"为神灵，他们观念中的"天"只是自然之天，还不具备丰富的神性，亦即还没有进入殷人的神灵世界。我们不能因为甲骨文有"天"字就说商代已经有了完备的天之观念。

昊昊天空，每日皆见；皎皎夜色，是晚必睹。殷商时代的人不可能

---

1 《合集》第22054片。按，岛邦男曾经认为卜辞中有"天庚"之称（见《殷墟卜辞综类》，汲古书院，1977年，第30页），但辞残不可尽考，"天庚"是否商王大庚，尚有疑问。

2 于省吾主编《甲骨文字诂林》第一册，第213页。

3 冯友兰：《中国哲学史》上册，第55页。

对于天空没有认识,不可能于卜辞中没有反映。那么,殷商时代的人是如何认识"天"的呢?有没有将它神化呢?答案是肯定的,殷人的确神化了"天",但并不是以"天"之字来表示。综合专家的相关论述,可以说它是以"帝"来表示的。

二、甲骨卜辞"天"与"帝"融而为一

卜辞中的"帝"就是后世所说的"天"。殷墟卜辞以"帝"来表示"天",可能与"帝"的造字本义有关。在多种关于"帝"的造字本义的解释中,以释其为禘祭之形者较优。王辉指出:帝字从一从米(或东),米或东表示禘祭,其上的"一"画,"指明祭祀的对象为居于天空的自然神"。[1]"禘",《说文》训为:"烧柴尞祭天也。从示,帝声。《虞书》曰:'至于岱宗,禘。'"[2] 段玉裁认为"禘"字与"尞"字为"转注",指出,"烧柴而祭,谓之禘,亦谓之尞,亦谓之禋。木部曰:'禋,禘祭天神'"[3]《说文》所谓"至于岱宗,禘",见《尚书·尧典》篇,意即到泰山举行禘祭。之所以到泰山举行禘祭,盖以为泰山之巅近天的缘故。可以推测,禘祭是一种十分古老的祭祀(特别是祭天)方式,殷商时代的禘祭是传统的延续。卜辞关于禘祭(亦即尞祭)的记载很多,尞字作米、恭、𤆅、米、等形,以作米形者居多,专家一致释其为作为禘祭的"尞",是可信的。卜辞中的"帝"字与"尞"的关系比较明显,甲骨文"帝"字最上所加的"一"画,以造字的"六书"而论,应即"指事"之所在,表示所祭的"天"。可以推测,"帝"字的造字本义即为禘祭于天。甲骨文字表明,禘祭于天即"帝"字,那么帝与天二者关系密切,准此自可推定。

"帝"与"天"融而为一,这应当是商代"帝"最根本的一个特点。

---

[1] 王辉:《殷人火祭说》,《古文字研究论文集》,《四川大学学报丛刊》第十辑。
[2] 段玉裁:《说文解字注》一篇上,第4页。
[3] 同上书,十篇上,第480页。

卜辞所见"帝"的功能如下。

其一，可以"令雨""令雷""令风""降旱"，如下列卜辞：

（一）丙寅卜，争贞，今十一月帝令雨。
（二）辛未卜，争贞，生八月帝令多雨。
（三）贞，帝其及今十三月令雷。
（四）丁丑卜，争贞，不霉，帝佳其。
（五）庚戌卜贞，帝其降旱。
（六）贞，翌癸卯帝其令风。[1]

这几例都是一期卜辞。上引第一例贞问，今年十一月间，帝是否命令下雨。第二例贞问未来的八月（"生八月"）帝是否命令下雨。第三例贞问到今年十三月帝是否命令打雷。第四例贞问不下冰雹，是否帝之意。第五例贞问帝会不会命令降下旱灾。第六例贞问翌日，即癸卯这天，帝是否命令刮风。我们如果把这些卜辞中的"帝"置换为"天"字，一样文从字顺。此处的"帝"有些类于冯友兰所说的"自然之天"。气象与人们生活密切相关，且内容甚广，所以殷人印象中有专司主管某种气象者，称为"帝臣"或"帝某臣"，如：

庚午贞，䜌大隻于帝五丰（介）臣血□，在祖乙宗卜。[2]

这条卜辞中的"䜌"字，一般释为"秋"，唐兰先生曾经列表显示这种字的演变过程。[3] 这个字可以读为"秋"，但这样读的原因何在呢？郭若愚、夏禄、胡澍咸等专家以为甲文此字是蝗虫之形，《甲骨文字诂林》总结

---

1 依次见《合集》第 5658、10976、14127、14156、10168、672 片。
2 《合集》第 34148 片。
3 唐兰：《殷墟文字记》，中华书局，1996 年，第 9 页。

诸家说法，谓这个字"乃象蝗虫之形，卜辞'告秋''宁秋'之祭，均与灾异有关，解为蝗祸皆可通。蝗至秋时为害最烈，故可引申为春秋之'秋'"[1]。此辞的"秋"，当即他辞"宁秋"的省称。所谓"帝五介臣"，即帝的五位辅介之臣。这条卜辞贞问是否向帝的五位辅介之臣祈祷停止蝗灾，这是在祖乙的宗庙里进行的占卜。关于帝臣、帝史（使）、帝工的卜辞表明，这些帝的辅佐应当是"日月星辰和风云雷雨一类的神灵"[2]。这里应当指出的一点是这条卜辞只是说在祖乙的宗庙里进行了此项占卜，并不意味着"帝五介臣"降临到了祖乙的宗庙。另有一条卜辞谓："于帝臣，有雨？于岳宗酚，有雨？于夒宗酚，有雨？"[3]这是一条选择性的贞问卜辞，贞问如何才能降雨，是在岳或是在夒的宗庙里举行酚祭来祈雨呢，抑或是直接向帝臣求雨？这里的区别在于向岳或夒祈雨，要举行献祭品的酚祭；而向帝臣求雨，则不必举行献祭品的酚祭。这条卜辞并不意味着帝臣降临于岳或夒的宗庙。帝臣不享用祭品的情况与帝是一致的。

其二，"帝"能够降灾祸，如：

（一）贞，不隹（惟）帝令乍（作）我卣（咎）。

（二）贞，帝𢀖（孜）唐邑。

（三）贞，帝不降摧。

（四）丙辰卜，㲋贞，帝隹（惟）其冬（终）兹邑。

（五）贞，隹（惟）帝壱我年，二月。[4]

上引几条皆一期卜辞。上引第一例的"卣"字，卜辞习见，均作灾祸字用，与祸、灾等义相近，专家多读为咎。《说文》训咎为"灾也"。这条卜

---

[1] 于省吾主编《甲骨文字诂林》，第1836页。
[2] 胡厚宣：《殷卜辞中的上帝和王帝》（上），《历史研究》1959年第9期。
[3] 《合集》30298片。
[4] 依次见《合集》第6746、14208、14172、14209、10124片。

辞贞问帝是否让我们商国的灾祸发作。"乍我咎"即"我咎乍"的倒置。上引第二例的"𰀀"字不识，依字形可以楷写作㚔，专家或释作㻃，读若伤。虽然此释未必是，但从字形（以矢射人）及卜辞语意看，作为灾祸字，或者说是表示灾祸之意，应当是没有多大问题的。第三例的"摧"字，于省吾先生释为"摧毁性灾害"[1]，是可信的。第四例的"冬"字读为终，专家有正反两种解释，或谓是成就兹邑，或谓是终绝兹邑。两说虽皆可通，但也皆无确证。我觉得这个"冬"字，疑当读为"螽"，《说文》训为"蝗也"，蝗灾于农作收成影响甚大。[2] 这条卜辞贞问，帝会不会让此邑有蝗灾。上引第五例贞问，帝是否祸害我们的年成。

其三，"帝"对于某些事情，可以表示赞许或不赞许，支持或不支持。如：

（一）壬寅卜，宾贞，若兹不雨，帝隹（惟）兹邑龙，不若。二月。

（二）王占曰：帝隹（惟）兹邑龙，不若。

（三）贞，王乍邑帝若。八月。

（四）贞，王勿比𢦏，帝若。

（五）贞，沚𢦏启，王勿比，帝弗若，不我其受又（佑）。

（六）甲辰卜，争贞，我伐马方，帝受我又（佑）。一月。[3]

上引第一、二两例，是同版的两条一期卜辞，分别见其正、反面。正面为贞问之辞，背面为商王的占辞。意思是说，假如天不下雨，兹邑若举

1　于省吾：《甲骨文字释林》，第 223 页。
2　《春秋》《左传》记春秋时期蝗灾计十次：桓公五年、僖公十五年、文公三年和八年、宣公六年和十三年及十五年、襄公七年、哀公十二年和十三年。杨伯峻说"所书之螽，皆飞蝗"（《春秋左传注》桓公五年，中华书局，1990 年，第 103 页），是可信的。按，商代的邑，即指人所居住的城邑，又包括了周围的田地。彭邦炯先生说：商代的邑，"从大体结构形式看，都有其供人聚居的房舍，大片的耕地和牧场，与外邑之间有一定标志作为边界"（《卜辞"作邑"蠡测》，《甲骨探史录》，生活·读书·新知三联书店，1982 年，第 273 页）。这种"邑"出现蝗灾是有可能的。
3　依次见《合集》第 94 正面、94 反面、14201、7407、7440 正面、6664 片。

行作土龙以祈雨,[1]帝会不会允诺高兴。结果是帝不高兴这样做。这条卜辞的"龙"字作"㞢"形,从龙从㞢,盖指㞢祭所请降之龙。上引第三例贞问帝是否赞许建筑城邑。上引第四、五例,贞问商王跟著名将领名"沚䍇"者一起出征,帝是否赞许,帝是否会保佑。这是卜辞所见帝参预具体人事的不多的辞例之一。上引第六例贞问,讨伐马方,帝会不会保佑我。

卜辞表明,帝是不食人间烟火、不享用祭品的天神,很少干预人世间事,也极少降临人间,现今所见帝降临世间的卜辞仅有一条三期卜辞,内容如下:

　　癸亥卜,翌日辛帝降,其入于獄大宩,在庭。[2]

这条卜辞的意思是说,癸亥这天占卜,贞问到七天以后的辛日,帝会不会降临到獄这个地方宗庙的庭里。按说,如果商代真的有祭帝之典仪,那么这条卜辞就应当载有帝降临之后采用何种祭典的贞问,然而,这条卜辞却只言能否降临的问题,是可推测殷人尚无祭帝之事。朱凤瀚先生曾指出商代的"帝(上帝)"是"无任何附作物的、超出于自然神与祖先神之外的天神"[3],依此而论,这条卜辞所言帝降临于某地宗庙的庭里的时候,也是没有如同"示"那样的神主牌位之类的物品可以附着的,所以不大可能在此地举行对于帝的庙祭。商代祭尸典礼上有某位先祖之"尸""宾于帝"的记载,[4]这可能是记载帝之"尸"出现于祭典的仅见的

---

1 关于甲骨文"㞢"字以及商代"作土龙"祈雨的研究,见裘锡圭《说卜辞的焚巫尪与作土龙》(《裘锡圭学术文集·甲骨文卷》,复旦大学出版社,2015年,第194—205页)和晁福林《补释甲骨文"㞢"字并论商代与之相关的社会观念》(《中华文史论丛》2007年第2期)两篇文章。
2 《合集》第30386片。按,另有合集第30387片卜辞云"帝其陟",似亦问帝降陟之事,但辞残不可考。
3 朱凤瀚:《商人诸神之权能与其类型》,吴荣曾主编《尽心集——张政烺先生八十庆寿论文集》,中国社会科学出版社,1996年,第73页。
4 见《合集》第1402片。相关考释详见晁福林《卜辞所见商代祭尸礼浅探》,《出土文献与中国古代文明国际学术研讨会会议论文集》,清华大学出土文献研究与保护中心编印,2013年,第5—24页。

一片甲骨，但在那样的祭典上，帝也没有独尊的地位。

上述关于卜辞所载"帝"的功能的缕析，专家早就有所关注，并不断加以详析。胡厚宣先生早曾在《殷代之天神崇拜》一文中分八项详述"帝神"的"权能力量"，[1]后来又专论卜辞之帝为"能够指挥人间的一切"的"至上神"。[2]这是一个很有卓见的完整阐述，但对于帝在诸神中的地位尚可再研究。我觉得卜辞的"帝"虽然有如胡先生所指出的诸多权能，但其地位似非"至上神"，而是众神之一。[3]

总之，卜辞所载的"帝"的主要权能是影响风雨等气象，它可以保佑或不保佑建筑城邑或出兵讨伐之事，但是，它很少干预人世间的具体事务，也不怎么赐福予人，而是多降下灾祸。

殷人为什么把"帝"作为"天"的代称呢？这应当与"帝"的造字本义有关。帝的造字本义，原有多种说法，专家或有说"帝"原为花蒂形，但考其形体却不大像。在卜辞中，"帝"字之形体比较复杂，以作"🞣""🞣""🞣"等形者居多，所以，后来专家多以为它与禜祭（亦即燎祭）有关。《说文》："禜，烧柴燎祭天也。从示，此声。《虞书》曰：至于岱宗，禜。"可见禜是一种十分古老的祭天方式。《尔雅·释天》谓"祭天曰燔柴"。帝作为燔柴祭天的方式，原是沟通人与天的津梁。天无影像可以摹写，于是便用这种沟通天地的方式来代表"天"。分析殷墟卜辞的相关记载，常玉芝先生说"殷人把天神称作'上帝'或'帝'，而绝不称作'天'，卜辞中的'天'字都不是神称"[4]，是很正确的。在这里可以进而补充说明的是，卜辞中的"天"字皆为"大"字异体，无论

---

1 胡厚宣：《甲骨学商史论丛初集》，宋镇豪、段志洪主编《甲骨文献集成》第21册，四川大学出版社，2001年，第267—270页。
2 胡厚宣：《殷卜辞中的上帝和王帝》（下），《历史研究》1959年第10期。
3 说详晁福林《论殷代神权》，《中国社会科学》1990年第1期。
4 常玉芝：《商代宗教祭祀》，中国社会科学出版社，2010年，第26页。按，郭沫若曾经从"至上神"的角度谈过这一问题，谓："卜辞称至上神为帝，为上帝，但决不曾称之为天。"（《郭沫若全集·历史编》第一卷，第321页）郭沫若以为殷人将天称为"帝"，是正确的，但若谓殷人将其作为"至上神"，则未必如此。

是作为处所的"天",抑或是作为天神的"天",在甲骨卜辞中迄今尚未发现。关于"天""帝"的关系,清儒孔广森曾言及周代的概念,说:"举其虚空之体则曰天,指其生成之神则曰帝。"[1] 这是一个可以认可的说法。但此一认识,在商代尚不明确,商代尚没有虚空的"天"之观念,这一观念的一部分只是隐藏于"帝"的背后。

关于商代"天"之观念与"帝"融而为一,还有一个材料可以作为旁证。屈原《天问》"启棘宾商",朱熹说:"'棘'字是'梦'字,'商'字是古文篆'天'字。如郑康成解记'衣衰'作'齐衰',云是坏字也,此亦是擦坏了。盖启梦宾天,如赵简子梦上帝之类。宾天是为之宾,天与之以是乐也。"[2] 依朱熹此说,则《天问》所云"启棘宾商",实即"启梦宾帝"。《山海经·大荒西经》载:"西南海之外,赤水之南,流沙之西,有人珥两青蛇,乘两龙,名曰夏后开。开上三嫔(宾)于天,得《九辩》与《九歌》以下。此天穆之野,高二千仞,开焉得始歌《九招》。"[3] 所谓"夏后开",即"夏后启",汉人避讳,改启为开。"启梦宾帝",亦即夏后启"三宾于天",得天乐而下之传说的一种表达。因为"帝"与"天"在商代融而为一,所以传说中即谓"宾帝"亦即"宾天"。此传说盖出于商代以后,商代时有传说谓夏后启曾经和商王一样,也曾经"宾帝",后来便说他"宾天",去天上拿到天乐。"宾"在甲骨卜辞中可以读若"傧",在尸祭类的卜辞中表示为神尸的傧相。《合集》1402片所去"宾于帝""宾于咸",是为典型用例。大概商人言夏代就有"宾尸"之礼,夏后启在祭礼上曾经为"帝"的神尸的傧相,所以商人传说他"宾帝",因为"帝"与"天"原本融而为一,所以又说他到天

---

[1] 孔广森:《礼学卮言·论郊》,阮元编《清经解》第四册,上海书店出版社,1988年,第771页。

[2] 黎靖德编《朱子语类》卷一三九《论文上》,中华书局,1986年,第3298—3299页。按,关于"启棘宾商",北宋洪兴祖《楚辞补注》谓:"棘,陈也。宾,列也。"(《楚辞补注》卷三,第97页);南宋朱熹《楚辞集注》谓:"'棘宾商',未详。"(《楚辞集注》卷三,蒋立甫校点,上海古籍出版社,2001年,第59页)

[3] 袁珂:《山海经校注》,巴蜀书社,1992年,第473页。

上。朱熹说夏后启到天上,是天之宾,所以天与之音乐。这是符合《山海经·大荒西经》说法的,但与"宾帝"(为帝尸傧相)的原义已经有所不同。说夏后启得天乐云云,乃是东周时人驰骋想象的结果。

三、如何理解上古文献所载商代的"天"

殷墟甲骨卜辞表明,商代的"天"观念是由"帝"来表达的。"天"与"帝"实融而为一。可以说,商代尚未出现单独的"天"之观念。然而,在文献记载里,却并非如此。这需要我们进行细致的探讨。

(一)《尚书·盘庚》相关记载的分析

《尚书》是我国最为古老的上古文献集成,在讲述商代历史的诸篇中,《盘庚》篇所述史事不是最早的,我们之所以率先提及此篇,是因为它是除了甲骨卜辞之外最可靠的文字记载。此篇记载了盘庚迁殷前后对于商民众的讲话,在《尚书》中它分为上、中、下三篇。《盘庚》篇载有天、帝、命等说法,对于研究上古时代的天命观至关重要,所以应当细加讨论。今依次试说如下。

首先,三篇的次序问题。这个问题,对于研究《盘庚》篇史事及观念有一定作用,值得略作说明。《尚书·盘庚》原为一篇,汉代欧阳氏本始分为三篇,在伪孔传出现以前,三篇并未称上、中、下以为区别,而仅是在上篇和中篇之末各空一格,并施以圆点,以为识别,汉石经就是如此。清儒俞樾指出:"以当时事实而言,《盘庚》中宜为上篇,《盘庚》下宜为中篇,《盘庚》上宜为下篇。"[1] 此说虽甚辩,但于篇中"涉河"之事实,似未做出确解,所以移动篇序说可以再探。王先谦曾从文意的角度对俞樾此说提出质疑,[2] 愚曾有小文从史事的角度予以讨论,认为三

---

[1] 俞樾:《群经平议》卷四"盘庚迁于殷民不适有居"条,《续修四库全书》第178册,上海古籍出版社,2002年,第52页。
[2] 王先谦:《尚书孔传参正》,中华书局,2011年,第427页。

篇次序并无错误。[1]

其次，《盘庚》篇的制作时代问题。专家或认为"《书序》谓本篇作于盘庚时"[2]，或谓"《书序》说是盘庚生时的作品"[3]。《书序》是否认为此篇为盘庚生时所撰，是一个可以讨论的问题。《盘庚》篇书序云："盘庚五迁，将治亳殷，民咨胥怨。作《盘庚》三篇。"《书序》这种表述方式，是为通例。先叙某事，后云"作"某篇，指此篇内容系述某事者，或与某事有关者。[4]如《周书·牧誓》序："武王戎车三百两，虎贲三百人，与受战于牧野。作《牧誓》。"是为其例。凡此类篇目，孔颖达皆谓"作"某篇，是"史叙其事"而作，[5]非是某事主（如盘庚、武王）所作。《书序》若认为某篇为某人（而非史臣）所作，则径指明某人，如《金縢》序"武王有疾，周公作《金縢》"[6]。未指明某人所"作"者，当依孔颖达之说，谓某篇为"史叙其事"而作。要之，《盘庚》篇之"书序"并未说此篇为盘庚所作，而只是史臣叙迁殷之事而作。

《盘庚》篇的写定过程，一般认为盘庚时史官记录了盘庚的讲话。司马迁说，到了盘庚之弟商王小辛的时候，"百姓思盘庚，乃作《盘庚》三篇"[7]。这可以理解为小辛时将《盘庚》初步整理成篇。《吕氏春秋·慎大》篇谓："武王乃恐惧，太息流涕，命周公旦进殷之遗老，而问殷之亡故，又问众之所说，民之所欲。殷之遗老对曰：'欲复盘庚之政。'武王于是复盘庚之政。"周武王伐纣灭商之后十分关注易代之际殷遗民的态度。《慎大》篇所载此事当有此背景在，当较可信。周初，为适应政治形势需要而整理和流传《盘庚》应当是顺理成章的事情。专家一般认

---

1 晁福林：《从盘庚迁殷说到〈尚书·盘庚〉三篇的次序问题》，《中国史研究》1989 年第 1 期。
2 屈万里：《尚书集释》，中西书局，2014 年，第 81 页。
3 蒋善国：《尚书综述》，上海古籍出版社，1988 年，第 71 页。
4 这种序例，直到汉代司马迁撰《史记》时依然遵循。《太史公自序》述其撰百三十篇之作，亦是先讲史事，再说"作"某篇，非是所载史事中人所作，而是作为史臣的司马迁之所"作"。
5 阮元校刻《十三经注疏·尚书正义》卷九、卷十一，第 168 页中栏、第 182 页下栏。
6 《金縢》序言此篇为周公所作，是错误的，但这样说却符合书序之辞例。
7 《史记》卷三《殷本纪》，第 102 页。

为此篇流传到西周时由宋国人写定,[1]虽无确证,但可备一说。周王朝或宋国史臣都有可能是《盘庚》篇的整理者。

更有专家推测,今所见《尚书·盘庚》篇,是经过春秋战国时人加工润色过的文字。刘起釪先生指出,此篇中,有"朕"字用作主语、宾语之例,"我"字用作单数主语之例,假借"予"为"余"之例,用"尔"作第二人称之例,用"乃"作"迺"并用作宾语之例,用"则"字表示语意转折之例,以及不少东周文风的句式,这些都应当是春秋战国时人加工整理此篇的痕迹的遗存。[2]《左传》一述盘庚之祀,一述盘庚之诰,[3]可见春秋时人关注《盘庚》之篇。在其流传的过程中对此篇加工润色,以春秋时人通用之语写出是极有可能的。

总之,以著作权而论,此篇是盘庚的讲话,自然可以依王国维所说是"当时所作"[4],但在流传的过程中又曾加以加工整编润色,也掺杂了不少后人的思想观念及文辞用例,所以又不能说是盘庚讲话的实录。总而言之,孔颖达所谓"史叙其事"说,应当是比较稳妥的认识。它写定的时代当在春秋战国时期。

为了讨论方便,我们可以先将《盘庚》篇中关于"天"的记载列表缕析如下:

---

1 王国维说:"《商书》之著竹帛,当在宋之初叶矣。"(《观堂集林》卷一,第31页)此说是正确的,但宋人著于竹帛之《盘庚》篇,后来又得春秋战国时人的加工整理润色,我们今天所见之此篇并非宋之初叶著于竹帛者。
2 参见刘起釪《尚书校释译论》,中华书局,2005年,第959—960页。
3 分别见《左传》襄公九年、哀公十一年。
4 王国维:《古史新证》,清华大学出版社,1994年,第259页。

表三 《盘庚》篇中关于"天"的记载情况表

序号	篇目	内容	意译
1	中篇	古我前后，罔不惟民之承保，后胥戚鲜，以不浮于天时。	我们的先王，无不保护民众，先王皆体谅并善待民众，所以能够符合天道。
2	中篇	今予命汝，一无起秽以自臭，恐人倚乃身，迂乃心，予迓续乃命于天。	如今我告诉你们，不要碰那些污秽的东西弄臭了自身，怕的是有人误导你，让你心灵邪恶。你们走上正途，我才会把你们的生命从天上接下来。
3	上篇	先王有服，恪谨天命，兹犹不常宁。	先王循规蹈矩，敬遵天命，还不敢常居一地而贪图安宁。
4	上篇	今不承于古，罔知天之断命，矧曰其克从先王之烈。	如今若不继承迁居的传统，就不会知晓天要绝殷之命，还怎么能遵从和发扬先王的功业。
5	上篇	若颠木之有由櫱，天其永我命于兹新邑。	像倒地的树木可以发出新芽一样，天希望我们的国运长久地延续在这个新邑。

对于上表五条关于"天"的记载，我们依序讨论如下。

首先，关于"天时"的概念。此概念西周时期尚未见到，到了春秋时期，天的概念的内涵不断丰富，遂出现了多种不同内涵语意的概念，天道、天时即为其中之最著者。讲"天时"，最有名的就是孟子的"天时不如地利，地利不如人和"[1]说。孟子以"天时"指战争的自然气象条件。《韩非子·功名》篇说"非天时虽十尧不能冬生一穗"[2]，则指季节气候而言。"天时"在战国后期也用如"天道"，如范蠡进谏越王勾践时说"天时不作，弗为人客"[3]，即指天道所示伐吴的时机而言。《盘庚》篇里的"天时"用语，当为后世整编时所增衍。

其次，盘庚说"予迓续乃命于天"，此"天"非指天帝，当指天上。

---

[1] 《孟子·公孙丑下》，焦循：《孟子正义》卷八，中华书局，1987年，第251页。按，赵岐注此语谓："天时，谓时日、支干、五行、王相、孤虚之属也。"五行、王相、孤虚皆数术堪舆之类，非属孟子所言"天时"之义。战国中期的军事家孙膑谓"天时、地利、人和，三者不得，虽胜有殃"（张震泽：《孙膑兵法校理》，中华书局，1984年，第59页），其所言"天时"，亦无数术堪舆之立意。

[2] 陈奇猷：《韩非子新校注》，上海古籍出版社，2000年，第551页。

[3] 《国语·越语下》，徐元诰：《国语集解》，中华书局，2002年，第575页。

在此句之前，盘庚曾说道："今其有今罔后，汝何生在上？"[1]意谓如果只顾眼前，不管以后，你们怎么能够有生命于天上呢？可见盘庚所说迎人命于天，当指人命本在天上，要由盘庚迎迓而到地上，人才可活命。《盘庚》篇人命在天的提法，很是重要，他启发我们考虑当时的"天"观念的情况。让我们试析如下。

盘庚迁徙前讲话的对象，应当是大大小小的部落首领为主的商族民众。这些人的"命"原来都是在天上由祖先所掌管着的。这些人的祖先逝世后都到了天上，但仍然关注着地上的事情。这在《盘庚》篇里有坚实的证据。此篇载盘庚讲话时说道：

> 古我先后，既劳乃祖乃父，汝共作我畜民。汝有戕则在乃心，我先后绥乃祖乃父，乃祖乃父，乃断弃汝，不救乃死。兹予有乱政同位，具乃贝玉。乃祖先父，丕乃告我高后曰：作丕刑于朕孙。迪高后丕乃崇降弗祥。

这段话的意思是说："从前我们的先王，任用你们若祖若父的先人，你们也一起成为我善待之民众。倘使你们心中存有不听我话的恶毒想法，我们的先王一定会知道，并且告诉你们的祖、父，你们的祖、父就会弃绝你们，不救赎你们的死罪。如今要是有败乱政事的和你们同位的官员，只知贪婪地攫取贝玉财物而不顾大局，你们的祖、父就会竭力请求我们的先王说：制定大刑处置我们的子孙吧。于是，我们的先王就会重

---

[1] 伪孔传以为此句的意思是"言不徙无后计，汝何得久生在人上，祸将及汝"，孔颖达疏申伪孔义（阮元校刻《十三经注疏·尚书正义》卷九，第 170 页下栏）。清儒王先谦说："诸家说以为汝何得生在地上，以'上'为地上亦非也。'上'者，天也。下文'自上其罚汝'，'上'亦谓天，是其明证。《诗》'文王在上''赫赫在上'，《西伯戡黎》'乃罪多参在上'，皆谓天也。民为天生，则生命系属在上天。"（《尚书孔传参正》，第 453 页）在王先谦之后，清儒简朝亮亦谓："《诗·大明》云'明明在下，赫赫在上'，'在下'谓在人，'在上'谓在天也。《论语》云'死生有命，富贵在天'，互文也。言死生富贵皆有命在天也。"（《尚书集注述疏》卷六，《续修四库全书》第 52 册，上海古籍出版社，2002 年，第 252 页）。

重地降下灾祸。"从这段话里,我们可以知道,当时人认为人命都在已经居于天上的祖、父手里掌管着,商王盘庚有"通天"的神能,可以把他们的"命"从天上迎迓下来。可以推测,"天"是商先王与逝世的大大小小的部落首领居住的地方。部落首领逝世后居于天上,这是个很古老的观念,《山海经》以及关于夏代的传说里就有这方面的记载。应当说,商代承继了这一观念,所以才会有人命在天的说法。

最后,此篇里面有三篇提到"天命"的话,分别是"恪谨天命""天之断命""天其永我命"。我们在上面已经提到商人所理解的"天",实际上是商先王和大大小小部落首领的居住之所。如果商代真有"天命"观念的话,那也只是祖先之命。愚以为这三处表达"天命"的说法皆春秋战国时人整理此篇时以当时的观念所写。当然这样写并非空穴来风,而应当是有一些依据的。这依据应当就是我们前面所揭示的商人的"天"观念。

附带提一下,《盘庚》篇里还有一处提到"上帝",谓:"上帝将复我高祖之德,乱越我家。朕及笃敬,恭承民命,用永地于新邑。"意思是说上帝要复兴我们高祖的功业,来治理我们这个大家庭。我便虔敬地到上天迎迓商人之命,让他们永远生活在这个新邑。这里所说的"上帝"实即指"天"。屈原《天问》言周文王"何亲就上帝,罚殷之命以不救",说是商纣王将醢梅伯[1]之肉酱赐予诸侯,周文王亲自到天上去揭发禀告,上天就降下惩罚让殷命不可挽救。王逸注:"上帝,谓天也。言天帝亲致纣之罪罚,故殷命不可复救也。"[2]这是正确的。盖屈原见壁画有文王到天上告状之附图,故有此问。商周时代,帝与天有许多意相融、字相通的例子,这应当是其中之一,其所言者与《天问》所言"上帝"一样,皆指上天。

---

1 《帝王世纪》谓非是梅伯,而是伯邑考。林庚指出:"《帝王世纪》成书太晚,盖采汉魏小说家言,不足以解《天问》。"(《天问论笺》,人民文学出版社,1983年,第74页)
2 《楚辞》卷三,世界书局,1936年,第66页。

总之,《盘庚》篇五处所提及的"天",大致可以分为两类:一是承续了上古时代天为逝世的部落首领居所的观念;二是以周人的"天命"观念叙述盘庚的讲话内容。可谓继承与改铸并举。

(二) 试析《商书》其他篇章的"天"观念

《尚书·商书》十七篇除《汤誓》、《盘庚》三篇、《高宗肜日》、《西伯戡黎》、《微子》等七篇外,另外十篇为伪古文《尚书》,伪古文在《商书》中多集中在述殷商前期的史事部分。这应当是盘庚迁殷后文字记载较多,所以流传的史事记载也较多,因此较早成篇。伪古文则成书晚而伪造制作的痕迹也就明显。属于今文《尚书》的那七篇,其中最为可信的是《盘庚》三篇,虽然它也经周人整理写定,但保存了较多的真实的史迹与观念。《汤誓》等其他六篇虽然为周人的述古之作,但渊源有自,其史料价值亦不可低估。我们已经讨论了《盘庚》篇,现依次对于其他诸篇的"天"观念进行讨论。

先讨论《汤誓》。

《汤誓》篇内容是商汤伐夏桀时的誓师之辞,实际上是在讲商王朝立国的依据。商史官对此当有所记载,应即《尚书·多士》篇所云"殷先人有典有册"所云典册的重要内容之一。战国前期,孟子见梁惠王时曾经提到此篇,并引用此篇文字,说明其写定和流传应当在孟子之前。《史记·殷本纪》以汉代辞语来意译的方式全文复述此篇,可见司马迁十分肯定此篇的史料价值。此篇的"天"观念有如下特点。首先,"天"与"帝"一致,同为有意志的天神。既说"天命殛之",又言"予畏上帝,不敢不正","致天之罚",可见天与上帝是融而为一的。在此篇里,"天""帝"皆可互换而不影响意义,表明了其相融的一面,但又将两者分别使用,这表明除了相融之外,两者已经有了区分。是上古天、帝相融的一个进步。其次,此篇虽然有"天命"的端倪,但尚无典型的"天命"观念。此篇只是讲天神(亦即帝)的意志,并不言"天命"如何。其所谓"天命殛之","命"只是一个动词,尚未与"天"为一体。最后，此篇谓"时日曷丧，予及汝皆亡"[1]，将天上的太阳作为"天"之符号单独提出。这对于说明上古时代"天"观念是很有意义的。由于天空之形象难寻，所以远古先民多祭日月星辰而不见祭天，此为今所发现的远古岩画所证明。从直观形象转而为抽象的意义，再从"天"之初步观念，发展为天神之意，皆需要历经漫长时段。《汤誓》此载保存了一些远古的观念，颇为珍贵。

再说《高宗肜日》。

此篇内容记商王祖庚肜祭殷高宗武丁那天有雉飞来的事，故称《高宗肜日》。据王国维说，篇中的祖己即武丁子孝己，并谓此篇"之著竹帛，当在宋之初叶矣"。[2]《高宗肜日》应当是由周初人整理而成的商代文献。此篇叙事谓肜祭的时候，有鸣叫着的雉鸟飞来。祖己说："惟先格王，正厥事。"[3] 意谓，雉是祖先所派飞到王这里的，要来端正祭祀之事。此篇所言"天"观念可注意者有以下几点。

其一，"天监下民"观念的提出。

---

[1] 关于"时日曷丧"的语意，《孟子·梁惠王》上篇讲"古之人与民偕乐故能乐也"（焦循：《孟子正义》卷二，第49页）后引此语为证。所以，此语意必当与"与民偕乐"一致。桀之意谓与民同亡，亦当与民同乐也。桀不与民同乐，故而亡也。惟有如此理解，方符合孟子与民同乐的命题。汉儒郑玄云："桀见民欲叛，乃自比于日，曰：'是日何尝亡乎，日若丧亡，我与汝亦皆丧亡。'引不亡之征以胁恐下民也。"此说与孟子的理解是一致的。魏晋时出现的伪孔传云："众下相率为怠惰，不与上和合，比桀于日，曰：'是日何时丧，我与汝俱亡。'欲杀身以丧桀。"（阮元校刻《十三经注疏·尚书正义》卷八，第160页中栏）从《汤誓》文意看，商汤是在历数"夏罪"，此语"引不亡之征以胁恐下民"，言是夏桀之罪，这要比理解为民众仇桀之语要直接得多。伪孔传此说符合与统治阶级斗争之旨，曾较流行，然不若孟子及郑玄的理解为近真也。

[2] 王国维：《高宗肜日说》，《观堂集林》卷一，第27—31页。

[3] 阮元校刻《十三经注疏·尚书正义》卷十，第176页中栏。按，"惟先格王"的"先"字，一般释为先后字，惟孔颖达疏谓"先"字之义为"先世至道之王"，得之。先字于上古文献中固然多用为先后字，但亦省称祖先为"先"者，如《礼记·祭义》"社稷先古"，郑注："先古，先祖。"（阮元校刻《十三经注疏·礼记正义》卷四十八，第1597页下栏）伪古文《尚书·大甲》中"奉先思孝，接下思恭"，伪孔传"以念祖德为孝，以不骄慢为恭"（阮元校刻《十三经注疏·尚书正义》卷八，第165页上栏），奉先即念祖。殷人笃信"天命玄鸟，降而生商"（《诗经·玄鸟》），所以此雉鸟在祖己看来当是天神所派，逝世之祖在天为神，所以此雉亦即祖先所派来"格（至）王"。此语接上文"越有雊雉"，当是释雉鸟鸣叫着飞来之意，方连贯而通顺。此篇下面紧接着才写"乃训王曰"的话，这是此篇主体内容，过去以为是祖己规劝商王祖庚的话，愚以为这段话，是祖己所宣称的借鸣雉而所得的天意，以此来谏劝祖庚，这才近乎情理。

如前所述，甲骨文的"天"实即"大"字异构，卜辞所载的"帝"就是"天"的代表。"天"与"帝"在商代有相当多的内涵是融而为一的。有专家研究《尚书》时完全采取了卜辞研究所得出的相关结论，如刘起釪说："甲骨文中只有'帝'字，没有作为至上神的'天'字（只有和'大'同义的'天'字）。"他又很正确地指出，此篇的"惟天监下"当作"惟帝监下"，"现在本篇中不用一'帝'字，却用了四个'天'字，可知已放弃殷人自己惯用的字，改用和周人交往后所通用的字了"。[1]我们可以说，《高宗肜日》篇所言"天监下民"，虽然采用了周人表示天神意义的"天"字，但其思想却为殷人所固有。

此篇中，"天"监视下民的标准是"典厥义"（观察其是否合乎义）。天"监"下民的做法就是此篇所谓"降年有永有不永，非天夭民，民中绝命。民有不若德，不听罪。天既孚命，正厥德"，意谓如果因为灾荒而饿死，那并不是上天让民众死掉，而是民众自己不守义而自寻绝路；民众或不遵循德义行事，不听处罚，天已经将命令交付商王，让商王来端正民众之德。此篇的这个意思犹如后世所云"人在做，天在看"，天的责任乃是主持公道。这种观念在甲骨卜辞里可以找到相似的例证，如：

□亥卜，……帝其降囚（咎）
贞，……帝弗其降囚（咎）。
贞，隹帝壱（祟）我年。二月。
贞不隹帝壱（祟）我年。[2]

以上四条卜辞，都是武丁时期的对贞辞例。前两条贞问帝是否会降下责罚，后两条贞问帝是否为祟于今年的收成。囚、壱在卜辞中都是表示灾

---

1 刘起釪：《尚书校释译论》，第1034页。
2 《合集》第14176、10124片。

祸的用字。卜辞中的"帝"只是降下灾祸,并不降下佑助,这与《高宗肜日》篇所说的"降年有永有不永"(使人长寿或短命)有一定的区别。[1] 篇中所言"非天夭民,民中绝命",与《盘庚》所言祖先神灵"不救乃死"(不拯救你们的死亡),颇有相似之处,都显示了天上神灵的凛然威严。自殷商以来,"天监下民"成为后世历久不衰的社会观念。《诗·大雅·皇矣》首章是为典型:

> 皇矣上帝,临下有赫。监观四方,求民之莫。维此二国,其政不获。维彼四国,爰究爰度。上帝耆之,憎其式廓。乃眷西顾,此维与宅。[2]

诗句的意思是:伟大的上帝,监视下界凛然威严。上帝观察天下四方,探求下民的疾苦。夏商二国,政治不得民心。再看四方的诸国,仔细地审察审视。上帝意向已有所指,更增加了对于暴政的厌恶。上帝眷顾西方,这就是周人所宅居的地方。《皇矣》的这些诗句,把商周易代之因定为上帝监临下方的结果,正是《高宗肜日》篇"天监下民"的翻版,不过《皇矣》说的是"国运",而《高宗肜日》则说的是"民命"罢了。

其二,"义"是监视下民的标准("典厥义")。

"天监下民"的观念,在《盘庚》里已有所表述,只不过,《盘庚》篇是言在天上的先祖来"典",而非天来"典"。"义"之观念有一个发展过程,在甲骨文里,"义"并没有后世才出现的公正的法则、情谊等内涵,也不用作适宜之意。"义"在卜辞中虽然不作适宜之意,卜辞里也没有表示"适宜"的字[3],但在当时社会上当有此种意思出现,所以在周初才会一下子成

---

[1] 这种情况大概反映了殷人心态与周人的不同。周人凡事从好处想,所以彝铭资料里多见祈求祖先神灵降福佑的内容。殷人似乎凡事从坏处想,老是担心灾祸发生,所以卜辞中总是向"帝"贞问降祸之事。

[2] 阮元校刻《十三经注疏·毛诗正义》卷十六,第519页上栏。

[3] 甲骨文的"宜"字,是为"俎"字初文,卜辞中表示祭祀时用牲方式,其用如适宜之意,是从周代开始的。

为影响普遍的观念。[1] 此篇的"典厥义",孔颖达疏谓:"义者宜也,得其事宜,五常之名皆以适宜为用,特称'义'。"[2] 此说可谓得其正读。卜辞表明,殷人习用三龟,并会多次从正反两个方面贞问,表现一种小心翼翼的态度,其所小心求得者,无非是事情的适宜恰当与否,乃是不断求取"宜"的表现。此种行为在卜辞中限于卜辞辞例而未能表现,但不可谓实际上无有。或许承继殷商文化的周人用"义"字来表达此种行为,并逐渐引申出公正的法则、情谊、意义等意项。周人有"五常(仁义礼智信)"之义,将义列为重要的人生观、价值观。但是,此篇之义并无这种观念,只是如孔颖达所云"得其事宜"而已,其中心内涵当即顺从神之意旨。

其三,天赋君权思想的萌芽。

此篇云:"民有不若德,不听罪。天既孚命,正厥德。"意谓:民众有了不好的德行,不服从天降的罪罚;天既然已经将命令交付,那就要端正民众的德行。王管理民众,端正民众的德行,这是执行天付("孚")之命。这种思想到了周代就扩大为极重要的"天命"观念,要由天来主宰一切。而在《高宗肜日》篇中,"天"只是监视下民并端正其德行而已。"德"作为道德、品德的观念在商代尚未出现。[3] 此篇中天赋君权及民众德行的说法,应当是周人的理念,恐非殷商时代所实有。

其四,"天子"概念的出现。

有一个标点断句的问题,需要先讨论一下。此篇主体部分先讲天监下民,再说上天赐命商王管理下民,末尾说:"呜呼!王司敬民。罔非天胤,典祀无丰于昵。""王司敬民"句是连上读为意或是连下读呢?愚以为从语意上看则当与上句连读,若此,则监民、治民、敬民等意就一脉相承,通顺而无碍。虽然从辞语惯例来看,"呜呼"常用于句

---

1 《尚书·康诰》"义刑义杀",伪孔传"义,宜也"(阮元校刻《十三经注疏·尚书正义》卷十四,第204页中栏),是为显例。
2 阮元校刻《十三经注疏·尚书正义》卷十,第176页中栏。
3 先秦时代的"德"观念的出现和内涵的逐渐丰富是一个比较复杂的过程,愚曾有小文(《先秦时期"德"观念的起源及其发展》,《中国社会科学》2005年第4期)讨论,烦请参阅。

首，但也不乏用于句中之例。[1] 再从语意上看，"王司敬民"若连下为读，则"天胤"当指"民"，而民皆为天子的观念直到西周后期方始出现，[2] 而商和西周时期，荣幸称"天胤（天子）"者，皆非王莫属。就上述理由看，"王司敬民"句当连上为读。

值得注意的是"天胤"这个概念。在上古文献里，"天胤"仅见于此篇，天胤意即天子，以王为天子，此篇中的"天胤"，指先王而言，这是古今学者一般的看法。孙星衍说"天胤"与上句的"民"相对，而"民者，对天之称，谓先王，《坊记》注云：'先民，谓上古之君也'"。[3] 他是拐了一个弯子来说"天胤"为先王的。依愚之理解，"敬民"句意连上句，与下句的"天胤"没有直接的语意联系，[4] 所以孙星衍此说迂曲而难通，不若径释为天子，指先王为妥。"天胤"之说，是上古时代部落首领升为天神观念的发展，并且随着王权的增强而渐出"天子"之称。戴上"天子"桂冠，无疑是王权强化的重要手段。"天子"之称弥漫了整个中国古代，而"天胤"之说，则如昙花而仅此一现，可谓绝世奇珍。

---

[1] 可试举《尚书》篇中的几例，如《大诰》"今天其相民，矧亦惟卜用。呜呼，天明畏，弼我丕丕基"，《召诰》"惟王受命，无疆惟休，亦无疆惟恤。呜呼，曷其奈何弗敬"，《文侯之命》"惟祖惟父，其伊恤朕躬。呜呼，有绩"等，皆为其证。

[2] 王和先生据西周彝铭指出，"到了康昭时期，'天子'的概念开始出现"（《文王"受命"传说与周初的年代》，《史林》1990 年第 2 期）。在文献记载中，西周后期和春秋时期有天生民之说法，如《大雅·烝民》"天生烝民，有物有则"，《左传·襄公十四年》晋国的师旷说"天生民而立之君"，是为其例，是"民"皆为天之子。但此观念不含有治理天下的统治者之意。

[3] 孙星衍：《尚书今古文注疏》，中华书局，1986 年，第 245 页。按《礼记·坊记》引《诗·板》"先民"郑注虽云指君（阮元校刻《十三经注疏·礼记正义》卷五十一，第 1619 页下栏），但郑玄注《板》诗时则谓指"古之贤者"（阮元校刻《十三经注疏·毛诗正义》卷十七，第 549 页中栏），两说互异，以后说为是。《板》篇多次提到"民"，皆民众，"先民"之意不当有别。《尚书·召诰》"相古先民有夏"、《诗·商颂·那》"自古在昔，先民有作"、《诗·小雅·小旻》"匪先民是程"、《左传·哀公十五年》及《国语·周语中》的"先民有言"、《墨子·七患》"先民以时生财"等，皆以释为古之贤人或古之民众为妥。

[4] 关于"天胤"之意，郭沫若与孙星衍一致，亦将"敬民"句连下，并谓民不是指先王，而是指普通民众，意思是"把人民都平等地看成为天的儿子"（《古代研究的自我批判》，《郭沫若全集·历史编》第二卷，第 42 页）。

总之,《高宗肜日》篇的"天"观念,虽然商代以"帝"为"天",但"天监下民"的思想,"天子"概念的萌生等,都应当是商代所实有者,而天赋君权和以"义"监民的说法则掺杂了较多的周人的理念。《孔丛子·论书》篇载孔子语谓:"《书》之于事也,远而不阔,近而不迫,志尽而不怨,辞顺而不谄。吾于《高宗肜日》见德有报之疾也。苟由其道致其仁,则远方归志而致其敬焉。"[1] 强调了孔子对于此篇的重视。《孔丛子》一书是孔氏家学的重要著作,所载孔子语有一定的可信度。其论《高宗肜日》篇的话,即令不是孔子原话,也当是孔门弟子所述孔子之意,反映了儒家对于此篇的重视。郭沫若说此篇"无疑是经过后代儒家所润色的"[2],是很正确的说法。

再说《西伯戡黎》。

此篇记载商大臣祖伊因西伯(周文王,一说是周武王)伐黎获胜而感到恐慌并劝谏纣王的话。此篇不长,为便于讨论,现具引如下:

> 西伯既戡黎。祖伊恐,奔告于王曰:"天子!天既讫我殷命,格人元龟,罔敢知吉。非先王不相我后人,惟王淫戏用自绝。故天弃我,不有康食。不虞天性,不迪率典。今我民罔弗欲丧,曰:'天曷不降威?大命不挚。'今王其如台?"王曰:"呜呼。我生不有命在天。"祖伊反曰:"呜呼!乃罪多参在上,乃能责命于天?殷之即丧,指乃功。不无戮于尔邦。"

关于西伯戡黎史事,一般认为是周文王的势力已经扩展到商王朝腹地的黎(今山西壶关境内),所以纣臣祖伊感到威胁逼近而恐惧,然而在此篇所载他劝告纣王的言辞里丝毫不见对于西伯的谴责,丝毫见不到周军逼近的危殆,不惟不敌忾于周,而且自扇耳光,责骂殷商自己不争

---

[1] 傅亚庶:《孔丛子校释》卷二,中华书局,2011 年,第 18 页。
[2] 郭沫若:《古代研究的自我批判》,《郭沫若全集·历史编》第二卷,第 42 页。

气而丧失了天的扶持。从此篇内容看，若谓西伯于此时威胁商纣，是难以解释的。清儒魏源认为此时西伯乃是替纣王做事，"文王奉命移兵戡之，深其巢穴，献俘告捷，除肘掖腹心之患，亦纣意中所深快"[1]。西伯奉王命而讨不庭，正符合《左传》"文王帅殷之叛国以事纣"、《逸周书·程典》"文王合六州之侯奉勤于商"的说法。总之，祖伊之"恐"非恐西伯，乃恐纣王之糜败。魏源此说较之一般的认识，应当说是更近乎情理的，也比较容易认识此篇所反映的商人的"天"观念。此篇的"天"观念尤可注意者有以下两项。

其一，"天命"观念的萌生。此篇将商王朝国运与"天"相联系，言殷商国运，亦即"殷命"，将要被天终止（"既讫"）。"天命"之辞虽然在文献中首见于《盘庚》篇，但实际上它是周人的创造，《盘庚》所载"天命"的提法只是周人述古之语。但是，殷商时期，天命的观念已经萌生。此篇所云"天既讫我殷命"，实即认为殷王朝之命为天所掌控。这与周人所理解的统治天下的"天命"虽然有所不同，但天命之核心意义（即天赐王朝以命，天命即天所赋予的王朝命脉）与之是相近的。下文所言殷民之语"大命"，即"天"所发出的灭亡殷商之命，也是这个意思。此篇所言人与天交通的工具仍为龟卜，所以说"格人（尔）元龟，罔敢知吉"[2]，意即就是给你大龟，你也不会得到吉兆。

其二，"天子"概念的出现。在上古文献中称"天子"者，此篇为最早。周代彝铭和文献中"天子"之称甚夥。那么此篇的"天子"是周人的述古之语，抑或是商代所实有呢？可以认为商代就有了"天子"的概念。《诗经·商颂》虽然是周代所写定，但其所述亦有不少殷商的观

---

[1] 魏源：《书古微·西伯戡黎篇发微》，王先谦编《清经解续编》第五册，第633页。
[2] 此句的"人"字，《潜夫论·卜列》篇引《尚书》曰："假尔元龟，罔敢知吉。"孙星衍说："尔形近人，盖今文作'尔'也。"（《尚书今古文注疏》卷八，第248页）按，"尔"即尔字。此篇原当作"尔"，盖因形近而误为"人"字。此句的"人"字原作"尔"，说当近是。从文意看，将元龟予人不若予汝为优。商王朝自有大龟，何尝给予他人。祖伊之说乃是强调纣王就是有大龟也不会得到吉兆。《礼记·曲礼》"假尔泰龟有常"，可证古有予尔大龟之说。

念。《长发》篇云"有震且业，允也天子"，可以与此篇相互印证。周初的文献中，《洪范》称"天子之光""天子作民父母"，《立政》篇称"天子王"，《逸周书》中成书较早的《祭公》及《芮良夫》篇都有"天子"之称，这种普遍应用的概念有可能是自殷商时代流传下来的。再从此篇内容看，纣王云"我生不有命在天"，意谓其命由天所生，其中已经蕴含了"天子"之意。[1] 然而，此一观念产生的前提应当是在神灵世界中已经有了作为至上神的"天"之观念，[2] 而这种观念在殷卜辞中毫无踪影。这就会令人产生疑虑。就目前的认识看，愚以为说它是周人述古之语，或是说它是在商代后期萌生的概念，尚有再探讨的余地。

再说《微子》。

此篇是商末纣王庶兄微子见大厦将倾，商王朝即将覆灭时与乐官太师、少师的谈话。此篇内容与《西伯戡黎》篇可以相互参证，两篇都显现了商王朝临近覆亡的气象，并且皆无咎周之语，亦无谴责西伯的言辞，而只是自我责难。此种情况似可说明当时的商王朝，实不亡于周而是亡于商自身，周武王伐纣只是给予商王朝以最后一击。牧野之战的胜利，既有其必然的形势，亦有其偶然的因素。与《微子》篇稍有不同的是，《西伯戡黎》归罪于纣王，而《微子》篇则归罪于商王朝的官员、贵族和民众。此篇的"天"观念，可注意者有以下两点。

其一，出现了以上、下代表天、地的观念。此篇云："我祖厎遂陈于上；我用沈酗于酒，用乱败厥德于下。"[3] 意谓我们的先祖升至于上天安坐而监视下界；我们却酗酒无度，败坏德行在地上。此篇所云祖先在

---

[1] 此一问题尚可质疑者是，商代甲骨卜辞和商末彝铭（如《四祀切其卣》等），以及《商书·微子》篇，皆称"王"，而不称"天子"。其间差别的原因何在，此一问题可存以待考。
[2] 天之观念到了西周春秋时期，逐渐抽象化为至上的神灵，但绝无人格化的痕迹。说天是至上神，只是理论上的存在于思维之中的抽象概念。"天"之观念可能是上古时代神灵世界的最大奥秘之一。探赜索隐，认识它的源流，揭示其奥秘，必当是哲学史家经过长期探索，方可完成的事情。
[3] 此句的"祖"，多谓特指成汤，似未谛。成汤固然为殷之先祖，但先祖并非成汤一人。所以此处的"祖"当泛指所有的商先公先王。此句的"厎"本义指细石，但亦用如动词至、致、止等义。此句的"陈"，蔡沈《书集传》卷三训"列也"，得之。此句犹言列祖列宗陈列位于天上。

天上,可以与《盘庚》篇的说法相互印证。《盘庚》篇说商先王在上天受到祭祀的时候,各方国部落的首领的先祖,也"从与享之",商先王和各部落方国的首领在天上还互相交换信息,盘庚说:"我先后绥乃祖乃父,乃祖乃父乃断弃汝,不救乃死。"可见,《盘庚》里的商先王和诸族逝世的首领皆在天上。此篇"厎遂陈于上"的"上"只是表示作为处所的上天,而非天神。以"上"指天神,在卜辞中尚未见到有此辞例。[1]

其二,天降责罚说。此篇讲商末时候,殷商贵族官员及民众的德行败坏,"好草窃奸宄","相为敌雠",等等,所以天降下责罚。此篇云:

> 天毒降灾荒殷邦,方兴沉酗于酒,乃罔畏畏,咈其耇长旧有位人。今殷民乃攘窃神祇之牺牷牲用,以容将食无灾,降监殷民,用乂雠敛,召敌雠不怠,罪合于一,多瘠罔诏。

这一段话的意思是说,天重重地降下灾祸覆亡殷国,让殷人沉酗于饮酒,而不畏惧惩罚,不任用元老旧臣。现在殷民竟然偷窃祭神的牺牲祭品,偷来吃掉也不受惩罚,上天眼睁睁看着殷民以权敛财,相互仇恨,争斗不休,诸罪合一,民众困穷而无处诉说。这段话表明,在微子眼里,当时的商王朝已经达到了整体性溃乱的地步,用《诗经》所述周文王指斥商王朝的话来说,商王朝此时正是"靡明靡晦,式号式呼,俾昼作夜","如蜩如螗。如沸如羹。小大近丧。人尚乎由行。内奰于中国。覃及鬼方"(贵族们不分昼夜酗酒,狂呼乱号。社会上杂音盈耳,如蜩螗一般鸣叫不已,社会乱成一锅粥,沸腾翻滚,大小事情皆溃败,人们还一意孤行,殷人怨气冲天,群情激愤,这种情绪还延及远方)。一般的说法是,殷商如此糟糕,所以上天降罚。但此篇之意还更进一步,说

---

[1] 卜辞里的"上",多表示时代之早者,如"上示""上甲"等(说见晁福林《关于殷墟卜辞中"示"和"宗"的探讨》,《社会科学战线》1989年第3期)。卜辞里,上下字并不用于表示天上人间,疑当只是表示时代的早晚。卜辞习见的"下上若""下上弗若"只是时代早晚的神灵赞成或者不赞成,"上帝"也只是时代较早的"帝"。

那些糟糕的局面也是上天故意造成的，先让殷商祸乱溃败，然后再降罚于殷商。这些都是天的安排。此种意图正如西哲所云"神要谁灭亡，必先让他疯狂"。此篇中"方兴"后面的一大段话，正是前面所谓"天毒降灾荒殷邦"的表现，亦即天意的结果。此篇所述的这种天意是天降灾祸的内容之一。甲骨卜辞里的"帝（天）"，多降灾罚而很少降福佑。此篇所云"天"降灾祸的情况与卜辞是一致的。此篇所载这种观念之可信所实有，此为一个证据。

分析《尚书·商书》诸篇关于"天"的记载，可以看到文献所载与卜辞记载，其观念是一致的，尽管"天"和"帝"的含义有一定的区别，[1]而不能完全等同。但从总体来看，可以说商代甲骨卜辞里的"天"观念是隐藏在"帝"之后的，说商代的"天"与"帝"融而为一还是可以的。为什么甲骨卜辞里"天"观念要用"帝"来表达，而《尚书·商书》里则直言"天"，而不再将它隐藏于"帝"之后了呢？

一个可信的解释是，这些典籍皆为周代写定，而非商代文本，所以《尚书·商书》诸篇是以周人的观念来叙述殷商之事。其间，周人把殷商时代的"帝"转而说成是"天"，这种认识应当是可以成立的。因为殷商时代的"帝"确是"天"之意蕴。这一点于后世尚可见到其痕迹，如《诗经·荡》"荡荡上帝，下民之辟"，孔疏"上帝者，天之别名"[2]；《礼记·王制》"天子将出，类乎上帝"，郑注类为"祭名"，孔疏"'类乎上帝'者，谓祭告天也"[3]。此皆以天释帝、释上帝，似可见周人观念中"天"与"帝"本有意蕴相涵之处。但是，有关"天命"之说，则是周人将殷商后期萌生的这一概念扩大化了。我们可以得出这样的认识，那就是周人典籍中所载的"天"之观念确有卜辞所载殷商时代的史影，并

---

[1] 甲骨卜辞只用"帝"表示"天"的大部分内容，卜辞的"帝"观念并不能完全等同"天"。例如，天有表示处所的意项，而卜辞的"帝"则无此意项。
[2] 阮元校刻《十三经注疏·毛诗正义》卷十八，第552页下栏。
[3] 阮元校刻《十三经注疏·礼记正义》卷十二，第1332页中栏。

非周人的向壁虚拟。可是，周人典籍中的叙述辞语却是周人认识的表达，我们不能把这些表达简单地看作殷商时代的实有。换句话也可以说，观念是殷商的，辞语却是周代的。

（三）关于《诗经·商颂》诸篇"天""帝"记载的分析

《商颂》之作，史有异说，王国维考辨甚精。王国维指出，《鲁语》谓"正考父校商之名颂十二篇于周大师，以《那》为首"，他说"校字当读为效。效者，献也。谓正考父献此十二篇于周大师"。准此而论，《商颂》原当为周王朝颁行于各诸侯国的《诗》的一部分。宋国因其为商之后裔，故而保存下来，到正考父时献于周王朝。然而，《商颂》诸诗其文辞、名物、制度等"不与周初类而与宗周中叶以后相类"。[1] 我们可以推测，《商颂》之诗源自西周王朝所编之《诗》，再经春秋时期宋国人仿颂、雅之例而加以增补整理和润色。其中当保有殷商和西周时期的一些观念。其中有关"天""帝"者，主要有以下两项。

其一，"天命"之说。《玄鸟》就是讲殷受天命的专篇。此篇首言"天命玄鸟，降而生商，宅殷土芒芒"，言商族受天命而生；诗中再言商汤受天所赋予的统治天下的大命，谓"古帝命武汤，正域彼四方。方命厥后，奄有九有"；诗还强调商王世代得天命庇佑而统治天下，谓"商之先后，受命不殆，在武丁孙子，……肇域彼四海。四海来假，来假祁祁。景员维河，殷受命咸宜"。这首诗所说的"玄鸟"，见于殷卜辞和彝铭，当是商代已有的观念，但商王朝得天命之说，则当是周人（或宋国人）整理此诗的时候所衍生出来的意义。大体说来，讲天命在夏、商、周三代更替乃是周人创制的理论。《尚书·召诰》《多士》《多方》《立政》等篇屡讲"有夏"得天命而统治天下，"惟不敬厥德，乃早坠厥命"，商王朝重蹈了夏的覆辙，周王朝这才得天所赋予的统治天下的大命。天命的这个移易过程，用《诗·皇矣》的诗句来说，就是"维此二

---

1 王国维：《说商颂》，《观堂集林》卷二，第114—118页。

国,其政不获。……乃眷西顾,此维与宅",所云"二国",即指夏、商。《玄鸟》一诗所讲的天命概念,当是周人的意识的表达。

其二,天、帝概念融而为一。在《商颂》诸诗中,这种现象已经见于《玄鸟》篇,此篇讲"天命""宅殷土茫茫",又讲"帝命"商汤"正域彼四方",意义相同,天、帝地位亦相等。《长发》篇中天、帝融而为一的现象也很明显,如此篇讲"帝立子生商"与《玄鸟》篇所云天命玄鸟生商之说相合;[1] 再如,此篇言"帝命不违""昭假迟迟"(不违商命,久久祷告于帝),又言"何天之休""何天之龙(宠)"(蒙受天赐福祉和恩宠),两者亦一致。我们在讨论殷卜辞所见的天、帝记载的时候,已经指出商代的"天"观念,在许多时候,是以"帝"来表达的。《诗·商颂》诸篇里天、帝相融为一的情况,应当是殷人此种观念的遗存。另外,《烈祖》篇讲"自天降康",《殷武》篇讲"天命多辟""天命降监"之思想与殷卜辞亦属一致。和殷卜辞不同的是,《商颂》不言如卜辞那样的帝降灾降罚之举,这大概是由于《商颂》主旨是强调天、帝对于殷的庇佑的缘故。

总之,《商颂》诸篇关于"天""帝"的说法,与《尚书·商书》的记载应当说是比较合拍的。虽然许多观念保存了殷商时期的思想,但其中的一些提法,如"天命""天子"等,多是周人(或周代的宋国人)整编此诗时的用语。这与它写定的时代是符合的。

四、余论:商代的"帝"在诸神中的地位问题

还有一个问题应当特别讨论,那就是商代的"天(帝)"是否至上神。商代以"帝"来表达的"天"是不是有意志的人格神呢?郭沫若曾经指出:

---

[1] 《长发》所云"帝立子生商",实有"天子"概念寓于其中。清儒孙星衍曾以之为《礼记·大传》所云"王者禘其祖所自出"的证据,见其所撰《三禘释》(《问字堂集》卷五)一文。

由卜辞看来，可知殷人的至上神是有意志的一种人格神，上帝能够命令，上帝有好恶，一切天时上的风雨晦冥，人事上的吉凶祸福，如年岁的丰啬，战争的胜败，城邑的建筑，官吏的黜陟，都是由天所主宰。[1]

这里所指出的卜辞中所反映的"帝"之权能是不错的，但是，说"帝"为"主宰"，"有意志的一种人格神"，似有可商之处。愚以为，应当说殷人的神灵世界里面，祖先神（甚至自然神）于这些事情上所起的作用要更大些。此一问题，我们可以暂不讨论，我们要探讨的是，"帝"在发挥这些作用的时候，是不是"有意志"的呢？卜辞表明，并不大像。

首先，对于风、雨、雷、雹等气象的影响完全是一种自然的行为，殷人可以通过贞问知道某个时间里面"帝"是否命令风、雨、雷等来到，但帝并不会应人的祈求而对于这些气象施加影响。天旱时"帝"不会降雨；有风灾时，"帝"不会止风；有涝灾时，"帝"不会息雨。卜辞里从来没有向"帝"求降风雨或止风息雨的贞问。而在殷人的心目中，这些功能却是自然神灵与祖先神灵的神力，以下三例四期卜辞，可以为证。

　　己未卜，宁雨于土（社）。
　　宁雨于𠂤。
　　癸亥卜，于南宁风，豕一。[2]

上引前两例卜辞所祈求的"宁雨"的神灵是土（社）和称为"𠂤"的神

---

[1] 郭沫若：《先秦天道观之进展》，《郭沫若全集·历史编》第一卷，第324—325页。
[2] 依次见《合集》第34088片、《屯南》第744片、《合集》第34139片。

灵，[1] 上引第三例贞问是否向南方祈求宁风，是否用一只猪为祭品。卜辞材料表明，帝并不能适应人世间的需要来安排风雨晴旱等气象变化。另外，主宰这些气象也非帝之特权，作为自然神灵的土（社）、河、岳以及许多祖先神灵也和帝一样有支配气象的神力。从卜辞材料看，商代的帝对于世间多降灾祸而少有保佑，如大量的祈年卜辞与帝有关的只有两三条。在这方面殷人对于自然神和祖先神的青睐远远超过对于帝的重视。

其次，从卜辞所记载的帝对于人世间社会生活的干预，如降灾、降祸之类，并非天人感应的结果。它的降灾不是对于下世君主的惩戒，其保佑也非对于下世君王的奖励。春秋末年的孔子说："天何言哉？四时行焉，百物生焉。"[2] 战国时期的荀子说："天行有常，不为尧存，不为桀亡。"[3] 春秋战国时期的这种自然之天的观念，我们在殷墟卜辞中已见其端倪。这种自然之天并没有人的主体意志的表现。

最后，殷墟卜辞里面，对于帝的贞问占卜，只是提出问题让帝回答，但却从来不贡献祭品，与奉献大量祭品给祖先神及自然神的情况大异其趣。这种情况很难说是殷人对于帝特别重视的表现。如果说帝是一位至高无上的有意志的人格神灵，那么殷人所献予的祭品当非如此菲薄而竟至于无。

关于这一点，我们可举迄今所见的两件商代祭祀彝铭进行再讨论。商代彝铭发现不多，有较长铭文者更少。字数较多的铭文多记商王赏赐情况，以记载祭祀情况为主的铭文至今所见仅有两件，一是早年所发现的《四祀邲其壶》[4]。铭文谓：

---

[1] 卜辞中"𢀖"有干预风雨的能力（见《殷契粹编》第1547、1548等片，陈梦家说他"可以是少皞氏四叔之'重'，可以是《楚语下》'乃命南正重司天以为神'之'重'，也可以是《左传》昭二十九畜龙的'董父'"。参见《殷虚卜辞综述》，第344页）。
[2] 《论语·阳货》，阮元校刻《十三经注疏·论语注疏》卷十七，第2526页上栏。
[3] 《荀子·天论》，王先谦：《荀子集解》卷十一，第306页。
[4] 马承源主编《商周青铜器铭文选》第三册，文物出版社，1988年，第8页，器号：13。

乙巳，王曰：奠（尊）文武帝乙宜。才（在）召大庭。遘乙翌日。丙午，🔲。丁未，🔲。己酉，王才（在）梌，卲其易贝。才（在）四月，隹（惟）王四祀，翌日。

这件彝铭意思是说：乙巳这天，王说，以酒肴敬奉文武帝乙。祭典在召大庭进行。适逢周祭系列里帝乙的翌日之祭。丙午这天举行🔲祭。丁未日举行🔲祭。己酉这天王在梌这个地方用贝赏赐名卲其者。这是王在位的四年四月间的事，正值王四祀（年）周祭中的翌日之祭的时段。这件彝铭记载了纣王在位的第四年四月从乙巳到己酉这五天的祭祀和赏赐情况。丙午、丁未两天的祭祀，只写了祭名，没有写受祭者之名，依文意推测，这两天的祭祀对象应当是和其前一天的乙巳日所祭者一致，都是纣王之父"文武帝乙"。铭文强调祭祀"文武帝乙"适逢对于帝乙的翌日之祭。按照周祭系列，先王当于其王称的天干日受祭，然而，这件彝铭却显示，纣王祭父的祀典要连续三日，并且在铭文最后标明这属于"翌日"之祭。这可能是殷末对于传统的周祭制度加以变通的结果。

和《四祀卲其壶》的铭文十分相近的还有一件近年面世的祭祀帝乙的方鼎铭文。内容如下：

乙未，王宾文武帝乙彡（肜）日，自鬲俑，王返入鬲，王赏𠭯贝，用作父丁宝尊彝，在五月，惟王二十祀又二。[1]

这是纣王二十二年五月乙未这天祭其父帝乙并赏赐臣下的记录铭文。意思是，乙未这天纣王依周祭祀典宾祭其父文武帝乙，此后再进行肜祭，祭祀的地点在鬲地的庭堂里面（"俑"），纣王归到鬲的时候，用贝赏赐了名𠭯者，名𠭯者为其父亲父丁制作了尊彝，这是在五月间的事，正值

---

[1] 李学勤：《试论新发现的𠭯方鼎和荣仲方鼎》，《文物》2005年第9期。

纣王的第二十二年。

这两件彝铭的内容和殷墟卜辞的相关记载表明,商末特别重视对于父辈先王的祭祀。但是此时尚未有祭"帝"(天)的祀礼出现。西周初年的人也说商代的时候并不祭天,而只是"明祀上帝"。[1]

总之,纵观有殷一代,"帝"只是作为天神之一而与祖先神、自然神并峙于神灵世界。这与后世作为自然神的"天"是很接近的,只是它不称为"天",而叫作"帝"而已。殷人对于"天"及"天命"的探索,虽然还处在将自然具体化、神灵化的较低阶段,但其影响却是深远的。中国古代的天神崇拜由此发轫。殷人想象中的"帝",有对于人世间风雨雷电的责任,但又不食人间烟火,不受祭品供奉。这是一位多么可爱可敬的神灵啊!

殷人对于神灵世界的探索,卜辞及文献所载就是其结晶之一部分。这种思想虽然到了周代就不再盛行而隐入历史,但它却如晚秋时节欲坠的黄叶,虽然不耐一嘘,但在人类探索时空的思想长河里,却依然背映斜阳而灼出金曜,以至于勇于创新的周人也不敢轻易将它否定。面对殷人"天"观念的思想历史成就,我们当慨叹殷商先民的思想竟然有如许繁复的探索精神,其孜孜以求的态度令人肃然起敬。

---

[1] 《逸周书·商誓》载周武王语谓:"商先誓(哲)王,明祀上帝。""誓"字,卢文弨引惠栋说"读曰哲";"明祀",朱右曾说"礼祀也"(黄怀信、张懋镕、田旭东:《逸周书汇校集注》,上海古籍出版社,1995年,第482页)。

第二章

鬼与神

先秦时期鬼、魂观念的起源及特点[*]

  鬼、魂观念是中国传统思想文化的有机组成部分。鬼、魂观念在先秦时期有较大社会影响，礼仪、祭典、习俗等皆与之关系密切。鬼观念滥觞于新旧石器时代之际出现的埋葬习俗，《山海经》的时代，人们或将形态怪异而令人惊骇者称为"鬼"。《礼记·祭法》所谓"人死曰鬼，此五代之所不变也"之说表明，唐、虞、夏、商、周五代将死去者称为"鬼"，可见人死为鬼的观念应当出现得很早。关于"鬼"的最早记载见于殷墟甲骨卜辞。甲骨文"鬼"字是对于祭尸礼的"尸"的形象摹画。春秋时期尸礼渐废而鬼事兴。魂之观念的出现远后于鬼，春秋战国之际才开始出现"魂气""魂魄"之类说法。直到战国晚期，魂观念才真正摆脱物质性因素的羁绊。

  鬼、魂虽属子虚，但在先秦时期的社会观念中却占有重要位置，社会礼仪、祭祀典礼、社会习俗等皆与之关系密切。这两个观念源于上

---

[*] 本文系国家社科基金重大项目 (13&ZD085) 及中央高校基本科研业务专项资金资助项目 (SKZZY2014034) 的阶段性成果。衷心感谢两位匿名审稿专家提出宝贵指导意见。

古人类精神的幻化,[1]只存在于幻想迷信之中,按照今天的看法,它们当然是不合逻辑的、被扭曲的、错误的观念,但在起初阶段,在上古人类的思考中却是有理致的、自然而然的观念。魂之观念,远后于鬼。[2]在人的想象空间里,魂比之于鬼,更加虚无缥缈。古人对于鬼、魂的认识,多付诸秘不可测之域,就连清代硕儒钱大昕也曾慨叹"幽明之理,固不可测"[3]。当代学者的科学研究,对于鬼、魂观念(特别是"魂"观念)的认识往往将其产生的时段提得过早,没有关注这两个观念发生形成的次第,没有把它们放到社会思想发展的序列中进行考察。探讨这两个观念的起源及特点,对于深化先秦社会思想研究具有比较重要的学术意义。

一、人死为鬼:鬼之形象与上古葬俗有关

"鬼"的观念出现得很早,它源于人们对先祖的思念。旧石器时代大部分时间里是没有埋葬习俗的。关于远古葬俗,最初并无任何埋葬方式,用孟子的说法就是"举而委之于壑"[4]。后来,见亲人尸体为兽虫

---

[1] 上古时期,各种自然物皆可成为"鬼"。《庄子·达生》历数各种"鬼"云:"沈有履,灶有髻。户内之烦壤,雷霆处之;东北方之下者,倍阿、鲑蠪跃之;西北方之下者,则泆阳处之。水有罔象,丘有莘,山有夔,野有彷徨,泽有委蛇。"(王先谦:《庄子集解》卷五,中华书局,1987年,第161—162页)这种"鬼"实际上是后来所说的"妖"或"怪"。妖,即春秋时人所说的"地反物为妖",意即反常的自然物为妖;"怪"则指奇特、诡异之物。盖自东汉以后,人鬼方变为妖怪。在先秦时期,人鬼与妖、怪还不相混淆。本文所讨论的"鬼",是人鬼,而非作为物鬼的妖或怪。

[2] "魂"观念春秋后期方出现。"魂"和"灵"相系连,则迟至战国末年。《楚辞·哀郢》"羌灵魂之欲归兮,何须臾而忘反",是见于文献的最早记载。先秦时期除《楚辞》外,尚无"灵魂"之称,而只称"魂"。直到汉唐时期,灵魂之称还使用得很少,而多见单称"魂"者。

[3] 钱大昕:《赠儒林郎翰林院检讨曹君墓表》,《潜研堂集·文集》卷四十九,上海古籍出版社,1989年,第860页。按,钱大昕对于形神关系的认识取传统的精命之论,谓"形神合而有身,若色香合而为花,未闻花落而香留,安得身亡而神在"(《轮回论》,《潜研堂集·文集》卷二,第36页),只是对于彼岸世界没有再深入进行探讨。

[4] 《孟子·滕文公上》。按,《周易·系辞》:"古之葬者,厚衣之以薪,葬之中野,不封不树。"对尸体不封土,也不种树以作标记。此说与孟子所说有所不同,但认为远古时期对于埋葬尸体之事不重视,则是一致的。

所食，形体毁败，心中惭愧，才有了掩埋尸体的行为。埋葬行为是人感情需要的结果，随葬品的出现则说明人有了对于彼岸世界，即死后生活的思考。就目前所见考古资料而言，我国的葬俗可以追溯到山顶洞人时期。[1]山顶洞人遗址的下窨是墓地，发现有一青年妇女、一中年妇女和一老年男子的骨架，均佩戴有装饰品，身旁放着生产工具。贾兰坡说："（山顶洞人遗址中）在人的尸骨周围有赤铁矿粉末分布，证明当时已有了埋葬（欧洲同时代的墓葬也有此种风习）。埋葬说明当时有了'死后生活'的观念。"[2]新石器时代的大量墓葬都有数量不等的生产工具和生活用品随葬，表明人们认为死后尚可以在另一世界生活。《山海经》和上古岩画等资料表明，上古时代人们认为部落领袖死后生活在高耸云天的山上，犹如生活在天空之上，他们被禘祭，因此被称为"帝"。氏族的大小首领和人员死后也可追随而去。[3]

《山海经》的时代，人们或将形象怪异而令人惊骇者称为"鬼"，《山海经·海内北经》有鬼国，"为物人面而一目"，所以又称"一目国"。《山海经》又谓："沧海之中，有度朔之山，上有大桃木，其屈蟠三千里，其枝间东北曰鬼门，万鬼所出入也。上有二神人，一曰神荼，一曰郁垒，主阅领万鬼。恶害之鬼，执以苇索，而以食虎。于是黄帝乃作礼，以时驱之，立大桃人，门户画神荼、郁垒与虎，悬苇索以御凶魅。"[4]有万鬼出入的"鬼门"的"度朔之山"，当即今本《山海经》所

---

[1] 仇士华、黎兴国：《山顶洞人生活时期动物化石的C^{14}年代测定》（《科学通报》1980年第3期）一文报道，与山顶洞同时期的动物化石年代为18300—10500年前，可以推测山顶洞人生活的时代与之相同。

[2] 贾兰坡：《氏族公社在山顶洞人时期已经形成》，《历史教学》1959年第8期。国外的考古材料，有谓"埋葬死者的现象在化石智人早期（所谓古人阶段）开始出现，如意大利罗马以南一百公里处叫作桑·费拉斯·西赛罗的地方，在一座山洞深处发现了一具原始人的头骨是有意识地安放在一圈石头中央"。（周国兴：《远古的人们是怎样认识自己的起源的》，《化石》1973年第4期）

[3] 参见本书《〈山海经〉与上古时代的"帝"观念》一文。

[4] "鬼门"诸事，今本《山海经》无载，此处文字参见《论衡·订鬼》篇所引（黄晖：《论衡校释》卷二十二，第938—940页）。

载"先民之山"[1]，可见，所谓"万鬼"者，也就是众"先民"。我国民族学资料中，许多少数民族原始信仰中有所谓"灵魂"观念，其实都是"鬼"，而不是"魂"。新石器时代发现的瓮棺葬，瓮棺上部多一小孔，专家或认为是灵魂出入的通道，实际上应当是"鬼"的来往之途。[2] 人们之所以相信有死去的先祖或亲人化为冥界的鬼，是因为不忍割断与死去的亲人的情感纽带，企盼与其有重逢的机会。

按照《礼记·祭法》所谓"人死曰鬼，此五代之所不变也"的说法，唐、虞、夏、商、周五代都将死去者称为"鬼"，可见人死为鬼的观念应当出现得很早。关于"鬼"的最早文字记载见于殷墟甲骨卜辞，一般作"𤰞""𤰞""𤰞""𤰞""𤰞"等形，偶有作"𤰞""𤰞""𤰞""𤰞""𤰞"等形者。[3] 周代金文延续甲文的写法，写作"𤰞"，在用作偏旁时写作"𤰞""𤰞""𤰞"。[4] 所有甲、金文字中的"鬼"字都将人的头部进行模糊化处理，表示"鬼"的头部是看不清楚的，特别是"𤰞""𤰞"两个字例，似乎是在表示"鬼"的头部还有特别的保护。

上古葬俗，多将死者头部遮掩，如前引国外考古材料记载意大利

---

[1] 袁珂指出，"先民之山""有棨木千里"，与"度朔之山"的"屈蟠三千里"当为一事，两者当为一地。参见《山海经校注》，巴蜀书社，1992年，第482页。

[2] 中国新石器时代考古发现所见瓮棺葬据统计有80多处，分属于近20种考古学类型，棺底常见有孔径0.8—2厘米的小孔（参见杨虎、刘国祥《兴隆洼文化居室葬俗及相关问题探讨》，《考古》1997年第1期）。据研究，埃及前王朝时期的瓮棺底部也常凿有小孔，在法国、英国、高加索、巴勒斯坦、印度和瑞典的巨石建筑的墓，也有方形或圆形的小孔（参见令狐若明《埃及前王朝时代的埋葬习俗》，《吉林大学社会科学学报》2007年第4期）。考古所见与瓮棺小孔异曲同工的一个材料是战国前期曾侯乙墓内棺的"头端及两侧的窗格纹"，陪棺"头端多有田字形窗格纹"，棺侧面并排四个窗格纹，专家或认为是两扇门的图形（随县擂鼓墩一号墓考古发掘队：《湖北随县曾侯乙墓发掘简报》，《文物》1979年第7期；湖北省博物馆：《随县曾侯乙墓》，文物出版社，1980年，图版4）。这些门窗图案应当表示着成为鬼的死者出入之途。中国上古时期人们多认为鬼可以从天上或地下降至人间。国外资料也可为旁证，如古代玛雅人则认为死者可以从地下钻出。（参见白瑞斯《古代玛雅人的丧葬仪礼与死亡观念》，《新疆师范大学学报》2008年第1期）这种复出的死者，当为"鬼"而不是"魂"。所谓"灵魂"，其主要特征是可离开人体而存在。这种存在，在中国上古时代的信仰中，是以"鬼"的名称出现的。

[3] 甲骨文中这五个比较少见的"鬼"字依次见于《合集》第34146、14288、14289、25013片和《屯南》第4338片。

[4] 金文中的这几个字例，参见容庚编著《金文编》卷九，中华书局，1985年，第654—655页。

罗马以南一百公里处一个叫作桑·费拉斯·西赛罗的地方，在一座山洞深处发现了一具原始人的头骨被有意识地安放在一圈石头中央，[1]体现了保护头骨的意识。据报道，良渚文化墓葬中曾发现"玉掩面"，[2]可以推测覆盖死者面部是起源很早的上古葬俗。周代流行玉覆面，形制多样。《仪礼·士丧礼》"商祝掩、瑱，设幎目"[3]，意即将长五尺的方巾的下两角打结于死者颐下，然后向上覆盖死者面部，再于死者颈部环绕打结，将整个头部包裹，此后再加上覆面。礼书所载"布巾""面具""面罩""幎目"等皆遮掩死者头部之物。依照《论语·为政》孔子所谓"周因于殷礼"的说法，周代的覆面之葬俗很可能源于商代，所以《士丧礼》称执行此葬仪者为"商祝"，即行殷礼的祝官。以葬俗而言，将死者头部用布覆掩，并加以幎目、覆面，经此法处理后，死者的面部不可得见，甲、金文字的"鬼"字所摹写的人形，皆模糊化其面部，当即此种葬俗的反映。关于"鬼"的形象，《诗·何人斯》说："为鬼为蜮，则不可得。"意思是作为鬼、作为蜮，其面目不可得见。郑笺："为鬼为蜮也，则女诚不可得见也。"[4]可知直到东周时期人们还是认为鬼的人形可知，而其面目则是看不见的。

　　遮盖死者的面部，此俗背后的思想因素可以略作推测。人们对于去世的亲人有深厚的感情，依《孟子·梁惠王上》所云"仁术"言之，则是"见其生，不忍见其死"，所以进行遮盖。这种遮盖也当有另一种思想因素在，那就是人们对于死者面目的恐惧。死者往往一改其在世时的慈祥、亲和之态，而呈现痛苦挣扎乃至狰狞恐怖的样子，令生者害怕。遮盖死者面目既是对于死者头部的保护，也是对于活人恐惧心态的掩盖。甲、金文字的从"鬼"头之字有"畏"，《说文》由部谓："恶也，

---

[1] 周国兴：《远古的人们是怎样认识自己的起源的》，《化石》1973年第4期。
[2] 参见张明华《良渚文化玉掩面试探》，《考古》1997年第3期。
[3] 按，关于"商祝"，郑玄注云"商祝，祝用商礼者"是正确的。参见阮元校刻《十三经注疏·仪礼注疏》卷三十六，第1134页上栏。
[4] 阮元校刻《十三经注疏·毛诗正义》卷十二，第455页下栏。

从由、虎省。鬼头而虎爪，可畏也。"鬼头和虎爪皆人所畏，合起来正是"畏"字本义，古人惧鬼之观念于此可见其痕。

上古时期，人们一直认为人死即为"鬼"，即《礼记·祭义》"众生必死，死必归土，此之谓鬼"，[1] 亦即《说文》鬼部所谓"鬼，人所归为鬼"。《尔雅·释训》亦谓："鬼之为言归也。"邢疏："鬼犹归也，若归去。"[2] 所言"归去"，意即回归到出生的地方，古以氏族为单位，人死葬于氏族墓地，犹回归到氏族。中国上古时期鬼观念的核心是先以"帝"作为全族，抑或全部落、所有人的代表，他永生于天上。后来渐渐把本家族的祖先也依附于帝而置于上天。虽然从人们的现实视野里，人死之后确实归于土，但在信仰中还是执拗地认为先祖仍活在另一个世界里。这"另一个世界"的具体所在，古今从来没有说清楚过。一般认为是在天上或山野间。这些"鬼"（亦即另一世界里的先祖）还与人世保持着千丝万缕的联系。这些"鬼"，会享用人们的祭品，也要饮酒吃饭。所以，《诗经》中说祭祀者要将美食"卬盛于豆，于豆于登，其香始升"[3]，让先祖闻到后欣喜地来享用，还要"为酒为醴，烝畀祖妣"[4]。直到春秋时期人们还认为"鬼犹求食"，若无人献祭品鬼就会饿肚子（"不其馁而"[5]）。当时人认定成为"鬼"的先祖会完整地生活在另一个世界里。

"鬼"的观念起源甚早，且绵延久远。战国中期的曾侯乙墓所发现的衣箱上的二十八宿天文图有"舆鬼"之载，[6]《吕氏春秋·有始》说它是秦的分野。"舆鬼"之称可能起源甚早，是否与《周易·睽卦》"载鬼一车"有关，已无从查考，但这个记载是说明战国中期鬼观念的一个材料则是可

---

1 将先祖称为"鬼"，直到春秋时期犹然。据《国语·鲁语》上记载，春秋前期鲁国夏父弗忌跻僖公，鲁大夫展禽不仅说他"易神之班"，而且说他"犯鬼道"，可见先祖既为神亦为鬼。
2 阮元校刻《十三经注疏·尔雅注疏》卷四，第 2592 页中栏。
3 《诗·生民》。
4 《诗·丰年》。
5 《左传·宣公四年》。
6 谭维四：《曾侯乙墓》，文物出版社，2001 年，第 155 页。

以肯定的。《礼记·郊特牲》"魂气归于天，形魄归于地"，是很长时段以后人们的说法，上古时代直至春秋中期，还没有这种意识出现。"鬼"之观念，是那个时期人对于生命的思考。它半是恐惧，半是幻觉，将想象中的灵动、颤抖的姿态以"鬼"的形式描摹生命状态结束之后的人。

二、"见鬼"与"祭尸"：从祭尸礼说到甲骨文"示"字之源

对于先祖的崇拜，可以追溯到上古时代。人们总是希望去世的先祖再现于世，希望跟成为"鬼"的先祖重逢。那个时代，选择某人来代表某位先祖，这样的代表者就是最初的"尸"。[1]《山海经》记载有"奢比之尸""肝榆之尸""窫窳之尸""贰负之尸""相顾之尸""女丑之尸""尸虞""黄姖之尸""形残之尸""据比之尸""王子夜之尸""犁魋之尸"等十二"尸"。[2] 这些"尸"，有的是战争中的英雄，人虽死，但受到人们的敬重。如"形残之尸"，就是传说中敢与帝相争的刑天，虽然被斩掉了脑袋，但还要"以乳为目，以脐为口，操干戚以舞"，表现着不屈不挠的斗争精神。《山海经》时代敬尸、祭尸的情况难以知晓，我们可以从商周时代的祭尸礼中看到一些上古习俗的遗存。

商周时代的祭尸礼，实质是通过典礼，让"鬼"（亦即先祖）再现，从而在一定程度上满足人们与先祖交流的情感需求。[3] 我们前面探讨了最初的"鬼"字可能源于上古时期将死者头部遮掩的葬俗。但甲、金文字的"甼""甼""甼""甼""甼"等，恒作站立或跽坐之形，与死者之躺卧形

---

[1] 尸与表示屍体之"屍"有别。《说文·尸部》："尸，陈也。"段玉裁注："凡祭祀之尸训主……本象神而陈之。……至于在床曰屍，其字从尸从死，别为一字。"（《说文解字注》八篇上，第399页）按，段玉裁所辨别甚明晰，可从。甲骨文中"尸"作"？"形，姚孝遂、赵诚引林义光《文源》说它"象人箕踞形"（姚孝遂、肖丁：《小屯南地甲骨考释》，第102页）。按，甲骨文的"尸"字可能源于祭尸礼上箕踞的"尸"的形体。

[2] 袁珂：《山海经校注》，第300、328、338、463、466、470、258、372、395页。

[3] 上古时代立尸、祭尸，其范围可能甚广。唐代杜佑说："自周以前，天地宗庙社稷一切祭享，凡皆立尸。"（《通典》卷四十八"立尸义"条，中华书局，1988年，第1355页）本文所言祭尸，仅限于为先祖立尸，不涉及此范围之外者。关于商代祭尸礼的探讨，参见晁福林《卜辞所见商代祭尸礼浅探》，《考古学报》2016年第3期。

不合。[1]笔者认为这些文字不仅与上古葬俗有关，而且与商周时期的祭尸礼亦有关系。

就大体形象而言，人与人的躯干、四肢是近似的，而面目则有较大区别。活人所见到的"鬼"与先祖相比，自然躯体四肢相似，而面目则不同，特别是祭尸礼上年轻的"尸"与去世的年老的先祖的面部更有显著差异。所以说在人们的观念中，"鬼"的面目可能是模糊的，而躯体四肢则与常人无甚差异。清代王筠谓："鬼字当是全体象形，其物为人所不见之物。……只是有首有足，象人形而已。"[2]其说甚合"鬼"字起源之实。

"尸"之意义，重在祭拜者与先祖的心灵沟通，而不是实见其面目，所以甲、金文字的"鬼"所表示出来的就是如见其形，而不见其面，只是一种观念上的存在。[3]如果将其面目的鼻眼都表示出来，那就不是"鬼"而是"人"了。惟有不见其面目，这才算是"鬼"。只有在虚幻中才能够闪烁出神奇之美。《诗·何人斯》篇所谓"为鬼为蜮，则不可得"，颇与传统的"鬼"之本义合拍。

甲骨卜辞记载商代有许多合祀先祖的祭典，试举一例："□未卜，桒自上甲、大乙、大丁、大甲、大庚、大戊、中丁、祖乙、祖辛、祖丁十示，率牡。"[4]这条四期卜辞贞问举行祈祷祭典，是否祭祀从上甲开始至祖丁十位先祖，是否用十只牡羊为祭品。这次祭典，依照商代祭尸礼，[5]要选择十位"尸"在祭典上受祭。这十位先祖合称"十示"。卜辞也将

---

1 陈梦家曾释甲文"鬼"字谓："'方相'即魌若䫏，而䫏头即傀儡，傀即鬼也。……卜辞鬼作𩴂，象头上魌魌然盛大，即方相氏之蒙䫏头。"（《商代的神话与巫术》，《燕京学报》第 20 期，1936 年，第 566—567 页）此说虽然有理致，但《周礼·夏官·方相氏》所载方相之特点为"黄金四目"，甲、金文中"鬼"字无一作四目形者。因此，以方相"䫏头"释"鬼"字之源，尚不大可信。
2 王筠：《说文释例》卷二，中华书局，1987 年，第 33 页。
3 马端临引杨氏说谓："设主立尸，为之庙貌，所以萃聚祖考之精神而致其来格也。"（《文献通考》卷六十八《郊社考一》，浙江书局本）
4 《合集》第 32385 片。
5 关于商代祭尸礼参见晁福林《卜辞所见商代祭尸礼浅探》，《考古学报》2016 年第 3 期。

多位先祖的合祀称为二示、三示、四示乃至二十三示。[1]这些"尸"是先祖的重现，按照人死为鬼的概念，他们就是十位"鬼"。甲、金文字的"鬼"字应当就是祭典上"尸"的形象。商周时期祭典上的"尸"取何种姿势，现在尚无法断定，甲骨文"鬼"字之人形，即有立者，又有跽坐者。[2]这些由活人扮演的"尸"出现在祭典上，祭拜者难免分辨不清其所代表的先祖。为解决此一问题，在尸前应当有一个标识，类乎今日体育赛事各代表队入场时其前的指示牌。战国时期"鬼"字作上"鬼"下"示"之形，《说文》鬼部"鬼"字古文作"䰠"，从"示"从"鬼"，楷写作"䰠"，直可视为祭尸典礼上指示牌（"示"）与"尸"合为一字的形象。

甲骨文"示"字，绝大多数作"丅""丅"形，偶有作"且""帀"形者，专家有释为祭天杆之形者，或有说象天垂象而表示权威之意者。对于此两说，信之者少，而多数专家认为它是宗庙里的神主之形，这是正确的。不过，"神主"应当有一个发展过程。可以推测，祭典上作为先祖形象的"尸"的引导、指示之牌，在"尸"不出现于祭典上的时候，就用这个指示牌作为代表，成为某位先祖的"神主"。[3]为先祖立"神主"之事源于古代礼书记载。《礼记·曲礼下》谓周天子去世后要"措之庙，立之主"。把先王牌位安置于庙。神主多为木制，上面写先祖名号，即

---

1 参见常玉芝《商代宗教祭祀》，第385页。
2 《礼记·礼器》有"夏立尸""殷坐尸""周坐尸"之说。按，此为一种比较笼统的概说，从文献和考古资料中皆不能说明其为必然。盖立、坐，在三代祭尸礼仪中皆用之，《礼器》篇所强调的只是"其道一"，意即不管其立、坐的形式，其所展现的精神原则是一致的。
3 何琳仪指出"示""主"本为一字，"甲骨文'示壬''示癸'，《史记·殷本纪》作'主壬''主癸'，可见'主''示'实乃一字之分化。以战国文字衡量，司马迁的读法并不错，战国文字'宔'字的发现，使人们对'主'字的来源有了进一步的理解"（《战国文字通论》，中华书局，1989年，第291页）。其说甚确。

《白虎通》所云："记之为题，欲令后可知也。"[1] 然而，商和西周时期尚无"神主"为先祖牌位之说，当时祭祖还是以"尸"作为先祖的代表，或即认为"尸"就是先祖的再现。

要之，商周祭尸典礼上指示先祖的牌子，在甲、金文字中写作"示"，意即指示某位先祖置于此处，究其本义只是"鬼（即先祖）主"。用后世通常使用的"神主"一词称呼它，只是行文方便，并非指先祖之神（或者灵魂）依附于此。这种作为"鬼主"的指示牌子发展成为名副其实的"神主"，成为先祖灵魂的依附之处，还要经过一个不短的时段。古代礼学家常将"设主""立尸"视为同时之事，[2] 实为未能考镜源流的表现。

三、敬祖与驱鬼：春秋时期鬼观念的转变

祭祀先祖时一般要由所祭先祖的嫡孙担任"尸"来受祭，为什么要用活人替代先祖呢？依礼学家的说法，这样做可以见到由"尸"来代表的先祖之尊貌，并且"僾然必有见乎其位。周还出户，肃然必有闻乎其容声。出户而听，忾然必有闻乎其叹息之声"。[3] 意思是指，依稀可见先祖所坐之位，往来完成各种仪节时候，似乎肃然感觉到先祖举动的容止，出得门来还忾然听到先祖的叹息声。这种祭尸礼，使祭祀者有与先

---

[1] 陈立：《白虎通疏证》卷十二"阙文"，吴则虞点校，中华书局，1994年，第577页。按，神主上题名，与《周礼》所云"置铭"类似。据《左传·昭公二年》，郑国乱臣子黑死后，郑卿子产将其"尸诸周氏之衢，加木焉"，杜注："书其罪于木，以加尸上。"（阮元校刻《十三经注疏·春秋左传正义》卷四十二，第2030页上栏）此"木"虽非神主，但从表明死者身份的角度看，则亦与神主类似。

[2] 关乎此，可举一例。清代礼学家杨复说："宗庙祭享有尸、有主者，圣人原始返终而知死生之说，故设主立尸为之庙貌，所以萃聚祖考之精神而致其来格也。"（秦蕙田：《五礼通考》卷五"吉礼五·'迎尸'条"引，光绪六年江苏书局刻本）将设主、立尸合为同时之事，未察二者先后之别。笔者以前也曾认为商代的"示"就是神主，是先祖神灵的载体，现在看来，这是一个浮浅的认识。

[3] 《礼记·祭义》。按，关于祭尸之义，《礼记·中庸》从孝道情感上进行说明，谓"敬其所尊，爱其所亲；事死如事生，事亡如事存。孝之至也"，清儒皮锡瑞从祭礼仪节的需要来解释，谓："立尸，是事死如事生，且古人行礼，与今不同，非有尸答拜，不能成礼。"（《经学通论》，第76页）

祖亲切交流的感觉，从而心有所系，受到一次尊祖敬宗、孝敬鬼神的熏陶。祭祀，本来就是要讲究敬心诚意地感受，即孔子所云"祭如在，祭神如神在"[1]，商周的祭尸礼，不仅是"如在"，而且是情境再现，祭者可以近距离感受先祖的存在。周代的祭尸典礼主要展现了人们对于先祖的怀念与敬重，但由活人所饰扮的先祖毕竟面目与先祖有较大区别，与其将这种真实的存在转换为虚幻的影像，不如不要"尸"这种真实的存在，而只在意识里重现先祖来得直接。春秋时期少有关于祭尸的文献记载，清儒顾炎武说："春秋以后不闻有尸之事。宋玉《招魂》始有'像设君室'之文。尸礼废而像事兴，盖在战国之时矣。"[2] 春秋战国时期，繁复的祭尸礼仪，已不适应礼仪简化的历史发展形势。它的淡出，乃是十分自然的事情。

尸礼废的一个直接影响就是春秋战国时期"鬼"的地位下降。随着祭尸礼渐废，"鬼"亦渐渐走下神坛。在当时人的观念中，那些寿终正寝且有后人祭祀的"鬼"，都在安静地享受彼岸世界的生活，而那些冤死的、被残害而死的"鬼"，则满怀戾气而会突现人间，以宣泄其愤懑，这就是春秋后期人们所说的"厉鬼"。春秋后期，晋平公患病三月不愈，又梦见黄熊闯入寝门，晋卿韩宣子向来聘问的郑卿子产问道："其何厉鬼也？"询问是何种"厉鬼"。子产以为是晋人未曾祭祀的夏祖鲧。鲧因治水失败而被尧殛杀，很有些冤枉，又没有受到作为盟主的晋国的祭祀，所以成为厉鬼而让晋君患病。见于《左传》记载的厉鬼还有晋景公

---

[1] 《论语·八佾》。
[2] 顾炎武著，黄汝成集释《日知录集释》卷十四"像设"条，栾保群、吕宗力校点，上海古籍出版社，2006年，第849页。按，战国时期始以人像代替"尸"，是一个合理的推测。战国人像之用，当有二途：一是置于棺上，谓墓主升天；二是设于君室受祭，此是代替"尸"的人像。但此类人像迄今尚未见有考古发现的报道。唐代杜佑说，祭尸礼废于秦汉以降，谓"秦汉以降，中华则无矣"。（《通典》卷四十八"立尸义"条，第1355页）祭尸礼究竟废于何时，是一个应当再探讨的问题。就长时段来说，说它渐废于战国秦汉时期，是可以的。又按，战国时期有以画像代替尸来受祭者，刘信芳曾予以探讨，其说甚确，参见氏著《〈招魂〉"像设君室"与楚简帛之"象"》，《云梦学刊》2011年第1期。顾炎武所说"像事"，是否普遍行用的礼制，仍待研究。

梦到的"大厉",这个硕大的厉鬼"被发及地,搏膺而踊",披散着及地的长发,双手捶胸跳踊奔来,砸坏大门,闯入寝门,吓得晋景公惊恐异常。晋景公曾杀晋大夫赵同、赵括,赵氏先祖即化为厉鬼来恫吓晋景公。残杀他人者,多恐惧被杀者化为厉鬼来报复。晋卿荀偃杀晋厉公,就曾梦见晋厉公以戈将自己的头颅砍掉,"跽而戴之,奉之以走"。荀偃不出一年即死掉,与他梦见晋厉公化为厉鬼来复仇所受到的恫吓不无关系。春秋末年,卫庄公违约杀掉浑良夫,即梦见浑良夫登于高处,披散头发高喊自己蒙冤被杀,狂呼"叫天无辜"。[1]上述这些厉鬼,皆为梦境所见。此外有的厉鬼则是人的幻觉,如《左传·庄公八年》载齐襄公田猎,"见大豕,从者曰:'公子彭生也。'公怒,曰:'彭生敢见!'射之,豕人立而啼。公惧,队(坠)于车,伤足,丧屦。"此前,鲁桓公聘问齐国时,公子彭生曾受齐襄公之命残杀鲁桓公,事后齐襄公又为平息鲁国的愤怒而杀掉公子彭生。齐人皆知公子彭生冤死,所以狩猎时大野猪幻化为公子彭生的形象,吓得齐襄公滚落车下,伤脚丢屦。还有一次"见鬼"事件是,春秋后期郑国谣传在内乱中被杀的伯有将回来寻仇。此事谣传而已,"厉鬼"并未真的出现。

如果撇开那些梦见鬼的事件、幻觉见鬼、传言厉鬼将至的事件不计,《左传》所载真正属于"活见鬼"事件,只有一次,即春秋前期被冤杀的晋国太子申生的复现于世。太子申生被逼自缢而死后的第五年,晋大夫狐突前往陪都曲沃途中曾遇到太子申生。《左传·僖公十年》载:

> 狐突适下国,遇大子。大子使登仆而告之曰:"夷吾无礼,余得请于帝矣,将以晋畀秦。秦将祀余。"对曰:"臣闻之,神不歆非类,民不祀非族。君祀无乃殄乎?且民何罪,失刑乏祀。君其图之。"君曰:"诺。吾将复请。七日,新城西偏,将有巫者而见我焉。"许之,

---

[1] 本段所言晋平公梦厉鬼事见《左传·昭公七年》,晋景公梦"大厉"事见《左传·成公十年》,荀偃梦头颅被晋厉公砍掉事见《左传·襄公十八年》,浑良夫喊冤事见《左传·哀公十七年》。

遂不见。及期而往。告之曰:"帝许我罚有罪矣,敝于韩。"[1]

这个事件中,太子申生两次复现于世,不仅复现,而且还与狐突交谈,申生复仇的结果是让晋国在韩原之战中大败。此事应当出自狐突和巫者的编造,以讹传讹,言之凿凿,遂似实有其事。人死为鬼,隐入于黑暗,化为尘灰,这一点在春秋时人的观念中是存在的,但人们还是执拗地企盼与逝者相会。巫者正是利用这种观念、这种心理造出太子申生死而复现的故事。

《左传》所见春秋时期的厉鬼有六,其中三个为梦境,一个为幻觉,一个为谣传,一个为巫者编造。[2] 分析这些事件,可以看到春秋时期神、鬼两者已开始分途。先祖被视为神而享祭;厉鬼则被视为恶魔,为人厌恶而被驱逐。厉鬼的名声实在不好,《左传·襄公二十六年》记载,前547年,晋国戍守茅氏这个地方的三百人被齐人杀死,孙蒯不敢追击,被其父孙文子骂为"厉之不如",[3] 意即连厉鬼都不如。

---

[1] 按,太子申生首次复现于世,是他自己的主动行为,第二次则是依靠巫术而得以重现,即史载"有巫者而见我"。《史记·晋世家》述此事作"将有巫者见我焉"(《史记》卷三十九《晋世家》,第1651页)。《左传·僖公十年》杜注:"将因巫而见。"孔疏:"将有巫者,而与之俱见我焉。"(阮元校刻《十三经注疏·春秋左传正义》卷十三,第1802页上栏)这些说法皆巫者与申生俱见。另外,日本学者竹添光鸿说:"申生冯巫者而见之,故云'而见我焉',犹言见我于巫者也。"(《左氏会笺》,巴蜀书社,2008年,第451页)杨伯峻说:"盖谓己将凭巫者而表现也。"(《春秋左传注》,第335页)这两家说法认为是申生凭借巫者而再现,类乎后世的灵魂附体。比较而言,孔疏说当近是。笔者认为,这里的"有"当读若"以",《论语·为政》"皆能有养",《孟子·公孙丑上》"霸必有大国",是为其例。以者,有因之意。申生"有巫者而见",即因巫者而现身,意谓与巫者俱现,非申生灵魂附于巫者也。

[2] 战国初期的墨子力证有鬼,《墨子·明鬼下》所举鬼之实例有射杀周宣王的杜伯、以杖击杀燕简公的庄子仪,墨子的结论是乱杀无辜者必有恶报:"凡杀不辜者,其得不祥,鬼神之诛,若此之憯遫也!"按,墨子所举两例皆为蒙冤而死者现身寻仇,类乎春秋时期的厉鬼。墨子所记当为春秋时期的传闻。

[3] 按,关于厉鬼的生成,杨伯峻注此条材料,谓:"厉,恶鬼。晋戍三百人被杀而死,古人以为皆当为厉。"(《春秋左传注》,第1114页)可见,战死者成为厉鬼。另一种厉鬼,是无后人祭祀之鬼。《墨子·非命中》"国为虚厉",《经典释文》引李氏说谓:"死而无后曰厉。"(孙诒让:《墨子间诂》卷九,孙启治点校,中华书局,2001年,第275页)"无后"之鬼没有祭品享用,是为饿鬼,也是充满戾气的厉鬼。

周代对付厉鬼的办法主要有二。一是安抚厉鬼，通过祭典让厉鬼有所"归"，即有所归之处，有祭品享用，可以不再挨饿，以此让厉鬼安定。前面提到的晋平公祭祀鲧就是一例。再如，《左传·昭公七年》载，郑国谣传被杀的伯有寻仇，再加上大夫伯有所要报复的公孙段刚刚死掉，郑国引起慌乱。郑卿子产马上立两名冤死者之子为大夫，让厉鬼"有所归"，这才平息了恐慌。那个时代的安鬼之举，处处透露着人世间的温馨。人们相信，这种办法能使厉鬼消逝在无人知晓的所在。

对付厉鬼的另一种办法是驱除。《周礼·夏官》有"方相氏"，"掌蒙熊皮，黄金四目，玄衣朱裳，执戈扬盾。帅百隶而时难（傩）"，即穿着熊皮制成的服装，戴着黄金色的有四只眼睛的面罩，上身是黑衣，下身是朱红色的裳，拿着戈举着盾，率领手下人依时节而"傩"，进行驱鬼。依照《周礼》和《吕氏春秋》的说法，一年之中要于春、秋、冬三季行"傩"事。睿智如孔夫子者虽"不语怪、力、乱、神"[1]，但却不排斥"傩"。《论语·乡党》中说："乡人傩，（孔子）朝服而立于阼阶。"[2] 孔子朝服立于阼阶观看"傩"，表示尊重国家典礼，另外也挡一挡驱逐厉鬼时的喧闹，并且防止厉鬼逃到宗庙惊动先祖。"朝服而立于阼阶"，《论语》所载孔子的这个"立"，可以视为一个标识，那就是先祖与厉鬼有了泾渭之分，也表明春秋时人想象中的彼岸世界，已有明显的阶层分化，居

---

1 《论语·述而》。
2 按，关于孔子观傩，《礼记·郊特牲》载："乡人裼，孔子朝服立于阼，存室神也。"郑玄注："裼，强鬼也。"（阮元校刻《十三经注疏·礼记正义》卷二十五，第1448页下栏）宋儒朱熹解孔子深意谓："傩虽古礼而近于戏，亦必朝服而临之者，无所用其诚敬也。或曰：'恐其惊先祖五祀之神，欲其依己而安也。'"（《四书章句集注》卷五，中华书局，1983年，第121页）说甚恰切。

高位者为先祖，居末流者为厉鬼。敬祖与驱鬼两者并行不悖。[1] 关于人、鬼两者的关系，战国时期的韩非子认为应当"两不相伤"最好。《韩非子·解老》述《老子》相关理论说："鬼祟也疾人之谓鬼伤人，人逐除之之谓人伤鬼也……人不与鬼相伤，故曰：'两不相伤。'"人、鬼的"两不相伤"，[2] 实即理想中的和谐人际关系的折射。

四、"魂魄凭依于人"：魂的初始状态

"魂魄冯（凭）依于人"的命题取自子产之语"魂魄犹能冯（凭）依于人"。我们应当探讨一下它的来历。

"魂"之观念源于春秋时期，但在起初阶段还没有脱离人体而存在，而只是与存在于人体中的"魄"相对应的一个概念。魂观念在春秋时期最典型的一个表达，出现于作为"博物君子"的大政治家子产的言论中。春秋后期，郑卿伯有骄奢无礼而又刚愎自用，在内乱中被杀。过了几年，郑人谣传伯有回来寻衅报仇，引起恐慌，子产立伯有之子为郑国大夫，慌乱才止息。郑卿子大叔询问原因，子产说："鬼有所归，乃不为厉。吾为之归也。"意谓鬼要有归宿之处才不会成为厉鬼，他立伯有之子为大夫，使伯有得享祭，伯有就安而止乱了。子产出使晋国时，还

---

[1] 关于以傩为代表的驱鬼仪式的起源，可再进行一些探讨。郭沫若曾释甲骨文字"🐾"为魖，认为即《周礼·方相氏》驱鬼时所戴的"魖头"，并推论"魖头之俗实自殷代以来"（《卜辞通纂》第498片考释，《郭沫若全集·考古编》第二卷，第432页）。此说虽不为无据，但"魖"字在卜辞中现仅一见于《合集》第6063片，且此片卜辞并无驱鬼之事，其他卜辞亦无驱鬼之类记载。专家曾研究新石器时代的面具材料，正确地指出这些面具是为了"事神而不是驱鬼"（杨伯达：《玉傩面考》，《中原文物》2004年第3期）。20世纪80年代中期发现的大地湾地画，曾有学者认为是巫师驱鬼之图，但更多学者认为只是一种原始巫术的形象，并不能证明其必有驱鬼之意。依文献记载，当以暂定驱鬼之事源于周代祭尸礼渐废时较妥（阮元校刻《十三经注疏·礼记正义》卷二十五，第1448页下栏）。

[2] 承专家指示，人鬼两不相伤之论实出自《老子》第六十章："治大国若烹小鲜。以道莅天下，其鬼不神。非其鬼不神，其神不伤人。非其神不伤人，圣人亦不伤人。夫两不相伤，故德交归焉。"王弼注："神不伤人，圣人亦不伤人，圣人不伤人，神亦不伤人，故曰'两不相伤'也。神圣合道，交归之也。"（《老子道德经》，上海书店出版社，1986年，第36—37页）细绎此章，虽有人、神两不相伤之意，但主旨盖在于明谓执道治国的圣人与神之明相合。韩非子化用其意，转变为人、鬼两不相伤。

就此事向晋卿解释道:

> 人生始化曰魄,既生魄,阳曰魂。用物精多,则魂魄强,是以有精爽至于神明。匹夫匹妇强死,其魂魄犹能冯(凭)依于人,以为淫厉,况良霄,我先君穆公之胄、子良之孙、子耳之子、敝邑之卿,从政三世矣。郑虽无腆,抑谚曰"蕞尔国",而三世执其政柄,其用物也弘矣,其取精也多矣,其族又大,所冯厚矣,而强死,能为鬼,不亦宜乎?[1]

鬼神魂魄之事只存在于人的想象空间中,因为没有实在依据,所以要将其厘清,是根本不可能的事。尽管如此,子产以类乎精神之观念进行解释,却是合乎逻辑的说法。其意谓人的形魄具而魂气相附,离开形魄,魂气焉附?依子产之意,所谓"魄"即人的体魄,亦即身体。"魂"即人之阳。[2] 人强壮时,魂魄"精爽",类乎后世所言的"精神",可以达到"神明"的地步,仍然可以附着于人。人活着时奉养丰厚,多得物之精华,其魂魄强大,凭依于其人,便可死犹复生而成厉鬼。子产认为,这就是伯有死后多时,犹能回来复仇的原因。

---

[1] 《左传·昭公七年》。

[2] 关于"人生始化曰魄",唐儒孔颖达认为"魂"为魄所生,谓:"人之生也,始变化为形,形之灵者名之曰魄也。既生魄矣,魄内自有阳气。气之神者,名之曰魂也。"(阮元校刻《十三经注疏·春秋左传正义》卷四,第 2050 页上栏)他认为人出生就有了魄。杨伯峻另辟新说谓:"化犹死也。《淮南子·精神》篇'故形有摩而神未尝化者',化即死也。佛教言坐化,道家言羽化,皆此义。"(《春秋左传注》,第 1292 页)杨先生的说法似有可商之处。化之本义为变,非为死。《淮南子·精神》篇谓:"形有摩而神未尝化者,以不化应化,千变万抮而未始有极。化者,复归于无形也;不化者,与天地俱生也。"高诱注:"化,犹死也。"(《淮南子》,上海古籍出版社,1989 年,第 72 页)"犹死",即像死,实则未死。所言"未尝化",意即未尝变。至于佛教之"坐化",是涅槃、圆寂的一种表述,意谓进入无为、自在、不生不灭的状态。坐化是讲端坐而进入此状态,与一般所言的死有所区别。道教的"羽化",指飞升上天,也非死亡之意。总之,此句的解释,孔颖达的说法是比较贴切的。竹添光鸿发挥孔疏之意谓:"人之始生,目不能见,耳不能闻,手不能执,足不能行,既而目能见,耳能闻,手能执,足能行,此之谓化。"(《左氏会笺》,第 1757 页)其说甚确。

那么，什么是"魄"？它和人的身体有何区别呢？子产的这番话没有给出答案，只是说人出生时就有魄，是与生俱来者。人自来就有体有魄，那么魄与体是什么关系呢？关于这个问题，我们不得不寻找子产之前的"魄"的意义。"魄"，本是"霸"的代用字。最早见于《尚书·康诰》的记时之语"惟三月哉生魄"，伪孔传："明消而魄生。"汉儒马融注谓："魄，朏也，谓月三日始生兆朏，名曰魄。"[1] 所谓"哉生魄"即彝铭习见的"既生霸"。[2] 每月晦朔之时，月亮不在天穹显现，虽然人所不见，但在想象中却是必然存在的天体，那就是所谓"霸"。简言之，对于月亮而言，"霸"即人眼所未见的实有之月亮。这样的月亮升起，月牙儿每天生长，就渐至"既生霸"的阶段。按照王国维的说法，"既生霸谓每月八九日以降至十四五日"，正是月牙儿渐长至圆月的时段。暗黑之月变成明亮之月，亦即"既生霸"之意。[3] 周人以月相之"霸"来解释人的死生之事，因为音同而写作"魄"。这应当是很恰当的喻指。"霸"之于月，人所不见，但必属实有；"魄"之于人，人所不见，亦必当为实有。霸和魄，皆为人所想象中之实有。月之霸（魄）是月亮的实在，它是肯定存在的，而非虚构，只是人们暂时看不到而已。引"霸"为"魄"是周人的一大创造，是观念史领域的一个重要进展。魄存在于人体之中，也是人体的实在，只是人看不到它而已。

"魄"字虽出现于西周时期，但现在从可靠文献中还找不出当时的人用"魄"来解释人之生死问题的用例。这种用例，首见于《左传》

---

[1] 阮元校刻《十三经注疏·尚书正义》卷十四，第202页下栏。
[2] 清华简《程寤》作"既生魄"，参见李学勤主编《清华大学藏战国竹简》（壹），中西书局，2010年，第136页。按，"哉"作实词时有"始"之意，《诗·文王》"陈锡哉周"，郑笺："哉，始。"（阮元校刻《十三经注疏·毛诗正义》卷十六，第504页上栏）《尔雅·释诂》"哉，始也"，邢昺疏谓："哉者，古文作才，《说文》云：'才，草木之初也。'以声近借为哉始之哉。"（阮元校刻《十三经注疏·尔雅注疏》卷一，第2568页上栏）是为其证。既字古训有"已"之意，盖由此而彝铭的"既生霸"而文献写为"哉生霸"也。哉、既之意或当有若干区别，但在周人眼中两者应当是一致的。以之释月相，必当谓月亮升起之时。
[3] 关于周代"月相"之义，学者辨析甚多，王国维"四分法"为其中最早且最著名者，参见氏著《生霸死霸考》，《观堂集林》卷一，第19—26页。今暂取其说为释。

的记载。据载,春秋时期有两次用"魄"释人之将死的用例。兹引之如下:

> 晋侯使赵同献狄俘于周,不敬。刘康公曰:"不及十年,原叔必有大咎,天夺之魄矣。"(宣公十五年)
>
> 子产举不逾等,则位班也。择善而举,则世隆也。天又除之,夺伯有魄。(襄公二十九年)

前一条材料谓春秋前期,周卿刘康公预言晋臣赵同(即"原叔")不出十年将死;后一条谓春秋中期,郑国的裨谌预料子产将执政,不仅因为他有能力,而且上天为其除掉障碍,权臣伯有必将死掉,就是天为其所清除的障碍之一。原叔和伯有将死的原因,就是天夺去了其"魄"。依子产的说法,魄是人与生俱来者,亦即人的精神的一部分。人的精神分为魂、魄两部分,与人体联系紧密者为"魄",联系较少者为"魂"。在周人认识中,霸是月亮的另一形态,无霸则月不生。人之魄亦然,无魄则人不生,亦即子产所云"人生始化曰魄"之义。人无魄则不能生存,天夺去原叔、伯有之魄,则此二人之死即为必然。

可以说终春秋之世尚未有魂、魄离开人体的观念出现。《老子》第十章:"载营魄抱一,能无离乎?"其中"营魄",自汉儒开始往往把它释为灵魂或魂魄。[1] 直到当代学者朱谦之才辨析其义,有了正确解释:

> 以灵魂训营魄,似有未至。魄,形体也,与魂不同,故《礼运》有"体魄",《郊特牲》有"形魄"。又魂为阳为气,魄为阴为形。高诱注《淮南·说山训》曰:"魄,人阴神也,魂,人阳神也。"王逸

---

[1] 关于此条材料,刘师培指出:"王注'抱我灵魂而上升也',以抱训载,以灵魂训'营魄',是为汉人故训。'载营魄'者,即安持其神也。"(《老子斠补》,《刘申叔遗书》,江苏古籍出版社,1997年,第874页)

注《楚辞·大招》曰:"魂者阳之精也,魄者阴之形也。"此云"营魄"即阴魄。《素问·调精论》"取血于营",注:"营主血,阴气也。"又《淮南·精神训》:"烛营指天。"知营者阴也,营训为阴,不训为灵。[1]

朱谦之的这个说法,一反汉儒以来的旧说,近乎经文本旨,洵为卓识。[2]"抱一"的"一",可取高亨"身体"之说,意为:"阴魄固守于身体,能不分离吗?"老子这句疑问之辞,意味着阴魄可能与身体分离,但老子没有明说,他只是提出问题供人们思考而已。

要之,春秋后期出现了魄、魂的说法,但只是对于鬼观念的一个深化认识,多用来说明鬼何以存在,何以变为厉鬼的问题。在时人观念中,魄和魂都没有走出人体而飘逸飞扬,此即子产所谓"魂魄冯(凭)依于人"的意思。所谓魂魄,是人生活的支柱,类乎后世所言的气魄、精神。据《晏子春秋·内篇》记载,齐景公美衣华冠自矜骄傲,晏婴劝谏说:"万乘之君,而壹心于邪,君之魂魄亡矣,以谁与图霸哉?"依晏婴之意,魂魄还是在景公体内,若离开了,景公就类同死人,还怎么能够争取霸权呢?晏婴提倡慎独,《晏子春秋·外篇》有"独寝不惭于魂"之说,他所说的"魂"实即人心,还不是离开身体而存在的灵魂。总之,春秋后期虽然出现了魂之观念,但不仅"魂魄相依"不能分开,而且它们也不能与人体分开。魂魄还没有飞升到幽阴之处,而仍然附着于身体。这个认识,给人的生命涂抹了最后一缕暖色。

---

[1] 朱谦之:《老子校释》,中华书局,1984年,第38—39页。
[2] "载营魄抱一"的"载"字,当读若"哉",唐玄宗力主读"哉",并改字。孙诒让指出:"'载'、'哉'古字通,玄宗此读,虽与古绝异,而审文校义,亦尚可通。"(《札迻》卷四,齐鲁书社,1989年,第129页)孙诒让未因玄宗的改字之误而将其一概否定,所论甚中肯。王弼注:"载,犹处也。"(《老子道德经》,第5页)后世多据此为释,疑未是。笔者认为,这里的"载"当依唐玄宗所说读若"哉",训为"始",《尚书·康诰》"哉生魄",即为其例。"哉营魄抱一",意即"始营魄抱一"。"营魄"与"抱一"意义相连,而非处营魄之意。

五、"招魂"抑或是"唤鬼"：关于周代丧礼"复"事的探讨

研究先秦鬼、魂观念，必须探讨周代丧礼中的"复"事。因为此事直接牵涉到"魂"观念起源的时间问题。"复"事首见于《仪礼》，再见于《周礼》，又见于《礼记》。[1] 三礼所载"复"事仪节，大体如下。

其一，行"复"事前的准备。确定行"复"事者，周天子的丧礼多达十二人，卿大夫则以命数递减，一般士人，则只有"复者一人"。再就是准备行"复"事的衣服，《周礼·天官·玉府》有称为"玉府"的职官来"复衣裳"。"复"事一般是用死者生前的上衣。[2] "复"事要在房屋最高处进行，所以要准备上房的梯子。周王朝有些职官的职守中就有此项任务。《礼记·丧大记》："有林麓则虞人设阶，无林麓则狄人设阶。""虞人""狄人"皆为职官之称。

其二，"复"事地点的确定。"复"事一般在死者所居正寝的屋脊上进行。为周天子者所行"复"事还要多一些地方。《周礼·天官·夏采》说"以冕服复于大祖，以乘车建绥复于四郊"，《礼记·檀弓》谓"君复于小寝、大寝、小祖、大祖、库门、四郊"，总之，凡是国君常去过之处皆要行"复"事。礼书上还有一些变通的规定，如《礼记·杂记上》载诸侯或大夫到别国聘问时"死于馆，则其复如于其国。如于道，则升其乘车之左毂，以其绥复"。《礼记·丧大记》亦有大体相同的记载，谓："其为宾，则公馆复，私馆不复。其在野，则升其乘车之左毂而复。"

---

[1] 关于《仪礼》的撰作，沈文倬说："由礼物、礼仪构成的各种礼典早已存在殷和西周时代，而'礼书'则撰作于春秋之后"，"其上限是鲁哀公末年鲁悼公初年"，"其下限是鲁共公十年前后"[《略论礼典的实行和〈仪礼〉书本的撰作》（上）（下），《文史》第15辑，中华书局，1982年，第31页；第16辑，中华书局，1982年，第19页]。就撰著时间而言，《周礼》晚于《仪礼》，《礼记》又晚于《周礼》。三礼是关于周代礼典、礼仪、礼说的总汇，是可以肯定的。
[2] 关于"复"事所用之服，清儒李如圭说："凡复，皆用死者之上服。"（《仪礼集释》第6册，《丛书集成初编》本，商务印书馆，1939年，第491页）按，若非寿终正寝，而死于外，则仓促间行"复"事，亦可变通。据《礼记·檀弓上》，鲁僖公二十二年与邾娄战，师虽胜，但死者亦众，无衣可用，便"复之以矢"，以矢来代替上服。

其三,"复"事的过程。这个过程以《仪礼·士丧礼》所载为典型:"复者一人。以爵弁服,簪裳于衣,左何之,扱领于带。升自前东荣中屋。北面招以衣,曰'皋某复!'三。降衣于前,受用箧。"意思是说一位行"复"事者,拿着死者生前穿的爵弁服和裳连缀在一起,搭在自己的左肩上,将衣领插进自己的衣带间。然后在堂前从东侧屋脊处登梯上到屋脊。站在屋脊上面朝北举衣呼唤,喊道:"啊——,某(死者之名,若周天子则称'天子'),你回来啊!"这样连续喊三次以后,把"复"衣抛下,有人接到装到箧中。行"复"事时一般是呼唤死者的名字,而于周天子则"复,曰'天子复矣'"[1],以示对于周天子的尊崇。

其四,行"复"事之后的仪节。要有专人将"复"事后置于箧中的上服从堂的阼阶登堂带到死者旁,用此上服覆盖于死者身上。[2]以此来看死者能否复苏,"复而不苏乃行死事"[3]。所谓"死事",指"复"事后的丧葬礼仪。

总括礼书所载"复"事的过程,可以看到撰著较早的《仪礼》《周礼》皆无"魂"之说,撰著较晚的《礼记》也提之甚少,只有两篇提到"魂气"一词。[4]这说明在《仪礼》《周礼》撰著的时代,"魂"观念尚未流行,而《礼记》撰著的时代"魂"观念也未大行于世。汉代经学家

---

[1] 《礼记·曲礼下》。
[2] "覆尸",指将衣覆盖于尸,并非给死者穿上。清儒姚际恒说:"覆之耳,不可以敛也。"(《仪礼通论》卷十二,《续修四库全书》第 86 册,上海古籍出版社,2002 年,第 606 页)是正确的。关于复衣,《周礼·春官·司服》说有复衣、敛衣、奠衣、廞衣,所提到"复衣"有可能用作"奠衣",唐儒贾公彦说:"祭祀之时,则出而陈于坐上,则此奠衣服者也。"郑玄称之为"魂衣"(阮元校刻《十三经注疏·周礼注疏》卷二十一,第 783 页下栏),是不正确的。
[3] 《周礼·天官·夏采》。
[4] 《礼记》有两条材料提到魂气:一是《礼记·郊特牲》篇谓人死之后,"魂气归于天,形魄归于地";二是《礼记·檀弓下》篇说春秋末年延陵州季子葬子以后说道:"骨肉归复于土,命也。若魂气则无不之也,无不之也。"按,《孔子家语·六本》篇载孔子语谓:"人生有气有魂,气者,人之盛也,夫生必死,死必归土,此谓鬼,魂气归天此谓神,合鬼与神而享之,教之至也。"(杨朝明、宋立林主编《孔子家语通解》,齐鲁书社,2009 年,第 216 页)也提及此。春秋后期,子产有"魂魄凭依于人"之说,"魂气"说以为魂气可以离开魄而飞升,是一个认识上的长足进步。但称"魂气"而不只称"魂",说明它带有特质化的痕迹,还没有完全截断与形魄之联系。尽管如此,"魂气"说依然是"魂"观念形成过程中的一个重大进步。

郑众、郑玄皆以"招魂"释三礼中的"复",虽然甚合战国以降的"复"事,但却不符合战国以前的"复"事。三礼中所见"复"事,无一指招魂而言,而是直呼死者之名(周天子除外)。这是符合上古"人死为鬼"这一传统理念的。春秋时期晋太子申生复现,可以乘车,能与人交谈,是其作为"鬼"的整体再现,而非其魂附到别人身体的再现。"复"事的情况与此一致。"复"事的"皋皋"呼唤声,是对于逝者整体的呼唤。其中弥散着对于生命的感悟和期盼。后世释解"复"事皆承袭郑玄、郑众之说,谓其为"招魂复魄",是因为如此来解释"复"事顺理成章,且有《楚辞·招魂》之篇为证。因此都言之凿凿,似成定谳。

这种说法,皆失于对观念起源形成过程的详考。关于"复"事是否招魂,《礼记·檀弓下》孔疏谓:"'招魂'者,是六国以来之言,故《楚辞》有《招魂》之篇,《礼》则云:'复,冀精气反复于身形。'"[1] 孔颖达的这个说法甚为卓识,我们可以说六国之前并无招魂之说,早期的"复"事与招魂无关。《礼记·檀弓下》讲"复"是希望变为"鬼"的逝者从幽冥之处返归,是希望死者复苏。"复"事之目的,是唤鬼而非招魂。

六、魂飞长空:战国时期灵魂观念的发展

战国时期,"人死为鬼"的观念依然盛行。托先祖之庇佑,直到战国时期作为先祖的"鬼"还常和"神"系连一起受到尊敬。战国初年齐国陈肪的祭祖铭文一开始就郑重言自己是田敬仲完之孙、田和之子,接着说自己"恭寅愧(鬼)神"[2],这里所云其所恭敬的"鬼",当指铭文开

---

[1] 阮元校刻《十三经注疏·礼记正义》卷九,第1301页上栏。按,清儒胡培翚曾批驳孔颖达此说,谓:"凡人形体谓之魄,其精气谓之魂。《礼运》云'体魄则降,知气在上','知气'即魂也。"(胡培翚:《仪礼正义》卷二十六,《续修四库全书》第92册,第464页)他断定招"知气"即招魂。其实,所谓"知气",还有"精气""魂气"之说,皆离不开有物质意义的"气",与完全虚幻的"魂"并不相等。胡培翚的批驳不能成立。

[2] 《陈肪簋盖》,中国社会科学院考古研究所:《殷周金文集成》4190,中华书局,1984—1994年。以下简称《殷周金文集成》。

始就郑重提到的祖、父。作为先祖的"鬼",受到人们的尊崇。战国时人认为,人去世后要和先祖相见,所以信阳战国楚墓竹简的遣策中记载的随葬品中有"见鬼之衣",[1]指为死者所制,往见先祖之衣。九店楚简的占筮类文字有"上下之祷祠,鬼神卿(飨)之"[2]的话。是皆可见对于作为"鬼"的先祖的重视。《礼记·中庸》载孔子语:"鬼神之为德,其盛矣乎。视之而弗见,听之而弗闻,体物而不可遗。使天下之人齐明盛服,以承祭祀。洋洋乎如在其上,如在其左右。"[3]这应当是战国时期占主流地位的认识。

在初期的魂魄观念里,人体是魂魄的依附之所。若从另一角度看,人体又是魂魄的牢笼。春秋时期,这个牢笼虽有所松动,但终春秋之世魂魄都还没有冲出牢笼,用《楚辞·自悲》的话来说,被禁锢的灵魂"屈而偃蹇"。春秋末年的"魂气"说表明"魂"观念正在躁动,待到灵魂出窍、魂飞魄散,已经到了战国中期。"魂"是否离开人体而飞升,是这一观念变迁的分水岭。就目前所见材料看,这一转变可能是战国中期完成的。据《战国策·齐策》,战国中期齐将田单在即墨励卒而决死战,大败燕军,其励卒之语云:"宗庙亡矣,云(魂)曰(魄)尚矣,归于何党(乡)矣。"意思是说,燕军攻来,齐人的宗庙毁弃,魂魄上出飞升,不知归于何处。"魂魄尚(上)矣"的说法指明魂魄离开人体而上升。语中"魂魄"原作"云曰",清儒黄丕烈说:"此'曰'字当作

---

1 《信阳楚简》2-013,河南省文物研究所:《信阳楚墓》,文物出版社,1986年,第129页。
2 湖北省文物考古研究所编著《江陵九店东周墓》,科学出版社,1995年,图版107。
3 《中庸》所引孔子语,现在无法证明是否为孔子原话,只能说有可能是儒家弟子相传的孔子之意。孔子虽不语怪、力、乱、神,但又云"祭如在,祭神如神在"(《论语·八佾》),他对鬼神之事采取融通的态度,并不否定鬼神的存在。《中庸》述孔子此意,表明战国后儒对鬼神的态度,已从孔子时代的游移转向明确。

'白'。'云白'者，'魂魄'之省文。"并引《说苑》"魂魄丧矣"为证。[1] 上引田单语中"尚"字，前人或有读若懬、惝、丧之说，或有释为久之意者，似皆未确。笔者认为当读若"上"，意谓魂魄飞升而上。古字习见"尚""上"两字相通假。《尚书·康诰》"尚显闻于天"，清儒孙星衍说其意为"上能明达于天"[2]，是为显例。此处说魂魄可以飞升，较之春秋时人的观念已有很大进步，但魂与魄还系连一起。"魂"尚未完全独立出来，它是与"魂气"说相近的一种新说。

我们可以提出一个经学史上的问题，由此来看"魂"观念形成的时代。《诗·郑风·出其东门》有"聊乐我员"句，郑笺："员，音云。本亦作云。韩诗作魂。魂，神也。"孔疏："云、员，古今字，助句辞也。"[3] 清儒胡承珙举多例证成笺、疏之说。[4]《诗经》诸《风》写定于春秋时期，晚不至战国。汉代古文家所传《毛诗》作"员"，当是此诗的本来面貌，韩诗"员"作"魂"，应当是战国时人所为，经汉代今文家认同，而载于《韩诗》，清儒陈乔枞说："毛、韩，师传各异，训义不必强同。"[5] 调停两说，实为平实之论。"聊乐我员（云）"，意即"聊乐于我"。改"员"为"魂"之后，意思就变成了"聊乐我心"。战国时期，人们常用"魂"指心，指精神。读"我员"，为"我云（魂）"，意指"我心"。改"员"为"魂"，虽然是将他意化为己意的误读，但却颇合战国

---

1 《战国策》卷十三《齐策》，上海古籍出版社，1988年，第467—468页。关于黄丕烈此说，范祥雍曾以《资治通鉴》中此二字作"今日"为据，认为"云白"二字有误，谓："黄说虽巧，然非激励士气之意。"（刘向辑录，范祥雍笺证《战国策笺证》，上海古籍出版社，2006年，第734页）笔者认为田单所言宗庙毁弃，魂魄无归，正是激励士卒勇战复国的有力辞语。史载围攻即墨的燕军中田单反间计，"尽掘垄墓，烧死人。即墨人从城上望见，皆涕泣，其欲出战，怒自十倍"（《史记》卷八十二《田单列传》，第2454页），正与田单魂魄无归说相契合，可证黄丕烈说之不误。近代学者朱起凤说："魂魄，古亦作冕鬼。'云白'，即冕鬼之伪缺。"（转引自诸祖耿：《战国策集注汇考》，江苏古籍出版社，1985年，第693页）此亦黄丕烈说的旁证。
2 孙星衍：《尚书今古文注疏》卷十五，第370页。
3 阮元校刻《十三经注疏·毛诗正义》卷四，第346页上栏。
4 胡承珙：《毛诗后笺》卷七，黄山书社，1999年，第429页。
5 王先谦：《诗三家义集疏》卷五，中华书局，1987年，第368页。

秦汉时人的观念。改"员"为"魂",若是韩诗对于古文的更改,可以说是对于战国时期"魂"观念流行的社会认识的顺应。

无独有偶,《逸周书·祭公》有一个相类似的例子,值得探讨。这是因为此篇提到"魂",若果如此,则早在西周穆王时代就有了魂之观念,所以不得不予以深入探讨。此篇载病笃的卿士祭公谋父对看望他的周穆王的肺腑之言,开首提到:"朕身尚在兹,朕魂在于天。昭王之所勖,宅天命。"这是两句没头脑的很费解的话。孔晁注说其意是:"我魂在于天,言必死也。"清儒卢文弨引用梁氏说,提出不同意见,谓:"'朕魂在于天昭王之所'九字当连一句读。注似非是。"[1]近年面世的清华简《祭公》篇载此语是:"朕身尚在兹,朕𩹄(䰟)在朕辟卻(昭)王之所,亡图不智(知)命。"[2]证明梁氏说洵为卓识。对于我们讨论的问题而言,关键在于"䰟"字。这个字从"员",而"员""云"二字古通,将这个字读为"魂",于古音通谐来说是没有问题的,并且有《逸周书》为证,所以不少专家将此字直接释读为"魂"。这固然是有根据的说法,但却忽略了社会观念的变化对于文本的影响。其一,早在周穆王的时代,魂之观念远未出现。若《祭公》篇果有"魂",只能是以后世的观念述史的结果。其二,"䰟"字,非必读为魂。这个字除了从"员"之外,还从上下叠加的两个"虫"字。古字偏旁位置每有不同。上下叠加的两"虫"字亦可写为"䖵",亦即习见的"昆"字。"䰟"字可以读为"员",亦可读为"䖵(昆)"。[3]其三,若将"䰟"读为"昆",则可以较好地通释句意。"朕身尚在兹",简文"尚"当释为"犹"。[4]意思是说我

---

[1] 黄怀信、张懋镕、田旭东:《逸周书汇校集注》,第988页。
[2] 李学勤主编《清华大学藏战国竹简》(壹),第174页。
[3] 《说文》单列"䖵"为部首,说"从二虫""读若昆",段注云:"二虫为䖵……䖵之言昆也。"(《说文解字注》十三篇上,第674页)朱骏声指出:"(䖵)读若昆,经传皆以昆为之。"(《说文通训定声·屯部》,中华书局,1984年,第809页)
[4] "尚"意为"犹",《诗经·小雅·小弁》"雉之朝雊,尚求其雌",郑笺:"尚,犹也。"(阮元校刻《十三经注疏·毛诗正义》卷十二,第453页上栏)是为其例。

虽病笃，但此身犹在于此，即在你穆王身旁服务。"朕豔在朕辟昭王之所"，简文的"豔（昆）"当释为"后"，[1]意即我之身以后要到我的君主昭王之所，亦即去伺候昭王。两句简文前后呼应，表现了祭公忠于王室的心情。《逸周书·祭公》篇改"豔"为"魂"，意思就变得与后世所语"身在曹营心在汉"相类似，这显然对前来探望祭公的穆王不够恭敬，说自己死后到昭王那里，就避免了对时王的不恭。清华简《祭公》篇的简文为《逸周书》此篇的祖本，后出的《逸周书》此篇对于这个字的更动，适应了战国后期魂观念大行于世的社会认识潮流。

战国是一个思想之门洞开的时代，是数千年积聚的文化之力得以喷薄迸发的时代。战国诸子每以讲求精神理念见长，其不少论述都引入了魂的观念，并且创造性地将它描绘。儒家学派发扬春秋时人的"魂气"说，谓"魂气归于天。形魄归于地"[2]，儒家后学还说这是"天望而地藏"[3]，魂虽然还没有摆脱物质性的"气"，但已凭借着气可以飞升而上。按照这个描述，"魂"犹然是一缕能够看得见的青烟。在诸子的不少论说里，"魂"几乎被视作"心""精神"的同义语。如《晏子春秋·外篇》说："君子独立不惭于影，独寝不惭于魂。"这里所说的"魂"相当于"心"，指君子心安。《韩非子·解老》篇云："凡所谓祟者，魂魄去而精神乱，精神乱则无德。鬼不祟人则魂魄不去，魂魄不去而精神不乱，精神不乱之谓有德。"在这里，韩非子直接把魂魄视为精神之源。《荀子·致士》："诚信如神，夸诞逐魂。"《庄子·在宥》："解心释

---

[1] "昆"意为"后"，《左传·哀公十八年》"昆命于元龟"，杜注："昆，后也。"（阮元校刻《十三经注疏·春秋左传正义》卷六十，第2180页上栏）伪古文《尚书·大禹谟》此句，伪孔传亦谓："昆，后也。"（阮元校刻《十三经注疏·尚书正义》卷四，第136页下栏）《国语·晋语二》"绍续昆裔"，韦注："昆，后也。"（徐元诰：《国语集解》，第293页）《尔雅·释言》"昆，后也"，邢疏引郭璞说云："谓先后。"（阮元校刻《十三经注疏·尔雅注疏》卷三，第2585页中栏）是皆可证昆可用为先后之"后"。

[2] 《礼记·郊特牲》。

[3] 《孔子家语·问礼》，杨朝明、宋立林主编《孔子家语通解》，第52页。关于《孔子家语》的性质和时代，这里取杨朝明说，即认为它出自孔门后学，写成于孟子之前。杨说见是书前言。

神，莫然无魂"，同书《刻意》："其神纯粹，其魂不罢（疲）。"《吕氏春秋·禁塞》篇形容多言劳苦之状是"单唇乾肺，费神伤魂"，都把"魂"与"神（精神）"直接相等。诸子关于精神、思想的认识虽然深刻，但对于精神与思想的边界却缺乏论说。后世所讲思想活动的极致境界的"寂然凝虑，思接千载；悄焉动容，视通万里。吟咏之间，吐纳珠玉之声；眉睫之前，卷舒风云之色"[1]，关于这种境界的描述，在诸子之书尚未见到。可以说在以理性思维为主体的诸子那里，"魂"观念的飞升还是有一定限度的。

真正放飞"魂"之观念，让它凌空踏虚进入无限制境界的是战国晚期的浪漫主义文学大师屈原。他曾谓自己"昔余梦登天兮，魂中道而无杭"，意谓梦到自己登天，魂至半道而彷徨不进。[2] 在屈原那里，魂可以飞升上天，在天空彷徨徘徊。屈原被逐出郢都顺江而上，流亡四方的时候，魂亦随之。《哀郢》："羌灵魂之欲归兮，何须臾而忘反（返）。"《抽思》："惟郢路之辽远兮，魂一夕而九逝。曾不知路之曲直兮，南指月与列星。愿径逝而不得兮，魂识路之营营。"是说虽然魂在四方，但时刻都希望返回郢都，但郢都辽远，只能由识路之魂，营营独往。"灵魂"即可上天，亦可周游四方。[3] 放飞灵魂最为著名的作品是屈原的《招魂》。[4] 此篇首章谓："魂兮归来！去君之恒干，何为四方些？舍君之乐处，而离彼不祥些！"诗意呼唤离开身体的亡魂归来，询问亡魂为什么要离开自己日常的欢乐居处而到那充满不祥的荒远之地。从次章开始，诗篇就

---

1 刘勰著，范文澜注《文心雕龙注》卷六《神思》，人民文学出版社，1962年，第493页。
2 《楚辞·惜诵》，洪兴祖：《楚辞补注》卷四，第124页。按，"无杭"二字，诸家多异说，此取姜亮夫说，这两个字即"方沉"之讹，与"即'傍偟'一声之转"[《屈原赋今译》，《姜亮夫全集》（七），云南人民出版社，2002年，第352页]。
3 屈原应当是在"魂"之前冠以"灵"而称"灵魂"的第一人。所谓"灵魂"，意即神明之魂。灵字本有善、福之意，屈原又赋予"灵魂"以道德的标签，说："何灵魂之信直兮，人之心不与吾心同。"（《楚辞·抽思》）因此，可以说"灵魂"之义又为善福之魂。
4 关于《招魂》的作者问题，学者历有辨析。今从聂石樵所论，定其为屈原所撰为楚怀王招魂。参见氏著《楚辞新注》，上海古籍出版社，1980年，第141页。

历数东、南、西、北四方荒远之地的危害，又说上天入地的艰险。总之，灵魂若去上下四方，不管到哪里都是危害无穷，只有返回自己的故居才是安乐之乡。然后又用浓墨重彩描绘故居之奢华精美，饮食之丰盛可口，乐舞之荡人心魄，以此呼唤"魂兮归来"。《招魂》风格奇诡，用辞典丽，其呼唤声中流淌着青春的美好记忆。它是一首灵魂的挽歌，也表现了人们对于灵魂依依不舍的情愫。战国时代是精神解放的时代，"魂"观念在这个时代的提升，从根本上说是时代精神的折射。

结语

按照唯物史观的认识，鬼、魂观念"是人类对自身生命现象的神秘化理解"[1]。自鬼、魂观念形成以来，它即绵延于整个中国古代社会，在中古时代还曾融入宗教文化。此种观念直到近现代还有一定影响。我们结合先秦时期社会思想发展的实际，缕析鬼、魂观念的源流，有如下的认识。

第一，"鬼"之观念盖源于新旧石器时代之际埋葬习俗出现时，人们将先祖称为鬼。考古所见以前所谓"灵魂通道"，实即鬼的来往之途。"魂"观念的出现远后于"鬼"。作为人鬼的先祖，在开始阶段为人们所敬仰，其地位的下降是后来的事情。

第二，甲骨文的"鬼"字，当是这一观念形成的标识。"鬼"字起源于商周时代的祭尸礼上受祭的"尸"的形象。"鬼"字所摹写的人的头部皆作模糊化处理，是古代葬礼遮盖死者头部之俗的反映。尸礼渐废的春秋时期，出现了"厉鬼"之说，反映了鬼的地位的下降。

第三，"魂"之观念出现于春秋时期，它在开始的时段还离不开"魄"，故而有"魂魄相依"之论。在人们的想象中，"魂"可以游走流动，所以有"魂气"的说法。魂魄、魂气之说是春秋直至战国前期

---

1 牟钟鉴、张践：《中国宗教通史》上卷，社会科学文献出版社，2000年，第15页。

"魂"观念的主流。在这个观念里,"魂"还没有完全摆脱物质性因素的羁绊。

第四,战国诸子对于"魂"观念有了许多思考,在浪漫主义文学大师屈原那里,"魂"观念有了重大发展。魂完全脱离物质因素而独自翱翔于天地四方,屈原赋予灵魂以完全的自由。

第五,鬼、魂观念的出现,是上古时代人类认识史的一个进展,是人认识之途上的"跨界"式的飞跃,它超越人自身与外部世界的界限,并且"发现"了另一个神秘的外部世界。这个"跨界",曲折地反映了人们对于生命的热爱与企盼,鬼、魂观念让生命之花在另一个世界里盛开。此种观念固然不能算是传统文化中的精华,但它却在一定程度上丰富了人们的精神文化,深化了人们对于彼岸世界的思考。在关于鬼、魂的探索的过程中,生命的尊贵与卑贱,精神的飞升与降落,时间的永恒与短暂,宇宙的广阔与狭隘,都得到了另一类诠释。虽然这只是在精神领域的思考,是戴着镣铐的舞蹈,却展现了人们内心世界的丰妍与广阔。因此,说它是我国传统文化的一个有机组成部分,并不为过。

春秋时期的鬼神观念及其社会影响

随着分封制的解体和各诸侯国力量的增强,春秋时期不仅在社会结构方面发生了重大变化,而且其社会信仰和宗教崇拜也出现了新的内容和特点。春秋时人迷信鬼神,有相当浓厚的鬼神观念。这种情况给当时的社会生活以相当大的影响。对于这方面的研究,前辈专家虽然偶有所及,但系统探讨者尚少。本文拟作一些讨论,以求引玉之效。

一

鬼神之事虽然从很早的古代就已经存在,但是以"鬼""神"二字进行概括,正式引申出鬼神的概念,则是春秋时期的事情。

商代甲骨文里有"鬼"字,为戴驱鬼面具的人形,卜辞中只以"鬼方"作方国名称,并没有后世那种鬼神之"鬼"的意思。西周彝铭中,有名"鬼"者,见于《鬼壶》铭文,为西周早期人。《易经·睽卦》上九之爻谓某人"见豕负涂,载鬼一车,先张之弧,后说之弧,匪寇婚媾",谓某人夜行,见豕伏道中,更有一车,其上众鬼乘之,此人先张弓欲射,后终未射,盖因详视之,知其非为抢婚者,乘坐于车上的乃是驱鬼的巫师。《睽卦》之"鬼"也不是后世那样的鬼神之鬼。

神的辞例出现得比"鬼"要早。从西周后期的彝铭里,可以见到一些用例。和著名的《墙盘》同出的一件簋铭里有"祀大神，大神妥（绥）多福"的祈求，同出的一件钟铭里载有"邵各（昭格）乐大神，大神其陟降"的说法，西周后期彝铭《克鼎》有"孝于申（神）"之载，《胡钟》有"惟皇上帝百神保余小子"的说法，可见"神"的辞义的确定乃是西周后期的事情。[1]

春秋时人常将鬼神两字连用，说明在当时人的印象里鬼神两字的本义是有联系的。鬼、神的造字本义都与祭祀相关。《说文》所引鬼字古文从"示"，而"示"字本义为宗庙里的先祖神主形，由此可以推想从"示"的鬼字古文所表示的意义乃是祭祖时戴面具的巫师，人们见到他犹如见到了先祖，后来也就以"鬼"作为先祖神灵的代称。神字不见于甲骨文，甲骨文里只有作连绵状的"申"字。从"申"的甲骨文字以"电"字用例最多，指天空的闪电。金文里的神，初并不从"示"，而以"申"代之，后来才加上"示"旁。《说文》谓："神，天神引出万物者"，这种训释可能与从"申"的电字之义有关。起初的时候，鬼多指祖先神，神多指天神。"鬼神"连用则泛指包括祖先神和天神在内的所有神灵，在有些情况下"鬼神"也单指祖先而言。鲁昭公七年（前535年），楚使臣强逼鲁君往楚祝贺章华台落成，谓鲁君若往楚，则楚国的"先君鬼神实嘉赖之"[2]。所谓"先君鬼神"，实即楚王祖先神灵。在有的情况下，也有将山川视为鬼神者。《礼记·礼运》篇谓"山川，所以傧鬼神也"，意指祭祀山川就是为了敬重鬼神。鲁定公元年（前509年），宋

---

[1] 《尚书》各篇关于"神"的记载颇多，但写作时代较早的篇章里仅有两例，一是《盘庚》篇的"予念我先神后"；一是《多方》篇的"惟典神天"。这两例的"神"都不作神灵讲，而是对于"后"和"天"的形容之词。今文《尚书》里面用如神灵之义者，如《尧典》的"群神"、《微子》篇的"神祇"等，这些篇的写成时代都比较晚，写定之时已届东周。总之，从《尚书》里找不出在西周前期及其以前时期用如神灵之义"神"字用例。《诗经》诸篇的相关情况与《尚书》相似，时代较早的诗篇里亦不见"神"字，所称颂的神灵多具体，如上帝、上天及周族的祖先后稷、文王等，并不直称其为神。《诗经》中的称神诸篇，如《崧高》的"维岳降神"、《楚茨》的"神嗜饮食"等，其写定的时代亦在西周后期及其以后。

[2] 《左传·昭公七年》。

国使臣仲几与晋争执出力役为成周筑城之事，提出以前的盟约可证，晋使臣推托，仲几谓"纵子忘之，山川鬼神其忘诸"[1]。这两例都可见当时有谓山川之灵即鬼神者。亦有将鬼神与天神地神相俟者，《礼记·中庸》篇即谓"质诸鬼神而无疑，知天也"，《仲尼燕居》篇亦谓"郊社之义，所以仁鬼神也"，郊社为祭天祭地之礼，以鬼神当之，可见鬼神指天神和地神。

尽管鬼神所包括的范围比较宽泛，然而还是应当说在春秋时期鬼神大多指祖先神灵，或者说是以祖先神灵为主的。鲁昭公二十年（前522年），齐景公有病，佞臣妄言是祝史祭祀不当之罪，谓："吾事鬼神丰，于先君有加矣，今君疾病，为诸侯忧，是祝史之罪也。"[2] 齐国祭祀鬼神时于齐君祖先多加些祭品，可见其祖先神灵包括在泛指的鬼神之内。鲁昭公三十年（前512年），楚国的子西谏劝楚昭王暂时不要与吴争衡，提出楚国"姑亿吾鬼神而宁吾族姓"[3]，意谓尊安楚的鬼神以使楚国的族姓平安。可见子西所谓鬼神即指楚国族姓之神，亦即楚国的祖先神。

按照春秋时人的观念，鬼神保护了各个诸侯国，也保护了各个家族和个人，用墨子的话来说，便是"鬼神之能赏贤如罚暴也，盖本施之国家，施之万民，实所以治国家利万民之道也"[4]。对于统治者来说，敬重和祭祀鬼神，实为加强自己地位的重要手段。墨子曾经以古代"圣王"为例对此进行说明：

---

1 《左传·定公元年》。
2 《左传·昭公二十年》。
3 《左传·昭公三十年》。
4 《墨子·明鬼》。按，墨子屡有"天鬼"的说法，此非谓上天之鬼，而是指天神和鬼，《墨子·尚贤》中篇谓"率天下之万民以尚尊天、事鬼、爱利万民，是故天鬼赏之"，是说即为其证。关于墨子的时代，专家多有讨论。《史记·孟子荀卿列传》谓"墨翟，宋之大夫，善守御，为节用。或曰并孔子时，或曰在其后"，从可靠的资料分析，此说当近是，墨子的时代确与孔子相距不远。清代学者汪中谓墨子的时代，"其年于孔子差后，或犹及见孔子"（《述学》内篇二《墨子序》）。这个推断是可取的。总之，墨子关于鬼神的思想可以说是春秋晚期社会思潮的一个反映。

> 古者圣王，明天鬼之所欲，而避天鬼之所憎，以求兴天下之害（利）。是以率天下之万民，齐（斋）戒沐浴，洁为酒醴粢盛，以祭祀天鬼。其事鬼神也，酒醴不敢不蠲洁，牺牲不敢不腯肥，珪璧币帛不敢不中度量，春秋祭祀不敢失时几，听狱不敢不中，分财不敢不均，居处不敢怠慢。曰其为正长若此，是故上者天鬼有厚乎其为政长也，下者万民有便利乎其为政长也。天鬼之所深厚而能强从事焉，则天鬼之福可得也。万民之所便利而能强从事焉，则万民之亲可得也。其为政若此，是以谋事得，举事成，入守固，出诛胜。[1]

墨子这段话是说给春秋时期的各个诸侯国的君主听的。他认为祭祀鬼神必须祭品丰盛洁净，这样"天鬼"就会支持他为"政长"，并且赐福佑于统治者。

按照春秋时人的观念，鬼神固然可以赐福佑于人，然而，如果对于鬼神的态度不敬重，祭祀不虔诚，那么，鬼神也会给予惩罚。鲁隐公十一年（前712年），郑庄公灭许国之后，为灭许寻找借口，宣扬说"天祸许国，鬼神实不逞于许君"[2]，把鬼神对于许君的不满作为郑灭许的正当理由。按照郑庄公的逻辑，鬼神的态度实是国家存亡的关键所在。鲁昭公十三年（前529年），吴王夷末灭州来，楚令尹请求伐吴，楚灵王谓自己"未抚民人，未事鬼神，未修守备"[3]，从而决定不发兵讨吴。楚灵王实际上是将事奉鬼神作为对外征讨取得重要保证来看待的。鲁僖公二十六年（前634年），夔国不祭祀远祖，遭到楚国的责备，夔国回答其原因谓夔国先王熊挚"有疾，鬼神弗赦"[4]，导致丧命。可见当时的夔国人实认为鬼神握有人的生死大权。《礼记·表记》引孔子语谓"齐

---

1 《墨子·尚同中》。
2 《左传·隐公十一年》。
3 《左传·昭公十三年》。
4 《左传·僖公二十六年》。

（斋）戒以事鬼神，择日月以见君，恐民之不敬也"，可见对于统治者而言，"事鬼神"乃是使民敬尊君长的一个手段。鲁昭公二十六年（前516年），鲁昭公被三桓驱逐后，齐宠臣梁丘据评论此事说"不知天之弃鲁邪，抑鲁君有罪于鬼神故及此也"[1]，把鲁君得罪鬼神作为他被逐的原因之一。按照墨子的说法，若不祭祀鬼神，那么"则惟上帝鬼神降之罪厉之祸罚而弃之"[2]，其后果将不堪设想。不仅如此，按照墨子的说法，鬼神还会给予不敬重者以最严厉的惩罚，将主持祭祀者杀死。据墨子所见到的春秋时期宋国的《春秋》一书记载，主持宗庙祭祀的名观辜者，因为祭祀时所用祭品不合乎规格，"珪璧之不满度量，酒醴粢盛之不净洁也，牺牲之不全肥"，就被神用杖击毙，"殪之坛上"。此事在各诸侯国甚有影响，"诸侯传而语之曰：'诸不敬慎祭祀者，鬼神之诛，至若此其憯遫也！'"[3] 从墨子的这个说法看，春秋时期各个诸侯国对于鬼神是相当敬畏的。

按照春秋时人的观点，鬼神既是人的保护者，又需要人的事奉。鬼神对于人的事奉，固然要看人所进献的祭品丰盛与否，但更看重人的虔敬之心。可以说鬼神具有重德不重物的品格。当时的人认为，"苟有明信，涧、溪、沼、沚之毛，蘋、蘩、蕰、藻之菜，筐、筥、锜、釜之器，潢污、行潦之水，可荐于鬼神"[4]，鬼神并不苛求祭品的丰盛。鲁僖公五年（前655年），晋献公谋取虞国的时候，虞国贤臣宫之奇劝虞君警惕，虞君以为自己"享祀丰洁，神必据我"，宫之奇谓"鬼神非人实亲，惟德是依"[5]，直截了当地指明鬼神重德的品格。鬼神所求取于人的是敬意，故"其燔黍捭豚，污尊而抔饮，蒉桴而土鼓，犹若可以致其敬于

---

1 《左传·昭公二十六年》。
2 《墨子·节葬下》。
3 《墨子·明鬼》。
4 《左传·隐公三年》。
5 《左传·僖公五年》。

鬼神"[1]。只要人有诚意，甚至可以不献祭品而祭祀鬼神。鲁襄公二十四年（前549年），鲁国五谷不登而"大饥"[2]，在这种情况下，即可"鬼神祷而不祀"[3]，只向神灵祈祷而不必献祭品以祭祀。

春秋时期是一个重礼的时代，而礼与鬼神则有密切关系。鲁襄公十年（前563年），宋国请晋悼公观看作为天子之礼的桑林之舞，晋臣虽然辞谢，但宋人仍然以桑林之舞宴享晋悼公，结果晋悼公在观看时惧而生病。晋悼公返归途中晋臣欲返宋祈祷，荀䓨认为不可，谓："我辞礼矣，彼则以之，犹有鬼神，于彼加之。"[4]意指如果说观看桑林之舞于周礼不合，但那是宋人所为，鬼神若为僭礼而施加惩罚，那也应当惩罚宋人，因为晋臣已经推辞而没有获准。从荀䓨解释里可以看到当时人的印象里，鬼神是礼的守护者。鲁襄公二十年（前553年），卫国的宁殖病重，因为他曾经跟孙林父一起驱逐卫君，怕留下恶名，临死前嘱咐其子说："吾得罪于君，悔而无及也。名藏在诸侯之策，曰'孙林父、宁殖出其君'。君入，则掩之。若能掩之，则吾子也。若不能，犹有鬼神，吾有馁而已，不来食矣。"[5]宁殖对其子谆谆嘱咐之事，便是掩盖掉他逐君的"恶行"，若其子办不成，则他成鬼之后也不享用其子的祭品，从而表示了自己成鬼也要守礼的信念。礼与鬼神相互依附，"鬼神飨德"，"礼也者，合于天时，设于地财，顺于鬼神，……故天不生，地不养，君子不以为礼，鬼神弗飨也"[6]，这种观念是春秋时期社会上重礼风气的一个反映。

除了重德重礼之外，在春秋时期人们的观念里，鬼神还是公正无私的。晏婴曾经对齐景公讲述了必须对鬼神诚信的问题：

---

1 《礼记·礼运》。
2 《春秋·襄公二十四年》。
3 《穀梁传·襄公二十四年》。
4 《左传·襄公十年》。
5 《左传·襄公二十年》。
6 《礼记·礼器》。

有德之君，外内不废，上下无怨，动无违事，其祝、史荐信，无愧心矣。是以鬼神用飨，国受其福，祝、史与焉。其所以蕃祉老寿者，为信君使也，其言忠信于鬼神。其适遇淫君，外内颇邪，上下怨疾，动作辟违，从欲厌私，高台深池，撞钟舞女，斩刈民力，输掠其聚，以成其违，不恤后人。暴虐淫从，肆行非度，无所还忌，不思谤讟，不惮鬼神。神怒民痛，无悛于心。其祝、史荐信，是言罪也；其盖失数美，是矫诬也。进退无辞，则虚以求媚。是以鬼神不飨其国以祸之，祝、史与焉。[1]

晏婴指出，鬼神在祝、史的祷告祈求为忠信之辞的时候，才歆飨所供奉的祭品；如果祝、史说假话，隐瞒君主的过失，夸大君主的美德，那便是诬罔欺诈，鬼神便不会歆飨祭品，而且要降下灾祸予以惩罚。鬼神的这种态度，就表明它是公正而无私的，不会因为有了祭品就丧失原则。鲁襄公二十七年（前546年），著名的弭兵大会召开的时候，楚国的子木询问范武子的情况，赵孟回答说："夫子之家事治，言于晋国无隐情，其祝史陈信于鬼神无愧辞。"[2]这段话也说明了当时人印象中的鬼神品格，认为鬼神必须公正无私，这样祝史的陈述才会无愧。鬼神既然公正无私，那么它就会奖善罚恶。鲁隐公十一年（前712年），郑庄公灭许国，其宣称的理由便是"天祸许国，鬼神实不逞于许君"[3]。且不说郑庄公的理由是否站得住脚，就其逻辑而言，便是公正无私的鬼神对于许国的罪恶进行了惩罚。鲁昭公二十七年（前515年），三桓讨伐居于郓地的鲁昭公，鲁昭公欲纠集郓人迎战，跟随鲁昭公的鲁国大夫子家子谓："天既祸之，而自福也，不亦难乎！犹有鬼神，此必败也。"[4]他认为鲁昭公被

---

[1]《左传·昭公二十年》。
[2]《左传·襄公二十七年》。
[3]《左传·隐公十一年》。
[4]《左传·昭公二十七年》。

遂是天意，若有鬼神的话，那么鲁昭公的迎战则是必败无疑的。在他看来，鬼神实即天意的代表。

关于鬼神的生成及其特点，是春秋时人很感兴趣但又不容易说清楚的问题。孔子与其弟子有一段对话对于理解这个问题很有典型意义：

> 宰我曰："吾闻鬼神之名，不知其所谓。"子曰："气也者，神之盛也。魄也者，鬼之盛也。合鬼与神，教之至也。众生必死，死必归土，此之谓鬼。骨肉毙于下，阴为野土；其气发扬于上为昭明。焄蒿凄怆，此百物之精也，神之著也。因物之精，制为之极，明命鬼神，以为黔首，则百众以畏，万民以服。圣人以是为未足也，筑为宫室，设为宗祧，以别亲疏远迩，教民反古复始，不忘其所由生也，众之服自此，故听且速也。"[1]

孔子用"气"和"魄"的概念来解释鬼神。这里所说的"气"，其义类似于魂，指能离开身体而存在的精神。"魄"虽然也是这样的精神，但其归宿则与魂不同。这段话虽然非必为孔子所讲，但其思想主旨是与春秋时期儒家思想合拍的。鲁昭公七年（前535年），晋国的赵景子向子产询问关于鬼的问题，子产说："人生始化曰魄，既生魄，阳曰魂。用物精多，则魂魄强，是以有精爽至于神明。匹夫匹妇强死，其魂魄犹能冯依于人。"[2] 指出魂魄皆为人死后所生成。《礼记·郊特牲》篇谓："魂气归于天，形魄归地。"可见春秋时人认为，人死后，其精神之为魂气者，可以上升于天为"昭明"的神灵；其下而归于地者，则为鬼。所以说鬼神实有上下、高低的区分。

春秋时期，鬼神虽然常常连用，但是在许多情况下，两者还存在着一定差别。鬼与神的差别，大而言之，鬼多指先祖，神则多指天神，亦

---

1 《礼记·祭义》。
2 《左传·昭公七年》。

包括山川神灵在内。另外，与神的地位相比，则是神高而鬼稍低。就品格看，神只是主持公道、赏善罚恶的正义的化身，但鬼则有好有坏，有良善之鬼，亦有厉鬼。

二

春秋时期"鬼"的情况及其特征是怎样的呢？

春秋时期的鬼大致分为两类，即自然之鬼和人死后所变成的鬼。《墨子·明鬼》篇将鬼分为三类，指"天鬼""山水鬼"和"人死而为鬼"，但他在这里所说的"天鬼"实即天神，与一般的"鬼"有所区别。春秋时人习用"鬼"指先祖。鲁文公二年（前625年），鲁国祫祭先祖的时候，宗伯夏父弗忌将僖公的次序移至闵公之前，谓："吾见新鬼大，故鬼小。先大后小，顺也；跻圣贤，明也。"[1] 所谓"新鬼"，即新死之鬼，指鲁僖公；"故鬼"，即死了以后很久的鬼，指鲁闵公。不仅诸侯国君主的先祖可称为鬼，而且各国的卿大夫之族的先祖也可以称为鬼。春秋初期，属于若敖氏之族的楚令尹子文之弟子良生子越椒，"熊虎之状而豺狼之声"，子文断定其族将由越椒而亡，谓"鬼犹求食，若敖氏之鬼不其馁而"。[2] "若敖氏之鬼"，即若敖氏的先祖。宗庙是贵族祭祀先祖的处所，"庶士、庶人无庙，死曰鬼"[3]，可见庶人先祖亦称为鬼。《礼记·檀弓下》篇谓"生事毕而鬼事始"，所说的是祭祀之事，其实，也可以用来说明鬼事的性质，即鬼事乃人生之事的延续。《墨子·非攻中》篇列举战争造成的危害，其中之一便是"鬼神之丧其主后（祏）"；《非攻下》篇亦谓"剥振神之位，……灭鬼神之主"。所谓"主祏"和"神之位"皆指宗庙里祖先的神主及其石函，是祖先之鬼的凭依。

社会上的人有善恶之分，鬼亦有类似的区别。

---

[1] 《左传·文公二年》。

[2] 《左传·宣公四年》。

[3] 《礼记·祭法》。

春秋时人称恶鬼为"厉鬼",或径称为"厉"。鲁昭公七年(前535年),晋平公有病,适逢郑国子产聘晋,晋执政大臣韩宣子问子产说:"今梦黄熊入于寝门,其何厉鬼也?"[1]认为黄熊入梦即"厉鬼"为祟的征兆。鲁襄公二十六年(前547年),卫国的孙文子占据的戚邑遭卫侵,晋派兵戍之,被卫军杀三百人。孙文子之子孙蒯不敢追击卫军,孙文子骂他"厉之不如"[2],意即连厉鬼都不如。此"厉"即厉鬼,指被卫军所杀的晋军三百人。子产曾说:"匹夫匹妇强死,其魂魄犹能冯依于人,以为淫厉。"[3]盖当时已经有了横死者变为厉鬼的观念。鲁襄公十七年(前556年),孙蒯外出田猎,有人骂他,说:"亲逐而君,尔父为厉,是之不忧,而何以田为?"[4]意谓孙蒯的父亲干下驱逐君主的恶事,将要成为厉鬼,指责孙蒯不担心这些,反而田猎。这段话表明当时的人认为恶人死后为厉鬼。没有后人祭祀的孤魂野鬼,也被视为厉鬼。鲁昭公七年(前535年),被杀的郑国大夫伯有为祟,子产谓"鬼有所归,乃不为厉,吾为之归也"[5],遂立伯有之子为大夫,使伯有能受到后人祭祀,从原来的厉鬼变为普通的"不为厉"的鬼。在春秋时人的印象里,鬼与神的地位不侔,至于厉鬼则更是等而下之,成为人们恐惧而厌恶的对象了。

春秋时期,死于非命者被称为"殇",即厉鬼,人们要举行"傩"的仪式以驱逐之。《论语·乡党》载:"乡人傩,朝服而立于阼阶。"《礼记·郊特牲》载同事谓:"乡人禓,孔子朝服立于阼。"郑注:"禓,强鬼也,谓时傩,索室殴疫逐强鬼也。"孔子要穿着朝服立于东面的台阶上观看,这位老夫子不仅是在看热闹,而且是在表明自己对于驱逐厉鬼仪式的赞同和支持。《墨子·节葬》篇载,越国东部的居民,"其大父死,负其大母而弃之,曰鬼妻不可与居处"。当地居民认为人死即为厉

---

[1] 《左传·昭公七年》。
[2] 《左传·襄公二十六年》。
[3] 《左传·昭公七年》。
[4] 《左传·襄公十七年》。
[5] 《左传·昭公七年》。

鬼，十分可怕，连其妻也要受到牵连。

有些指山川、"社"以及某些动物的鬼，其名声也不大好。鲁僖公十九年（前641年），宋襄公命令邾文公杀掉鄫子以祭次睢的神社，此事遭到宋国的司马子鱼的激烈批评，说此举是杀人而"用诸淫昏之鬼"[1]，被斥为"淫昏之鬼"的次睢之社，其威望之低下是可想而知的。山林川泽之鬼，即春秋时人所谓"螭魅罔两"。鲁宣公三年（前606年），楚庄王问鼎中原的时候，周大夫王孙满告诉他夏铸九鼎的情况，谓："铸鼎象物，百物而为之备，使民知神奸，故民入川泽山林，不逢不若，螭魅罔两，莫能逢之。"[2] 春秋时人谓舜的时代曾将四凶族流放到四裔蛮荒之地，"以御螭魅"[3]，意指螭魅若害人，则首先以四凶族当其灾。螭魅指山林中的精怪，罔两则指木石之怪，都是厉鬼之类的令人讨厌和畏惧者。还有一种据说能含沙射人从而使人发病的精怪，称为"蜮"，和鬼类似。《诗经·何人斯》篇谓："为鬼为蜮，则不可得"，说这种作为鬼蜮的精怪，不可得而见。春秋时期"鬼"的这种善恶高低之分，反映了当时人们社会观念的一个侧面，那就是随着各诸侯国内部阶级的分化以及华夏族与诸少数族的矛盾的发展，也就打破了人们想象中的彼岸世界的宁静。"厉鬼"之类的恶鬼的风行，乃是社会矛盾加剧的一个表现。

三

我们再来看春秋时期"神"的一些基本特征。

神的范围虽然很广，但却以天神和自然神为主体。鲁昭公十八年（前524年），宋、卫、陈、郑四国发生火灾。灾前，有人对子产预言说某日有灾，子产即谓"天者神，子恶知之"[4]，认为人不能掌握天神的动

---

[1] 《左传·僖公十九年》。
[2] 《左传·宣公三年》。
[3] 《左传·文公十八年》。
[4] 《穀梁传·昭公十八年》。

向。《礼记·月令》篇载季夏之月,"命四监,大合百县之秩刍,以养牺牲,令民无不咸出其力,以共皇天上帝、名山大川、四方之神;以祠宗庙社稷之灵,以为民祈福",郑注"牲以供神灵,为民求福"。这里将"皇天上帝、名山大川、四方"的神灵称为"神";将"宗庙社稷"的神灵称为"灵"。神的范围之广于此可见。《诗经·崧高》篇谓:"崧高维岳,骏极于天,维岳降神,生甫及申",高耸入天的山岳,是天降神灵于下世的通道。在古人的心目中,天神乃是沿着高耸的大山自天而降的。这篇诗作属于西周后期,从春秋时人频繁祭祀山川的情况看,是篇所表现出的思想观念应当在春秋时期也是存在的。

作为自然神灵,都有些在古人看来十分奇异的能力,如谓"山林川谷丘陵能出云,为风雨,见怪物,皆曰神"[1]。鲁昭公元年(前541年),晋平公有病,据说是实沈、台骀为祟。晋臣叔向便询问聘晋的子产"敢问此何神也",子产指出,"实沈,参神也",是主管参星之神;"台骀,汾神也",是主管汾水之神。子产还指出,"山川之神,则水旱疠疫之灾于是乎禜之;日月星辰之神,则雪霜风雨之不时,于是乎禜之"[2]。子产所说的神,与《礼记·月令》所载的范围是一致的。按照子产的说法,春秋时人实认为神各有专职,掌管着人世间的水旱疠疫雪霜等一定范围内的事情。除了左右一些自然现象以外,山川之神有时还能决定选立储君的大事。鲁昭公十三年(前529年),楚共王要在五个儿子中选立储君,史载其过程是:

乃大有事于群望,而祈曰:"请神择于五人者,使主社稷。"乃遍以璧见于群望,曰:"当璧而拜者,神所立也,谁敢违之?"既,乃与巴姬密埋璧于大室之庭,使五人齐(斋),而长入拜。康王跨

---

[1] 《礼记·祭法》。
[2] 《左传·昭公元年》。所提到的禜字,为祭名,《说文》释其义谓:"设绵蕝为营,以禳风雨雪霜水旱疠疫于日月星辰山川也",盖据《左传》所载为说。

之，灵王肘加焉，子干、子晳皆远之。平王弱，抱而入，再拜，皆厌纽。[1]

所谓"群望"，即指名山大川。楚共王让人以玉璧遍祀名山大川，再将此玉璧秘密埋于大室之中，看谁能当璧而拜。祭祀过名山大川的玉璧被认为是"群望"意志的代表。由此看来，名山大川之神至少在楚国的影响还是相当可观的。和人们日常生活密切相关的某些物体也被视为神。《论语·八佾》篇所载"与其媚于奥，宁媚于灶"，奥神与灶神就是两个例子。奥，本指室内之西南隅，是祭神之处，故此处亦为神灵。灶，则为炊事之神。关于对灶神的祭祀，《礼记·礼器》篇谓"夫奥者[2]，老妇之祭也。盛于盆，尊于瓶"，是主厨的老妇对于炊事之神的祭祀。这类神灵的威望不高，和自然神的性质相近。

有些远古时代的著名人物也被视为神。例如我们前面提到的实沈和台骀，虽然分别为星宿之神和汾水之神，但却是由人而为神者。据说实沈为高辛氏之子，台骀为金天氏之子，后被上帝命为神。按照子产的说法，夏族的首领鲧被尧杀，"其神化为黄熊，以入于羽渊，实为夏郊，三代祀之"[3]，鲧亦由人而为神。按照《礼记·月令》的说法，每月都有神灵，孟春、仲春、季春三个月，"其神句芒"[4]；孟夏、仲夏、季夏三个月，"其神祝融"；孟秋、仲秋、季秋三个月，"其神蓐收"；孟冬、仲冬、季冬三个月，"其神玄冥"。句芒原为上古时代管树木之官，祝融原为上古时代高辛氏的火正，蓐收为西方的金正之官，玄冥是古代的雨

---

[1] 《左传·昭公十三年》。
[2] 孔颖达《礼记正义》卷二三谓"奥，当为爨字之误也，或作灶"，又谓"下文云老妇之祭，盛于盆，尊于瓶，故知非奥也"。按，孔疏之说可从，老妇以盆、瓶等物所祭者，当以灶神为是。
[3] 《左传·昭公七年》。
[4] 关于句芒之神，《墨子·明鬼》篇谓春秋时期郑穆公曾经见之，"有神入门而左，鸟身，素服三绝（孙诒让《墨子间诂》卷八谓为'玄纯'之误），面状正方，郑穆公见之，……再拜稽首曰：'敢问神名。'曰'予为句芒。'"从这个说法看，句芒穿着素衣玄纯，头戴面具，俨然巫师形象。

师。关于这些神以及其他神的来源，春秋时人谓：

> 少皞氏有四叔，曰重，曰该，曰修，曰熙，实能金、木及水。使重为句芒，该为蓐收，修及熙为玄冥，世不失职，遂济穷桑，此其三祀也。颛顼氏有子曰犁，为祝融，共工氏有子曰句龙，为后土，此其二祀也。后土为社；稷，田正也。有烈山氏之子曰柱为稷，自夏以上祀之。周弃亦为稷，自商以来祀之。[1]

这些由人而变成的神，其时代都相当遥远，并且都做出过较大的贡献，在各族中有较大的影响，所以才能世代相传受到祭祀，终于成为神灵。春秋时期有"社稷五祀"[2]之说，五位神灵都是这种情况。从广义的角度看，国君的祖先也都属于"神"的行列，所以古人有"建国之神位，右社稷，左宗庙"[3]的说法。这一类神与人的关系比较密切，甚至可以为人增寿。相传，春秋时期秦穆公于日中时分在宗庙里曾见到自称为句芒的神人，告诉他"帝享女明德，使予锡女寿十年有九"[4]。威力达到可以增人之寿的地步，神的作用在春秋时人的观念中实在不同一般。

春秋时人曾论及夏、商、周三代对于鬼神的不同态度。《礼记·表记》引孔子语谓：

> 夏道尊命，事鬼敬神而远之，近人而忠焉。……殷人尊神，率民以事神，先鬼而后礼，先罚而后赏，尊而不亲。……周人尊礼尚施，事鬼敬神而远之，近人而忠焉。

---

[1] 《左传·昭公二十九年》。
[2] 《左传·昭公二十九年》。
[3] 《周礼·小宗伯》及《礼记·祭义》。
[4] 《墨子·明鬼》。按，"秦穆公"，原本"秦"字作郑，孙诒让《墨子间诂》据《山海经》郭璞注、《论衡·福虚》篇及《北齐书·樊逊传》等，指出郑穆公"实当为秦穆公之伪"，其说甚是。

关于殷代的情况，谓"先鬼而后礼"，从殷墟考古发掘和甲骨卜辞所载商代祖先崇拜情况看，这个说法是可信的。关于周代的情况，与夏代相似，都是"事鬼敬神而远之"，但其前提却有所区别，夏代是"尊命"，而周代则是"尊礼尚施"。由于礼仪的实行，所以周人事奉鬼神都表现得相当虔诚恭谨。孔子曾言周人"未渎神"[1]，指出周人没有亵渎过神灵。西周时期的诗作和彝铭的内容，往往透露出周人祭祀时的肃穆氛围，这正是"未渎神"的表现。那么，春秋时期的情况又是如何呢？《诗经·楚茨》描写了这样的祭神场面："我仓既盈，我庾维亿。以为酒食，以享以祀。以妥以侑，以介景福。济济跄跄，絜尔牛羊。以往烝尝，或剥或亨，或肆或将。祝祭于祊，祀事孔明。先祖是皇，神保是飨。……乐具入奏，以绥后禄。尔殽既将，莫怨具庆。既醉既饱，小大稽首。神嗜饮食，使君寿考。"诗义谓贵族室内的仓库装满粮食，室外的谷囤也多得难以计数。于是便做酒做饭，用来孝享祭祀，用来安席劝酒，用来祈求幸福。前来祭祀的人都有威仪。于是便洁净了牛羊，用于烝、尝之祭。有人宰割牺牲，有人烹饪饮食，有人摆献祭品，有人调和佐餐所用的酱。祝官在祊处就开始了祭祀，所有的祭祀仪节都很圆满。于是先祖神灵就光临降落，神保就来进飨。孝孙便得到了神赐的大福。祭祀到了后期，乐器也都拿进来演奏，殽馔也捧进来享用，大家喝醉吃饱，这才叩首告辞，说神灵很喜欢你所准备的饮食，一定会使你长寿。这个祭神的场面相当活跃，其主旨虽然是向神灵祈求福佑，但更主要的内容则是贵族间的聚会。贵族们酒足饭饱，这才心满意足。这其中多少含有了一些对于神灵的亵渎成分。

巫师的装神弄鬼，春秋时期就已有之。史载鲁庄公三十二年（前662年）有一次神灵降临人间的事情：

---

[1] 《礼记·表记》。

秋七月，有神降于莘。惠王问诸内史过曰："是何故也？"对曰："国之将兴，明神降之，监其德也；将亡，神又降之，观其恶也。故有得神以兴，亦有以亡，虞、夏、商、周皆有之。"王曰："若之何？"对曰："以其物享焉。其至之日，亦其物也。"王从之。内史过往，闻虢请命，反曰："虢必亡矣，虐而听于神。"[1]

神灵这次降临于虢国的莘（今河南三门峡市西），影响颇大，连周惠王都急忙派员前往祭祀。这个"神"是某种精怪，抑或是巫师之类的人物所装扮的呢？下面的记载可以说明这个问题。《左传》载是年神降临于莘以后，"神居莘六月，虢公使祝应、宗区、史嚚享焉，神赐之土田"。神居住于莘地，能够宴享，还赏赐给祝应等人田地。这样的"神"，应该是巫师之类的人物所装扮。《穀梁传·定公元年》曾经提到一种"神人"，谓"古之神人，有应上公者，通乎阴阳"。这种"通乎阴阳"的神人当即巫师。居于莘地达半年之久的"神"，远近闻名，引得诸侯以至周王都十分关注，可见其影响之大。《周礼·司巫》载"掌巫降之礼"，郑玄注："降，下也。巫下神之礼。今世或死既敛，就巫下禓，其遗礼。"孙诒让《周礼正义》引惠士奇说谓："司巫与神通，故掌下神之礼，楚人名巫为灵子，言灵降其身也。"[2] 惠说甚确。神降于巫身，巫即代神传言，下传神之意旨。故莘地有神降临时，神可以赐祝应等人以田地。史载，鲁僖公十年（前650年），晋惠公之臣狐突赴晋先君宗庙所在的曲沃的途中，遇见含冤而死的太子申生，申生告诉他"七日，新城西偏将有巫者而见（现）我焉"[3]。所谓巫者再现太子申生形象，则必是巫者谓申生灵魂附体，与莘地有神降临之事，是相同的。

---

[1] 《左传·庄公三十二年》。
[2] 孙诒让：《周礼正义》卷五十，中华书局，1987年，第2071页。
[3] 《左传·僖公十年》。

四

随着民众社会地位的提高，春秋时期人们的观念里，神、人的位置关系也有了某些变化。春秋前期，随国的季梁说："夫民，神之主也。是以圣王先成民而后致力于神。"[1] 周太史史嚚说："吾闻之：国将兴，听于民；将亡，听于神。神，聪明正直而壹者也，依人而行。"[2] 宋国的司马子鱼说："民，神之主也。"[3] 他们都把民放在主导的地位，神则处于从属地位，要"依人而行"。和商以及西周时期相比，春秋时期的神的地位可以说是每况愈下了。但是，应当看到，虽然神的地位与人的地位相比有下降趋势，但那只是在先进的思想家那里和某些特殊的情况下才如此，就一般的贵族和民众而言，神还是备受敬重的。[4] 春秋时期不少有远见卓识的人物往往尽力寻找出神与人两者利益共同之处，把神塑造成民众的保护者。鲁庄公十年（前684年），齐鲁长勺之战前，曹刿谓"民和而后神降之福"，"神求优裕于享者"[5]，直截了当地将神与人的目的完全重合在一起。能够这样关心民众生活优裕的神灵，当然为民众所拥戴。

春秋时期社会上的绝大多数人对于神的存在与伟大，都深信不疑。与鬼不同，在春秋时人的心目中，神没有善神与恶神的区别。几乎所有的神灵，都是聪明正直公平无私的代表，是正义的化身，是裁定人世间争端的最后的主宰。无论是贵族还是平民，无论是智者还是愚者，无不把敬重神灵作为自己的行为准则之一。从严格的意义上讲，真正的无神论者在春秋时期并没有出现，即使是相当进步的思想家，也都还没有达

---

[1]《左传·桓公六年》。

[2]《左传·庄公三十二年》。

[3]《左传·僖公十九年》。

[4] 春秋中期在加强诸侯国君权的时候，也有人提出"君，神之主而民之望也"（《左传·襄公二十四年》）的说法，将君摆在神、民之上。然亦有明确地将神置于君主之上者，楚臣无宇曾谓："天有十日，人有十等。下所以事上，上所以共神也。"（《左传·昭公七年》）盖各取所需，并无一定之论。从当时的政治需要看，君主需要"神"的支持，故而打出神的旗号。春秋后期，宋国的司马子仲谓"有臣不顺，神之所恶也，而况人乎"（《左传·哀公十四年》），已经将神与君主两者统一起来。

[5]《左传·庄公十年》。

到否定神的存在的地步。睿智如孔夫子者，也只是对于神灵略微有些怀疑而已，在推行孝道的时候，他还是要肯定神的存在。《论语·先进》篇载，"子路问事鬼神。子曰：'未能事人，焉能事鬼？'曰：'敢问死。'曰：'未知生，焉知死。'"《论语·八佾》篇载："祭如在，祭神如神在。子曰：'吾不与祭，如不祭。'"可见孔子所重视的是现实的人生，而不是鬼神之事，说"祭神如神在"，其中略微含有否定神的意思，但还是认定神是存在的。《论语·述而》记载孔子有病的时候，子路曾举出"诔"文所载"祷尔于上下神祇"这句话，建议向神灵祈祷，孔子谓："丘之祷久矣。"总之，孔子的鬼神观念的核心在于要"敬鬼神而远之"，并非否定鬼神的存在。如果硬给戴上一顶"无神论者"的桂冠，那么孔子若有知，恐怕也是不会同意的呢。

春秋时期先进的思想家，对于神的重视远在鬼之上。他们对于神、人关系，往往坚持这样几点：一是把民众摆在重要位置，高举着"圣王先成民而后致力于神"的旗帜，劝说统治者注目于民事；二是尽力把神塑造成"聪明正直而壹者"的形象，告诉统治者，神是欺骗不得的；三是尽力宣扬神的高尚品德，指出神是重德而不重物的。春秋时人认为，对于神灵必须有恭敬之心。鲁成公十三年（前578年），周卿士成肃公接受祭祀社神的祭肉时态度不恭敬，卿士刘康公评论此事谓："勤礼莫如致敬，尽力莫如敦笃。敬在养神，笃在守业。国之大事，在祀与戎。祀有执膰，戎有受脤，神之大节也。今成子惰，弃其命矣，其不反乎？"[1]鬼神与人交接的大节虽然有"执膰"和"受脤"等形式，但更为主要的则须保持对于神的敬重。鲁僖公五年（前655年），晋欲借道伐虢而灭虞国，虞君以为自己"享祀丰洁，神必据我"，认为借道给晋无甚妨碍。虞贤臣宫之奇谓："鬼神非人实亲，惟德是依。……如是，则非德，民不和，神不享矣。神所冯依，将在德矣。"[2]神所依从的标准是

---

1 《左传·成公十三年》。
2 《左传·僖公五年》。

"德",那么有德之人也就会得到神的恩赐。春秋前期,楚国的申叔时谓君主应当注意德、刑、详、义、礼、信六事,如果做得好,则"神降之福"[1]。《诗经·小明》篇谓"嗟尔君子,无恒安息。靖共尔位,好是正直。神之听之,介尔景福",认为神赐予莫大幸福者正是那种勤劳、恭谨、正直的人。鲁襄公七年(前566年),晋国的韩献子告老,其长子无忌建议立其弟韩起为卿,他所提出的理由里就引用了《小明》篇的这几句诗,并且说"正直为正,正曲为直,参和为仁,如是,则神听之,介福降之"[2],认为韩起具有这些品德,所以神会降给他大福。与奖励相反,神也会惩罚作恶者,即春秋时人所谓"神福仁而祸淫"[3]。鲁襄公十四年(前559年),卫献公被逐出境,在途中命令祝宗向神灵祷告,要申明自己无罪而被逐。卫献公嫡母定姜说:"无神,何告?若有,不可诬也。有罪,若何告无?"[4]她认为若有神灵,那就必须对神灵诚信,因此坚决反对卫献公"诬"于神。

对神进行盟誓之事,多见之于春秋时期各诸侯国的会盟。会盟时,与盟者要在神前保证遵守盟约。鲁襄公十一年(前562年),晋国召集十二个诸侯国进行盟誓的盟约可以作为一个典型。这个盟约谓:

> 凡我同盟,毋蕴年,毋壅利,毋保奸,毋留慝,救灾患,恤祸乱,同好恶,奖王室。或间兹命,司慎、司盟,名山、名川,群神、群祀,先王、先公,七姓十二国之祖,明神殛之,俾失其民,队命亡氏,蹈其国家。[5]

这里所提到的对于违者可以采取诛杀处置的"明神",包括了山川之神

---

[1] 《左传·成公十六年》。
[2] 《左传·襄公七年》。
[3] 《左传·成公五年》。
[4] 《左传·襄公十四年》。
[5] 《左传·襄公十一年》。

和祖先神两个主要的神灵类别。"七姓十二国之祖"即包括了所有参加盟誓国家的先祖，他们和其他神灵一样也有制裁违背盟约的自己子孙的义务。盟誓所吁请作为见证的神灵范围相当广泛，对于违背盟约者，神的惩罚很严厉，要使这样的诸侯失去对于民众的统治权力，其族氏将被灭掉，其国家也将毙命。神的权威于此可见。盟誓要诚信，这样神才会保佑；如果盟誓无信，神就不会降临而予以保佑。春秋中期郑国的子驷和子展谓："要盟无质，神弗临也。所临唯信，信者，言之瑞也，善之主也，是故临之。明神不蠲要盟。"[1] 所谓"要盟"，即在要挟之下所订的盟约。这种盟约没有诚信，所以神不保佑它。除了诸侯国会盟以外，对神的盟誓形式还有属于个人的对神献祭品以誓。鲁襄公十八年（前555年），中行献子随晋平公伐齐，将要渡黄河的时候，他以朱丝系双玉以祷告，谓齐侯"弃好背盟，陵虐神主"，自己随从前往征伐，"苟捷有功，无作神羞"，请求神灵为自己的决心作证，"唯尔有神裁之"。祷告完毕，中行献子即"沈玉而济"。[2] 这种盟誓是个人在向神灵表示决心，对于神灵的态度要虔诚、敬重，否则便会"神怒不歆其祀"[3]，达不到自己的目标。

五

对于春秋时期社会发展的许多事件，鬼神观念都产生了重大影响。从我们在前面所举出的事例看，各个诸侯国的许多大事，往往要受鬼神观念的支配，君主的决策也往往听从鬼神的意愿。春秋时期先进的思想家，虽然有"国将兴，听于民；将亡，听于神"[4] 之论，但事听于神的情况则还是常见的现象。像虞国的国君那样，以

---

[1] 《左传·襄公九年》。
[2] 《左传·襄公十八年》。
[3] 《左传·昭公元年》。
[4] 《左传·庄公三十二年》。

"享祀丰洁,神必据我"为自己可以高枕无忧的根据,从而导致亡国之祸者,在春秋历史上并非仅见。春秋初年的晋楚城濮之战对于春秋霸局形势的影响至关重要,楚军主将子玉的指挥失当是楚军败北的重要原因。子玉的失策,与鬼神观念有一定关系。史载:

> 初,楚子玉自为琼弁、玉缨,未之服也。先战,梦河神谓己曰:"畀余!余赐女孟诸之麋。"弗致也。大心与子西使荣黄谏:"死而利国,犹或为之,况琼玉乎?是粪土也,而可以济师,将何爱焉?"弗听。出,告二子曰:"非神败令尹,令尹其不勤民,实自败也。"[1]

本来献不献琼弁、玉缨给河神,可以说于战局并无关系,但在人们具有浓厚鬼神观念的情况下,这就成为影响战局的一个不大不小的事情。首先主将子玉自己心里就必然觉得不踏实,会为自己的违拗神意而不安。再说有些贵族大臣又力主让他献出爱物以祭河神,话里话外实是责备他吝啬。至于荣黄劝谏失败后所言"非神败令尹",只是自我安慰而已,人们总还是为得罪于神灵而不安。再从城濮之战的晋军情况看,晋文公梦与楚君相搏,本来很害怕,但晋军将领子犯为他圆梦,说晋得天神之助,晋文公这才坚定了与楚决战的信心。总之,城濮之战的晋楚双方都或多或少地受到了鬼神观念的影响,这虽然不是胜败的决定因素,但它对于交战双方的心理影响还是不可忽视的。再看晋楚鄢陵之战,战斗开始前,晋军先"虔卜于先君",晋将吕锜做梦"射月",又将梦进行占卜,楚臣也提出"详以事神",争取"神降之福"[2]。这些对于战局的发展都产生了影响。

鬼神崇拜在客观上加强了各宗族内部的关系。"神不歆非类,民不

---

[1] 《左传·僖公二十八年》。
[2] 《左传·成公十六年》。

祀非族"[1]几乎成了春秋时期人们的口头禅。关于鬼神崇拜的作用,墨子看得十分清楚。他指出:

> 先死者非父则母,非兄而姒也。今洁为酒醴粢盛,以敬慎祭祀,若使鬼神请(诚)有,是得其父母姒兄而饮食之也,岂非厚利哉?若使鬼神请(诚)亡,是乃费其所为酒醴粢盛之财耳。自夫费之,非特注之污壑而弃之也,内者宗族,外者乡里,皆得如具饮食之。……此犹可以合欢聚众,取亲于乡里。[2]

祭祀鬼神之事,在墨子看来,无论如何也都是合算的。那些祭祀所用的酒醴粢盛,如果不是被成为鬼神的父母姒兄享用,也不会倾倒于沟壑之中,还是为同宗族或同乡里的人所享用,这就起到了"合欢聚众,取亲于乡里"的作用。春秋时期,各诸侯国的宗族组织和宗法观念都在很大程度上有所发展,鬼神崇拜对于这个发展起到了一些促进作用。

对于下层劳动群众来说,鬼神观念不仅是其精神的一种慰藉,而且是其同社会上的甚为强大的恶势力进行斗争的一个精神支柱。春秋时期的人们相信神灵是"聪明正直而壹者"[3],因此对于鬼神能够惩罚恶势力总是怀着希望。民众在苦难深重的时候,往往会诅咒那些作恶的统治者,让他们受到鬼神的惩罚。齐国的晏子曾经在谏劝齐景公的时候指出,齐国当时"县鄙之人,入从其政;逼介之关,暴征其私;承嗣大夫,强易其贿。布常无艺,征敛无度,宫室日更,淫乐不违。内宠之妾,肆夺于市;外宠之臣,僭令于鄙。私欲养求,不给则应。民人苦病,夫妇皆诅"。民众的诅咒,可以使"鬼神不飨其国以祸之"。史载齐景公听从晏子的谏劝,实行了"宽政、毁关、去禁、薄敛、已责(债)"等开明措

---

[1] 《左传·僖公十年》。
[2] 《墨子·明鬼》。
[3] 《左传·庄公三十二年》。

施。[1]晏子的谏劝之所以能够获得成功，原因之一就在于他利用了当时社会上浓厚的鬼神观念。墨子从对于社会上丑恶势力进行约束的立场出发，极力论证鬼神的存在。《墨子》书中的《明鬼》篇的主旨就在乎此。墨子所举出的鬼的"实例"，如被周宣王屈杀的杜伯、被燕简公无故而杀的庄子仪，都是作为弱小者的臣下被强大的君主所杀者，并且最后都是变成鬼以后报仇雪恨的。杜伯虽已为鬼，但却"乘白马素车，朱衣冠，执朱弓，挟朱矢，追周宣王，射之车上，中心折脊，殪车中"，好不威风凛凛。另一位庄子仪也十分了得，他待燕简公驰于途中之时，"荷朱杖而击之，殪之车上"。这两个事例都于史无征，很可能都是民间传说而为诸侯国的《春秋》所记者。对于这样的事情，《墨子·明鬼》篇载各诸侯国有舆论谓"凡杀不辜者，其得不祥，鬼神之诛，若此其憯遬也"。如果说这样的舆论出自下层民众，当不为无稽之谈。

春秋时期不同学派间对于鬼神的认识有相当大的区别。墨子认为鬼神是可以被人所感知的，他力辩"自古以及今，生民以来者，亦有尝见鬼神之物，闻鬼神之声"，并且举出许多古往今来的"事实"，证明鬼神的存在。和墨家不同，儒家对于鬼神则采取了怀疑的态度。《礼记·中庸》载孔子语谓："鬼神之为德，其盛矣乎！视之而弗见，听之而弗闻，体物而不可遗。使天下之人齐明盛服，以承祭祀，洋洋乎如在其上，如在其左右。"这段话虽然未必真为孔子所说，但其主体思想还是与孔子思想相合的。儒家认为鬼神只存在于人们的想象之中，是不可见、不可闻的。从《礼记·祭义》篇的记载看，孔子及其弟子还曾探讨鬼神的起源问题，试图用"气""魄"的概念来解释鬼神。尽管这个探索并没有解决根本性质的问题，但在思想史的发展进程中却是很有意义的一步。

---

[1] 《左传·昭公二十年》。

春秋时期的社神与社祭

社神与社祭是我国上古时期社会信仰与宗教崇拜的重要内容。它肇端于原始时代的土地崇拜，发展于商和西周时期，至春秋时期则盛行于世。关于上古时期的社神与社祭，专家虽有论述，但多未专论它在春秋时期的发展变化。本文拟从春秋时期社神与社祭发展变化的角度进行论述，并进而探讨它与社会结构变化的关系。不揣谫陋，以求引玉之效。

一

春秋时期，"社"已成为各诸侯国加强统治的重要所在。各诸侯国都立有自己的社，有的还不止一处，如鲁国就有周社与亳社。周社是鲁的国社，因为鲁君为周公之后，故称"周社"。鲁立国于商奄之地，为笼络商奄之民，故为之立"亳社"。显而易见，周社与亳社均系为了加强鲁国政权而建。直到春秋后期，两社依然发挥着重要作用，鲁定公六年（前504年），"阳虎又盟公及三桓于周社，盟国人于亳社"[1]，可见两社各自有其信仰的贵族与民众群体。这两社的位置，一在鲁君宫室雉门以外的右侧，一在雉门以外的左侧，两社之间就是大臣朝见国君的地方。

---

[1] 《左传·定公六年》。

鲁国贵族季友将要出生时，卜楚丘为其占卜，谓季友长大会有一番作为，"间于两社"[1]，成为鲁的执政大臣。依照周代的规矩，发生日食和水灾时应当用币于社，而不可于社敲鼓和进献牺牲。但鲁人却不守古制，鲁庄公二十五年（前669年）六月辛未日发生日食时，鲁人"鼓，用牲于社"；这年秋天发生水灾时又"鼓，用牲于社、于门"。[2] 可见鲁人已不以周制为然。鲁襄公二十五年（前548年），郑军攻入陈国都邑，陈降之后，"祝祓社"[3]，祓禳于陈国之社，以避免郑国军队入侵而触怒陈国的鬼神。可见，在陈国，"社"已是其国鬼神汇聚之所在。

各诸侯国在春秋时期已经普遍地将社稷作为国家的代称，对社神和谷物之神表示了特殊的重视。春秋初年，宋宣公曾经让其弟名和者"以为社稷宗庙主"[4]，宋穆公归殁前嘱咐宋国大司马孔父佐宋宣公之子与夷为宋君，谓"请子奉之，以主社稷"[5]。从"社稷宗庙主"的说法看，"社稷"已经置于宗庙之前，以为宋国的象征。社稷既然为国家象征，那么祭祀社稷的粢盛——盛在祭器内的黍稷——也就有了类似的意义。晋国有"太子奉冢祀社稷之粢盛"[6] 的规定。太子虽然还不是"社稷主"，但已在照管社稷的粢盛，是为其成为社稷之主的准备。社稷的神灵为国家的保护神。鲁僖公二十一年（前639年），宋襄公被楚执捕，宋公子目夷守国，对于楚国的威胁，宋人说"吾赖社稷之神灵，吾国已有君矣"[7]，

---

[1] 《左传·闵公二年》。
[2] 《春秋·庄公二十五年》。按，经载此年鲁社二事，三传皆谓鲁君非礼，故经载以讥之。然三传关于鲁如何非礼的理解却不尽相同。《榖梁传》谓发生日食时于社击鼓合乎周礼，发生水灾时却不当击鼓于社；《公羊传》则谓发生水灾时可以于社击鼓并用牲。《左传》庄公二十五年谓"日有食之，于是乎用币于社，伐鼓于朝"（文公十五年谓"日有食之，天子不举，伐鼓于社，诸侯用币于社，伐鼓于朝"），"凡天灾，有币无牲，非日月之眚不鼓"。可见日食时于社击鼓之举专周天子，诸侯不得这样做，故鲁君此举为非礼。此从《左传》之说。
[3] 《左传·襄公二十五年》。
[4] 《公羊传·隐公三年》。
[5] 《左传·隐公三年》。
[6] 《左传·闵公二年》。
[7] 《公羊传·僖公二十一年》。

可见立君也是社稷神灵保佑的结果。《礼记·礼运》篇谓"天子祭天地，诸侯祭社稷"，已经将社稷作为诸侯国的专属之神；又谓"政必本于天，殽以降命，命降于社之谓殽地"，强调"社"对于施行政令的重要意义。

春秋时期，"社"的建立已经与社会等级制度完全吻合，所以《礼记·祭法》篇谓："王为群姓立社，曰大社。王自为立社，曰王社。诸侯为百姓立社，曰国社。诸侯自为立社，曰侯社。大夫以下成群立社，曰置社。"除了周王和诸侯以外，大夫以下和各社会等级不再自为立社，但可以"成群立社"。这样做的结果便是社的数量大大增加。如果说社稷是国家的代称的话，那么各地区"成群"所立之社，便是族或地方权力机构的一种象征。

各国的诸侯和周天子一样，"将出，宜乎社，造乎祢"[1]，外出巡狩时要祭祀于社。社还是军队的保护神。《左传·襄公二十四年》载楚使臣赴齐时，"齐社，蒐军实"，即在社检阅军队、车徒及军器。这表明，齐国的社原来除了一般的神力之外，还与军事有关。各诸侯国军队外出征伐的时候，社主要随军而行。春秋末年，卫国任大祝之职的子鱼曾经说："祝，社稷之常隶也，社稷不动，祝不出竟（境），官之制也。君以军行，祓社衅鼓，祝奉以从，于是乎出竟（境）。"[2] 可见社神在君主率军旅出征时，要先祭社，并且杀牲以血涂鼓，然后大祝奉社主从军而行。军主的社主之神称为"军社"，《周礼·小宗伯》谓小宗伯之职守之一是"若大师，则帅有司而立军社，奉主车"，这里所提到的"主车"，即载社主之车。在《周礼》的职官系统中，作为小宗伯辅佐的大祝之职，也有类似的任务在，《周礼·大祝》载："大师，宜于社，造于祖，设军社，类上帝，国将有事于四望，及军归献于社，则前祝。"所谓"宜于社"，就是祭祀社神以求其福宜。社神所给予的福佑则通过祭社者"受脤"的方式来表达。《左传·闵公二年》载："帅师者，受命于庙，受

---

[1] 《礼记·王制》。
[2] 《左传·定公四年》。

脤于社。"脤,《说文》示部作祳,谓:"社肉,盛以蜃,故谓之祳。"祭社完毕,主祭者将祭肉分赐,受脤就是接受了社神所赐予的福佑。受赐者应当对于社神十分虔敬,否则便会遭到社神的惩罚。鲁成公十三年(前578年),晋国率领诸侯讨伐秦国。出兵之前,周大夫成肃公"受脤于社,不敬",与之同行的周大夫刘康公就预言成肃公必有祸殃。《左传·成公十三年》载刘康公语谓:

> 吾闻之,民受天地之中以生,所谓命也。是以有动作礼义威仪之则,以定命也。能者养之以福,不能者败以取祸。是故君子勤礼,小人尽力。勤礼莫如致敬,尽力莫如敦笃。敬在养神,笃在守业。国之大事,在祀与戎。祀有执膰,戎有受脤,神之大节也。今成子惰,弃其命矣,其不反乎!

史载,这次伐秦,成肃公果然死于途中。这件事情并不能说明刘康公料事如神,神灵也不会降下什么祸灾而使成肃公亡故于途,而只能是偶合。然而,这却可以看出当时的人对于祭祀社神是相当重视的,甚有影响的"国之大事,在祀与戎"即源于此。

社神在春秋时期的社会上甚巨,明智如郑国的子产者也不得不筑社庙以祭。《左传·昭公十八年》载,鲁昭公十八年(前524年),郑国连续发生重大火灾,之后于此年七月间"郑子产为火故,大为社,祓禳于四方,振除火灾"。其所载"大为社",学者间历来有不同的理解,孔颖达《春秋左传正义》卷四十八谓:"祭社有常,而云'大为社'者,此非常祭之月,而为火特祭,盖君臣肃共礼物,备具大于常祭,故称大也。"[1] 日本学者竹添光鸿《左氏会笺》也有类似的说法。也有学者谓:"《尔雅·释言》'为,造作也'句谓大筑社庙也。"[2] 两说相较,前说较

---

[1] 阮元校刻《十三经注疏·春秋左传正义》卷四十八,第2086页中栏。
[2] 杨伯峻:《春秋左传注》,第1398页。

妥。因为郑国并非没有社庙,而是需要在不是社祭的时间举行祭祀社神的典礼。"大筑社庙"之说虽然不无道理,但却不大合乎春秋时期各诸侯国已经普遍立社的实际情况。值得注意的是,郑国在"大为社"之前已经向许多神灵祈求。史载,此年五月间郑国火灾后,"郊人助祝史,除于国北,禳火于玄冥、回禄,祈于四鄘"[1]。在郑人的印象中,作为水神的玄冥、作为火神的回禄以及阴气所聚的四城之神,其神力都还不足以制止火灾的发生,所以要大祭于社神。这表明社神的威望在当时是相当显赫的。

二

社神和社祭范围的扩大,除了表现在各个贵族等级皆置其社以及"成群立社"以外,还表现于贵族和庶民在自己家中还要祭祀社神。这样的社神称为"中霤"。据《礼记·月令》所云,季夏之月"其祀中霤",要以"中霤"为所祭之神。"中霤"本来是原始先民圆形尖顶之居室顶部所留散室内烟气并且透光之处,此处正当居室正中的灶坑之上,可以使炊烟直上而出,因此对于居住者的生活是十分重要的所在。居室里面正中的灶坑处后来称为"中霤"。商代丧礼,对于死者要"掘中霤而浴"[2],在中霤处掘坎,将放置尸体的床架于其上而浴。这种礼俗表明,商代还没有以中霤为神。随着居室建筑的发展,春秋时期的灶炕虽然已经不再在居室正中处,但是居室正中处仍称为中霤,并且作为家族的社神被祭祀。鲁哀公六年(前489年),齐国的陈乞立公子阳生为君的时候,"使力士举巨囊而至于中霤",中霤即室之中央。祭祀中霤的时候,"祭先心",先以牺牲的心为祭品,据云"心为尊也,祀中霤之礼,设主于牖下,乃制心及肺、肝为俎,其祭肉,心、肺、肝各一"[3]。

---

[1] 《左传·昭公十八年》。
[2] 《礼记·檀弓上》。
[3] 《礼记·月令》及郑注,阮元校刻《十三经注疏·礼记正义》卷十六,第1372页中栏。

春秋时期，对于"中霤"的祭祀已经完全纳入了社祭的范畴。在阴阳观念的影响下，社在春秋时期是为地神的代表。《礼记·郊特牲》篇除指出"社祭土而主阴气"之外，还比较全面地说明了祭社与祭祀"中霤"之礼：

> 社，所以神地之道也。地载万物，天垂象。取财于地，取法于天。是以尊天而亲地也，故教民美报焉。家主中霤，而国主社，示本也。唯为社事，单出里；唯为社田，国人毕作；唯社，丘乘共粢盛，所以报本反始也。

"家主中霤，而国主社"的说法，明确地指出"中霤"的性质与"社"是一致的，只是其神力所影响的范围大小有别，一国之社可以保护全国，家族的中霤则仅保护这一个家族。[1] 据《礼记·祭法》篇载，"王为群姓立七祀"和"诸侯为国立五祀"者，其中皆有"中霤"，可见当时的统治者对于"中霤"之神也是相当重视的。其间的原因就在于《礼记·郊特牲》篇所说的"示本"，"以土神生财以养官之与民，故皆主祭土神，示其养生之本也"[2]。在统治者看来，"中霤"和社神一样，也是官与民的生财之本，故而要受到特殊的尊崇。如果说"中霤"是家族的社神，那么一般的"社"，则是超出于家族之上的受到普遍尊崇的神灵。祭祀社神的时候，整个里的国人民众都要尽数出动。为了获取祭祀社神的牺牲，所有的国人则都要出动狩猎。祭祀社神的粢盛，要由各个"丘""乘"这样的居民单位供奉。这种普遍性的原则，使得社神成了

---

1 中霤的这种作用后世长期存在。曾有学者研究南方有些地区的民俗，顾颉刚先生谓："抗日战争中居四川六年，每入人家，辄见堂上设祖先之位，而几下左端别供一牌，书曰'中霤之神'，此为东部各省所未见。"还有学者指出："湖南及云南西部亦家家奉中霤神，湖南一般写作'中宫土地之神位'。"（顾颉刚：《史林杂识初编》，第143页。）
2 《礼记·郊特牲》孔疏，阮元校刻《十三经注疏·礼记正义》卷二十五，第1449页中栏。《礼记·礼运》篇亦谓"祀社于国，所以列地利也"，与"养生之本"的说法是一致的。

联系贵族与民众，以及民众与民众的一个枢纽，它在一定程度上统一了社会各个阶层的信仰。这对于社会结构的稳固与发展都有一些有利的因素。

三

从社会习俗发展的角度看，春秋时期的"社"，已经突破了统治阶层所设置的桎梏，而成为民众欢聚的一个场所，祭社已是民众欢聚的一个节日。鲁庄公二十三年（前671年）夏天，鲁庄公"如齐观社"，曹刿力谏，鲁庄公不听，还是去了齐国观看。齐国的祭社活动为什么这样有吸引力呢？《穀梁传》谓："观，无事之辞也，以是为尸女也。"范注："尸，主也。主为女往尔，以观社为辞。"[1] 原来鲁庄公到齐国并没有什么公务要干，而只是为了趁热闹的祭社活动之际观看女人。[2] 曹刿进谏之语对这一点说得十分明确：

> 夫礼，所以正民也。是故先王制诸侯，使五年四王、一相朝。终则讲于会，以正班爵之义，帅长幼之序，训上下之则，制财用之节，其间无由荒怠。夫齐弃太公之法而观民于社，君为是举而往观之，非故业也，何以训民？土发而社，助时也；收攟而蒸，纳要也。今齐社而往观旅，非先王之训也。[3]

从曹刿的这段话里，至少可以看出三点。首先，春秋时期齐的社祭情况已经和以前有了很大区别，所以说"齐弃太公之法而观民于社"。在齐

---

1 阮元校刻《十三经注疏·春秋穀梁传注疏》卷六，第2386页中栏。
2 或有论者将鲁庄公如齐观社跟他去年冬天亲自到齐国"纳币"——即纳征定婚——之事相联系，似乎鲁庄公是借社名义去看他所要聘娶的齐女，明吕泾野《春秋说志》卷一即谓："公如齐观社何？曰：去冬纳币，今夏观社。庄公之志不在社矣。父子夫妇之伦于是灭。"按，从《国语》所载曹刿进谏之语看，此说不确。
3 《国语·鲁语上》。

国，社祭已经不再是单纯地对于社神的祈祷，而是民众相聚的一个机会。齐国风俗开放，受周礼影响较小，不像鲁国那样惟周礼是从。这是齐国社祭能够吸引鲁庄公的一个主要原因。曹刿开宗明义地先讲"礼"如何如何，自是有其根源的。其次，齐国这次社祭的时间已经不是古代那种春、冬两次，即"土发而社，助时也；收攟而蒸，纳要也"，而是于夏季之时。这也从一个方面说明齐国的这次社祭已经超出了传统的范畴。再次，曹刿谓"今齐社而往观旅，非先王之训也"，韦注"旅，众也"，可见鲁庄公所观看的是齐国的"旅"——即社祭时熙熙攘攘的民众。《公羊传》谓鲁庄公此往齐国观社，"尸女也"，意为以女为主。联系到曹刿的谏语，可以说，鲁庄公的主要目的就是要到齐国观看社祭时的女人。此外，我们还可以指出这样一点，那就是，按照传统，应当是仲春之月祭社，《礼记·月令》载仲春之月"择元日，命民社"，所谓"元日"，《吕氏春秋·仲春纪》高注谓"元，善也。日，从甲至癸也"。若此说不误，那么古代民众奉命祭社的时间则仅在仲春之月——即周历每年二月——的甲日至癸日的十天之间。这次齐国的社祭是在夏天，此已不合古制。总之，鲁庄公至齐观社一事，清楚地表明当时的社祭已经和古代有了相当大的变化。

《墨子·明鬼》篇谓"燕之有祖，当齐之（有）社稷，宋之有桑林，楚之有云梦也，此男女之所属而观也"，很清楚地说明了春秋时代社祭的情况，那便是"男女之所属而观"。所谓"属"，即合。社祭的时候，男女不禁，相互会合而前往观看。《诗经·桑中》可以说就是关于男女青年借社祭之机而幽会的恋歌。其首章谓："爰采唐矣，沬之乡矣。云谁之思，美孟姜矣。期我乎桑中，要我乎上宫，送我乎淇之上矣。"沬为春秋时卫邑。齐国的美丽的孟姜与一位青年相约会见于桑中，并且在"上宫"迎接他的到来。所谓"上宫"，或谓为地名，不确，它其实是社宫。《左传·哀公七年》载"曹人或梦众君子立于社宫"，杜注"社宫，社也"，即举行社祭的所在。《汉书·地理志》谓桑间濮上之地，"男女亦亟聚会，声色生焉"[1]。后世的礼学家往往指斥桑间濮上为亡国之音，这是不明白春秋时期社祭习俗的缘故所致。社祭作为民众欢聚节日的习俗从春秋时期开始一直相沿甚久。秦汉以降的春、秋两季皆有"社日"。社祭时供献社神的祭肉，在祭祀之后要分给各个民户。秦代的陈平，"里中社，平为宰，分肉食甚均，父老曰：'善，陈孺子之为宰！'"[2]。陈平去古未远，可以推测春秋时期社会上也以里为单位而立有社，社亦有"社宰"，以主持社祭之事。

四

春秋时期各国地方所立之社见于史载者，如宋国有"次睢之社"。《左传·僖公十九年》载，鲁僖公十九年（前641年），宋襄公"使邾文公用鄫子于次睢之社"，杜注："睢水受汴，东经陈留、梁、谯、沛、彭城县入泗。此水次有妖神，东夷皆社祠之，盖杀人而用祭。"[3] 按，次睢为宋国地名殆无可疑，惟其具体地望，则待考。又如，卫国有"清丘之社"。《左传·昭公十一年》载，鲁昭公十一年（前531年），"泉丘人有女，梦以其帷幕孟氏之庙，遂奔僖子，其僚从之，盟于清丘之社"。清丘地在今河南省濮阳县东南，春秋时卫地。再如，《左传》同年又载这年"冬十一月，楚子灭蔡，用隐太子于冈山"，由宋襄公使邾文公"用鄫子于次睢之社"例之，冈山之地亦当有社，当即"冈山之社"。在《周礼》的居民系统中，每一"州"都立有社，《周礼·州长》载州长职司之一便是"以岁时祭祀州社"。春秋时有"州里"之称[4]，州是比里大的行政单位。《周礼·州长》注引郑司农说谓"二千五百家为

---

[1] 《汉书》卷二十八《地理志》，第1665页。
[2] 《史记》卷五十六《陈丞相世家》，第2052页。索隐据蔡邕《陈留东昏库上里社碑》所载，谓陈平所居住的地方称为"库上里"，并谓"陈平由此社宰，遂相高祖也"。
[3] 阮元校刻《十三经注疏·春秋左传正义》卷十四，第1810页中栏。
[4] 《论语·卫灵公》篇载孔子语谓"言不忠信，行不笃敬，虽州里，行乎哉"。在这里，"州里"指本乡本土的居民组织。

州"。在州之下，每里也立有社。汉朝时人认为先秦时期百家之居者可以立社，谓"民族居百家以上，则共立一社，今时里社是也"[1]；或谓"周礼二十五家为社"[2]。总之，春秋时期，随着居民数量的增多，里邑大小也不尽相同，盖凡里邑居住之外皆立有社，如"次雎之社""清丘之社""库上社"然。

由于社神数量增多，春秋时期社神的形制也是多样化的。在"社宫"——专为社神修建的神庙里——的社神，应当是多为木制的神主，平时由"宗伯""大祝"一类的专职官员进行供奉。对外征伐的时候用斋车装载神主随军以为保护神，称为军社。鲁哀公曾经向孔子的弟子宰予询问用什么木料作社主，宰予回答说："夏后氏以松，殷人以柏，周人以栗，曰，使民战栗。"[3] 春秋时期的社主应该也是用栗木所制，其用义一方面在于栗木坚实细密，所做成的社主可以长期保存；另一方面取其谐音，使民战栗，在社主前有恭谨虔敬之志。鲁襄公二十五年（前548年），郑国军队攻入陈国都邑，"陈侯免，拥社"[4]，待于朝廷而等着投降。陈侯之所以穿着丧服，抱着社主，是因为惟有如此才能表示自己对于国家将要被灭亡的悲痛。陈侯所拥的社主，应当就是栗木所制者。除了木质的社主以外，春秋时期还有以封土为社主者。《公羊传·哀公四年》谓："蒲社灾。蒲社者何？亡国之社也。社者，封也，其言灾何？亡国之社，盖掩之，掩其上而柴其下。"何注谓"封土为社"。其所谓"蒲社"，即鲁国为其商奄遗民所立的亳社。从《公羊传》的语义看，亳社的社主并非木质，而是封土状者，既然是封土，那么它就不怕火灾，何以会发生火灾呢？原因就在于它是亡国之社，所以其上以屋掩之，因此遭受了火灾。商奄遗民的"封土为社"，与殷商文化传统是有关系的。商代的自然崇拜

---

[1] 《礼记·祭法》郑注，阮元校刻《十三经注疏·礼记正义》卷四十六，第1589页下栏。
[2] 《说文·示部》。
[3] 《论语·八佾》。
[4] 《左传·襄公二十五年》。

里,"土(社)"是相当重要的神灵。[1]甲骨文"土"字作封土之形,如果说鲁国的亳社的"封土为社"与之有渊源关系,当不为过分。

关于社主的形制,弄清楚下面一个记载,是颇为重要的一个问题。《春秋》鲁庄公二十五年载,此年六月辛未日发生日食,鲁用牺牲祭社。关于这件事,《公羊传》有这样的解释:"日食则曷为鼓用牲于社?求乎阴之道也。以朱丝营社。或曰胁之,或曰为暗,恐人犯之,故营之。"祭祀于社的时候,"以朱丝营社",《释文》谓营"本亦作萦,同"。所谓"以朱丝营(萦)社",即以红色丝带将社主缠绕起来。为什么要这样做呢?《公羊传》提到了两种解释。一是"胁之",何注谓:"与责求同义,社者土地之主也,月者,土地之精也,上系于天而犯日,故鸣鼓而攻之,胁其本也。"社主是月的精灵,发生日食是月犯于日,故而要责备社主,将它用红丝带束缚起来。二是对社主进行保护。发生日食的时候天色暗冥,恐人碰撞了社主,所以用丝带萦绕,以引起人们的注意。这两种解释应当是基于对社主形制的不同理解而做出的。按照前一种解释,社主应当是木质的,所以才好将其束缚。按照后一种解释,社主则可能是封土为社者。这样的社主是在地上的社主,人们不注意便会将其碰撞,所以要用红丝带萦绕,犹如给社主围了一道护栏。这两种解释虽然都不无道理,可是哪一种更近于实际呢?就春秋时期的社主情况看,前一种解释当近是。首先,鲁国发生日食时所祭祀的社当为周社,而非作为亡国之社的亳社。封土为社是商奄遗民的习俗,周社不当如此。其次,春秋时期阴阳五行观念已经开始流行,按照阴阳的观念解释日食、月食发生的原因,正需要对于主阴的社主"胁之",按照《公羊传》何注的说法,便是"助阳抑阴"。总之,从这两方面看,这次发生日食时

---

[1] "土"与"社",古字相通。《诗经·玄鸟》"宅殷土茫茫",《史记·三代世表》"殷土"作"殷社",是为其证。据甲骨卜辞记载,商人曾用多种祭礼祭祀于"土(社)",如"燎于土(社)三小牢,卯二牛,沉十牛"(《合集》第780片)、"御于土(社)"(《合集》第32012片)、"又宅土(社),燎牢"(《小屯南地甲骨》第4400片)等。

鲁国所祭的社主应当是木质的。"以朱丝营社"使人们得以窥见当时祭祀社的一种习俗，是很有价值的一个记载。

除了建立社宫以木制神主为社神，以及"封土为社"以外，春秋时期还有"丛社"。《墨子·明鬼》篇谓："昔者虞夏、商、周三代之圣王，其始建国营都日，必择国之正坛，置以为宗庙；必择木之修茂者，立以为丛社。"[1] 这种"丛社"与古代作为田地标识的"封"很有关系。《周礼·大司徒》之职载"辨其邦国都鄙之数，制其畿疆而沟封之，设其社稷之壝而树之田主，各以其野之所宜木，遂以名其社与其野"，所以古人有"大社惟松，东社惟柏，南社惟梓，西社惟栗，北社惟槐"[2] 的说法。从墨子之语看来，夏商周三代皆有"丛社"，而战国文献中也多有关于"丛社"的记载[3]，可以推测，春秋时期社会上"丛社"之制也是存在的。所谓"丛社"，其形制当为一株或数株相近的高大树木，由于民众对它崇敬有加，演习既久，则以之为地名，《周礼·大司徒》郑注谓"若以松为社者，则名松社之野"，此说或当近是。

总之，春秋时期社神与社祭都比之于以前的时代有了颇大变化。这个变化的主要线索是它已经由原先的周王室的保护神逐渐变为各诸侯国以至每个家族和民户的保护神。由此而产生的一个重要变化便是社神不再具有太多的威严，而是越来越多地呈现出普通民众也可以亲近的面孔。对于普通民众而言，社祭不再是单纯地对神灵的祈祷，而是一个欢悦聚会的场合。这种情况的出现可以说是下层民众逐渐登上历史舞台的一个曲折反映。

---

1 "立以为丛社"，"丛社"二字原本误，依王引之《读书杂志》说改。
2 《白虎通义·社稷》篇引《尚书》逸文。
3 《战国策·秦策三》载应侯语提到名为"恒思"的地方有"神丛"，并谓："恒思有悍少年，请与丛博，曰：'吾胜丛，丛籍我神三日；不胜丛，丛困我。'乃左手为丛投，右手自为投，胜丛，丛籍我神。三日，丛往求之，遂弗归。五日而丛枯，七日而丛亡。"所谓"神丛"，即"丛社"。《史记·陈涉世家》"次所旁丛祠中"，索隐引《战国策》高诱注云："丛祠，神祠也。丛，树也。"《庄子·人间世》载："匠石之齐，至于曲辕，见栎社树，其大蔽数千牛。"《吕氏春秋·怀宠》篇谓攻城略地之后，应当"问其丛社大祠，民之所不欲废者而复兴之"。凡此皆可证战国时期"丛社"是各地民众所崇拜的重要神灵。

战国时期的鬼神观念及其社会影响

随着战国时期社会结构和社会思想的巨大变革,社会上的鬼神观念也出现了前所未有的局面。如果说春秋时期较多地反映了周代宗教信仰的话,那么,战国时期的神灵崇拜则可以说是即将降临的新时代来自天国的嚆矢。本文试图在前辈专家研究的基础上对于战国时期的鬼神观念的若干重要问题进行探讨,希望能够对于研究战国时期社会思想面貌提供一些帮助。

一

和西周、春秋时期一样,神在战国时期的社会上依然是各个阶层的人们所崇敬、祈求的对象,可是已经具有了较多的时代特色。神的种类在战国时期十分复杂,大致有天神、自然神、祖先神等几类。其中以天神最有特色。

"天"在战国时人的心目中依然有崇高的地位,故而有"莫神于天"[1]的说法。然而,战国时人却更多地注目于"帝"。天国的神灵在战国时期有系统化的趋势。过去的"帝"若"上帝",其随从和辅佐并不多,

---

[1]《庄子·天道》。

但是在战国时期,"帝"居于天国核心和领导地位,已经组成了庞大的神灵集团,许多著名的人物也从地上人间上升到天国而为"帝"。在春秋战国之际,上帝还只是天廷的重要成员,还不足以成为天廷的代表,故而墨子谓"洁为粢盛酒醴,以祭祀上帝鬼神而求祈福于天"[1]。然而,到了战国时期,人们则常常强调上帝或黄帝的神威,不再把天摆在压倒一切的地位。[2]《吕氏春秋·仲秋纪》讲仲秋之月祭祀的情况谓"是月也,乃命宰祝,巡行牺牲:视全具;案刍豢;瞻肥瘠,察物色,必比类;量小大,视长短,皆中度。五者备当,上帝其享",可见对于上帝的祭祀是相当重视的。帝,在战国时期又称为"皇天上帝",受到最隆重的祭祀,《吕氏春秋·季夏纪》载季夏之月,"是月也,令四监大夫合百县之秩刍,以养牺牲,令民无不咸出其力,以供皇天上帝、名山大川、四方之神"。《吕氏春秋·季冬纪》载季冬之月"乃命太史,次诸侯之列,开之牺牲,以供皇天上帝、社稷之享,……凡在天下九州之民者,无不咸献其力,以供皇天上帝社稷寝庙山林名川之祀"。所谓"皇天上帝",即指天廷的上帝,其称所强调的是"上帝"而不是"天"。战国前期,"秦灵公作吴阳上畤祭黄帝,作下畤祭炎帝"[3]。后来,秦献公的时候,"自以为得金瑞,故作畦畤栎阳而祀白帝"[4]。所谓"畤",据说原为峙立之义,民间于田中立石以祭杂神,后来统治者也将其所立的祭祀之处称为

---

1 《墨子·天志上》。
2 从春秋末年开始,人们思想观念中的"天",已经越来越多地具备了自然的品格。孔子谓:"天何言哉?四时行焉,百物生焉,天何言哉?"(《论语·阳货》)将四时的变化和百物生长作为天的内涵。孟子谓"莫之为而为者,天也;莫之致而至者,命也"(《孟子·万章上》),这个说明多少具有了一些天不以人的意志为转移的思想因素。战国后期的荀子更把这个思想发展到了极致,指出"夫星之队(坠),木之鸣,是天地之变,阴阳之化,物之罕至者也","天不为人之恶寒也,辍冬;地不为人之恶辽远也,辍广","天有常道矣,地有常数矣"(《荀子·天论》)。在战国时人的观念里,"天"多有天空之义,如孟子谓"天油然作云,沛然下雨"(《孟子·梁惠王上》),《礼记·孔子闲居》谓"天有四时,春秋冬夏,风雨霜露",《吕氏春秋·仲秋纪》谓"凡举事,无逆天数,必顺其时",是皆其例。
3 《史记》卷二十八《封禅书》,第1364页。
4 同上书,第1365页。

"畤"。秦人作畤有六，其中三个祭白帝，是为秦人最为重视之帝，剩下三个分别祭祀青帝、黄帝和炎帝。所祭对象虽然不尽一致，但却都是对于天国中的"帝"的祭礼。战国中期秦的《诅楚文》指责楚王"不畏皇天上帝及大沉久湫之光烈威神"，并谓秦国自己"应受皇天上帝及大沉久湫之几灵德赐"，可见"皇天上帝"乃是秦人心目中地位最高的神灵。

战国时期各诸侯国君主虽然有僭礼而郊祭"天"之事，但却为偶见者，并不为常例。[1] 帝与天的关系，在战国时期已经有了比较明确的观念，即帝为天廷的主宰。长沙子弹库战国楚墓帛书谓：

> 帝曰："繇！敬之哉！毋弗或敬。惟天乍（作）福，神则各（格）之；惟天乍（作）妖，神则惠之。钦敬惟备，天像是则，咸惟天□。下民之戒，敬之毋忒！"

这些是帝告诫下民的言辞，让下民敬奉神灵，不要有不敬重者。因为天若赐福，神灵就会降临而帮助下民；天若惩罚下民而降妖孽，神也会施加恩惠而减轻灾祸。下民应当钦敬神灵，顺从上天，惟天意是从。下民都要谨慎、敬惧，而不要出现差错！"帝"的这一派言辞，居高临下，高居于"天"和"神"之上，所以才告诫下民顺天敬神。

战国时期天神已经形成了一个系统，其中有不少具有各种职司的神灵。战国时期的竹简文字里面就有这方面的记载。20世纪70年代后期发现的湖北天星观1号楚墓[2]，时代属于战国中期，墓主为楚国上卿。墓中出土不少记录占筮情况的竹简，其中所祷告祈求的神灵有"司命""司祸""地宇""云君""大水""东城夫人"等，所祈求的祖先神灵有"卓公""惠公"等。80年代中期所发掘的甘肃天水放马滩一号秦

---

[1] 战国前期燕器铭文有"祇敬郊（'郊'为借字，原字从示、从乔）祀"（《郾侯库彝》铭文）之语，为敬奉郊祭之例。
[2] 湖北省荆州地区博物馆：《江陵天星观1号楚墓》，《考古学报》1982年第1期。

墓出土竹简所记载的志怪故事里面[1]，能够使人死后复活的神灵是"司命"。"司命"之神下面有不少属官，简文所载的"司命史"名公孙强者就是其中之一。公孙强可以让狗把已经死去的名丹者从地下掏挖出来，置于墓上三日而复活。《礼记·祭法》所载王立七祀和诸侯所立五祀，其中都有司命。《周礼·大宗伯》所载燎祀诸神中也有"司命"。《楚辞·九歌》载的司命之神，分为"大司命"和"小司命"两种。战国时期的齐器《洹子孟姜壶》铭文载祭祀之事，有"于大司命用璧"的话。这些都可以与简文所载的"司命"之神相印证。天神中具有各种职司的神灵的出现与战国时期官僚系统的完善，两者之间有着微妙的联系。

二

在战国时期百家争鸣的基础上，人们对于鬼神的认识常有较大差距。和诸子中对于鬼神否认的倾向不同，春秋战国之际的墨子力辨鬼神之存在，其所撰写的《明鬼》篇，从文献记载和自己的阐述两个方面说明鬼神明察之仔细、威力之强大，认为"鬼神之明，不可为幽间广泽，山林深谷，鬼神之明必知之。鬼神之罚，不可为富贵众强，勇力强武，坚甲利兵，鬼神之罚必胜之"。墨子实际上是将鬼神作为下层民众和弱小无助者的依靠及正义的化身，将鬼神作为实现自己理想境界的有力武器，"是以吏治官府，不敢不洁廉，见善不敢不赏，见暴不敢不罪。民之为淫暴寇乱盗贼，以兵刃毒药水火，退无罪人乎道路，夺车马衣裘以自利者，由此止"[2]。《庄子·庚桑楚》篇谓："为不善乎显明之中者，人得而诛之；为不善乎幽间之中者，鬼得而诛之；明乎人，明乎鬼者，然后能独行。"此说提倡人们自律，若在显明的地方为不善之事，那么人

1　关于简中志怪故事的考释，见李学勤先生《放马滩简中的志怪故事》（《文物》1990 年第 4 期）一文。
2　《墨子·明鬼》。

就可以对他进行诛罚；若在幽暗之处为不善之事，那么鬼也可以对他进行诛罚；所以人们不仅应当对人光明正大，而且对鬼也应当光明正大。这个思想和墨家所谓"山林深谷，鬼神之明必知之"的说法完全一致。

在战国时期的普通民众看来，鬼也和人一样有许多方面的需求。睡虎地秦简《日书·诘咎》篇谓"鬼恒羸（裸）入人宫，是幼殇死不葬"，这种鬼裸体而入于人的居室，当是要衣服穿。还有的鬼到居室里面喊叫"气（饩）我食"，这是"饿鬼"在要吃的。鬼还会"昔（藉）其宫"，到人住所里面，这是鬼要住处。鬼"恒召人出宫，是是遽鬼毋（无）所居"，这也是鬼在寻找住处。鬼还常常"从人游""从男女"，这是鬼要与人交友。"人妻妾若朋友死，其鬼归"，说明鬼不忘旧情。鬼夜入居室，"执丈夫，戏女子"，可能是鬼对于性生活的需要。鬼夜间敲门，"以歌若哭"，这种鬼很有表演的欲望，只是唱得不好听。鬼"恒襄（攘）人之畜"，这是鬼抢人的牲畜，可见其有强盗行径。"人行而鬼当道以立"，这种鬼与剪径的强盗没有多少区别。总之，在战国时人看来，鬼也有衣食住行之事，也有七情六欲。战国时人以自己对于现实生活的理解来塑造鬼的世界和鬼的形象。

战国时人的鬼神世界里面，神高踞而荣光，为恶者很少；而鬼则成为作怪为祟的等而下之的东西，它可以造成瘟疫和疾病，给人和财产造成各种危害。与鬼相比，精怪的威力虽然要小一些，但仍为人们所重视。《庄子·达生》篇曾经讨论"有鬼"之事，战国时人认为："沈有履，灶有髻。户内之烦壤，雷霆处之；东北方之下者，倍阿、鲑蠪跃之；西北方之下者，则泆阳处之。水有罔象，丘有峷，山有夔，野有彷徨，泽有委蛇。"这里所提到的"履"是鬼名，谓在污水积聚的地方会有"履"这种鬼存在。每家的灶都有灶神，相传称为"髻"的灶神是穿红衣、状如美女样的神灵。家中尘土积聚的地方会有称为"雷霆"的鬼在那里。东北方的下面，会有称为"倍阿""鲑蠪"的神在那里跳跃。相传，鲑蠪状似小孩，身长一尺四寸，穿黑衣，戴红头巾、大帽子，带剑持戟。西北方的下面,有称为"洗阳"的神灵在那里。相传"洗阳"之状,头如豹,尾如马。水中有称为"罔象"的神,这种神相传其状如小儿,赤黑色,大耳,长臂。丘陵上有称为"峷"的精怪,这种精怪,形状如狗,有角,身上有五彩花纹。山上有称为"夔"的一只脚的怪兽。野地里有称为"彷徨"的两头蛇。在大泽里面有称为"委蛇"的精怪。上面所列的除了鬼神之外,还有一些怪物,这些精怪与鬼的性质相近。例如"委蛇"本为长蛇,可是战国时人却以为它"其大如毂,其长如辕,紫衣而朱冠。其为物也恶,闻雷车之声则捧其首而立"。这样的精怪与"鬼"并没有太多的区别。在战国时人的印象里面,鬼是灵活机动的,威力较大。战国时人认为精怪也存在着莫大的威力和影响。例如,长沙子弹库战国楚墓帛书谓"惟悖德匿,出自黄泉,土绥亡□,出内(入)[空]同,乍(作)其下凶。日月皆乱,星辰不炯。日月既乱,岁季乃□。寺(时)雨进退,亡又(有)尚(常)恒",意指如果下民违背了天的庆赏和刑罚,那么凶祟妖孽就会从黄泉而出,直到地上极高处的崆峒之山,然后自高而降临人世而造成祸患。日月运行混乱,星辰也不再明亮,随之而来的便是年岁和季节的错乱,以及风雨气候的反常。睡虎地秦简《日书·诘咎》篇所载的精怪与人关系更为密切,如"人恒亡赤子,是水亡伤取之",婴儿的死亡是"水亡伤"这种精怪将其取走的结果。"狼恒呼人门曰:'启吾'",这种叫门欲入内的狼显然也属于精怪。另外,如"大票(飘)风""大魅""女鼠抱子"等,都是精怪。这类精怪,《日书·诘咎》篇可能是称之为"夭(妖)"的。是篇谓"鸟兽能言,是夭(妖)也"。篇中的那些精怪,类似于后世的妖怪。

三

诸子百家中,有些学派并不怎么相信鬼神的存在,荀子对于精怪的认识就是一个典型。如果和鬼比较,精怪的自然物的品格更为突出。在荀子看来,精怪已经不足为怪。他说:

星队（坠），木鸣，国人皆恐。曰：是何也？曰：无何也，是天地之变，阴阳之化，物之罕至者也。怪之，可也，而畏之，非也。夫日月之有蚀，风雨之不时，怪星之党见，是无世而不常有之。上明而政平，则是虽并世起，无伤也；上暗而政险，则虽无一至者，无益也。夫星之队（坠），木之鸣，是天地之变，阴阳之化，物之罕至者也，怪之可也；而畏之，非也。[1]

流星的坠落和社树因风吹而发出声响，都是使人们感到恐慌的现象，荀子认为这些都是天地、阴阳变化的结果。对于这样的现象，因为罕见而感到奇怪是可以理解的，但是感到畏惧则大可不必。社会上存在的精怪，多如"星坠、木鸣"之类，从荀子的理论看，都是不应当畏惧的。

战国时期的阴阳家似乎是将阴、阳二者鬼神化而阐述其理论的，但是其所谓"阴""阳"与鬼神观念却有很大距离，其理论中还包括有不少否认鬼神存在的观点。《汉书·艺文志》谓："阴阳家者流，盖出于羲和之官，敬顺昊天、历象、日月星辰，敬授民时，此其所长也。及拘者为之，则牵于禁忌，泥于小数，舍人事而任鬼神。"[2]这表明，阴阳家本不信鬼神，而是重视人事的，后世末流的阴阳家拘泥于禁忌之事者，才"舍人事而任鬼神"。《吕氏春秋·博志》篇谓："盖闻孔丘、墨翟昼日讽诵习业，夜亲见文王、周公旦而问焉。用志如此其精也，何事而不达？何为而不成？故曰精而熟之，鬼将告之。非鬼告之也，精而熟之也。"是篇认为表面看来是鬼神在帮助孔丘、墨翟，而实际上是他们熟练而精通己业的结果，并非鬼神对他们有什么帮助。战国时期，作为阴阳家的分支，有"形法家"者，《汉书·艺文志》列"形法六家百二十二卷"，其中多有战国时人的著述，班固认为，"形法者，大举九州之势以立城郭室舍，形人及六畜骨法之度数，器物之形容，以求其声气、贵贱、吉

---

1 《荀子·天论》。
2 《汉书》卷三十《艺文志》，第1734—1735页。

凶，犹律有长短而各征其声，非有鬼神，数自然也"[1]。由此看来，形法家也不讲鬼神，而是依自然实际情况为说的。商鞅一派法家多不提祭祀，不言鬼神，其鬼神观念是很淡薄的。《庄子·盗跖》篇载盗跖语谓"若告我以鬼事，则我不能知也"，《战国策·中山策》载秦将白起语谓自己率兵打了胜仗，"皆计利形势，自然之理，何神之有哉"，并不相信鬼神起了什么作用，可见战国时期社会的一般的人也有不怎么相信鬼者。睡虎地秦简《日书·诘咎》是讲述驱鬼、避鬼之术的专篇，可是其中有些内容却讲并非人们所认为的"鬼"都是鬼，例如："狼恒呼人门曰：'启吾！'非鬼也。杀而享（烹）食之，有美味。"狼呼叫人开门要进入室内，这不是什么"鬼"，而是狼。把这样的狼杀掉烹食，还是一种美味。与此类似的还有一事，即有一种狗常常夜间到人的居室"执丈夫，戏女子，不可得也"，跟人戏闹，人却抓不住它。《诘咎》篇讲这也不是"鬼"，而是"神狗伪为鬼"，即狗假装的"鬼"。对付的方法是"炮而食之，则止矣"，将狗烹食也就完事。《诘咎》篇还载：

> 有众虫袭入人室，是野火伪为虫，以人火应之，则已矣。
> 鸟兽虫豸甚众，独入一人室，以若（箬）便（鞭）击之，则止矣。

昆虫大量涌入室内，这种情况并不是鬼在作祟，而是"野火"假装成虫子而入室。人们只要举起火把将室内烤一烤，众虫入室的情况就会停止。"野火伪为虫"的说法虽然不正确，但是不将"众虫袭入人室"当作鬼事还是可取的，并且以火烧烤室内而避虫，还合乎科学道理。独自一人在家的时候，如果许多鸟兽虫豸涌入室内，这时候不是祈求神灵，而是要挥动竹鞭扑打。讲鬼事的《诘咎》篇在这里告诉人们的实际上是不要信"鬼"。《诘咎》篇还告诉人们，不少自然现象不可以鬼事对待。如：

---

1 《汉书》卷三十《艺文志》，第1775页。

> 天火燔人宫，不可御，以白沙救之，则止矣。
> 到雷焚人，不可止，以人火乡（向）之，则已矣。
> 雷攻人，以其木击之，则已矣。
> 云气袭人之宫，以人火乡（向）之，则止矣。

雷电所引起的灾害，应当用各种办法挽救，而不能以驱鬼之术救之。雷电击居室而起火，要扬白沙扑火。虽然在实际上未必要用白沙，就是一般的沙土也可以救火，但是以白沙救火总比祈求鬼神要有用得多。"雷攻人"的时候，用木击之，木为绝缘体，这也是合乎科学道理的。所谓"云气袭人之宫"，盖指居室潮湿而言，以火烧烤而防潮，应该是必用的方法。《诘咎》篇还提到如果井中有腥臭之水上溢，那就要"以沙垫之"。沙重于水，垫于井下可以起到过滤的作用，这种清洁水井的办法，显然是人们经验的积累。《诘咎》篇所讲的这些办法虽然不是从科学的角度进行的探讨，但其着眼点却是利用人们的实践经验来防止自然灾害。《诘咎》篇所讲的此类内容与《汉书·艺文志》所列的"形法家"的理论可能是十分接近的。

四

与春秋时期相比，战国时期的鬼神威力已经今非昔比。在许多思想家的观念里，鬼神往往服从于某种规律的支配。庄子说："古之畜天下者，无欲而天下足，无为而万物化，渊静而百姓定，《记》曰：'通于一而万事毕，无心得而鬼神服。'"[1] 所谓"一"，就是"道"，指支配整个宇宙的规律。庄子认为君主应当无为、无欲、渊静，只有融会贯通了"道"，那么万物就会自然成长，心中空无一物就使鬼神服从。和"道"比起来，鬼神的力量是微不足道的。这里所引的《记》，《经典释文》谓

---

[1] 《庄子·天地》。

"书名也,云老子所作"。若此说属实,那么"无心得而鬼神服"就是老、庄一贯的思想。在《易经·系辞》里面,将"神"理解为阴、阳的对立转化过程,其实也就是"道",所以有"一阴一阳之谓道"和"阴阳不测之谓神"的说法。按照这种说法,神即指"道"——亦即阴阳二者的运动变化非常迅速,非常微妙,平常人不能够觉察,所以说是神速的,也是神妙的。神与道在这里呈现道合二而一的状态。荀子谓"阴阳大化,风雨博施,万物各得其和以生,各得其养以成,不见其事而见其功,夫是之谓神"[1],这个基于道家理论而作出的表述,实际也是完全肯定神、道二者关系的。然而,战国时期的一般人物,尚未有哲人那样的深刻思维,所以对于鬼神的作用仍持十分肯定的态度,鬼神的作用在战国时期一般人的心目中依然重要。例如,楚国在巫风兴盛的情况下,"楚怀王隆祭祀,事鬼神,欲以获福助、却秦师"[2]。楚怀王以为鬼神会助其打败秦国军队,可见其是一位推崇鬼神威力的君主。

按照不可知论的观点,道家后学或谓"鬼"是否存在,是一个弄不清楚的问题,《庄子·寓言》篇谓:"有以相应也,若之何其无鬼邪?无以相应也,若之何其有鬼邪?"对于死者,有时候会如见其人,如闻其声,可以与之相召应,这怎么能说没有鬼呢?但是并非所有的人对于所有的死者都能与之相召应,这怎么能肯定鬼一定存在呢?按照这种观点"鬼"即处于若有若无之间,无论做出怎样的肯定都是不对的。在道家那里,许多神灵都是得了"道"的结果,庄子曾谓:"伏戏氏得之,以袭气母;维斗得之,终古不忒;日月得之,终古不息;堪坏得之,以袭昆仑;冯夷得之,以游大川;肩吾得之,以处大山;黄帝得之,以登云天;颛顼得之,以处玄宫;禺强得之,立乎北极;西王母得之,坐乎少广,莫知其始,莫知其终;彭祖得之,上及有虞,下及五伯;傅说得

---

[1] 《荀子·天论》。
[2] 《汉书》卷二十五《郊祀志下》,第1260页。

之,以相武丁,奄有天下,乘东维,骑箕尾,而比于列星。"[1]这些神灵里面,有些是由人而神者;有些则是自然之神。庄子认为,伏戏氏得了道,就会和作为阴阳之神的"气母"相合;北斗得了道,就永远不会出现差错;日月得了道,就永远不息地运行;称为堪坏的神得了道,就会入主昆仑山而为昆仑之神;河伯冯夷得了道,就会掌管大江大河;称为肩吾的神得了道,就会处于泰山而为泰山之神;黄帝得了道,就会登上云天而主持天廷;颛顼得了道,就会处于北方的玄宫而为神;称为禺强的神得了道,就会居住于北方而成为北海之神;西王母得了道,就会居于少广之山而为神,其神力可达到不知生死、无始无终的地步;彭祖得了道,就会长寿,上及虞舜的时代,下到春秋五霸的时期;商王武丁之臣傅说得了道,就会到天上乘着马在东维、箕尾两星之间往返,与众星并列。这些说法表明,在庄子的观念里面,神灵不仅相当广泛地存在,而且都是得了道的结果。战国时期以前的神灵,常常是威力无穷无拘无束者,而这里所提到的神灵,虽然威力也很大,但若离开了道,便会神力顿消。在这位哲人的观念里面,神的灵光已经有许多部分被抹去,神的地位已经今非昔比,那些往日的显赫神灵不再有睥睨一切的气势,而是底气不足、等而下之的了。按照道家学说,"道"比鬼神上帝都要重要,它可以"神鬼神帝,生天生地"[2],只有道才能使鬼和帝都变得神灵。

五

关于神与人的关系,战国时期的思想家往往有深入的思考。有些思想家认为人有降服鬼神的力量,如庄子就认为,"徇耳目内通而外于心知,鬼神将来舍"[3],只要将自己的听觉、视觉引向体内,排除心智的作用,那么鬼神就会来至你的胸中,听从你的指挥。庄子还认为,"知

---

1 《庄子·大宗师》。

2 同上书。

3 《庄子·人间世》。

天乐者，无天怨，无人非，无物累，无鬼责。故曰：其动也天，其静也地，一心定而王天下，其鬼不祟，其魂不疲"[1]。人只要知晓天道，那么"鬼"就不会为祟，就只能"守其幽"[2]，老老实实地在幽暗的地方待着。鬼神不仅在"道"的面前威力顿失，而且只要阴阳协调，鬼神也不能为祟，即所谓"阴阳和静，鬼神不扰"[3]。《庄子·大宗师》篇有"以神为马，予因以乘之"的话，可见神是可以被人驱使的。其次，人会有神的威力，这样的人称为"至人""神人""圣人"。关于"神人"，《庄子·逍遥游》篇载"藐姑射之山，有神人居焉。肌肤若冰雪，淖约若处子；不食五谷，吸风饮露；乘云气，御飞龙，而游乎四海之外"。《庄子·天地》篇亦有关于"神人"的说明，谓"神人""上神乘光，与形灭亡，是谓照旷。致命尽情，天地乐而万事销亡，万物复情，此之谓混冥"，认为神人高尚的精神境界总是放射着光芒。虽然光与所照的物体都要归于虚无，但仍然虚明空旷。生命到了尽头的时候，神人也会与天地同乐，和万物一样消亡。神人的死亡和万物的返朴归真一样，也要处于混沌状态。这种有生有死的"神人"，其人的品格还是存在的。关于"至人"，《庄子·齐物论》篇载，"至人神矣！大泽焚而不能热，河汉冱而不能寒，疾雷破山，飘风振海而不能惊"，道德修养达到最高境界的"至人"，在大泽焚烧的时候不会感到热，在黄河、汉水都冻结的时候不会感到冷，把山击破的震雷和掀起大海波涛的巨风不会使他感到惊惧。庄子认为"至人无己，神人无功，圣人无名"[4]，他们可以达到去我无物、不求有功、不求名声的地步，虽然是人，但是已经有了神的威力。

在思维深邃的哲学家那里，"鬼""神"具有了人的灵魂以至精神的意义。这一点在道家的学说中十分突出。《庄子·庚桑楚》篇谓"出而

---

[1] 《庄子·天道》。

[2] 《庄子·天运》。

[3] 《庄子·缮性》。

[4] 《庄子·逍遥游》。

不反，见（现）其鬼"，"灭而有实，鬼之一也"，认为精神与形体分离，外驰而不返归，那么这个人就呈现为鬼；心神灭亡而只留形体，也是鬼的一类。总之，精神与形体的分离，就是鬼所出现的前提。在著名的庖丁解牛的寓言里，庄子谓"以神遇而不以目视，官知止而神欲行"[1]，又谓"无视无听，抱神以静，形将自正"，"神将守形，形乃长生"[2]，还谓"形体保神，各有仪则谓之性"[3]。这里所提到的"神"就不是一般的神，而指与形体相对应的精神活动而言。庄子还曾批评惠子谓"今子外乎子之神，劳乎子之精"[4]，其所言"神""精"，实为一体，均指精神而言。所以这样的"神"，不仅指人的灵魂而言，而且具有某些神灵的品格。在庄子看来，人的精神可以离开形体而传播下去[5]，这样的神已经具有了神灵的品格。庄子的这些说法虽然还有含混之处，但是已经在相当程度上接触到了人的形体与精神的关系这一重大问题。这对于先秦时代鬼神观念的发展来说，应当是一个飞跃。

六

关于驱鬼与避鬼的理论是战国时期鬼神观念的重要内容，也是战国时期人们征服自然能力有所提高的一个曲折反映。

在战国时期社会普通民众的思想观念里面，鬼的地位和春秋时期相比，可以说是一落千丈，睡虎地秦简日书《诘咎》篇所谓"鬼害民罔（妄）行，为民不羊（祥）"，可以说是战国时人对于鬼的厌恶情绪的集中表述。秦人墓葬多盛行屈肢葬，战国时期依然有这种葬俗遗存。对于

---

1 《庄子·养生主》。
2 《庄子·在宥》。
3 《庄子·天地》。
4 《庄子·德充符》。
5 庄子曾谓"指（脂）穷于为薪，火传也，不知其尽也"（《庄子·养生主》），意指虽然着火发光的脂薪燃烧完了，但是薪火却可以由这个脂薪点燃另外一个脂薪，所以精神便跟这火一样可以离开形体而"不知其尽"地传播下去。

秦文化中的屈肢葬的意义，专家们有各种不同的说法，如谓屈肢是休息或睡眠时的自然姿势；屈肢是为捆绑死者以防其灵魂作祟；屈肢象胎儿之形，屈肢葬表示死者又回复到过去；屈肢葬可以减省墓圹；屈肢是奉侍长者之礼，等等。这些说法都不够圆满，都没有说明屈肢葬的实质意义。后来，专家研究了云梦秦简《日书》的记载以后，才揭示了其中的奥秘，指出这是一种避鬼之术，因为鬼厌恶这种姿势。[1]《日书》记载，"鬼害民罔（无）行，为民不羊（祥），告如诘之，召（昭）道，令民毋丽（罹）凶央（殃）。鬼之所恶：彼窋卧、箕坐、连行、奇（踦）立"，意指为鬼所扰害之民向"日者"（即阴阳数术家）诉告时，"日者"要向其昭示避鬼之术。鬼所畏惧的是"窋卧、箕坐、连行、踦立"等，若民取此形式，则可以避鬼。所谓"窋卧"，即蜷曲窟中而卧。秦人的屈肢葬的意义就在于取"窋卧"的姿势以使"鬼之所恶"，从而达到避鬼的目的。考古发现所见战国时期秦人葬俗可以为这种认识提供佐证。20世纪80年代中期在陕西兰田泄湖所发现的战国中期墓葬[2]，编号为M10的一座长方形竖穴墓，墓主为仰身屈肢葬式，其头部一侧依大小为序放置七枚石圭。圭，本为驱鬼用具，可能源于商代的"终葵"。商代巫师所戴驱鬼的面具盖称为"终葵"。"终葵"本为巫师所戴的方形尖顶的驱鬼面具，后将用于捶击的尖状工具称为"终葵"，其合音便是"椎"。《周礼·玉人》"大圭长三尺，杼上，终葵首，天子服之"，郑注"终葵，椎也"。《说文》"椎，击也，齐谓之终葵"。东汉时马融所作《广成颂》有"翠终葵，扬关斧"[3]之语，已将终葵作为椎击之工具。终葵为巫师所戴方形尖顶面具，亦为方形尖顶的玉片或石片——圭，两者皆当与驱鬼有关。兰田泄湖战国墓地有四座保存较好的墓葬，其葬式仅M10为屈肢

---

[1] 王子今：《秦人屈肢葬仿象"窋卧"说》，《考古》1987年第12期。
[2] 中国社会科学院考古研究所陕西六队：《陕西兰田泄湖战国墓发掘简报》，《考古》1988年第12期。
[3] 《后汉书》卷六十《马融传》，中华书局，1965年，第1964页。

葬，余皆为直肢葬，以圭为随葬品者只有 M10 一墓。这种情况应当不是偶然巧合。M10 号墓的墓主大约在生前曾遇到麻烦，对于鬼特别畏惧，所以才屈肢而葬并随葬以石圭，因为屈肢葬式和随葬石圭，都是避鬼的需要。

睡虎地秦简日书《诘咎》是讲驱鬼、避鬼之术的专篇，从中可以看到，战国时人驱鬼的器具有多种质地和样式，《诘咎》篇所载主要有以下几种。首先，桃木、牡棘所制的弓、矢、杖、槌、刀等物有很大的驱鬼威力。[1] 其次，用土做成的小人、小犬可以避鬼。再次，桑木、桐木有避鬼的作用。桑木做成的棍杖，可以用于专门对付那种迷惑人的鬼，"以桑心为丈（杖），鬼来而击之"。第四，人的日常用具和乐器，如鞋、筐子、衣服、鼓、伞、鞭子等，可以用来驱鬼。第五，豕屎、犬屎、臭泔水可以驱鬼。[2] 第六，灰、沙、黄土、白茅草、芦苇、米糠、白石、水等可以驱鬼。对付"丘鬼"可以"扬灰"，[3] 对付虫豸变成的鬼和幼童死后所变成的鬼，都可以敷撒灰来制止其为祟。除了采用各种器具以外，人的活动也可以直接驱鬼，例如"扬灰击箕以噪之"来驱除"丘鬼"就很典型。另外，"击鼓奋铎噪之"也可以惊吓鬼，使之不敢来。如果人无故而发怒，便可能是鬼为祟，可以在"戊日日中而食黍于道，遽则止

---

[1] 以桃弧棘矢驱除不祥之事，春秋后期已有。《左传·昭公四年》载鲁国的申丰论藏冰之事谓"其藏之也，黑牡、秬黍以享司寒；其出之也，桃弧棘矢，以除其灾"。如何用桃弧棘矢除灾，申丰没有细讲。盖春秋时用之以避鬼，至战国时期则用之以驱鬼。

[2] 关于《诘咎》篇所载以犬屎洗身可以避鬼之事，已有专家指出《韩非子·内储说下》篇所载一事与之相类。是篇载："燕人无惑，故浴狗矢（屎）。""燕人李季好远出，其妻私有通于士，季突至，士在内中，妻患之。其室妇曰：'令公子裸而解发，直出门，吾属佯不见也。'于是公子从其计，疾走出门。季曰：'是何人也？'家室皆曰：'无有'。季曰：'吾见鬼乎？'妇人曰：'然。''为之奈何？'曰：'取五牲之矢（屎）浴之。'季曰：'诺。'乃浴以矢（屎）。一曰浴以兰汤。"这个记载表明战国时期确有以狗屎或五牲之矢洗身以避鬼之事，大概以屎洗身总属不雅，故而有另一说谓"浴以兰汤"。香喷喷的"兰汤"和臭狗屎相比，自然有天壤之别，但也就失去了以毒攻毒的初衷。从《诘咎》篇的记载看，"浴以兰汤"说在战国时期并不占主要地位。

[3] 关于以扬灰避鬼之事，刘乐贤同志曾经举出《艺文类聚》所引《庄子》之载进行说明（见其所撰《睡虎地秦简日书〈诘咎篇〉研究》，《考古学报》1993 年第 4 期），甚是。《艺文类聚》引《庄子》载"插桃枝于户，连灰其下，童子入不畏，而鬼畏之"，其所谓的"灰"，有可能指桃木之灰。

矣"。逢戊之日的正午在道路上食黍，这可以说是相当简便的避鬼之术。人在行走的时候，"鬼当道以立，解发奋以过之，则已矣"，对付这种拦路鬼，人可以将束发解开，披散着头发向前冲过去，拦路鬼自然躲开。这里所昭示于人的是人、鬼相遇勇者胜的道理。

战国时期的铜器刻纹中所出现的神人形象很可能与驱鬼有关。20世纪70年代后期在江苏淮阴市高庄发现时代属于战国中期的墓葬，[1]其所出土的铜器刻纹中就有这类神人。在编号为1∶0146号的铜盘上，其内底中心刻画一龟形图案，向外依次刻画一圈蛇纹及三圈夔龙纹，都以线刻绳索纹为界。器壁下部刻三角纹，中间除了刻鸟兽以外，还有一人两手各操一蛇。器腹内部刻纹更为繁复，其间有一人两手握匕，珥双蛇，足踏双龙，作飞升之状。类似的神人还见诸编号为1∶0147号的铜盘刻纹上，其上还能见到两位神人，一位双手各持一鸟，珥双蛇，头顶一长杆状物，杆有两蛇作盘绕状；另有一神人与之相似，只是双手各持一蛇。两位神人周围布满各种怪兽和鸟，可能表示神人有驱动万物的神力，鬼的形象虽然没有出现在刻纹之中，但是神人的动作却是对于驱鬼的巫师形象的描绘。编号为1∶114-1号的铜器刻纹中，所描绘的神人中，居中有一位足踏两龙，手牵两龙，头戴扁方形的面具，面具上竖立五件上细下粗的饰品，面具呈圆眼大嘴状，鼻连上顶。这件铜器刻纹中还有一神人与此相类，亦为头戴方形面具的形象。这些神人形象亦见于编号为1∶114-2号的铜器刻纹，其头戴方形面具的特征表现得十分明显。编号为1∶0138号的刻纹铜匜的腹内壁有一头戴面具的神人，一手扬戈，一手捉一蛇，作奔走状；另一神人头戴鸟形面具，亦一手扬戈，一手捉一蛇而奔走；还有一神人头戴鸟形面具，腰生羽，肩负一长杆，长杆上一头有四山，一头有五山，亦作奔走状，从其担山的情况看，其有移山的强大法力，鬼魅当不是其对手。高庄墓的铜器刻纹上屡有人首双马身的

---

[1] 淮阴市博物馆：《淮阴高庄战国墓》，《考古学报》1988年第2期。

神人形象出现，常珥双蛇，头作方形而生角，或者头上有直竖的饰品。《周礼·方相氏》所载驱鬼者称为"方相氏"，谓"方相氏掌蒙熊皮，黄金四目，玄衣朱裳，执戈扬盾，帅百隶而时难（傩），以索室驱疫"。高庄铜器刻纹中的扬戈、"方相"的神人很可能是对于驱鬼巫师形象的描绘。

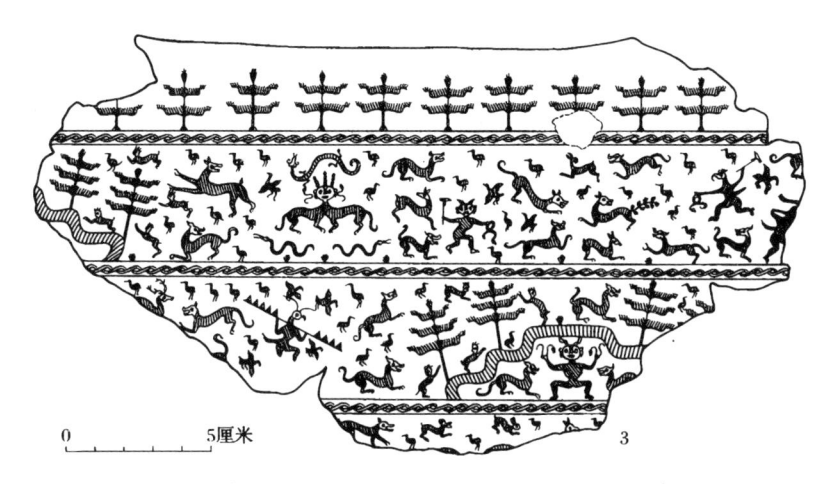

淮阴高庄战国墓出土刻纹铜匜（1∶0138）刻纹[1]

1　采自淮阴市博物馆《淮阴高庄战国墓》，《考古学报》1988年第2期。

第三章

巫与诅

商代的巫与巫术

殷商是神权强盛的时代。殷人和"神"打交道，主要靠贞卜和蓍筮。除了和"神"联系之外，殷人还要和"鬼"打交道。当然，我们这里所说的"鬼"，指的是旱魃、魍魉之类的给社会带来危害的厉鬼，并不包括祖先在内。因为在殷人看来，祖先是进入神灵世界者，并不步入厉鬼的区域。殷人驱除厉鬼，主要靠巫术。施行巫术单靠人力不行，还得神灵佑助，所以说驱除厉鬼与跟神联系又是有密切关系的两件事。殷人跟神联系，要有贞卜记录，以示对于神灵的忠诚，故我们可以从大量的卜辞资料中了解这方面的情况。然而，殷人施行巫术，则没有多少记录，因为并不需要向"鬼"汇报什么，因此后人对商代的巫和巫术知道甚少。今不揣谫陋，钩稽一些相关资料，试图对商代的巫与巫术的某些情况进行探讨，以求引玉之效。

一、商代的巫

先商时期，商族的巫很可能是由氏族首领兼任的。在甲骨卜辞里面，商人追溯的"高祖"，时代最早的是名夒者。另一位商人的先祖，其名字的写法与甲骨文的"夒"字相似，亦为一侧面站立的人形，与夒的区别在于其手中多一倒提的斧钺之形。或以为指商先祖契，似有一定道理，《诗经·长发》就有"玄王桓拨"的说法，形容契之勇武。从另外的角度看，这位倒提斧钺的人物固然可以是勇武之象，但这种形象也有可能是巫师作法驱鬼的无畏的形象。这两者并不矛盾。在后世文献记载里，开创商王朝的汤有时候简直就是一位大巫的形象。《吕氏春秋·顺民》篇载："汤克夏而正天下，天大旱，五年不收，汤乃以身祷于桑林，曰：'余一人有罪，无及万夫。万夫有罪，在余一人。无以一人之不敏，使上帝鬼神伤民之命。'于是翦其发，酾（枥）其手，以身为牺牲，用祈福于上帝，民乃甚说（悦），雨乃大至。"[1]这是一个很有名的记载。汤在求雨的时候之所以"翦其发，枥其手"，就是要用这种方法表明自己是神灵的牺牲，愿意献身于神而祈求神灵赐佑，即春秋时人所谓"不惮以身为牺牲，以祠说（悦）于上帝鬼神"[2]。相传，商汤外出时，"见野张网四面，祝曰：'自天下四方皆入吾网！'汤曰：'嘻，尽之矣。'乃去其三面，祝曰：'欲左，左；欲右，右。不用命，乃入吾网。'"[3]商汤和巫祝一样，也发布祝辞，这与他"以身祷于桑林"的做法是完全一致的，适证其具有大巫的身份。

就商王朝的情况看，巫可能有不同的层次。西周初年，周公谓："我闻在昔，成汤既受命，时则有若伊尹，格于皇天。在太甲，时则有若保衡。在太戊，时则有若伊陟、臣扈，格于上帝；巫咸，乂王家。在祖乙，时则有若巫贤。在武丁，时则有若甘盘。率惟兹有陈，保乂有殷，故殷礼陟配天，多历年所。"[4]周公所列作为辅佐商王的最主要的大臣的名单，从伊尹直到甘盘，都有可能是兼任商王朝之大巫者。这些大臣中，名"巫咸""巫贤"者其身份为"巫"，自然问题不大，就是伊尹等人，其主要职责也在于"格于皇天""格于上帝"，使得"殷礼陟配天"，

---

[1] 《吕氏春秋·顺民》，许维遹：《吕氏春秋集释》卷九，梁运华整理，中华书局，2009年，第200—201页。

[2] 《墨子·兼爱下》，孙诒让：《墨子间诂》卷四，第123页。

[3] 《史记》卷三《殷本纪》，第95页。

[4] 《尚书·君奭》，阮元校刻《十三经注疏·尚书正义》卷十六，第223页下栏—第224页上栏。

依然与巫的职责相同。总之，在商王朝的政治结构中，作为神权代表的"巫"的作用实在不可小觑。商代盛行占卜，贞人为数甚多，从其与神意沟通这一点看，可以推测有的贞人可能又兼有神巫的职责。

商代巫师形象在考古资料中偶有所见。属于商代后期的四川广汉三星堆遗址的二号坑出土一尊大型立人像，高级巫师头戴面具、手持法物以祭神驱鬼之形。这位大巫，头戴花状高冠，冠顶中间似盛开的花形，两侧似叶。冠下段饰两周回字形纹图案。人像粗眉大眼，鼻棱突出，嘴角下勾，方颐大耳。两耳垂下各穿一孔。脑后发际以下有两个斜长方形孔，似为插笄所用。人像手中所持何物今已不可得见，很可能是驱鬼所用的仪仗。这样威武、伟岸的人像，应当是当时政治与宗教首脑合一的人物形象，其扬起的手臂和双手所持的仪仗，均与巫师驱鬼之事有关。值得注意的是，与这件伟岸的人像同在一坑出土的还有 41 件人头像，其中有 36 件的造型均作平顶、阔眉之状，有杏叶形大眼，颧骨低平，高鼻梁，嘴很大，嘴角下勾，下颌似饰有一圈短短的胡子，胡子直达耳后。两个大耳斜直，饰云纹，耳垂下有一个圆穿，耳旁留鬓发。长发梳向脑后，上端束扎，似插笄，发梢编成辫，垂至颈部。短颈，颈下铸成倒三角形。[1] 这些人头像与立人像所表现出的人物精神状态一致，都呈现着庄严肃穆和威武的神情。这些数量较多的人头像可能是当时的地位较低的巫师的形象。他们从属于大巫，为大巫所驱使而与鬼搏斗。立人像与这些人头像可以说是商代后期巴蜀地区巫师群体的形象。

二、"方相"与"终葵"

关于商代巫师驱鬼所戴的面具，在殷墟地区尚未发现，但在时代为商代后期的四川广汉三星堆却有类似于面具的青铜人面像出土。[2] 这些人面像计有 15 件，均为半圆形。其中一个类型的人面像，眼球都明显突

---

1 四川省文物管理委员会等：《广汉三星堆遗址二号祭祀坑发掘简报》，《文物》1989 年第 5 期。
2 同上。

出眼眶，呈中空状态，突出部分的中部还有一圆镯式的箍。人面像阔眉大眼，眉尖上挑，双眼斜长，鹰钩鼻，鼻翼两侧勾成云气纹，鼻尖突出脸面达二十几厘米。大嘴，两嘴角上翘至接近耳根处。双耳极大，耳尖向斜上方伸出，呈桃尖状，耳廓内饰以粗犷的云纹。额的中部有一个方孔，面像的左右两侧上下各有一个小方孔。这些中空的人面像，最为突出的特征是其暴露于外、向前极度凸起的两眼，与《周礼·方相氏》所谓方相氏"黄金四目"相类。这些人面像虽然不是巫师驱鬼时所戴之物，但其造型却应当是以巫师面具为蓝本的。

甲骨文中有"鬼"字，其造字本义与魃字相类。甲骨文"鬼"字的上部从"甴"，下部为侧面人形。"甴"即驱鬼者所戴的面具形状的简化。商代有鬼方，是商王朝以西的强大部族，其以鬼方为称，盖其人常戴面具驱鬼歌舞的缘故。商代巫师所戴驱鬼的面具盖称为"终葵"。"终葵"本为巫师所戴的方形尖顶的驱鬼面具，后将用于捶击的尖状工具称为"终葵"，其合音便是"椎"。《周礼·玉人》："大圭长三尺，杼上，终葵首，天子服之"，郑注"终葵，椎也"。《说文》："椎，击也，齐谓之终葵。"东汉时马融所作《广成颂》有"翚终葵，扬关斧"[1]之语，已将终葵作为椎击之工具。终葵为巫师所戴面具的本义虽然在汉代已经湮没无闻，但其驱鬼之义则在以后仍有某些保留。从唐代开始所流传的食鬼之神钟馗，据说就是以终葵逐鬼为蓝本而附会形成的。[2]

商代以驱鬼而著称的氏族盖以"终葵"为名。周初分封诸侯时，曾经以殷民七族封赐给卫康叔，这七族殷民中就有"终葵氏"[3]。终葵氏在夏商时代似有悠久历史。成汤的左相仲虺，应当就是终葵氏的酋长。《左

---

[1] 《后汉书》卷六十《马融传》，第1964页。

[2] 顾炎武谓"古人以椎逐鬼，若大傩之为耳。今人于户上画钟馗像，云唐时人能捕鬼者，元宗尝梦见之。事载沈存中《补笔谈》，未必然也"（《日知录》卷三十二），对于钟馗与终葵之间的意义上的联系持有疑问。按，从终葵为驱鬼面具的本义和与钟馗古音相同的情况看，两者之间有意义上的关联应当是极有可能的，只是汉唐间这种联系的衍变之迹尚待追寻。

[3] 《左传·定公四年》。

传·定公元年》载薛国的先祖为奚仲,"以为夏车正,奚仲迁于邳,仲虺居薛,以为汤左相"。据此,则仲虺为奚仲族的支裔。《尚书》序谓成汤讨伐夏桀返归途中,"仲虺作诰"。今《尚书·仲虺之诰》虽然为伪古文,但是仲虺确有言论流传于世,则还是可以肯定的。《左传·襄公三十年》载"《仲虺之志》云,乱者取之,亡者侮之",《仲虺之志》便是仲虺言论的专辑。伪古文《尚书·仲虺之诰》所云"兼弱攻昧,取乱侮亡",即据《仲虺之志》的"乱者取之,亡者侮之"而写成。仲虺二字,《史记·殷本纪》"仲"作"中","虺"作"雷"字古文。"雷"字古文的主体结构为回旋形的曲线,甲骨文和金文中的"雷"字亦然。这种回旋形的曲线在原始时代的纹饰以及青铜时期的铜器纹饰里多有所见,即所谓"云雷纹"。"回"字古文即由云雷变化而成。《史记》所载仲虺的名字,实即中回。究其原义,当起源于巫师驱鬼面具上的云雷纹。考古发掘所见良渚文化遗址的作为宗教礼器的玉器上刻画的神像,实为戴有面具的巫师的形象。有的神像上满布云雷纹(或谓回字形纹)。从古音系统看,中、终、重同在东部,雷、葵、回、虺同在脂部,故仲虺可以读为中雷、终葵、重回。重有重复往返之义。所以说仲虺(重回)之义源于满布云雷纹的面具纹饰。这种纹饰为重回,故而亦将面具称为终葵,以善于驱鬼而著称之族便称为终葵氏,其酋长即仲虺(中雷)。

三、商代巫师的神器

商代巫师驱鬼的时候应当有神器助威。这类神器在考古发掘中已有所见。时代属于商代后期的江西新干大洋洲商墓[1]出土有神人兽面形玉饰一件,为牙白色的洛翡玉,两面均粘有红朱,背面中部呈淡绿色。玉的正南中部偏下刻神人兽面纹,头顶上横刻平行阳线四条,形似羽冠。神

---

1 江西省文物考古研究所等:《江西新干大洋洲商墓发掘简报》,《文物》1991年第10期。

人大眼巨嘴，上下有獠牙。这件玉饰的造型犹如一个戴着卷角高羽冠的神人，形象威武肃穆，构思巧妙，线条十分流畅。玉的中部两侧有突扉棱和两个圆孔，似可将其固着其他物体之上。这位高戴羽冠的神人，俨然为庄严的巫师形象，盖为驱鬼时的法物。同墓还出土有双面神人青铜器，这位神人目光炯炯，头上有表示其法力的长角，给人以威严无比的感觉。器通高53厘米，器下有方銎，器上正中有圆管，均当为插于木座所置。这件双面神人青铜器，可能是巫师驱鬼的主要神器。同墓还出土一件玉质羽人，属于青田玉，枣红色浮雕，作侧身蹲坐状，两面对称。羽人粗眉大眼，半环大耳，高勾鼻，戴高羽冠；顶后部用掏雕技法琢出三个相套链环；臂拳屈于胸前，蹲腿，脚与臀部齐平；腰背至臀部阴刻鳞片纹和羽纹，肋下至腿部雕刻出羽翼。羽人通高11.5厘米，可穿置于其他物品之上。这件玉质羽人出土于死者胸部的项链顶端右侧，有可能为神器，也可能是巫师的佩戴之物。

  商代巫师驱鬼时手中当有所持，其所持之物除木棒之类的东西外，还可能有其他的东西，河北承德所发现的商代石牌便可能为驱鬼所用。[1]石牌出于商代墓葬中，共两件，均为黑色滑石质。一件石牌的两端刻直线纹，上部两平横线之间刻有兽面纹。兽面两眼圆睁，宽嘴，有两个尖状长獠牙，直鼻，鼻下有二锯齿纹，周围刻有排列有序的三角形纹。另一件的两端中部各刻有一排尖齿纹，上部和中部各刻一兽面纹，兽面形状与前一件相同。石牌纹饰中的兽面，突出的特征是两只硕大圆睁的眼睛和有尖长獠牙的大嘴，与商代巫师驱鬼所戴面具的形象是一致的。石牌持于手中，当即巫师手中的法器，认为其有驱鬼的神力。

四、人兽交融与商代巫师"神力"的来源

  巫师驱鬼的法力当然要来源于神灵的佑助，另一方面也来源于猛兽

---

[1] 承德文物保护管理所：《河北承德发现商代古牌饰》，《文物》1990年第7期。

的威力，人们印象中威力最大的猛兽莫过于作为百兽之王的虎。商代青铜器的人虎纹的主题可能与此有关。[1] 典型的器物纹饰有这样几件。

第一，殷墟妇好墓所出土的"妇好钺"[2]，其纹饰为一人头居于两虎口之形。两虎前肢弯曲前伸，似置于地面的土坛之上。两虎后肢蹲曲，虎尾弯曲至地，与虎后肢一同支撑地面。虎口虽然大张，但却不作吞食状，虎眼虽大，但并不怒睁，而是和虎的大耳一起表现出驯服的媚态。虎口的人头像十分简单，其上无发，颇像巫师所戴的面具，在纹饰中盖以之为巫师的象征。

第二，与"妇好钺"的这个纹饰十分相似的是殷墟侯家庄所出土的著名的司母戊大方鼎的鼎耳的纹饰[3]，亦为一人头居于两虎口之形，只是两虎后肢直立，与弯曲至地的虎尾一起支撑着躯体，显得十分勉强。虎口虽然大张，但是其中并无利齿。两虎形象的媚态比"妇好钺"所表现者更为突出。特别引人注意的是，两虎口中的人头形象为圆角方形，正合乎"方相"之义，这应当不是偶然的巧合。

第三，1957年在安徽阜南县发现商代龙虎尊[4]，龙的头、角突出形成三个铺首。尊腹主要部位为神人与一头二身的虎形。二虎位于纹饰图案的上部，共一头。虎前后肢均蜷曲伏地，虎的躯体软塌，腹部垂至地，虎尾下垂，尾尖卷曲。虎头为正面形象，虎口下为神人形象。神人两上肢弯曲上举，似正要抓住两虎的前爪。神人神态自若，嘴角上翘表现出微笑之意，似为其驯服两虎而悠然自得。

---

[1] 关于商代青铜器上的这类纹饰，专家或谓其为"人兽母题"纹饰，或谓"虎食人纹""饕餮食人纹"，从纹饰所表现的意义上看，似皆不如称之为"人虎纹"较妥帖。关于这些纹饰的意义，专家们多有所论，但歧义迭出，迄今尚不统一。或谓其意义在于戒贪，让人看到这种"食人未咽，害及其身"（《吕氏春秋·先识》）的形象而自警；或谓以此避邪，或谓表现了对于敌人形象的污辱和击杀，是致厄术的一种表现。这些说法似与实际相距较远。比较可信的说法是谓这样的纹饰表现了巫师借助动物而与神灵沟通。然而，这种说法仍有未安之处，那就是纹饰并没有要与神灵沟通的含义，而是在说明巫师本人就有莫大的神力。

[2] 中国社会科学院考古研究所安阳工作队：《殷墟妇好墓》，文物出版社，1985年，第106页。

[3] 陈梦家：《殷代铜器》，《考古学报》第七册，1954年。

[4] 葛介屏：《安徽阜南发现殷商时代的青铜器》，《文物》1959年第1期。

第四，四川广汉三星堆一号坑所发现的龙虎尊。[1] 这件尊的造型、纹饰以及铸造工艺，与安徽阜南所发现者都相一致，其肩部的纹饰亦为神人与二虎之形，虎体更显修长。

这四件商代纹饰突出的共同点有这样两个方面：首先，人居于纹饰图案的中心突出部位，虽然人并不显得伟岸，但是却给人以画龙点睛之感，让人觉得只有他才是整个图案的中心和灵魂。其次，虎的形象尽管占了图案的大部分，但是虎却不作腾跃扑食之状，而是拘拘然作顺服之态，其修长的体躯和大张的巨口似乎都只是人所控制的一种工具。这两个方面的特点说明纹饰的作者所要表达的主题何在呢？主题应当在于对于神巫法力的颂扬，[2] 也是在说明巫师的法力与虎、龙这样的猛兽有关。

商代社会信仰中对于大巫法力的颂扬，除了这几件纹饰之外，还可以举出相传出自湖南的商代的两件铜卣作为证明。这两件铜卣，一藏日本京都泉屋美术馆，一藏法国巴黎奴施基博物馆，造型、纹饰皆同。专家或称这两件铜卣为"乳虎食人卣"，又称"饕餮食人卣"，皆以为铜卣为一虎张巨口欲吞噬一人的造型。其实仔细审视卣的造型和纹饰，却知并非如此含义。虎在铜卣造型中，其两足和后尾构成卣的三足，自有被束缚之义。虎身躯上有回首而视的虺龙，虎口中的一人神色威严，其两臂向前伸举，似正捉住虎的两耳，人的身躯与龙尾和虎腹融合为一体，人背部服装的纹饰即为龙之爪，人的两脚相当明显，正踏于虎足之上。在虎耳的侧上方有一面具之形，应当为巫师所拥有者。整个铜卣的造型和纹饰，都体现了这样一个显明的对照，那就是巫师的威严、沉着与虎龙的别扭、局促。这里所表现的并非巫师要凭借虎、龙的威力，而是巫师本身就与虎、龙融为一体。铜卣纹饰中虎的耳后和龙首之上的那个面

---

[1] 四川省文物管理委员会等：《广汉三星堆遗址一号祭祀坑发掘简报》，《文物》1987年第10期。

[2] 对于这一主题的艺术表现起源甚早，至迟在良渚文化时期就已经有了相当完整的表达。良渚文化的许多玉器上刻有粗细的花纹，特别是以神人兽面为主题的纹饰更具特色。神兽形象的交融，表现出当时人们动物崇拜观念的深化与蜕变，也反映了当时的人们对于大巫的赞颂。

具很引人深思。其制作者的考虑，在这里应当是在说明巫师与虎、龙融为一体，而其神力的外在表现便是这件面具，从而也是说明巫师头戴面具作法，正具有虎、龙的不可抗拒的威力。青铜器纹饰上所表现的人兽交融主题到了西周初期不仅得以继续保持，而且有所发展。随着周代礼乐文明的发展，在西周中晚期，这类人兽交融主题的纹饰已不复见。这种情况从一个侧面表明，人兽交融纹饰为殷商时代社会观念的产物，是商代巫师的形象化。周代巫风趋减，表现巫师形象的以人兽交融为特征的纹饰也就失去了存在的社会依据。

五、卜辞和古代文献中所见的商代巫术

殷商时代的巫术中相当重要的一项是驱除旱魃。在商人的心目中旱魃就是造成旱灾的某人，故而要对其施刑。卜辞载殷人求雨之事多谓"烄"，如：

> 贞，勿烄亡其从雨。
> □□卜，㱿贞，舞（雩）烄亡其雨。
> 癸未〔卜〕，烄牢雨。
> 甲辰卜，烄每。
> 其烄高，又（有）雨。
> 叀戊烄，又（有）雨。[1]

上引六条卜辞，第三条为四期卜辞，第五、六条为三期卜辞，余皆为一期卜辞。甲骨文烄字象人被投于火上之形，诸家释其为烄，《说文》谓"烄，交木然也，从火，交声"。所谓烄，就是将象征旱魃的人放于大木所架起的火上烧烤，烧死此人，就意味着旱魃被除掉，随之就会下雨而

---

[1] 依次见《合集》第12842、12852片，《屯南》第3244片，《合集》第19802、30791、30174片。

消除旱情。第一条卜辞贞问如果不实行烄的办法，是否就不会跟随着下雨。第二条卜辞的"舞"字当通于"雩"，卜辞中关于"舞"的卜辞都与求雨之事相关，可见雩为以舞作为求雨方式的祭礼。这条卜辞贞问雩与烄连续举行是否有雨。第三条卜辞贞问烄时不是将人烧死，而是烧掉牲牢，这样做是否会下雨。第四条卜辞的"每"字，实即母。专家指出"甲骨文母与女互用无别"[1]，所以这条卜辞里面的"每"字指一种具有某种身份的女性。这条卜辞贞问是否将"每"烧死以求雨。这类卜辞在关于烄的辞例中常见，所用作为旱魃者似皆为女性。有一条卜辞谓"戊申卜其烄三每"[2]，谓要烧死三位"每"。这是一次烄祭烧死人数最多的卜辞记录。第五条卜辞为选择烄祭地点的占卜，贞问在称为"高"的这个地方烄祭是否会下雨。关于烄祭的地点，殷人贞问最多的是称为"凡"的地方，有一版卜辞，先后有三条卜辞贞问"于甲烄凡。于癸烄凡。弗烄凡"[3]，可见对于"凡"这个地方举行烄祭极感兴趣。第六条为选择烄祭时间的卜辞，贞问在逢"戊"的日子烄祭是否会下雨。以上六条卜辞比较全面地反映了商代祈雨巫术的情况。值得注意的有以下两点：首先是要通过占卜确定"烄"的时间和地点，还要通过占卜确定要烧死的人，这个人被认为是旱魃附体者。可见这种巫术与甲骨占卜关系密切。其次是"烄"可以与其他的祭典相互配合，舞（雩）与烄二者就可以合在一起进行。由此可见这种巫术与祭祀的关系也很密切。"烄"作为一种巫术，其特点在于使用火焚的方式对于旱魃进行斗争，而不只是单纯地祈求神灵恩典。

实施巫术而求雨的另一种方式是作土龙。专家已经从卜辞找出这样的辞例：[4]

---

[1] 于省吾：《甲骨文字释林》，第454页。
[2] 《合集》第32298片。
[3] 《合集》第32296片。
[4] 裘锡圭：《古文字论集》，中华书局，1992年，第224—225页。

叀庚烄，又（有）［雨］。
　　其乍（作）龙于凡田，又（有）雨。[1]

这是同版的两条三期卜辞。第一条卜辞先贞问是否于庚日举行烄祭可以有雨。第二条卜辞贞问在"凡"这个地方的田野上作土龙，是否会求得雨。另有一条卜辞谓"乙未卜，龙，亡其雨"[2]，虽然没有"乍（作）"字，但与下雨之事相连，所以也有可能是在贞问作土龙是否会带来雨的事情。这种巫术的理论基础是认定龙与雨有关，即后世所谓"同声相应，同气相求，水流湿，火就燥，云从龙，风从虎"[3]。关于作土龙祈雨之事，汉朝时人有详细说明："董仲舒申《春秋》之雩，设土龙以招雨，其意以云龙相致。《易》曰：'云从龙，风从虎。'以类求之，故设土龙，阴阳从类，云雨自至。"[4]这种作土龙之事，相传早在商汤的时候就已经进行。《淮南子·地形训》载"土龙致雨"，高诱注："汤遭旱，作土龙以象龙，云从龙，故致雨也。"[5]商汤曾经以大巫的身份"翦其发，鄌（枥）其手，以身为牺牲"[6]而祈雨，他作土龙，应当亦是大巫所行巫术之一种。分析前面所引的两条卜辞可以看到，在遇到大旱的时候，殷人希望通过占卜来决定采取何种致雨的巫术，一种是"烄"，另一种是"作龙"。地点应当都在"凡"这个殷人祈雨时颇感兴趣的地方。

除了作土龙以外，卜辞中的"舟龙"应当也是一种与"龙"相关的巫术。卜辞载：

---

[1] 《合集》第29990片。
[2] 《合集》第13002片。
[3] 《易·乾·文言》，阮元校刻《十三经注疏·周易正义》卷一，第16页中栏。
[4] 《论衡·乱龙》，黄晖：《论衡校释》卷十六，第693—694页。
[5] 刘文典：《淮南鸿烈集解》卷四，中华书局，1989年，第141页。
[6] 《吕氏春秋·顺民》，许维遹：《吕氏春秋集释》卷九，第201页。

>贞，舟龙……，不其受……。
>
>王固曰：有祟……，舟龙……出……。
>
>□丑卜，王……舟龙……。[1]

这些都是一期卜辞，虽然辞残，但其义还可以大致了解。所谓"舟龙"，疑即后世的"龙舟"。将舟船做成龙形，游之于水，以龙得于水而象征万事亨通。第一条卜辞中的"不其受"后面所残缺之字，依卜辞文例很可能是"年"或"禾"字。这条卜辞意谓若进行划龙舟这样的巫术，是否会有好收成。第二条系占辞，商王根据占辞的结果谓会有麻烦出现，但是通过划龙舟的巫术而得到保佑。第三条卜辞贞问商王是否亲自参加划龙舟之事。

关于"作龙"和"舟龙"的卜辞记载，使我们联想起前面曾经提到的两件商代的龙虎纹卣。联系到商代"作土龙"的巫术，可以说铜卣纹饰中虎的耳后和龙首之上的那个面具与回首的虬龙所表现的正是巫师头戴面具而指挥作土龙的形象，巫师居高临下，土龙则匍匐于地而听从指挥。按照古人的观念，龙是运行于天上的神物，而作土龙则是将此神物从天上置之于地，作龙舟则将其置之于水。这其中的意蕴就不是简单地向龙祈雨，或求龙保佑，而是命令其降雨，命令其为福佑于殷人。作土龙与降雨，龙舟与保佑，这两类事情本无关系，这种巫术的迷信落后性质可以说是显而易见的。然而，在当时的历史条件下，作土龙和龙舟却也多少表现了人们要控制自然的某些信念，和单纯地向神灵祈祷相比，多少具有一些积极的意义。

商代巫术和后世一样，也十分重视驱鬼。商代驱鬼的巫师戴有方尖状的面具。甲骨文中有一个正面立人头部为方尖形面具的字，对于驱鬼面具做了相当形象的刻画。这个字人形的四肢完备，头部所戴面具为方

---

[1] 依次见《合集》第 4928、16940、8607 片。

形尖顶之状，与圭形相类，面部透雕有两只方形眼孔，其两侧有对称的附耳，耳下垂有坠饰，可随面具而晃动。郭沫若先生谓这个字"系象人戴面具之形，当是魌字初文"[1]，甚确。值得注意的是，关于魌字的卜辞与驱鬼有关：

　　……旬亡咎。王固曰：业（有）希，其业（又）来嫭（艰），……魌，亦（夜）方相二邑。[2]

这是武丁时期的卜辞。辞虽然残，但其义尚可通晓。辞谓在贞问下一旬是否有灾祸的时候，商王占视卜兆谓下一旬将有麻烦发生，又会有灾祸来临。为了避免灾祸，所以便在夜里于两个邑中举行驱鬼仪式。周代职官名称里有"方相氏"。《周礼·方相氏》载："方相氏掌蒙熊皮，黄金四目，玄衣朱裳，执戈扬盾，帅百隶而时难（傩），以索室驱疫。""方相"之称源于上古时代驱鬼巫术中巫师所戴的方形面具，其为职官之名故谓"方相氏"，单称"方相"，亦为动词，义即驱鬼。上引卜辞中的"魌"当指驱鬼巫师，"亦（夜）方相二邑"，即夜间换魌在两个邑中方相（驱鬼）。联系到整条卜辞的意思看，据商王占视卜兆，下一旬将有灾祸发生，所以要先驱鬼以免灾。

　　甲骨文中的"巫"字，其造字本义可能是向四方施行巫术，故而其在卜辞中或用如"四方"若"方"之义，但是这里的"四方"若"方"并非单纯的方位之义，而是指向四方或某方举行祭祀或施行巫术，[3]如：

1　郭沫若：《卜辞通纂》，《郭沫若全集·考古编》第二卷，第131页。
2　《合集》第6063片。
3　在卜辞中有某人"氏巫"的辞例，如"妥氏巫"（《合集》第5658片）、"异氏巫"（《合集》第5769片）、"周氏巫"（《合集》第5654片）等。"氏巫"意即致巫，盖指由某人施行巫术，则"氏巫"的妥、异、周等人当为巫师之名。卜辞中还有称为"巫妹"（《合集》第21880片）者，亦为巫师名称。殷代后期的卜辞中，巫或用如"筮"，这不仅是由于筮与巫术的古音相通，而且由于殷人可能认为筮与巫术有关。

丁酉卜，巫帝。

壬午卜，燎土（社）延巫帝二犬。

辛酉卜，宁风巫九豕。

戊子卜，宁风北巫犬。[1]

上引第一、四两条为四期卜辞，余为一期卜辞。第一条的"巫帝"，指向四方进行帝（禘）祭，巫为四方之义，同版另有一辞谓"丁酉卜，奚帝南"。辞中的"奚"字原为双手持绳索缚女之形，盖指一种用为牺牲的女奴，这里暂写作奚。"奚帝南"，指杀奚而帝（禘）祭于南方。"帝南"与"巫帝"相对，说明"巫帝"为帝（禘）祭于四方，而"帝南"仅帝（禘）祭于南方一方。卜辞中还有"帝东巫""帝北巫"[2]等记载，其"巫"则用如"方"，分别指东方、北方等。第二条卜辞谓在燎祭于社神之后是否再用两犬为牺牲以禘祭于四方。第三条卜辞谓为宁息大风是否要有九豕而祭于四方。第四条卜辞谓为宁息大风是否要以犬为牺牲而祭于北方。从"巫"与"北巫"在"宁风"的辞例中的情况，可以说明"巫"在这里指四方；"北巫"则仅指北方。殷人"宁风"的巫术很可能与虎有关。我们前面所提到的商代青铜器纹饰中，巫师的形象往往表现出制服虎的神力。在商代的龙虎纹卣中，巫师实居于已经空壳的虎的中心地位，显示了主宰龙虎的气魄。古人以为"虎从风"，那么可以驱使龙虎的巫自然可以以其威力而使大风停息。卜辞载"乙丑贞，宁风于伊爽"[3]"宁风伊爽一小牢"[4]，殷人所祈求的"宁风"神灵为"伊爽"，即伊尹的配偶。这表明伊尹夫妇同为商代的大巫。卜辞所谓"巫宁风"[5]"宁风巫"，并非单纯地向四方之神祈祷，还包括向四方施行巫术的内容。

1　依次见《合集》第 34074、21075、34138、34140 片。
2　《合集》第 5662、34157 片。
3　《合集》第 34151 片。
4　《合集》第 30259 片。
5　《合集》第 33077 片。

孔子与《宛丘》
——兼论周代巫觋地位的变化与巫女不嫁之俗

在上博简《诗论》中,孔子两次称赞《宛丘》,而古人却多视其为淫荡之诗。《宛丘》一诗所写的主人公是一位巫女,一位男子为她迭宕起伏、婀娜多姿的舞蹈所倾倒,与之相爱生情,但迫于客观条件,两人无法结合为婚姻,这一对男女不得不采取冷静态度,谓"洵有情兮,而无望兮"。孔子称赞这种做法。孔子之所以"善之",是由其情爱观所决定的。依照儒家"发乎情,止乎礼义"的情爱观,孔子既赞赏巫女对于爱情的执着,又称赞他们止乎礼义的做法。诗中巫女爱情受挫的重要原因应当在于巫觋的社会地位在周代呈下降趋势和巫女不嫁的社会习俗。

一

上博简《诗论》第 21 简后半直至第 22 简结尾,这一大段简文以"孔子曰"起头,用同一句式,连续评论《宛丘》《猗嗟》《鸤鸠》《文王》《清庙》等篇,其评论《宛丘》一诗的简文如下:

孔子曰:《宛丘》,虗(吾)善之。……(以上第 21 简)……之。《宛丘》曰:"訇(洵)有情,而亡望。"虗(吾)善之。(以上第 22

简）[1]

孔子两次提到对于《宛丘》一诗"吾善之"。所谓"善之"意即以"之"（指《宛丘》）为善，称许《宛丘》一诗美善。《宛丘》一诗古人曾以为是淫荡之诗，或者说是写游荡的诗，然而孔子何以"善之"呢？在下面的简文中，孔子还特别指出《宛丘》中的两句诗非常值得称许，这两句是"（洵）有情，而亡望"，今《诗经·郑风·宛丘》篇其中正有"洵有情兮，而无望兮"之句与简文吻合。

为什么孔子称许《宛丘》一诗，并且特别称赞诗中的这两句呢？要解决这个问题，必须从研讨《宛丘》的诗旨入手。为便于讨论，现将全诗具引如下：

> 子之汤兮，宛丘之上兮。洵有情兮，而无望兮。
> 坎其击鼓，宛丘之下。无冬无夏，值其鹭羽。
> 坎其击缶，宛丘之道。无冬无夏，值其鹭翿。

诗中的"子"，前人所释，有陈幽公、陈国大夫、一般游荡之人等说，皆指男子而言。诗中的"汤"读若"荡"，郑笺以"游荡"释之。"宛丘"，毛传谓："四方高、中央下，曰宛丘。"鲁诗谓："丘上有丘曰宛丘。"[2]《尔雅·释丘》谓："丘上有丘，为宛丘。陈有宛丘。"宛，《说文》"屈草自覆也"，段注"引申为宛曲、宛转"。两说相较，以鲁诗、《尔雅》为优。因为诗中谓"宛丘之上"，若以"中央下"之地当之，恐非是。依鲁诗说，当指丘上之丘，它高耸于平旷之地，四方围而观之，犹舞台然。

---

[1] 简文"宛"字，为"备"字讹省，也有专家认为它原为"畹"字，另有专家说当读若甽、畎。按，备、畹、甽、畎、宛等皆元部字，简文此处诸家皆读若宛，这应当是正确的。简文"吾"字原为从"虍"从"壬"之字，读若吾。
[2] 王先谦：《诗三家义集疏》，第462页。

《宛丘》一诗，汉儒以之为刺淫荡无度之作。然而，对于是诗所"刺"的对象，却有不同理解。其一，《诗序》以为"刺"的是陈幽公。云："《宛丘》，刺幽公也。淫荒昏乱，游荡无度焉。"孔疏谓："淫荒谓耽于女色，昏乱谓废其政事。游荡无度谓出入不时，声乐不倦，游戏放荡无复节度也。"[1] 其二，毛传以为"刺"的是陈国大夫。认为诗中游荡的"子"，乃是陈国大夫。孔颖达在疏中尽管把毛传打人的棍子接过来，表面看是指向陈国大夫，可是却打在了陈幽公身上，说是"由君身为此恶，化之使然，故举大夫之恶以刺君"[2]。孔疏此论的逻辑是"上梁不正下梁歪"，依此看来，把棍子打在陈幽公头上并不过分。[3] 其三，宋儒朱熹《诗集传》卷七将《宛丘》一诗所"刺"对象扩大到一般的游荡之人，谓"国人见此人常游荡于宛丘之上，故叙其事以刺之"。以疑古著称的清儒姚际恒亦持此说，谓"此诗刺游荡之意昭然"[4]。总之，古人多将此诗理解为刺君或刺时之作，基本上循汉儒的美刺说进行释诗。[5] 当代专家亦多有信奉汉儒此说者，如陈子展先生说："《宛丘》是讽刺陈国统治阶级游荡歌舞之诗，当出自民间歌手。"[6]

对于《宛丘》一诗的诗旨，除美刺之说外，尚有其他几种说法，兹分述之。

其一，将《宛丘》理解为描写巫者之诗。《汉书·匡衡传》注引张晏语："胡公夫人，武王之女大姬，无子，好祭祀鬼神，鼓舞而祀，故其诗

---

1 阮元校刻《十三经注疏·毛诗正义》卷七，第376页上栏。
2 同上。
3 关于《宛丘》一诗主旨表面在于刺臣，而实质上在于刺君的问题，除孔疏之外，清儒戴震也解释说："意主于君，而辞则言所从之大夫，及击鼓缶持翳舞之属，此杜蒉饮师旷、李调之意也。"(《戴震全书》第二册，黄山书社，1994年，第306页) 按，杜蒉事见《礼记·檀弓》下篇，谓杜蒉罚师旷、李调酒，以讽谏晋平公违礼奏乐之举。戴震引此事说明《宛丘》表面上是刺大夫，实际还是讽谏陈君。其说与孔疏意同。清儒陈奂说：此诗乃通过刺大夫而刺陈幽公，"正所谓一国之事系一人之本者"(《毛诗后笺》卷十二)。
4 姚际恒：《诗经通论》，中华书局，1958年，第145页。
5 汉儒释《诗》取"美""刺"之说，将《诗》篇主旨皆定为对于圣君的赞美或对于昏君、佞臣的讽刺。汉儒的美刺说，虽然不能全盘否定，但是将美刺说作为一种绝对化的模式，则不可取。
6 陈子展：《诗三百解题》，复旦大学出版社，2001年，第498页。

曰：'坎其击鼓，宛丘之下，无冬无夏，值其鹭羽'。"依张晏之意，《宛丘》一诗乃是描写自胡公夫人始，陈国巫风盛行的诗篇。而清人王先谦则认为推本溯源，张晏之意应出自《齐诗》。他说："晏生汉魏之际，《齐诗》具存，晏注用《齐诗》，明齐、毛文同。晏推本胡公夫人，仍以为嗣君好祭祀，其序'刺公淫荒昏乱'，《传》斥'大夫'，笺斥'幽公游荡无所不为'之语，皆未之及，知《齐诗》无此说也。"[1]其后，现代学者延续《齐诗》之说，对《宛丘》一诗进行了具体阐述。闻一多先生说："《宛丘》篇曰：'洵有情兮，而无望兮'，言歌舞祀神之人，虽有诚信之情，而此身无可托恃，意谓鬼神之渺茫难知也。"[2]高亨先生说"这是一篇讽刺女巫的诗"[3]，认为女巫虽然有情，但却无威望，不受人敬仰。

其二，将《宛丘》定为爱情诗。程俊英先生说："这首诗，写一个男子爱上一个以巫为职业的舞女。陈国民间爱好跳舞，巫风盛行。《说文》：'巫，祝也。女能事无形，以舞降神者也。'诗中的'子'，就是以舞降神为职业的女子，所以她不论天冷天热都在街上为人们祝祷跳舞。"[4]日本学者白川静认为此"望"字当通假作"忘"，指巫女"容姿之美，有夺人心魄、令人不能忘怀的魅力"[5]。其说与爱情诗之说相近。

总结以上讨论可以看出，汉儒的讽刺说、现当代专家的述巫者说及爱情诗说，都能够与诗意符合，然而究竟哪一种说法更接近《宛丘》一诗的主旨呢？上博简《诗论》为我们重新认识《宛丘》一诗的主旨提供了契机。概括言之，可以肯定简文直接为我们揭示了这样两个方面的内容：一是表明孔子对于《宛丘》全诗的赞许；二是表明孔子特别赞赏《宛丘》诗中的"洵有情兮，而无望兮"两句。这是孔子称赞《宛丘》全诗的主要原因所在。

---

[1] 王先谦：《诗三家义集疏》，第463页。
[2] 《闻一多全集》第三册《诗经编上》，湖北人民出版社，1986年，第353页。
[3] 高亨：《诗经今注》，上海古籍出版社，1980年，第176页。
[4] 程俊英：《诗经译注》，上海古籍出版社，1985年，第237页。
[5] 白川静：《诗经的世界》，杜正胜译，东大图书公司，2002年，第86页。

二

上博简两次提到《宛丘》一诗，其中一次是对于此诗的全面肯定（"善之"），另一次是对于"訽（洵）有情，而亡望"的特别肯定。这可以理解为孔子惟恐人们不知道《宛丘》一诗特别值得称道的地方，因而画龙点睛式地再说一遍以引起人们的充分注意。"洵有情兮，而无望兮"两句诗，见于《宛丘》首章，为究明其意，也为了深入说明孔子何以赞赏《宛丘》一诗的问题，我们必须将此诗全面讨论一下。

作为全诗描写对象的"子"，应当指巫。更进一步说，诗中的"子"，应指女巫。诗中写"子"不分冬夏冷暖都在宛丘上下及道路上舞蹈，这只能是巫者所为，不可能是陈国君臣，也不大可能会是一般的游荡之人。巫本来是包括男女的，男巫又称为觋。两者对称为巫、觋，合则为巫。知《宛丘》一诗所写的作为舞者的"子"应当是女巫，理由有二：一是《周礼·春官宗伯·司巫》载："司巫掌群巫之政令。若国大旱，则帅巫而舞雩。……男巫掌望祀望衍，授号，旁招以茅。冬堂赠，无方无筭。春招弭，以除疾病。王吊，则与祝前。女巫掌岁时祓除衅浴，旱暵则舞雩。"男巫不如女巫那样有"舞"之事。可见巫舞应当是女巫所为。二是用"汤（荡）"描写其舞姿，荡，本作"瀁"，指摇动、摆动，形容舞者跌宕起伏、婀娜多姿，而非指男子的阳刚之气。就以上两方面原因看，以诗中的"子"为女巫较为合适。

《宛丘》一诗的"无望兮"的"望"字是什么意思呢？依前面提到的闻一多先生的说法，是指"托恃"，犹今语"指望"。[1] 这个说法是可取

---

[1] 并于"无望"，郑笺谓"此君信有淫荒之情，其威仪无可观望而则效"，此解迂曲难通。专家关于《诗·宛丘》和上博简《诗论》的相关研究，对于这个"望"字的理解还有解为忘、见及通假为妄等说法，虽然皆有根据，但与先秦文献中所使用的"无望"一词的意义相距较大。先秦时期的文献中，"无望"为一成语，意皆指没有指望，如《左传·昭公二十七年》"呜呼！为无望也夫，其死于此乎"，《孟子·梁惠王上》篇"无望民之多于邻国也"，《晏子春秋·内篇·谏下》篇"傲细民之忧，而崇左右之笑，则国亦无望已"等，皆为此例，所以比较而言，黄怀信先生说它"只能是指望、希望"（《上海博物馆藏战国楚竹书〈诗论〉解义》，社会科学文献出版社，2004年，第202页），应当是可信的。

的，只是所指望的对象并不是鬼神，而是那位舞蹈蹁跹、舞姿婀娜的巫女。"无望"是指对于那位巫女的爱慕没有实现的指望。明乎此，我们就可以试将此诗意译如下：

> 巫女的舞姿轻轻摇荡啊，
> 在那宛丘的高地之上呀。
> 爱慕之情真的深厚啊——
> 然而却没有什么指望啊！

> 击鼓声坎坎响起，
> 在那宛丘下的野地。
> 不分夏季冬日，
> 舞动鹭羽不停息。

> 击缶声坎坎作响，
> 在那宛丘的道路上。
> 不分冬夏，
> 手中鹭翿舞得狂！[1]

诗中有一些语句变化之处，值得我们注意。就《诗经》四言诗的一般情况而言，这首诗显然其首章的字数与其下两章不同。首章连用四个"兮"字，而后两章则不见一个"兮"字。这四个"兮"字，通过拖长声音节奏，让读者体味诗中所说的"情"深厚婉转，绵延久长，表达了这对男女相爱之深。《宛丘》诗首章的节奏，可以说是和风细雨般地轻

---

[1] "鹭翿"的"翿"通"纛"，是为扇形舞具，《诗·王风·君子阳阳》"左执翿"者即此。此诗次章写持鹭羽而舞，只是拿着鹭羽，尚较轻，而翿要重于鹭羽，末章写巫女舞鹭翿，舞具加重，也衬托出巫女心情的沉重与舞动时力度的加强。

歌曼舞，体现了男子和巫女之间的爱慕之情，这种轻抒柔情的节奏，恰当地表现了情意的绵长婉转。此章的最后一句——"而无望兮"，愚以为是让全诗节奏骤然加快的关键，它犹如暴雨突降、狂飙骤至。这一句之后的两章，没有用一个"兮"字，使得节奏简单短促，恰表现了这对男女的爱情遭遇了突然的不可逆转的巨大变化。诗中的这对男女诚然相爱（"洵有情兮"），但是迫于种种原因而没有办法再前进一步，结合为夫妻。这对于相爱双方的打击之大可以想见，在这种情绪下，巫女不分冬夏地舞蹈，舞蹈加速了，节奏加快了，舞具也变重了，曼舞变成了狂舞。这或许可以从中体味出诗作者的良苦用心之所在。正是《宛丘》首章这四个"兮"字的使用，使得诗的节奏有了明显不同，使人体会到诗的意境发生了变化。这一点是前人论《宛丘》一诗所忽略的地方，我们今日得上博简《诗论》特别重视"洵有情"句的启示，抉发出首章与后两章节奏之异的情况，对于认识《宛丘》一诗的主旨应当是有一定帮助的。

三

值得追问的一个问题是，《宛丘》诗中的那位男子为什么会发出"无望"的呼喊呢？愚以为这可能与巫觋社会地位的变化有关系。

早期的巫觋是尊贵的神职人员，《国语·楚语下》篇说："民之精爽不携贰者，而又能齐肃衷正，其智能上下比义，其圣能光远宣朗，其明能光照之，其聪能听彻之，如是则明神降之，在男曰觋，在女曰巫。"可见巫觋是具有精爽不贰、齐肃衷正、智慧圣明多种美好德行的人。有些氏族首领本身就是巫觋，一身而二任。这种情况不仅原始时代为然，就是进入文明时代很久，依然时有所见。相传商汤为祈祷禳除旱灾而亲剪发甲为祭，故《墨子·兼爱下》篇说："汤贵为天子，富有天下，然且不惮以身为牺牲，以祠说于上帝鬼神。"大量的殷商卜辞记载表明，殷人占卜时商王常常亲自参与并发布占辞，其身份就有"大巫"的因素。周初，周公旦曾经设坛为周武王祈祷，事见《尚书·金縢》篇。是篇载，周公"为三坛同墠，为坛于南方，北面，周公立焉，植璧秉圭"，为武王祷告，全身佩戴璧圭，俨然大巫形象。《尚书·洪范》篇记载周代王室为释疑惑而讨论决策的情况："稽疑，择建立卜筮人，乃命卜筮……汝则有大疑，谋及乃心、谋及卿士、谋及庶人、谋及卜筮。汝则从、龟从、筮从、卿士从、庶民从，是之谓大同。"可见在决策时卜筮之人意见还是占有一定比重的。就是到了西周后期周厉王的时候，巫的影响依然很大，史载："厉王虐，国人谤王。邵公告曰：'民不堪命矣！'王怒，得卫巫，使监谤者，以告，则杀之。"[1] 周王对于巫的信任于此可见。

春秋时期，巫常见于诸侯国的政治生活中，其地位尽管已有所下降，但是仍然不可小觑。春秋初年，鲁隐公"祭钟巫"时被弑。[2]《左传·僖公十年》载晋共太子死后显灵，对人说七天之后在"新城西偏，将有巫者而见（现）我焉"，亦即其灵魂将附于巫之身上而显现。史载过了七天，果然如此。可见巫者之言，为人所信程度之深。《左传·文公十年》载："楚范巫矞似谓成王，与子玉、子西，曰：'三君皆将强死。'"亦为巫者干政之事。

春秋战国时期，随着社会结构的变化、士阶层的崛起、前所未有的知识的广泛传播，巫的降神、接神之举，受到越来越多的质疑。据《吕氏春秋·知接》篇记载，齐桓公妄信"常之巫"，事为管仲所谏，可见管仲已对巫别有看法。《春秋·庄公二十三年》记载鲁庄公到齐国"观社"，当即被人视为"非礼"，《穀梁传》说："以是为尸女也。"范宁《集解》说："尸，主也。主为女往尔，以观社为辞。"依范宁解释鲁庄公到齐观社为的是看女人。这个说法本不为错，但并未点明"尸女"的具体所指。《穀梁传》所说的"尸女"应当就是祭典上为"尸"的巫女。

---

1 《国语·周语上》。

2 《左传·隐公十一年》。

观看社祭上的巫女,被视为"非礼",说明远古时代那种巫女的神圣性质至此已有所变化。《墨子·号令》篇载:"望气者舍必近太守,巫舍必近公社,必敬神之。巫祝史与望气者必以善言告民,以请(情)上报守,守独知其请(情)而已。无与望气妄为不善言惊恐民,断弗赦。"这个记载断定巫者可能有"不善言"出现,所以官员警告巫祝类人物,只能"以善言告民"。春秋后期,吴公子季札聘鲁,欣赏音乐,"为之歌《陈》。曰:'国无主。其能久乎?'"《宛丘》为《陈风》首篇,季札听陈国歌曲,自然会有《宛丘》。季札听后,却感觉到这是国家衰亡之音,所以预言陈国不久将灭亡。《宛丘》写了巫风歌舞,被季札视为亡国之征,可以推想春秋后期的各诸侯国,巫风歌舞在大雅之堂的地位已经衰落。《礼记·檀弓下》篇载有如下一件事情:

岁旱,穆公召县子而问焉。曰:"天久不雨,吾欲暴尪而奚若?"曰:"天久不雨,而暴人之疾子,虐,毋乃不可与?""然则吾欲暴巫而奚若?"曰:"天则不雨,而望之愚妇人,于以求之,毋乃已疏乎?"

鲁国天旱,鲁穆公试图暴巫祈雨,遭到反对,反对的理由是,把希望寄托于"愚妇人"哪里能行?女巫被视为"愚妇人",在当时人的眼里女巫的形象与地位,于此可见一斑。

战国以降,巫觋的影响每况愈下。《荀子·正论》篇说:"至贤畴四海,汤武是也;至罢不能容妻子,桀纣是也。今世俗之为说者,以桀纣为有天下,而臣汤武,岂不过甚矣哉!譬之,是犹伛巫跛匡大自以为有知也。"巫者已被视为狂妄自大且愚昧无知者的代表人物之一。《吕氏春秋·侈乐》篇批评巫风音乐说:"楚之衰也,作为巫音。侈则侈矣,自有道者观之,则失乐之情。"伪古文《尚书·伊训》篇谓"恒舞于宫,酣歌于室,时(是)谓巫风",并将"巫风"与"淫风""乱风"并列为可以导致亡国的不良社会风气。伪孔传说"常舞则荒淫,乐酒曰酗,酗歌则废德,事鬼神曰巫,言无政",认为以常舞酗歌为特征的"巫风"可以导致废德废政的恶果。《吕氏春秋·尽数》篇谓"今世上卜筮祷祠,故疾病愈来",认为卜筮祷祠根本不能治病。《韩非子·显学》篇分析了当时社会上的轻视巫祝之风气,说:"今巫祝之祝人曰:'使若千秋万岁。'千秋万岁之声聒耳,而一日之寿无征于人,此人所以简巫祝也。"所谓"简巫祝"意即轻视、瞧不起巫祝。《诗·陈风·东门之枌》为刺巫之作,诗谓巫女"不绩其麻,市也婆娑",不务正业。对于这一点,汉代王符《潜夫论·浮侈》篇曾举汉代之例进行说明,谓:"诗刺'不绩其麻,女也婆娑'。今多不修中馈,休其蚕织,而起学巫祝,鼓舞事神,以欺诬细民,荧惑百姓。"[1]在王符看来,《陈风》之巫当然也是"欺诬细民,荧惑百姓"的骗子。

社会舆论中的"简巫祝"之风,自西周后期直至战国秦汉,一直吹拂不已。尽管如此,巫风并没有因此而止息,它仍然有着广泛的生存空间,社会上层和下层的迷信需求为它的存在提供了可能。《史记·封禅书》载,汉高祖六年曾经下诏设立"女巫"之官。女巫分为梁巫、晋巫、秦巫、荆巫、九天巫、河巫、南山巫等多种,其中梁巫的职守是"祠天、地、天社、天水、房中、堂上之属";"索隐"谓:"《礼乐志》有《安世房中歌》,皆谓祭时室中堂上歌先祖之功德也。"[2]《宛丘》为"陈风"中诗篇,陈地近梁,巫之歌"房中、堂上",犹有陈地巫觋歌舞之风。然而,总体来看,春秋战国以至秦汉时期巫术是呈衰落趋势的。汉代大儒郑玄曾经对比古代之巫与后代之巫的区别,说:

《国语》曰:"古者民之精爽不携二者,而又能齐肃中正,其知能上下比义,其圣能光远宣朗,其明能光照之,其聪能听彻之,如

---

[1] 汪继培笺,彭铎校正《潜夫论笺校正》卷三,中华书局,1985年,第125页。
[2] 《史记》卷二十八《封禅书》,第1378—1379页。

是则神明降之，在男曰觋，在女曰巫，是之使制神之处位次主，而为之牲器时服。"巫既知神如此，又能居以天法，是以圣人祭之。今之巫祝，既阐其义，何明之见？何法之行？正神不降，或于淫厉，苟贪货食，遂诬人神，令此道灭，痛矣！[1]

郑玄此论道出了巫风由盛而衰的事实，这是正确的，但是他认为其间的原因不是巫术不行，而是后代的巫把此术弄坏了，犹今语"歪嘴和尚把经念走了样"。其实，后代巫觋地位的下降和巫风之衰，并非巫觋之无能，而是社会文明进步的必然。巫的"淫厉"和"苟贪货食"，只是后代巫觋衰落时的一种表现而已，并非根本原因之所在。

除此之外，周代可能存在着巫女不嫁之俗，也当是重要原因。对此，今可略加考析如下。《汉书·地理志》载齐地之俗：

> 国中民家长女不得嫁，名曰"巫儿"，为家主祠，嫁者不利其家，民至今以为俗。

称为"巫儿"者未必为家之"长女"，《诗·召南·采蘋》："于以奠之，宗室牖下，谁其尸之，有齐季女。"所谓"尸"，就是后世子孙所装扮的先祖形象，在祭礼中充当先祖神灵受祭拜。此种祭尸之礼当是巫术变化的结果，交接神灵的巫，可以神灵附体，谓自己就是某某神灵。此俗用于祭礼，就是祭尸之礼。《采蘋》诗表明，为"尸"者乃是"季女"。相传楚襄王时，遇巫山神女，巫女自谓："我帝之季女也，名曰瑶姬，未行而亡。封巫山之台，精魂依草，实为茎之，媚而服焉，则与梦期，所谓巫山之女，高唐之姬。"[2] 此巫女亦"季女"。从以上记载，可以推测，

---

[1] 阮元校刻《十三经注疏·周礼注疏》卷二十七，第827页下栏。
[2] 《太平御览》卷三九九引《襄阳耆旧记》。按，《山海经·中山经》载此事谓"帝女死焉，其名曰女尸"，所谓"女尸"，即传说中的巫山神女，可证"尸"有可能是巫女。

周代可能普遍存在着以女为巫留家不嫁之俗。此女可能是长女,也可能是季女。可能是为了保持其神秘性质的缘故,所以巫女不嫁于人。然而据"男大当婚,女大当嫁"的情理推测,巫女不大可能永远不嫁,但巫女嫁人,或者妻、女为巫在实际上可能是被视为不吉利的事情。云梦秦简《日书》甲种75简正面载"取妻,妻为巫,生子,不盈三岁死",这里是说不吉利之事的后果便是"妻为巫",并且为巫之妻所生之子也会夭折。另有《日书》乙种94简所载凶兆之一便是"生子,男为见(觋),女为巫",子女为巫在当时人心目中毕竟是不吉利的事情。[1]

关于巫女不嫁,《诗·曹风·侯人》可能也是一例。诗的末章谓:"荟兮蔚兮,南山朝隮。婉兮娈兮,季女斯饥。""朝隮"即朝虹,是男女之爱的一种象征。[2]"季女斯饥",曾有专家解为"饥于爱也"。[3]《侯人》一诗写的是任"侯人"之职的小官吏与"季女"的爱得不到圆满结局的慨叹。我们可以推测,如果说这里的"季女"就是我们前面所提到的作为巫女者的话,那么,《侯人》所写的季女与《宛丘》所写的巫女,身份应当是相近的。这两首诗的相同之处在于都写了巫女之爱,都写了对于这种爱不能得到圆满结果而产生的慨叹。

总之,在《宛丘》诗的时代,可能由于巫觋社会身份地位的下降,给爱慕巫女的那位男子以重要影响,让他发出婚姻无可指望的哀叹。如果这位男子是贵族中人,那么他娶一位门当户对的贵族女子,就要比娶

---

1 关于睡虎地秦简《日书》的释文,这里参阅了吴小强先生《秦简日书集释》(岳麓书社,2000年)一书,见是书第62、207页。

2 闻一多《诗经的性欲观》指出,"隮便是螮蝀,螮蝀便是虹。虹是性交的象征,我已得着充分的证据"(《闻一多全集》第三册,第175页)。

3 袁珂:《山海经校注》,上海古籍出版社,1980年,第255页。

一位巫女，要顺理成章得多。当时社会上还可能存在着巫女不嫁之俗。[1]在这种社会习俗下，那位男子"止乎礼义"，顺从了社会习俗，这应当是他与那位巫女爱情发生变故的根本原因。

四

关于巫觋社会地位的变化情况的探讨，为我们认识《宛丘》一诗提供了帮助。《宛丘》诗所写那位男子发出"无望"呼喊的真正原因，就在于他不能够与自己相爱的巫女结合，巫女的身份与他有别。男女间不顾社会身份地位的自由相爱，还为当时的社会条件所不容。

让我们回过头来再看《宛丘》一诗。

诗的首章一开始就说"子之汤兮，宛丘之上兮"，这显然是观看巫女跳舞的男子的口吻。也许正是巫女的舞姿首先吸引了这位观看歌舞的男子，日久生情，男子与巫女相爱（"洵有情兮"），但男子与巫女的进一步结合却遇到了不可逾越的障碍，他坦率地承认没有实现"有情人终成眷属"的指望。男女双方遂陷入苦痛当中，爱情既无可能，剩下的只有巫女发泄郁闷的狂舞（"无冬无夏，值其鹭羽""无冬无夏，值其鹭翿"）。

我们需要研讨的一个重要问题是，孔子为什么要赞美《宛丘》一诗？又为什么要特别赞美《宛丘》诗中的"洵有情兮，而无望兮"这两句呢？上博简《诗论》评诗惜墨如金，但是对于《宛丘》一诗却不怕重复，两次提及，这说明孔子于此有深意在焉。愚以为这至少应包括两重

---

[1] 关于"巫女不嫁"之俗，史料所载甚少，因此只能略作一些推测。依情理分析，巫女不可能永远不嫁。汉乐府"老女不嫁，蹋地唤天"（《乐府诗集》卷二十五《地驱歌》）。虽然此女并非巫女，但是她的呼喊仍然是不嫁之女心态的典型表露。周代若有留家不嫁的巫女，其心态亦应如是。依情理度之，其婚姻还是要解决的。但限于巫之神职身份和其社会地位的下降，周代巫女和社会上一般女子比较起来，其婚姻的难度应当是很大的。很可能巫女的婚姻采取招婿入赘的方式解决。此点和巫女不嫁之俗一样，都尚待更多的材料和更深入的研究以证其成或证其伪。另外，巫女不婚，在宗教改革之前的欧洲是常见现象，只是宗教改革运动冲击了禁欲观念之后，才逐渐形成了普遍婚姻与和谐的夫妻关系。这种现象对于理解中国古代巫女不嫁的问题也有一定参考价值。

意思。

首先，《宛丘》全诗是以男子的视角所叙述的巫女形象，在宛丘之上，巫女跌宕起伏的舞蹈引起男子的爱慕。我们依据《宛丘》一诗，可以推想这位巫女会是一位坚韧执着、不畏困难的女子。孔子说"《宛丘》，吾善之"，实质上是肯定了巫女与男子的爱情。孔子的情爱观的一个重要方面是对于男女情爱的肯定与支持。上博简《诗论》载孔子对于《关雎》一诗是持赞美态度的。《关雎》说"窈窕淑女，君子好逑"，"窈窕淑女，寤寐求之"，表达了一位男子对于所爱姑娘的执着追求。上博简《诗论》第 11 简记载，孔子认《关雎》之篇"其思賹（益）矣"。第 17 简记载，孔子对于《扬之水》《采葛》两篇的"爱妇"，亦持赞赏态度。《汉广》是《诗经》中著名的爱情篇章，孔子对此诗亦持肯定态度。《韩诗外传》载孔子南游时曾经鼓励子贡与浣衣之女交往，让子贡向其求饮、求调琴音、赠送絺纮，让子贡"善为之辞"而与她交谈。于此可见，孔子并没有男女授受不亲之类的观念，而是赞成男女交往并且相爱的。由孔子所选编成书的《诗》三百篇以描写爱情著名的《关雎》一篇为首，就是表明孔子这种思想的一个有力证据。

其次，孔子认为男女交往应当有一定的限度，这限度就是"礼"。孔子主张男女交往时应当分析客观环境，分析社会可以认可的程度。例如《汉广》一诗写青年男子对于"汉之游女"的爱慕，他慨叹"南有乔木，不可休思。汉有游女，不可求思。汉之广矣，不可泳思。江之永矣，不可方思"，认为汉之游女可遇不可求。在上博简《诗论》中，孔子即称赞说："[《汉广》不求不] 可得，不攻不可能，不亦智恒乎？"[1]认为那位羡慕"汉之游女"的男子不去强勉做某项事情，不可能做到的事

---

[1] 这段简文见《诗论》第 13 号简，开首五字系廖名春先生拟补，见其所撰《上海博物馆藏诗论简校释》(《中国哲学史》2002 年第 1 期) 一文，关于此简及《汉广》篇的考释愚有《上博简〈诗论〉"〈汉广〉之智"与〈诗·汉广〉篇探论》(《古籍整理研究学刊》2003 年第 2 期) 一文进行过探讨，烦请参阅。

情就不去做，这样才有成功的希望，这才是足智多谋的表现，也才称得上是长久的智慧（"不亦智恒乎"）。《诗论》对于《宛丘》的评析与对于《汉广》的评析是完全一致的。

春秋战国时期，社会上已经盛行通过媒人结为婚姻，所以孟子痛斥钻穴之事，说："丈夫生而愿为之有室，女子生而愿为之有家。父母之心，人皆有之。不待父母之命、媒妁之言，钻穴隙相窥，逾墙相从，则父母国人皆贱之。"语见《孟子·滕文公下》篇。《孔丛子·杂训》篇说："士无介不见，女无媒不嫁。"《战国策·燕策一》载术士语谓："周之俗，不自为取妻。且夫处女无媒，老且不嫁；舍媒而自衒，弊而不售。顺而无败，售而不弊者，唯媒而已矣。"我们从《宛丘》诗中看不到媒介的影子，而只是看到了那位男子与巫女的炽热的爱。可以推想，这种爱的结果只可能是"父母国人皆贱之"。冷静地说，对于情爱应当分析客观形势和各种条件，不可勉强。"洵有情兮，而无望兮"可以说就是对于客观形势冷静分析后的结果，诗中的那位男子与巫女虽然相爱，但没有指望结合为夫妻，所以只好面对这种形势，依《诗论》之语便是"不攻不可能"，承认现实，而不做出过激行动。

礼义对于爱情而言，固然有某种限制——甚至禁锢——的负面影响，但是对于爱情也未尝不是一定条件下的保护与保证。所以孔子及儒家主张情动于中，礼义制其于外。按照《诗序》的说法便是"发乎情，民之性也；止乎礼义，先王之泽也"。对于男女爱情的肯定，是与孔子对于夫妇关系的重视密切相关的。《礼记·中庸》载孔子语谓："君子之道，造端乎夫妇。及其至也，察乎天地。"夫妇为人伦大事，故而男女之间应当和谐美好。

总之，《诗·陈风·宛丘》是一首描写对于巫女爱恋的情爱诗。诗中表现出巫女对于爱情的执着、热烈。此诗通过各章间节奏的调整，表现出诗的主人公的情绪变化。诗中所描写的相爱男女，不能再前进一步结为夫妻，而是退守于礼义所限定的范围。这是时代与社会的客观外在条件限制的结果,是当时的人所难以逾越的。孔子既赞美爱情,又肯定礼义的作用。上博简《诗论》对于《宛丘》一诗的评论,使我们从一个方面对于孔子及儒家的情爱观有了更多的认识。

春秋时期的"诅"及其社会影响

在我国上古时代社会史的研究中,"诅"是很引人注目的一项。这是因为它与人们的社会信仰与鬼神观念很有关系,并且对于某些社会历史事件也有一定的影响。今不揣谫陋,对于这个问题进行一些初步的探讨,以求专家指教。

一

祷告于神灵,要某人遭受灾祸的诅咒之事,在春秋时期称为"诅"。按照汉朝时人的看法,诅和盟一样,起源的时代不是太早,而是周以后的事情。《穀梁传·隐公八年》谓"盟诅不及三王",所说"三王",即指夏、商、周三代之王。范宁集解说:"三王,谓夏、殷、周也。夏后有钧台之享,商汤有景亳之命,周武有盟津之会,众所归信,不盟诅也。"[1] 其实,诅的出现应当是很早的事情,至迟在原始时代后期,可能就已经有了。据《尚书·吕刑》篇说,早在蚩尤的时候苗民就已经有了"诅盟",那时候,"民兴胥渐,泯泯棼棼,罔中于信,以覆诅盟"。《尚书·无逸》篇载周公语谓民众有时候"否则厥心违怨,否则厥口诅祝",

---

[1] 阮元校刻《十三经注疏·春秋穀梁传注疏》卷二,第2371页上栏。

疏谓："告神明，令加殃咎也，以言告神谓之祝，请神加殃谓之诅。"[1]可见周代亦有诅。

诅和盟誓相近，就广义而言，诅也是盟誓的一种。鲁襄公十一年（前562年），鲁国三桓之一的季氏要"作三军"，为上卿而掌权的叔孙氏的叔孙穆子谓"政将及子，子必不能"，指鲁国政权不久就要归于季氏，所以判断谓季氏不会将军权分散。史载：

> 武子固请之。穆子曰："然则盟诸？"乃盟诸僖闳，诅诸五父之衢。[2]

季武子执意要"作三军"，叔孙穆子恐其以后变卦，所以要季武子取信于盟誓，于是便在鲁僖公庙的大门外——即"僖闳"——举行盟誓，又在称为"五父"的街衢上进行"诅"。这个记载表明，当时是将"诅"作为盟誓的一个组成部分而言的。《周礼·司盟》所载"司盟"之职守，就将盟、诅连称，谓：

> 盟万民之犯命者，诅其不信者，亦如之。凡民之有约剂者，其贰在司盟。有狱讼者，则使之盟诅。凡盟诅，各以其地域之众庶，共其牲而致焉。

郑注谓："盟诅者，欲相与共恶之也。犯命，犯君教令也；不信，违约者也。"[3]按照这个说法，古代对于违犯君主教令和不守誓约的人要进行"盟""诅"。在这种情况下，无论是盟，抑或是诅，都指在神前祈祷，让神加祸于那些坏人。史载鲁国季氏与叔孙氏所进行的"盟""诅"，虽

---

1 阮元校刻《十三经注疏·尚书正义》卷十六，第222页下栏。
2 《左传·襄公十一年》。
3 阮元校刻《十三经注疏·周礼注疏》卷三十六，第881页下栏。

然不是要神立即降下灾祸，但也是说将来谁要违背了盟誓，那他就将受到神降之祸。

诅与盟相近这一点，还可以从《周礼》的另一个记载得到证明。按照《周礼》的说法，周代专司"诅"的官员称为"诅祝"，其职责是"掌盟、诅、类、造、攻、说、禬、禜之祝号，作盟诅之载辞，以叙国之信用，以质邦国之剂信"。这里提到八种向神灵祭祀祷告的名称，郑注谓"八者之辞，皆所以告神明也"[1]，是正确的。按照《周礼》的系统，"诅祝"之官与专司盟誓的官员的关系十分密切，就是盟誓时的载书也要由"诅祝"来完成。清代学问家曾经指出："'作盟诅之载辞，以叙国之信用'者，此与司盟为官联也。"[2] "诅祝"与"司盟"两种职官所司职守的相关联，其原因就在于"诅"与"盟"的性质的接近。

二

春秋时期的盟诅与诉讼也有一定关系。按照《周礼·司盟》的说法，"有狱讼者，则使之盟诅"，意谓打官司的人先让他们各自发誓，谓自己无辜，若有罪即甘愿受神罚云云。由此可见，盟诅实际上是处理案件的一种手段，因为这样的盟诅对于狱讼是很有好处的，郑注谓"不信则不敢听此盟诅，所以省狱讼"[3]，审判案件自然也就省了许多麻烦。关于这种靠"盟诅"来断案之事，前人曾经举出春秋时期一事：

> 昔者，齐庄君之臣有所谓王里国、中里徼者，此二子者，讼三年而狱不断。齐君由谦（兼）杀之，恐不辜；犹谦（兼）释之，恐失有罪。乃使之人共一羊，盟齐之神社，二子许诺。于是茊盟，以羊血洒社。读王里国之辞既已终矣，读中里徼之辞未半

---

1 《周礼·诅祝》，阮元校刻《十三经注疏·周礼注疏》卷二十六，第816页上栏。
2 孙诒让：《周礼正义》卷五十，第2061页。
3 阮元校刻《十三经注疏·周礼注疏》卷三十六，第881页下栏。

也，羊起而触之，折其脚，跳神之社，而橐之，殪之盟所。当是时，齐人从者莫不见，远者莫不闻，著在齐之《春秋》。诸侯传而语之曰："诸共盟不以其情者，鬼神之诛，至若此其憯遫也。"[1]

墨子所述此事，谓其在"齐庄君"之时。齐庄君盖即齐庄公，为春秋早期君主，所以墨子述其时之事谓"昔者"。这里所说的"盟齐之神社"当即于齐的神社前进行盟诅。盟诅时，齐君让两人各出一羊，并以羊血洒社。结果读中里徼誓辞时，还没有读一半，羊就跃起而将其触死。此盖传说离奇，不足凭信。然若谓读中里徼誓辞时，他心中有鬼而恐惧，不能负担巨大的心理压力而致死，倒也并非绝无可能之事。著录于齐国史书之上，并且在各诸侯国中广泛流传的这件事，应当不是空穴之风。鲁庄公十年（前684年），著名的长勺之战以前，曹刿论作战的准备之事时，鲁庄公言三事皆不妥，只是讲到"小大之狱，虽不能察，必以情"的时候，曹刿才认为"忠之属也，可以一战"。[2] 所谓"必以情"，固然有必定以实际情况为断案依据的含义在内，但是也有对于神灵不隐瞒实情的意思。鲁庄公此前所言三事，其中第三项为"牺牲玉帛，弗敢加也，必以信"，这只是讲牺牲数量的多少，还不包括对于神灵要以实情相告之义，所以鲁庄公进而言之"必以情"。鲁国是否有以盟诅断案的事例，史籍乏载，不得而知，然从鲁庄公的话语中却可以推测，鲁国可能也有像齐庄公断王里国、中里徼狱讼那样的情况。《左传》载鲁人盟诅事较多，如《周礼》所言"有狱讼者，则使之盟诅"的情况在鲁国是有可能出现的。

还应当提到的是，春秋时期有一种个人的誓辞也与诅有些关系。例

---

[1]《墨子·明鬼》。按，此段文字错讹处甚多，孙诒让《墨子间诂》曾依王念孙、毕沅诸家之说加以辨正。此处所引文字即据孙氏之说。
[2]《左传·庄公十年》。按，《国语·鲁语上》载鲁庄公之语为"余听狱虽不能察，必以情断之"，与《左传》之载一致。

如，春秋后期，蔡昭侯朝楚受到侮辱，在返归途中，"及汉，执玉而沈，曰：'余所有济汉而南者，有若大川'"[1]。意指蔡昭侯自己沉玉而誓，决不再渡过汉水南向而朝楚，如果违背了这个誓言，那么就像玉沉于河一样，自己也要投大川而自尽。与此类似的还有晋公子重耳返晋渡过黄河时曾经与大臣子犯相誓，谓"所不与舅氏同心者，有如河水"[2]，也是对于自己若有违约行为的一种诅咒。春秋时人对于这种诅咒十分重视。春秋中期，晋卿荀偃在随晋平公伐齐渡过黄河时曾经将朱丝所系的两件珏沉入河水中以誓，谓"官臣偃无敢复济，唯尔有神裁之"[3]。此后，他为伐齐之事未竟而抑郁病死，死后眼睛睁着而不闭，口却紧闭而不能含珠玉。韩宣子于其前誓谓"事吴敢不如事主"，言将善待荀偃之子荀吴。此誓后，韩宣子抚其眼，但荀偃之眼仍不闭。栾怀子誓谓"主苟终，所不嗣事于齐者，有如河"[4]。至此，荀偃子才闭眼开口。关于此事，汉代的大哲学家王充曾经有十分精到的解释。他说：

> 荀偃之病，卒苦目出。目出则口噤，口噤则不可含。新死气盛，本病苦目出，宜子抚之早，故目不瞑，口不闿。少久气衰，怀子抚之，故目瞑口受含。此自荀偃之病，非死精神见恨于口、目也。[5]

王充的这个解释是合乎科学道理的，然而春秋时人并不察个中原由，而是认为只有誓诅合乎了荀偃的心意，他才闭眼而开口。这里所谓"有如河"，与前面提到的"有若大川""有若河水"之意完全一致。

---

1 《左传·定公三年》。
2 《国语·晋语四》。
3 《左传·襄公十八年》。
4 《左传·襄公十九年》。
5 《论衡·死伪》，黄晖：《论衡校释》卷二十一，第893页。

三

春秋时人有时候对于所诅咒的对象知道得并不具体，只知道有人干了坏事，于是便诅咒该人必定遭到祸殃。鲁隐公十一年（前712年），郑讨伐许国，郑臣子都与颍考叔争车未遂而怀恨在心，图谋报复。在攻城的战斗中，"颍考叔取郑伯之旗蝥弧以先登，子都自下射之，颠"[1]。子都从城下将已经登上城墙的颍考叔射中，使其坠地而死。在激烈的战斗中，人们知道颍考叔被郑人射杀，但并不具体知道是谁干的这件事。于是，在战斗结束以后，"郑伯使卒出豭，行出犬、鸡，以诅射颍考叔者"[2]。郑庄公的这次行诅，虽然相当隆重，但所诅的对象并不明确。战国时人认为郑庄公此举是本末倒置。《左传》的作者评论此事谓郑庄公"失政刑矣。政以治民，刑以正邪。既无德政，又无威刑，是以及邪。邪而诅之，将何益矣"[3]。这个说法，指出郑庄公政刑之失，固然是正确的，然谓此事无益，则有失偏颇。在将士为颍考叔被射杀之事而义愤填膺的时候，他正是利用"诅"的方式而平息了人们的愤怒情绪。让军士"诅射颍考叔者"，与其说是郑庄公之失，毋宁说是他的一个明智之举更合适些。

从郑庄公行"诅"所用的祭神之物看，春秋时期盖以用豕、犬、鸡三牲为常例。《诗经·何人斯》谓：

---

1 《左传·隐公十一年》。
2 同上书。
3 同上书。按，关于郑庄公行诅之事，前人或据《诗经·山有扶苏》之载谓郑庄公明知此事为子都而干，但却佯装不知，这才行诅咒以平众怒。《诗经·山有扶苏》载："山有扶苏，隰有荷华。不见子都，乃见狂且。"前人以为这位子都是郑庄公的弄臣，其人貌美，得郑庄公宠幸，故而袒护他。然此说漏洞较多。《山有扶苏》为郑国民歌，其二章谓"山有桥松，隰有游龙，不见子充，乃见狡童"，可见子都是和"狡童"一类的人物，也是妙龄女子的恋人。史载子都在和颍考叔争车时，"拔棘以逐之，及大逵"（《左传·隐公十一年》），乃是一起起武夫，与"狡童"形象相距甚远。再从诅咒之事看，春秋时人对于鬼神的威力深信不疑，若郑人已知射杀颍考叔者为子都，便不会煞有介事地进行诅咒。若谓此事仅郑庄公一人知晓，而郑人皆蒙在鼓中，事属蹊跷，没有多少可信之处。

及尔如贯，谅不我知。出此三物，以诅尔斯。为鬼为蜮，则不可得。有靦面目，视人罔极。

这是斥责无情义之徒的诗句。意指虽然和你关系密切，但你还是待我无情无义，如今我拿出三牲，来诅咒你这无情义的东西。你和鬼蜮一样，心术莫测，竟然还靦着脸不知羞耻，依然没有一点改悔之意。这里所谓"三物"，就是豕、犬、鸡三牲。《墨子》书所载齐庄公行诅时用羊之事，盖为特例，不是常用之牲。

进行盟诅的内容，除了诅咒作恶之人以外，还以诅咒来作为某种约定。春秋初期，晋国骊姬之乱的时候，曾经"诅无畜群公子，自是晋无公族"[1]。骊姬与晋献公逼死公子申生，逼走公子重耳、夷吾，然后以骊姬之子奚齐为嗣。不仅晋献公时如此，直到春秋中、后期，晋国的惠、怀、文、襄、灵诸公，皆行"无畜群公子"之令，晋国君主的庶孽和晋先君的支庶，始终没有在晋国政坛上形成一种势力。这种局面的出现，其原因是多方面的，然而晋献公时的"诅"，也是一个重要因素。晋国后世的相当长的时期里无人敢于违背当年的盟诅，说明诅的影响确实不小。我们前面所提到的鲁襄公十一年（前562年）鲁国季孙氏与叔孙氏的盟诅，据《左传》记载，直到春秋后期的鲁昭公五年（前537年）的时候，人们还对此津津乐道，作为坚持自己观点的根据。盟诅之事的影响于此亦可见其一斑。

四

关于诅的作用，春秋时人十分重视。春秋后期，齐景公有病不愈，佞臣梁丘据建议杀掉齐国的祝、史以谢罪于神，认为是祝、史没有将齐君隆重祭祀的情况上告鬼神。晏子力谏：

---

[1] 《左传·宣公二年》。

若有德之君，外内不废，上下无怨，动无违事，其祝史荐信，无愧心矣。是以鬼神用飨，国受其福，祝、史与焉。……其适遇淫君，外内颇邪，上下怨疾，动作辟违，从欲厌私。高台深池，撞钟舞女，斩刈民力，输掠其聚，以成其违，不恤后人。暴虐淫从，肆行非度，无所还忌。……民人苦病，夫妇皆诅。祝有益也，诅亦有损。聊摄以东，姑尤以西，其为人也多矣，虽其善祝，岂能胜亿兆人之诅？[1]

晏子之语表明，当时的人认为，人们的诅起着巨大的作用，就连国君也无奈其何。即使齐国的祝、史在神前为齐君说尽了好话，也抵不住亿兆人对于暴虐君主的诅咒。晏子认为既然齐国政治昏暗，横征暴敛无度，那么"百姓之咎怨诽谤，诅君于上帝者多矣，一国诅，两人祝，虽善祝者不能胜也"[2]。他认为在鬼神面前，没有高低贵贱的区别，都必须诚信。千万民众的"诅"，有根有据，比两名祝、史的虚夸之辞要有用得多。在春秋时人的心目中，"诅"的威力就来源于鬼神的公正不阿。所以说"诅"亦是对于鬼神信仰的一种表现。民众对于国君的诅咒，在宋国亦有一例。鲁襄公十七年（前556年），宋臣皇国父为宋平公修筑台榭，妨害农功，遭民众诅咒。贤臣子罕谏请俟农闲时再修，虽然宋平公不许，但民众却作歌称颂。子罕即亲执竹鞭监工，加快进度。有人问子罕其中缘故，子罕说："宋国区区，而有诅有祝，祸之本也。"[3]他认为民众的称颂和诅咒都有很大影响，特别是宋国这样的区区小国，影响就更大。若宋国有称颂祝祷之声，亦有诅咒谩骂之语，那将是取祸之道。子罕虽然赶不上晏子，但其说亦不失为明智之语。

在春秋时期复杂的政治斗争中，诅和盟誓一样也是一种重要的手

---

[1]《左传·昭公二十年》。
[2]《晏子春秋·内篇·谏上》。
[3]《左传·襄公十七年》。

段。这种情况在鲁国表现得特别突出。鲁定公五年（前505年），鲁季氏家臣阳虎作乱，"盟桓子于稷门之内。庚寅，大诅"[1]。所谓"大诅"，当即参加人数很多并且相当隆重的盟诅。翌年，阳虎"又盟公及三桓于周社，盟国人于亳社，诅于五父之衢"[2]。诅和盟一样，也是鲁国君主和三桓这样的大贵族以及国人参加的活动，其重要性质是显而易见的。

我们还应当讨论一下诅与盟的区别问题。汉代经学家郑玄曾谓"盟诅主于要誓，大事曰盟，小事曰诅"，盟与诅之间仅是所涉及的事情大、小之别而已。这个说法虽然不错，但还不是诅与盟的主要差别。前人或谓诅与盟的区别在于其所涉及事情的时间性质的不同，谓"盟者，盟将来，春秋诸侯会有盟无诅；诅者，诅往过，不因会而为之"[3]。早已有学问家指出此说似是而实误。从春秋时期的实际情况看，盟不仅盟将来之事，亦有为往过之事而盟者；诅不仅有诅往过之事者，亦有诅将来之事者。在所涉及事情的时间性质上，诅与盟两者并无不同。其实，盟与诅的主要区别，大概还是在于向神灵祷告的辞语性质不同。盟誓主要是相约恪守某项协议；诅则是诅咒违反协议或做某项坏事者必遭祸殃。既然盟誓是相约恪守某项协议，那么其所涉及的事情往往较大，而诅所涉及者则往往是较小的事情，所以郑玄谓"大事曰盟，小事曰诅"，还是大致说得过去的。

总之，诅这种相当特殊的盟誓方式虽然是鬼神观念影响的结果，但是在春秋时人的社会思想中却占有一定的地位，不少人相信诅会给恶人以惩罚，会替善良的人出一口气。所以诅这种方式多少也表达了社会上人们的某些愿望。在春秋时期的有些重大事件里，诅也有其影响，例如，鲁国三桓的瓜分公室以及作为"陪臣执国命"典型事件的"阳虎之乱"、晋国的打击公族等，都与诅相关。从春秋时期以诅誓断案和郑庄

---

[1]《左传·定公五年》。

[2]《左传·定公六年》。

[3]《周礼·诅祝》贾公彦疏，阮元校刻《十三经注疏·周礼注疏》卷二十六，第816页上栏。

公命军队诅咒以平息人们的愤怒等事例看,春秋时期社会上的一般民众对于诅的威力是深信而不疑的。这种情况是当时鬼神观念尚有很大影响的缘故。

第四章

占与筮

殷代易卦筮法初探

随着近年关于商周易卦研究的迅速发展，商代是上古时代占筮与易卦的重要发展阶段，这一点已为越来越多的研究者所首肯。然而，就商代而言，易卦和筮法也自有其发展过程和特点。本文试图在前辈和时贤研究的基础上，对于商代易卦的表现形式、筮法与占卜的关系、易卦与筮法在商代的发展情况，以及卜辞中关于占筮的成语等问题做一初步探讨。

一

古代文献记载表明，商代很早就有了筮法。《吕氏春秋·勿躬》篇和《周礼·龟人》郑注引《世本》皆谓"巫咸作筮"。此巫咸有可能是殷中宗时的巫咸。《尚书》谓殷中宗太戊时"巫咸乂王家"。屈原《离骚》载其占筮的情况说"欲从灵氛之吉占兮，心犹豫而狐疑。巫咸将夕降兮，怀椒糈而要之"，谓自己不太信灵氛的占筮，故而又请以善筮著称的"巫咸"的神灵降临，重新占筮。朱熹《楚辞集注》谓："巫咸，古神巫也，当殷中宗之世。"相传黄帝和尧帝的时候就有"巫咸"[1]，当为

---

1 《太平御览》卷七十九引《归藏》载："昔黄帝与炎帝争斗涿鹿之野，将战，筮于巫咸。"《艺文类聚》卷七引晋郭璞《巫咸山赋》："盖巫咸者，实以鸿术为帝尧医。"

远古时代以善筮而著称的人物，世代相传，皆以"巫咸"为名，至商代仍以筮法而居于尊位，可以有治理王家的权力。巫咸的"又王家"，应当是其筮法发挥作用的。《说文》卜部有卟字，谓："卟，易卦之上体也。《商书》曰'贞曰卟'。"今本《尚书》的《商书》诸篇不见"贞曰卟"之载，《尚书·洪范》篇有"曰贞曰悔"之语，但与此并不完全相合。这句话当为《尚书》逸文。[1] 既然称《商书》，则所云当为商代之事。若《说文》谓此字义为"易卦之上体"之释不误，那么，可以推测，商代已有重卦出现。[2]

商代甲骨卜辞中已有关于筮法的记载。武丁时期的卜辞载：

丙戌卜……巫（筮）曰：卯……百……于……六月。[3]

丙戌卜……贞，巫（筮）曰……于妇，用若。一月。[4]

贞，弗祟，王巫（筮）。[5]

巫（筮）先。[6]

---

[1] 段玉裁《说文解字注》卜部谓："《左传》三引《洪范》，《说文》五引，皆云《商书》，马、郑本皆不如是，盖今文《尚书》说。"段氏以此为据而谓"贞曰卟"即《洪范》中语，并疑卟字为"壁中古文，孔安国以今文读之，易为悔也"。（《说文解字注》三篇下，第 127 页）按，段氏之说虽然不为无根之谈，但证据却不足，并且在"贞"字前又无端而补一"曰"字，以证成其说，实为不当。故仍以视"贞曰卟"为《商书》逸文较妥。

[2] 关于重卦出现的时间，过去多据《史记·周本纪》所载，谓周文王"益《易》"之八卦为六十四卦。高亨先生谓："重卦之事当在巫咸之前也。至于《连山》《归藏》，亦以六十四卦组成之筮书，但其书早亡，不知作于何时，不能据之以考重卦之时代。《礼记·礼运》记殷有遗书名曰《坤乾》。从坤乾二字观之，此乃筮书。郑玄注谓即《归藏》之类，其说可信。则殷代已有重卦之筮书矣。由此可见，谓重卦之事至晚当在殷代，虽无坚确不破之明证，亦据先秦相传之故说，尚不至大谬矣。"（《周易古经今注》，中华书局，1984 年，第 8 页）此说是有道理的，但不能以此为据谓周文王与重卦无甚关系。在易卦的发展史上，周文王依然是一位有重大贡献的人物。

[3] 《合集》第 5648、5649 片。按，辞中的巫当读若筮，古巫与筮音同而通。古代文献所载巫咸"作筮"，《说文》巫部谓巫咸"作巫"。《周礼·筮人》提到掌管《三易》的官员有"巫更""巫式"等九位，郑注谓"此九巫读皆当为筮"，《经典释文》谓"九巫皆音筮"。甲骨文巫字的含义比较复杂，辞例的意义各异，虽不可一概而论，但有些当读若筮，应当是可以的。

[4] 《合集》第 5648、5649 片。

[5] 《英国所藏甲骨集》，中华书局，1982 年，第 1957 片。

[6] 《合集》第 21880 片。

上引第一例虽然属于残辞，但其大概意思还是明确的，即按照占筮的结果，谓举行卯祭时要献牺牲以百数于某位神灵。占筮的结果是否吉利不敢肯定，故而又将这个内容再行占卜，以决定是否如此举行卯祭。第二例的内容与第一例类似，也是将占筮的结果再进行卜问，以确定是否吉利。第三例谓已用占卜和占筮两种方法贞问是否有祸患，这里问王是否只用筮法所得的结果。第三例贞问，是否首先考虑和采用筮法的结果。所谓"筮先"，即以筮为先，意即用筮而不用卜。

从这几例所反映的商代筮法与占卜的关系看，当时应当是卜筮并用的。既然在卜辞中贞问关于是否采用占筮结果的问题，那么商代很可能先筮而后卜，最后以人为决断。西周初年，相传周武王曾经向商王室贵族箕子请教治国大法，箕子答语中有关于卜筮的一段话：

> 择建立卜筮人。乃命卜筮。曰雨，曰霁，曰蒙，曰驿，曰克，曰贞，曰悔，凡七。卜五，占用二。衍忒。立时人作卜筮。三人占，则从二人之言。汝则有大疑，谋及乃心，谋及卿士，谋及庶人，谋及卜筮。汝则从，龟从，筮从，卿士从，庶民从，是之谓大同。身其康强，子孙其逢吉。汝则从，龟从，筮从，卿士逆，庶民逆，吉。卿士从，龟从，筮从，汝则逆，庶民逆，吉。庶民从，龟从，筮从，汝则逆，卿士逆，吉。汝则从，龟从，筮逆，卿士逆，庶民逆，作内吉，作外凶。龟筮共违于人，用静吉，用作凶。[1]

这段话虽然为后人所记，但当有所本，特别是关于卜筮的情况，当与商代实际相距不远。从这段话里可以看到，商代从觋中选拔在商王朝供职

---

[1] 《尚书·洪范》，阮元校刻《十三经注疏·尚书正义》卷十二，第191页上栏。

的卜人和筮人。[1] 所要贞问的七项事情，用龟卜者有雨、霁等五项，用筮法者有两项。[2] 无论是卜法或是筮法，都要推演变化以定吉凶。这段话所提到的"龟从、筮从"及"龟从、筮逆""龟筮共违于人"，都是"龟"在前而"筮"在后，前面所提到的"立卜筮人"，亦是龟卜之人在前而采用筮法之人在后。这些表明龟卜和筮法虽然都是当时决定吉凶所采用的手段，但在位次上则龟卜先于筮法。上引卜辞有一例谓"筮先"，这仅是数万条卜辞中的一个特例，仅此一例而已，正因为这种情况罕见，故要占卜而定。这一例并不能说明商代全是筮在卜的位置之上。商代筮法与卜法关系的这种情况与周代有别。《周礼·筮人》载"凡国之大事，先筮而后卜"，孔颖达疏谓："《洪范》云'龟从筮逆'，又云'龟筮共违于人'，彼有先卜后筮，筮不吉又卜，与此经违者，彼是箕子所陈用殷法，殷质，故与此不同。"[3] 这个解释是可取的，箕子所言与《周礼·筮人》所载卜筮次序的不同，正是商周两代占卜习俗不同的反映。

二

在甲骨和其他材料上发现有商代易卦数字符号，为古代文献的相关记载提供了实物例证。[4] 其中时代最早的是殷墟西区编号为354号墓所随葬的铜爵上的易卦符号。爵内的铭文为"五五五"，根据"奇数为阳，

---

1 《洪范》所载"择建立卜筮人"，伪孔传谓"选择知卜筮人而建立之"。按，建、立义同而连用，不合上古语法。曾运乾《尚书正读》（中华书局，1964年）第134页谓"建，当为覡之古同音假借字"，"覡字从巫，见声，本应读如建，秦时语变，以双声读为系，许君遂以从巫从见说之，非其实也"。此说甚确，可从。《国语·楚语下》谓"明神降之，在男曰覡，在女曰巫"，是覡即男巫。"择建（覡）立卜筮人"，义即在覡中选择贤者立为卜人、筮人。
2 《尚书·洪范》孔疏引王肃说谓"筮短龟长，故卜多而筮少"。盖商代筮法不及龟卜地位之高。
3 阮元校刻《十三经注疏·周礼注疏》卷二十四，第805页下栏。
4 商周时代的甲骨和彝器上有由数字组成的符号，过去多以为是族徽或一种特殊形式的文字，后来经专家研究才确定为易卦符号。主要论著有李学勤《谈安阳小屯以外出土的有字甲骨》（《文物参考资料》1956年第11期），张政烺《试释周初青铜器铭文中的易卦》（《考古学报》1980年第4期），张亚初、刘雨《从商周八卦数字符号谈筮法的几个问题》（《考古》1981年第2期），饶宗颐《殷代易卦及有关占卜诸问题》（《文史》第二十一辑），肖楠《安阳殷墟发现"易卦"卜甲》（《考古》1989年第1期），曹定云《新发现的殷周"易卦"及其意义》（《考古与文物》1994年第1期）等。

偶数为阴"的原则，可以将数字转变为卦画，那么，数字"五五五"便是八卦之一的乾卦。这件铜器的时代属于祖甲时期，其上的乾卦符号是迄今所知时代最早的商代铜器上的易卦。《小屯南地甲骨》第4352片为一卜骨，其背面倒书"十六五"，是八卦之一的震卦。这片属于康丁时期的卜骨上的符号是目前所见最早的殷墟甲骨上的易卦。在殷墟苗圃北地编为80号的墓地出土有一件刻有筮数的砺石。其上可以辨认的易卦数字有六组，在正面的有三组：

七六六六六七
七六八七六七
六六五七六八

这三组依次为颐卦、贲卦和丰卦。在侧面的有一组：

六六七六六八

这是豫卦。在背面的有两组：

八一一一六六
八一一一一六

这两组是咸和大过两卦。这些皆为重卦。砺石为祖甲至康丁时期之物，大约在这个时候重卦才出现。从这几个发现推测，商代早期，似乎是以八卦为主的，还没有很多的重卦。

到了商朝末年，重卦则多有所见，呈现出较为复杂而成熟的形式。属于商代末年的易卦比较完整的有安阳四盘磨所发现的卜骨上的材料，其上有三组易卦数字符号：

　　　　七八七六七六，曰……
　　　　八六六五八七。
　　　　七五七六六六，曰……[1]

这三个易卦，依次为未济、明夷和否卦。这三个易卦的首尾两卦后面皆有"曰"字，其后字残，惜未能释出，很可能是对于吉凶进行判断的文字，也有可能是卦名。专家或谓这两个字为"魁""隗"，并推论其为筮书之名，但其间问题尚多。另有一片甲骨刻辞载：

　　　　上甲，六六六[2]

在甲骨上，"上甲"与"六六六"（坤卦）分列两行。上甲之后列坤卦，应当是先筮后卜的一种表现，其内容谓贞问关于祭祀上甲的占筮为坤卦的结果是否可行。

　　在商朝末年的陶制器物上也有易卦发现。山东平阴县朱家桥商末遗址的九号墓所出陶罐上有"一八八六一一"六个数字符号，是为损卦。传出安阳的陶范上有"一七八七八六"和"五七六八七一"两组数字符号，分别为渐、中孚两卦。殷墟所出土的一件陶簋上有"七八六六七七"一组数字符号，亦为损卦；另一件陶簋上有两组数字符号"六六七六七一"和"六六七六一八"，为归妹和解两卦。

　　商代易卦和甲骨刻辞上的最完整的遗存，迄今为止，当推20世纪80年代初期在殷墟小屯南地所发现的时代属于商朝末年易卦卜甲。[3] 卜甲正面共有五处文字和符号，依照甲骨卜辞释读中的先右后左、先外后内、先下后上、先中部后四隅的原则，这组易卦刻辞是：

---

[1] 郭宝钧：《一九五〇年春殷墟发掘报告》，《中国考古学报》第5册，1951年。
[2] 《殷墟文字外编》第448片。
[3] 肖楠：《安阳殷墟发现"易卦"卜甲》，《考古》1989年第1期。

彗九六

六七一六七九

六七八九六八

七七六七六六，贞吉

友……

这组易卦资料的第一条的彗字，与卜辞中习见者稍有不同，为二直线的右侧分别刻三横道的形象，三横道稍向右上方扬起。彗有除之义，除可解为修治，《易经·萃》卦象传"君子以除戎器，戒不虞"，集解引虞翻语谓"除，修"。在《周易》中，以初、二、三、四、五、上来表示爻的位次，以"九""六"标明其爻的性质。"九"表示阳爻；"六"表示阴爻。易卦六爻分别为"初九""九二""九三""六四""六五""上六"。"九""六"即为爻题性质的标识。"彗（除）九六"，其意盖为以阳爻和阴爻来考察以下诸卦。"彗九六"以下的三个易卦，依次为兑卦、蹇卦、渐卦。在渐卦之后有"贞吉"二字。这三个重卦应当是为某事而进行的连续三次占筮的结果，"贞吉"在最后一卦之后，指这三卦经过占卜后都是吉利的征兆。上引最后一组符号位于左甲桥下，位处于一隅，当是最后所刻。"友"字之后，有两条平行的五组短线。友有顺之义，《尚书·洪范》"强弗友刚克"，伪孔传"友，顺也。世强御不顺，以刚能治之"。这组易卦的"友"与其后的五组平行短线所表示的意义，大概是循顺占筮所示而行将无灾祸，与占辞"贞吉"是相应的。古代礼书上说占筮时候的命筮之辞有"假尔泰龟有常，假尔泰筮有常"的话，意谓："欲襃美此龟筮，故谓为泰龟、泰筮也，有常者，言汝泰龟、泰筮决判吉凶分明有常也。"[1] 这组易卦里最后的"友"与其后的五组平行短线所表示的意义，可能是关于"假尔泰筮有常"的意思的一种表达。特

---

[1] 见《礼记·曲礼上》篇及孔疏，阮元校刻《十三经注疏·礼记正义》卷三，第 1251 页中栏、第 1252 页上栏。

别令人注目的是这三个重卦并非出自一人之手，因为其字体风格存在较为明显的差异，各卦所排列的紧密或松散也各不相同，字体的潦草或严谨都有不少区别，所以说关于这组易卦的占卜当由三人完成，由此而推测，占筮也应当是由三人共同进行的。古代礼书有"卜筮不过三"[1]的说法，可见古代卜、筮皆当有三人共同贞卜或占筮，这组易卦可以说是一个很有力的证据。

三

从上引殷墟苗圃北地所发现的砺石所刻筮数的情况看，这件砺石正面、侧面和背面原来均当有三组，由于时代遥远，所以至今只能辨认出六组。如果是三人共用筮法占筮一事，那么每人占筮三次，则共当有九组重卦，砺石所保存的筮数即当如此。属于五期卜辞的成语"今占巫（筮）九各（卦）"的释解历来颇有疑窦，如今我们知道了商代占筮习俗，就可以较为容易地考释其内容。

这个成语里，最令人费解的是其中最后一个字。甲骨文中这个字上作倒止形，其下为占字，可以楷为各。我们认为这个字当为卦字的象形初文。最初的卦很可能是画在地上的符号。《易经·系辞下》谓"古者包牺氏之王天下也，仰则观象于天，俯则观法于地，观鸟兽之文与地之宜，近取诸身，远取诸物，于是始作八卦"[2]，除了"观象于天"之外，其他如"观法于地，观鸟兽之文与地之宜"，皆与"地"有关。所谓"设卦观象"，最主要的是观察地理之象。"仰以观于天文，俯以察于地理"[3]，其主要方面是观察地理并且将其"象"画之于地，所以《易经·说卦》韩注"卦，象也"，这种情况在后世占筮的时候也还有某些遗存。《仪礼·士冠礼》载"卦者在左"，郑注"卦者，有司，主画地识爻者"，贾

---

1 《礼记·曲礼上》，阮元校刻《十三经注疏·礼记正义》卷三，第1251页中栏。
2 阮元校刻《十三经注疏·周易正义》卷八，第86页中栏。
3 《易经·系辞上》，同上书，卷七，第77页中栏。

疏"卦者,据人以杖画地,记识爻之七、八、九、六者也"。[1]《仪礼·少牢馈食礼》载"卦者在左坐,卦以木,卒筮,乃书卦于木",郑注:"卦以木者,每一爻画地以识之,六爻备,书于版。"[2] 可见在占筮的时候,先以木杖将每一爻都先画在地上,六爻都齐备以后再书写于木版上。这种以木杖画地的占筮习俗,在远古时代很可能是用脚将卦象画在沙土地上。这样所画的卦象,广大鲜明,易为众人所观看,在没有文字记载出现的时候,这种卦画形式应当是一种可取的方法。甲骨文夂所表示的就是这种卦画方式。《说文》谓"卦,筮也。从卜,圭声"。杨树达《积微居小学述林》谓"于文法,卦本动字也"[3],是说甚确。卦的本义指占筮过程,而不是如后世所理解的那种占筮结果。甲骨文夂字,其字形所表达的意思,一是用脚将卦画之于地;一是占筮卦的吉凶。这两者正是整个占筮过程的核心。从古音系统看,夂和卦既然都是动词,那么它们皆当以卜为声符,《说文》谓卦为"圭声"之字似是而实误。总之,将甲骨文夂读若卦,应当说是问题不大的。

关于"今占巫(筮)九夂(卦)"的卜辞集中见于商代晚期,如:

丁卯王卜贞,今占巫(筮)九夂(卦),余其从多田(甸)于(与)多白(伯)正(征)盂方伯炎,衣。翌日步,亡尤,自上下于……示,余受又(有)又(佑)……告兹大邑商,亡耂……弘吉。在十月遘大丁翌。[4]

丁丑王卜贞,今占巫(筮)九夂,典。春,兔侯弦……余其从……[5]

---

1 阮元校刻《十三经注疏·仪礼注疏》卷一,第946页下栏。
2 同上书,卷四十七,第1196页下栏。
3 杨树达:《积微居小学述林》,中华书局,1983年,第71页。
4 《合集》第3651片。
5 《合集》第36344片。

......今占巫（筮）九各（卦），作余彤，朕祈......伐人方......[1]
王卜贞，今占巫（筮）九各（卦），其彤肜日......至于多毓。[2]

上引第一例是商王在出兵征伐盂方之前进行占筮和贞卜的记录。辞谓丁卯这一天，商王亲自进行贞卜，所卜问的事项为今日已经占筮了九卦，决定由商王亲自率领众多的"甸""伯"诸侯前往征伐盂方的酋长之名炎者。除了占筮之外，这一天还举行了多种祭祀，祈求神灵保佑，并且遍告大邑商，这次征伐不会有灾祸发生，一切都将大吉大利。这次占筮和贞问正值十月间翌祭大丁的时候。据专家研究，征伐盂方的商王"可能是帝辛"[3]。从占筮和卜问的记录里可以看到帝辛对于这次征伐是十分重视的，不仅调集大量兵力，而且向神灵多方祈求保佑，在所有的祈求和预测吉凶的过程中，采用筮法为其首先的步骤，而且是占筮了九卦，才得出初步结果。在甲骨文记载里面，明确指出"今占巫（筮）九各（卦）"而决定征伐盂方伯的卜辞今所见者，除上引第一例之外，至少还有五例。[4] 这个情况表明，当时很可能是由三位占筮者对于征伐盂方伯之事各自占筮了三次，所以说"今占巫（筮）九各（卦）"。从卜辞文例看，关于以九卦占筮征盂方的卜辞句式亦相同，盖占卜时亦是三位共卜，所以才有类似的记载出现。上引第二例也是由商王亲自进行的贞问，辞虽残，但其意思尚可确定，也是属于对外征伐类的卜辞。辞谓丁丑这天占筮了九卦，并且将卦象和内容载于典册。所占筮的内容是春季的时候派兔侯名弦者外出征伐，商王也要亲自前往。第三例卜辞谓，某日占筮了九卦，决定由商王亲自举行肜祭，祈求神灵保佑征伐人方的胜利。第四例载商王亲自贞卜，谓今日占筮了九卦，要举行肜祭和肜日之

---

1 《合集》第 36507 片。
2 《合集》第 37835 片。
3 李学勤：《商代地理简论》，科学出版社，1959 年，第 93 页。
4 见《合集》第 36513、36510、36522、36521、36344 片。

祭，所祭对象从某位先王开始直到多位先王。上引四例中，除最后一例所引事项不明以外，其他三例都是关于对外征伐的贞问。对外征伐为军国大事，所以商王才如此重视，不仅亲自占筮和贞卜，而且要占筮九卦以定吉凶。

商末成语"今占巫（筮）九各（卦）"给人们透露了这样的信息，那就是占筮九卦已经成为商末正式场合占筮的固定模式。当时每一卦都是一个重卦，合乎周易的六十四卦的范围。如果联系到"卜筮不过三"的古训，那么可以推测的是当时的九卦，要由三位占筮者，每人各占筮三次，合则为九卦。卜辞记载的情况表明，筮在卜先，商王最后要以龟卜结果来做最后的取舍决定。从商代卦数符号的实物看，商代易卦和筮法里还没有出现后世那样的卦画符号——"—"和"--"，所谓卦象是由数字来表示的。至于这些数字何以产生，就目前的材料看，还没有办法做出具体的推论。可以肯定的是，商代筮法和《周易·系辞》"大衍之数五十"一章所述的方法并不相同，因为那种方法只产生六、七、八、九这样四个数字，而商代筮法的数字符号则远远超过这四个数字。[1] 这种情况可能是商代易卦和筮法尚处于比较粗疏阶段的反映。就目前所见资料看，关于商代的易卦和筮法，我们可以得出以上一些基本认识。

---

[1] 关于商代筮法的具体情况，现在尚有许多疑问，除了揲蓍法以外，其大者还有决定吉凶的具体办法，这个办法是不是将单数视作符号"—"，双数视作符号"--"，从而决定卦象，也还有待新的材料印证。

西周易卦筮法初探

易卦与筮法起源甚早,考古资料表明新石器时代就已经出现了若干易卦符号。易卦和筮法历经夏商两代之后,到了西周时期有了长足进展。20 世纪 80 年代初期以来,随着以数字表示的易卦符号的解读,关于西周易卦的研究进入了崭新阶段。关于西周时期的易卦与筮法,虽然迭经专家研究已经解决了许多关键问题,但是其发展脉络依然不大清楚,有些问题专家也还有不同意见。今不揣谫陋,进行一些探索,试图在前辈专家和时贤学者研究的基础上能够说明若干重要问题,盼能得到方家教正。

一

易卦筮法在周代有了较大的发展。在周初的青铜器、陶器和甲骨上,刻有不少用数字所表示的易卦。[1] 专家对于这些数字符号的释读,是易卦研究的一大贡献,然而其间也有可以商讨的问题。论者一般都是遵循"奇数为阳、偶数为阴"的原则,将其化为卦画符号,然后与周易的

---

1 关于这些易卦的研究见张政烺《试释周初青铜器铭文中的易卦》(《考古学报》1980 年第 4 期)、张亚初、刘雨《从商周八卦数字符号谈筮法的几个问题》(《考古》1981 年第 2 期)、李学勤《西周筮数陶罐的研究》(《人文杂志》1990 年第 6 期)等。

八卦或六十四卦相比附，从而确定其为某卦。这样的释读不免给人一种误解，似乎以卦画符号所表示的八卦与六十四卦早就存在，数字符号只不过是其另一种表达方式。我以为如果这样来理解，那就是把事情弄颠倒了。其实在以数字表示易卦的时期，卦画符号尚未出现，起码是并没有以其作为易卦系统来使用。种种迹象表明，在易卦发展过程中，数字符号在前，卦画则远在其后。在释读易卦的数字符号时应当有这样的观念，方不至于本末倒置。对于这些数字所表示的易卦，如果谓其若转变为卦画符号，可能相当于后世八卦或六十四卦中的某卦，应当说还是可以的，但这并不意味着当时就已经有了这样的卦名存在。有了这样的认识，我们才可以正确地检讨相关资料，而不会出现大的舛误。

西周时期的易卦有一个历史演进过程。其中时代较早的当推周原甲骨所载的易卦，属于单卦的有：

六六七。

七六六。

六六十。[1]

依照奇数代表阳爻、偶数代表阴爻的原则，这三个卦依次相当于后世的震卦、艮卦和坤卦。属于重卦的有：

八七八七八五。

七六六七六六。

七六六六七六。

七六六七一八曰，其入，王囗鱼。[2]

---

[1] 陈全方：《周原新出卜甲研究》，《人文杂志》丛刊第二辑《西周史研究》，1984年。

[2] 同上。

这四个卦依次为节卦、艮卦、蒙卦、蛊卦。在蛊卦数字符号之后的言辞似为当时的卦辞。今所见蛊卦的卦辞谓"元亨，利涉大川。先甲三日，后甲三日"，意指在辛日（先于甲日之三日）和丁日（后于甲日之三日），可以举行大享之祭；若在此时涉大川则有利。周原甲骨所记蛊卦之辞谓"其入，王囗鱼"，其意盖指王可以返归入于都邑，王涉大川时还可以捕到鱼。这与今所见蛊卦之辞是接近的。

西周时期的铜器铭文里也有易卦的数字符号，如《仲斿父鼎》铭文载：

> 仲斿父乍宝尊彝，鼎七五八。[1]

名仲斿者制得尊彝，并且将铸鼎时所得筮卦之称记于铭文之尾。"七五八"，为八卦之一的巽卦。"鼎七五八"意谓铸鼎时的占筮，正当巽卦。这样的彝铭还有如下两件：

> 董伯乍车尊彝，八五一。[2]
> 休王易效父……，用乍厥宝尊彝，五八六。[3]

---

[1] 罗振玉：《三代吉金文存》卷三，1936年，第18页。铭文里的"鼎"应读若"当"。鼎字古与贞同，金文贞字多作鼎上有卜字之形，《说文》谓贞为"鼎省声"。《周易》屡有"元亨利贞"之辞，疏引子夏传谓"贞，正也"。正即当，《尚书·尧典》"日永星火，以正仲夏"，《论语·阳货》"正墙面而立"，正皆为当。《广雅·释诂》"贞，正也"，又谓"贞，当也"，王念孙《广雅疏证》卷三谓"贞之言丁也，《尔雅》云'丁，当也'，《洛诰》'我二人共贞'，马融云'贞，当也'，《楚辞·离骚》'贞于孟陬兮'，戴先生注亦云"，是皆为其证。所谓"利贞"，即利当，意谓利之所在。鼎在古文献中直接读若当者，亦有其例。《汉书·匡衡传》载匡衡"精力过绝人，诸儒为之语曰：'无说《诗》，匡鼎来'"，注引服虔曰"鼎，犹言当也，若言匡且来也"，又引应劭曰"鼎，方也"，颜师古注赞成服、应之说，并谓"贾谊曰'天子春秋鼎盛'，其义亦同"。周代彝铭中也有此列，《利簋》铭文载"武王征商，惟甲子朝，岁鼎，克，昏夙又（有）商"，专家或释鼎读若当，甚确。铭文意谓武王伐商之时正当岁星当头，这样来理解铭文，与《荀子·儒效》篇"武王之诛纣也，行之日以兵忌，东面迎太岁"的说法相合，可证"岁鼎"，意即岁星当空。总之，古代文献和彝铭之载皆证鼎可读若当。

[2] 《董伯簋》，《殷周金文集成》10571。

[3] 《效父簋》，马承源主编《商周青铜器铭文选》第三册，第90页。

堇伯是西周早期堇国首领，他为名车者作彝器而占筮时，正当兑卦。"休王"意指美善之周王。效父也是西周早期人，他作彝器而占筮时，正当艮卦。过去以为像这样的在彝铭末尾的数字符号为族徽，由前引《仲斿父鼎》铭文的用例看，释其为铸造彝器前占筮时所得易卦更合适些。这类彝铭仅提到铸造彝器之事，并未涉及作邑之事，所以也不大可能是邑称。这类易卦，按照当时的解释可能皆为吉利之卦，故而铸于彝铭之后以示吉祥。

西周时期的有些彝铭中的易卦可能与作邑有关。[1] 如《中鼎》铭文载某地之人归附周武王为臣，周昭王南征时路过这里，命令太史把这块土地赐给名中者为采邑。铭文的末尾载"惟臣尚中臣，七八六六六六，八七六六六六"[2]。这里所载的易卦数字符号分别为剥卦和比卦。细绎铭文之意，可以知道周昭王不仅把这块土地封赏给名中者，而且把这块土地上的两个邑的民众赐给名中者为附庸。两个易卦符号即作为附庸所居住的两个邑。另有一件《父戊卣》，时代为西周早期，其铭文先为族徽符号，族徽之下为"六六六，父戊"[3]。《父戊卣》的族徽符号又见于《堇鼎》，堇为周初武王、成王时期燕国的重卿，曾受命前往宗周。《父戊卣》的易卦符号为坤卦，盖是以堇为首领之族的分支所居之邑的名称，父戊即这个分族的贵族，其后人为其作器，即《父戊卣》。另有《召仲卣》，其铭文为"七五六六六七，召中（仲）"[4]。这个易卦数字符号为益卦之作邑称者，召仲盖为其族的首领或贵族。还有《召卣》铭载"一一六八一六，召"[5]，卦为涣卦，用作邑称，名召者为其邑之首领或

---

1 关于周初作邑与筮卦的关系首先为张政烺先生所揭橥，见其所著《试释周初青铜器铭文中的易卦》（《考古学报》1980年第4期）一文。
2 《殷周金文集成》2785。
3 《殷周金文集成》5161。
4 《殷周金文集成》5020。
5 《殷周金文集成》4868。

贵族。以易卦为邑称还见于西周夷王时期的著名的《墙盘》[1]，铭谓：

> 雩武王既戋殷，微史剌（烈）祖迺来见武王，武王则令周公舍寓于周，卑（俾）处甬（颂）。[2]

与《墙盘》同出的钟铭谓：

> 雩武王既戋殷，微史剌（烈）祖（迺）来见武王，武王则令周公舍寓，以五十颂处。[3]

两铭皆谓武王打败殷之后，微史的烈祖率族前来投奔武王，武王命令周公安排其住处，周公则让微史族人居处于"甬（颂）"。颂就是解释易卦的歌谣[4]，一卦至少有一颂，那么一颂也就代表一卦。既然卦名可以为邑称，那么颂亦即是邑。彝铭所谓"卑（俾）处甬（颂）"，意即使其居处于邑；所谓"五十颂"，即使微史的族人居于五十个邑。

从现今所发现的材料看，以卦名为邑称的现象集中出现于西周前期，并且这些卦名皆为数字所表示者，可能到了西周中后期，后世那样的卦画符号开始出现，因此以卦画为邑称甚不明晰，所以易卦也就不再与邑称相联系，但这种习俗也还有一定的保存，所以在周夷王时期还有以易卦的"颂"为邑称者。

---

[1] 20世纪70年代中期所发现的微氏家族铜器群共有周代铜器百余件，这个铜器群的核心是《墙盘》，诸家关于《墙盘》的时代有恭王、穆王两说，我以为它是夷王时器，说见拙稿《墙盘断代再议》(《中原文物》1989年第1期)。

[2] 《墙盘》，马承源主编《商周青铜器铭文选》第三册，第154页。

[3] 《痶钟》，同上书，第194页。

[4] 《周礼·大卜》载"掌三兆之法，一曰玉兆，二曰瓦兆，三曰原兆。其经兆之体皆百有二十，其颂皆千有二百"，郑注："颂谓谣也。"(阮元校刻《十三经注疏·周礼注疏》卷二十四，第802页中栏—下栏)

二

古代文献和彝铭的相关记载，使我们可以窥见西周时期周王朝及一些贵族设官任职以进行占筮的情况。西周时期有专门为王占筮的职官。《周礼·春官》列有"筮人"之职，谓：

> 筮人掌三《易》，以辨九筮之名，一曰《连山》，二曰《归藏》，三曰《周易》。九筮之名，一曰巫更，二曰巫咸，三曰巫式，四曰巫目，五曰巫易，六曰巫比，七曰巫祠，八曰巫参，九曰巫环，以辨吉凶。凡国之大事，先筮而后卜。上春，相筮。凡国事，共筮。[1]

按照这个记载，担任筮人之职者要掌管包括《连山》《归藏》《周易》在内的三《易》的占筮方法，用这些方法来为九种事情占筮以决断其吉凶。这九种事情包括迁都、参乘、祷祠等。国家的大事，要先进行占筮，然后再占卜。在早春时节要选择占筮所用的蓍草。蓍草的长短相传也有规定，周天子所用者长九尺，诸侯七尺，大夫五尺，士三尺。就是主管占卜的占人也要参与占筮之事，《周礼·占人》谓"占人掌占龟，以八筮占八颂，以八卦占筮之八故，以视吉凶"[2]，即指占人将要占卜八事的时候要先以筮法筮之。筮人之职属于史官[3]，以占筮为周代贵族和王室决策时预卜吉凶提供参考。据彝铭记载，西周中期有史官名懋者，曾经受周王命而占筮。铭谓：

> 惟八月既死霸戊寅，王在蒡京淢宫，亲令史懋路筮。咸。王呼

---

[1] 《周礼·春官·筮人》，阮元校刻《十三经注疏·周礼注疏》卷二十四，第805页中栏—下栏。
[2] 《周礼·春官·占人》，同上书，第805页上栏。
[3] 周代卜筮之官皆可称为史。《左传·僖公二十八年》载"曹伯之竖侯獳货筮史"，《国语·晋语》"筮史占之，皆曰不吉"，韦注"筮史，筮人"。在《仪礼》中也有史、筮职责合一的情况。春秋时期记载占筮者，皆称为"史"，是可为证。

伊伯锡懋贝。懋拜稽首，对王休。用作父丁宝壶。[1]

这个彝铭虽然没有明言所筮何事，但对于占筮前后经过却叙述得相当完整。八月戊寅这天，王在京师的称为滋宫的宫殿里，亲自命令史懋进行路筮，路筮完毕后，王又命令伊伯赏赐史懋以贝，史懋感谢王的恩典，宣扬王之休美，故为父丁铸造宝壶以为纪念。所谓"路筮"，当即文献所载的"露蓍"，就是将蓍草暴于星宿之下，翌日用此蓍草进行占筮。[2]

三

西周时期以数字所表示的易卦，对于我们认识易卦和筮法的发展历史进程有什么意义呢？

从西周前期易卦皆以数字表示的情况分析，后世那种卦画符号，即"—"和"--"，在西周的前期和中期并没有出现。专家曾经汇集了彝铭上的四个符号进行研究。[3] 这四个符号均由长画和与之平行的短线构成，只是其短画不作"--"形，而作"---"，由三画组成；另外卦爻不是由三爻或六爻，而是由四爻或五爻组成。这种符号宋人曾有以其为卦象者，但未引起重视。现在看来，这些符号应当就是最初的卦画。但是，必须注意到这样两点，那就是，其一，这种符号和后世通用的卦画符号并不相同；其二，在商末和西周前期以至中期，它都远不如以数字表示的易卦数量为多，可能在西周后期才有了逐渐增多的趋势，至东周时始行于世。从考古发现的材料看，直到厉王时期，易卦还在使用数字符号

---

[1]《史懋壶》，马承源主编《商周青铜器铭文选》第三册，第 159 页。
[2]《汉书·张禹传》载曾经"从沛郡施雠受《易》"的张禹"见时有变异若上体不安，择日洁斋露蓍，正衣冠立筮，得吉卦则献其占，如有不吉，禹为感动忧色"，注引服虔曰："露《易》蓍于星宿下，明日乃用，言得天气也。"从周代对于"天"的信仰的情况看，亦当有将蓍草露于星宿下的习俗，《史懋壶》铭文是其证。
[3] 见张亚初、刘雨《从商周八卦数字符号谈筮法的几个问题》(《考古》1981 年第 2 期) 一文。

来表示。[1]

关于卦画符号何以起源的问题,曾经长期困惑着专家们关于易卦起源的研究。专家关于卦画符号的起源问题所进行的研究多属推测性质。钱玄同谓"原始的易卦,是生殖器崇拜时代底东西;乾坤二卦即是两性底生殖器底记号"[2]。郭沫若也有类似的说法,谓"八卦的根柢我们很鲜明地可以看出是古代生殖器崇拜的孑遗。画一以像男根,分而为二以像女阴"[3]。还有学者谓"八卦是土圭之法中记录出来的日影"[4];或谓卦画的自下而上和左右对称等是对龟卜的"因袭"[5];或谓"八卦系根据结绳二进位记数而来"[6];有的专家根据民族学的资料谓"阴阳两爻是古代巫师举行筮法时用来表示奇数和偶数的符号,八卦则是三个奇偶数的排列组合"[7];此外还有专家推测八卦符号系由经火烧的龟壳上的裂纹演化而成;还有专家根据民族学的资料认出易卦符号源于古代氐羌以草竹等所进行的单、双占卜。有专家曾经考察了彝族地区"木刻卜"的情况,谓这种占卜"是在一块长木板上,用刀划成纹,然后将所划的横纹,分成二段,再分别数每段所划的横纹数目,判断吉凶,认为单、双、单是上卦,双、单、双为中平卦,单、单、双最不吉利,单、双、单亦不好,单、单、单或双、双、双为中平卦"[8]。还有专家谓卦画"是用蓍草做占卜

---

1 1987年在陕西淳化县石桥镇出土一件周厉王时期的筮数陶罐,陶罐肩上有十格,其中都刻有筮数,每组筮数皆由六个数字组成。十格中有九格各有筮数一组,另有一格刻有两组,这样共有筮数十一组。经专家研究,这十一组筮数分别为乾、夬、大有、否、小畜、小畜、睽、困、解、小畜、益等卦,并且推测这是"利用现成器物记录占筮的结果"(李学勤:《西周筮数陶罐的研究》,《人文杂志》1990年第6期)。

2 钱玄同:《答顾颉刚先生书》,《古史辨》第一册,第77页。

3 郭沫若:《中国古代社会研究》,人民出版社,1964年,第23页。

4 刘钰:《关于易经卦画起源之研究》,《周易研究论文集》第一辑,北京师范大学出版社,1987年,第27页。

5 屈万里:《易卦源于龟卜考》,《周易研究论文集》第一辑,第61页。

6 陈道生:《重论八卦的起源》,《周易研究论文集》第一辑,第85页。

7 汪宁生:《八卦起源》,《考古》1976年第4期。

8 宋恩常:《云南彝族的宗教观及其演变》,《云南少数民族研究文集》,云南人民出版社,1986年,第661页。

时偶然的发明"[1]。这些推测尽管都不无道理，但却与商周时代的易卦情况有较大距离。从近年的考古发现及专家对于以数字所表示的易卦符号的释读成果看，上述这些推测就很有重新考虑的必要了。按照这些推测，应是先有卦画符号，然后才衍化出卦名、爻名以及卦爻辞来的。分析了商周时期以数字所表示的易卦，我们可以得出这样的看法，那就是在易卦的发展过程中，先是以数字来表达的，后世那种卦画符号应当是由商周时代以数字表示的易卦符号发展而成的，卦画"—"表示单数，"--"则表示偶数。限于资料，我们现在只能做出这样的推断，还无法说清楚其间的演变过程。盼望今后能有重要的考古发现对于这个推断进行证实或否定。

四

我们从古代文献的记载里可以大致了解西周时期筮法的基本情况。从古代文献记载的情况看，周代筮法的使用相当广泛，对于某些重要的事情还要多次占筮。《仪礼·少牢馈食礼》所载诸侯之卿大夫祭其祖祢于庙的时候所进行的占筮，可以说是当时筮法的典型表现。关于为选择祭日而进行占筮的情况是：

> 少牢馈食之礼。日用丁、己。筮旬有一日。筮于庙门之外，主人朝服西面于门东，史朝服，左执筮，右抽上韇，兼与筮执之，东面受命于主人。主人曰："孝孙某，来日丁亥，用荐岁事于皇祖伯某，以某妃配某氏，尚飨！"史曰："诺。"西面于门西，抽下韇，左执筮，右兼执韇以击筮。遂述命曰："假尔大筮有常，孝孙某，来日丁亥，用荐岁事于皇祖伯某，以某妃配某氏，尚飨！"乃释韇立筮。卦者在左坐，卦以木卒筮，乃书卦于木，示主人，乃

---

[1] 李镜池：《周易探源》，中华书局，1978年，第63页。

退占。吉则史韇筮，史兼执筮与卦以告于主人，占曰从。乃官戒宗人，命涤宰，命为酒，乃退。若不吉，则及远日又筮日，如初。[1]

这里所说的"少牢"，指祭祀时所用的羊、豕；"少牢馈食礼"，指以羊、豕和黍稷为祭品的祭礼。进行少牢馈食之礼的时候，要在丁日或己日的前一天商定举行占筮的确切日期，然后于翌日占筮。通过占筮所选定的祭日为旬有一日之后者。占筮要在宗庙门外进行。主人——诸侯的卿大夫——和主持进行占筮的史官都穿着祭服，主人面朝西站在门东边。史官站在门西边，听从主人的命令之后，史官以左手执下韇——藏蓍草筒的筒底，以右手敲击蓍草筒的筒盖——上韇，让蓍草活动以求神意。占筮者此时要口中念念有词，说道您这尊贵而掌管吉凶的蓍神，孝孙某人要在下一个丁亥日祭祀其伟大的先祖和先妣，请问其选定的祭日之吉凶。说完祷辞以后，史官将蓍草筒放置于地，然后用蓍草进行占筮，史官左边的卦者——史官的属员——将筮得之爻以木画之于地，以便识认，六爻完毕而成一卦。整个占筮完成之后，卦者将所得之卦书写于木版上，让主人观看，其后史官与卦者退还己位。如果所得的卦是吉利的，那么史官就将蓍草收藏于筒内，拿着蓍草筒和书写所得之卦的木版，把吉兆告诉主人。主人闻吉兆后便命令主管祭祀的宗人进行各种准备。如果所得的卦不吉利，则再占筮以后的其他日期。

从《仪礼》和《礼记》各篇所载的内容看，周代的一些礼仪，在举行之前都要进行占筮，以选定举行礼仪的日期，此外还要通过占筮以确定其他一些事情。在举行冠礼的时候，"前期三日筮宾"[2]，通过占筮来确

---

1 《仪礼·少牢馈食礼》，阮元校刻《十三经注疏·仪礼注疏》卷四十七，第1196页上、中、下栏。
2 《仪礼·士冠礼》，同上书，卷一，第947页中栏。

定邀请何人来为受冠礼者加冠，这样的来宾不仅必须是德高望重的贤者，而且还要能够带来吉利，所以要通过占筮确定。占筮是行冠礼之前的一个相当慎重的仪节，"冠礼筮日、筮宾，所以敬冠事；敬冠事，所以重礼"[1]。又载"哀子某，为其父某甫筮宅。度兹幽宅，兆基，无有后艰？筮人许诺，不述命，右还，北面，指中封而筮，卦者在左，卒筮，执卦"[2]。诸侯的士每年举行祭祀祖祢的"特牲馈食礼"的时候，除了"筮日"以外，还要"筮尸"，即通过占筮来确定祭典中的为"尸"者。占筮时的祷辞谓"孝孙某，诹此某事，适其皇祖，某子筮某之某为尸，尚飨"[3]。居丧期间的各种祭礼也要以筮法定吉凶，所以有"练，筮日、筮尸"，"大祥吉服而筮尸"[4]等规定。所谓"练"，即父母去世后一周年的小祥之祭；"祥"，即父母去世两周年之祭。

在周代，对于贵族阶级而言，占筮和龟卜一样，也是统治的一种手段。《礼记·曲礼》上篇谓："卜筮者，先圣王之所以使民信时日、敬鬼神、畏法令也，所以使民决嫌疑、定犹豫也，故曰疑而筮之，则弗非也，日而行事，则必践之。"[5]所谓"弗非"，指统治者以卜筮所定之事，民众不会有所非议。周代贵族阶层中，龟卜要比占筮的地位为高，但不及筮法之被经常使用。《礼记·表记》谓，国家的大事，一般都有固定的时日，不需要经过卜筮而定，然而，"小事无时日有筮"。对于不同等级的贵族来说，"天子无筮，诸侯有守筮，天子道以筮，诸侯非其国不以筮"[6]，可见筮法是周天子以下的各级贵族所常用者。然而天子有时候也

---

1 《礼记·冠义》，阮元校刻《十三经注疏·礼记正义》卷六十一，第1679页下栏。
2 《仪礼·士丧礼》，阮元校刻《十三经注疏·仪礼注疏》卷三十七，第1142页下栏—第1143页上栏。按，由《礼记·丧服小记》所谓"祔葬者不筮宅"的说法看，新死者与祖先合葬的时候可以不再进行占筮以选定墓地。
3 《仪礼·特牲馈食礼》，阮元校刻《十三经注疏·仪礼注疏》卷四十四，第1179页中栏。关于"尸"，《仪礼·士虞礼》注谓"尸，主也。孝子之祭，不见亲之形象，心无所系，立尸而主意焉"，尸为祭祀时代死者受祭以象征死者神灵的人。"尸"，往往以死者的臣下或晚辈充任。
4 《礼记·丧服小记》，阮元校刻《十三经注疏·礼记正义》卷三十三，第1501页中栏。
5 《礼记·曲礼上》，阮元校刻《十三经注疏·礼记正义》卷三，第1252页中栏。
6 《礼记·表记》，阮元校刻《十三经注疏·礼记正义》卷五十四，第1644页下栏。

需要以筮法决疑，除了所谓"天子道以筮"以外，《尚书·洪范》篇所载周天子须"建立卜筮人，乃命卜筮，……谋及卜筮"[1]，也是天子用筮法的证据。

五

我们关于西周时期筮法的研究，可以为认识《周易》一书的形成过程提供一些借鉴。

周代主管筮法之官为"史"，所以古代文献里多有筮史连称或筮史不分的情况。主管卜筮的官员又称为"易"。《礼记·祭义》载：

> 昔者圣人建阴阳天地之情，立以为《易》。易抱龟南面，天子卷冕北面，虽有明知之心，必进断其志焉，示不敢专，以尊天也。[2]

这里所说的"立以为《易》"，指将阴阳天地之情编纂为《易》；"易抱龟"之易，郑玄注谓"官名"，即主职司《易》者其官名亦为易。"易"职之下有若干属官，前面我们提到的《礼记·少牢馈食礼》所载占筮时的"卦者"即其之一。《周礼》所载卜筮之官有太卜、卜师、占人、筮人等，似皆与"易"职有一定关系。

占筮者往往记录筮事情况，以积累经验来供以后占筮时参考。这与殷代贞人将卜辞刻于甲骨之上的情况是类似的。筮者为周王或贵族占筮某事，遇某卦象而论其休咎，筮后行事也有可能是休咎应验，筮者或史官则将卦象与筮后行事结果记录备案，除供今后参考之外，亦是占筮卦象神明之"证据"。《周礼·占人》谓"凡卜筮既事，则系币以比其命，岁终，则计其占之中否"，所谓"系币"，即将命筮之辞和占筮结果以及休咎应验情况等书写于帛上，书写时往往附于其卦象之后。这种占筮记

---

1 《尚书·洪范》，阮元校刻《十三经注疏·尚书正义》卷十二，第191页上栏。
2 阮元校刻《十三经注疏·礼记正义》卷四十八，第1601页上栏。

录积累既多，则分门别类加以整理，即是易卦的卦辞和爻辞的雏形。这种制度由来已久，《礼记》载孔子语谓"重礼，所以为国本也"[1]，在当时人的心目中，筮法之重要于此可见。

筮法在通常的礼仪中也有重要作用，如周代丧葬之礼中，要用筮法"筮宅"，为死者选定墓地，就是一例。《仪礼·士丧礼》篇载其过程，谓：

> 筮者东面，抽上韇，兼执之，南面受命，命曰："哀子某，为其父某甫筮宅，度兹幽宅，兆基，无有后艰？"筮人许诺，不述命，右还，北面，指中封而筮，卦者在左。卒筮，执卦以示命筮者。命筮者受视，反之。东面旅占，卒，进告于命筮者与主人："占之曰从。"[2]

在丧葬过程中，要通过占筮选定墓地。在墓地上，筮者面朝东左手持盛蓍草的下韇，右手抽开上韇，再将上韇转到左手一并执持，然后转身朝南来接受筮的命辞。命筮者代表主人发令说："哀子某，为其父某甫占筮墓地，要将此地作为父某在幽宅，如今划定基域，以后会不会有艰难出现？"筮者接受了命辞，不复述之，便右转身，面朝北，指着这块墓地的中央进行占筮，记录筮卦的人站在筮者的左边。占筮结束，筮者将占筮所得的卦给命筮者观看，命筮者看毕，交还筮人。筮人遂南朝东，和大家一起据筮卦以定吉凶。完成之后，进前向主人和命筮者报告说："占筮的结果吉利。"从这处记载可以看到筮人在选择墓地的过程中起着关键作用。

《礼记·礼运》篇载，研习《易》书"韦编三绝"的孔子说：

---

[1] 阮元校刻《十三经注疏·礼记正义》卷六十一，第 1679 页下栏。
[2] 《仪礼·士丧礼》，阮元校刻《十三经注疏·仪礼注疏》卷三十七，第 1142 页下栏—第 1143 页上栏。

我欲观殷道，是故之宋，而不足征也，吾得坤乾焉（郑玄注："得殷阴阳之书也，其书存者有《归藏》"）。坤乾之义，夏时之等，吾以是观之。[1]

这里所说的《归藏》即《周礼·太卜》所谓三《易》之一，汉代经学家认为它就是殷代的《坤乾》之书。从《坤乾》书名看，商代应当有了以坤卦和乾卦为首的筮书，并且与《周易》不同，是坤卦在前、乾卦在后。周代的史官和筮者，在西周初期就完成了卦辞和爻辞的整理和系统化的工作，《周易》一书已经粗具规模。直到西周中期，《周易》一书还只有卦辞和爻辞，易卦还是以数字来表示的，尚无卦画和爻题，大约在两周之际才将卦画和爻题增补进去，卦爻辞的文字虽然在周初已经粗具规模，但后人又不断地进行润色，甚至加入韵语，所以其最终完成大约是东周时期的事情。《汉书·艺文志》谓"易道深矣，人更三圣，世历三古"[2]，其所谓"三圣"，指伏羲、周文王和孔子；所谓"三世"，按照汉朝人的观念，指伏羲所在的上古、周文王所在的中古、孔子所在的下古。在这里，班氏把易卦的形成归之于"三圣"，固然不确，但其谓易卦的形成"世历三古"，则还是可取的。

《周易》一书既不出自一人之手，也非成书于一时，而是经过长时期的汇集、整理，历经许多史官和筮者之手才完成的。[3] 今所见本《周易》凡六十四卦，每卦六爻，只有乾卦多出"用九"一条，坤卦多出"用六"一条。每一卦皆首列由"━"和"━ ━"所组成的卦画符

---

[1] 阮元校刻《十三经注疏·礼记正义》卷二十一，第 1415 页中栏。
[2] 《汉书》卷三十《艺文志》，第 1704 页。
[3] 古代学者常将《周易》之作归之于周文王或孔子，如唐孔颖达《周易正义》卷首谓"卦辞爻辞并是文王所作"，清皮锡瑞《经学通论》卷一谓"卦爻之辞，皆出于孔子"。按，周文王或与《周易》卦爻辞的汇集整理有一定关系，孔子亦曾将《周易》作为传授弟子的教本，但《周易》的成书，则不当归之于他们个人。李镜池先生谓《易经》卦、爻辞是编纂成的，有编者，姓名失传，可能是周王室的一位太卜或筮人，即《周礼·春官·宗伯》所说的掌《三易》的人"，其说比较圆通，当近于实际。

号，即卦形，然后是卦名、卦辞、爻题、爻辞。所有的爻题皆分别以"初""二""三""四""五""上"等标明其爻位，再以"九"或"六"表明其爻的性质是阴爻抑或是阳爻。卦辞和爻辞的内容主要是以故事和比喻来显示吉凶征兆，暗示人们进行取舍判断。如《旅》卦：

《旅》。小亨。旅贞吉。

初六，旅琐琐，斯其所，取灾。

六二，旅即次，怀其资，得童仆贞。

九三，旅焚其次，丧其童仆，贞厉。

九四，旅于处，得其资斧，我心不快。

六五，射雉一矢亡，终以誉命。

上九，鸟焚其巢，旅人先笑后号咷，丧牛于易，凶。[1]

在长期的占筮过程中，为举行小亨之祭的占筮曾遇此卦，故卦名后记"小亨（享）"。卦辞的"旅贞吉"，谓羁旅之人筮遇此卦则吉。《旅》卦六爻之辞多与殷先王王亥丧牛羊于易的故事有关。[2] 辞中的"旅"者，似皆指王亥而言。"初六"爻辞谓旅者琐琐然离其故居，乃自取灾祸之途。"六二"谓旅者途到客次，怀其资斧，又得童仆。《楚辞·天问》述王亥事有"有扈（易）牧竖，云何而逢"[3]之句。这里的"牧竖"即此爻的"童仆"。"九三"谓旅者所居客舍忽遇火灾，并且丧失其所得之童仆，筮遇此爻而"厉"，即危殆。"九四"谓旅者又得处所而居，其资斧失而复得，然而遭人暗算，心中总觉不快。"六五"谓旅者射雉而中，

---

1 阮元校刻《十三经注疏·周易正义》卷六，第 68 页中栏—下栏。
2 《山海经·大荒东经》载："王亥托于有易，河伯仆牛，有易杀王亥，取仆牛。"《楚辞·天问》载："该秉季德，厥父是臧，胡终弊于扈（易），牧夫牛羊。"两书所载皆可以与《周易》的相关记载相互印证。从《周易》的卦爻辞中将王亥之事揭橥于世者为顾颉刚先生，见其所著《周易卦爻辞中的故事》（《燕京学报》1929 年第 6 期）一文。
3 汤炳正：《楚辞今注》，上海古籍出版社，1995 年，第 105 页。

可是雉未死，反而带矢而飞去，虽然可有善射之誉，但终非吉兆。"上九"谓旅者之居又被焚，旅者曾经先逞淫乐而欢悦，直到被杀时才醒悟而号啕大哭。旅者丧失其牛于有易氏，是为凶兆。从《旅》卦的卦、爻辞看，是以叙述故事的方式来说明吉凶之兆。此为《周易》诸卦中最为完整者之一。一般而言，一个卦的六爻之中，多数是有一爻或两三爻叙述故事，如《归妹》卦"六五"之爻的"帝乙归妹"[1]，《晋》卦的"康侯用锡马蕃庶，昼日三接"[2]，《既济》卦"九三"之爻的"高宗伐鬼方，三年克之"[3]等，皆为其例，其他各爻则以比喻来说明吉凶。

和以故事显示吉凶的情况相比，《周易》卦爻辞以比喻显示吉凶者更为常见。如《遯》卦载：

《遯》。亨。小利贞。

初六，遯尾，厉，勿用有攸往。

六二，执之用黄牛之革，莫之胜，说（脱）。

九三，系遯。有疾厉，畜臣妾吉。

九四，好遯。君子吉，小人否。

九五，嘉遯。贞吉。

上九，肥遯。无不利。[4]

卦义谓举行享祀曾遇此卦。今若筮而得此卦，则举事有小利。本卦诸爻的遯，皆借为豚，指小豕。"初六"之爻谓筮遇此爻，则如同豕尾一样，有被截断的危险，故得卦者不可有所往。养猪者往往断猪之尾以令其肥，此以豕尾喻危殆。"六二"谓用黄牛之革束绊豕之足，豕小而力微，

---

1 阮元校刻《十三经注疏·周易正义》卷五，第64页中栏。
2 同上书，卷四，第49页上栏。
3 同上书，卷六，第72页下栏。
4 同上书，卷四，第48页上栏—中栏。

故必不能挣脱，须解脱此革，豕方可行动。此喻必须解脱束缚，方可获取自由。"九三"谓豕被束缚而不得脱。筮遇此爻者若有疾病，则病魔缠身而危殆；若畜养有臣妾，则如同系豕一样，臣妾不得逃亡。"九四"谓馈人以豕[1]，君子富有，馈豕合乎礼仪而吉；庶人贫穷，若馈人以豕，则财力不支，并且不合乎礼仪，故庶人馈豕而不吉。"九五"以"嘉遯"——喜庆之事所用之豕——来比喻吉利，故筮得此爻而吉。"上九"以肥豕喻指美好之物，故筮遇此爻没有不吉利者。如《遯》卦这样以比喻来指明吉凶者，《周易》的卦爻辞中习见。如《乾》卦"九五"之爻谓"飞龙在天，利见大人"，比喻大人居高贵之位，正是有所作为之时，故往见之而有利。《小畜》卦"九三"之爻谓"舆说（脱）辐，夫妻反目"[2]，以车辆脱輹和夫妻反目喻指事之乖戾。《大过》卦"上六"之爻谓"过涉灭顶，凶"[3]，以过河涉水的灭顶之灾，喻指凶险。《鼎》卦"初六"之爻谓"鼎颠趾，利出否"[4]，谓鼎足向上而使鼎倾覆，利于清除鼎中秽物，以此喻指有利于清除恶人。《渐》卦"初六"之爻谓"鸿渐于干，小子厉，有言无咎"[5]，以鸿雁落于河岸喻指小孩在河岸而危殆，但若有人告诉而使之离去则无妨碍。这些都是以比喻为筮辞的典型。

无论是叙述故事，抑或是应用比喻，《周易》的卦爻辞都往往隐去叙事或比喻的直接含义，如龙在云雾之中，只露出一鳞半爪，让人难以捉摸。在这里也正体现了卦爻辞编纂者的良苦用心，因为在占筮的时候，筮者的筮辞只有模棱两可、若隐若现，才可以借题发挥，以不变应万变，使卦筮合乎实际结果。《周礼·占人》谓"岁终，则计其占之中否"，筮辞之隐约含混，正是使占筮屡中的一个重要因素。

---

[1] 《遯》卦"九四"之爻的"好遯"，好字读若美好或爱好，于此皆文义难通，此从高亨先生说，"好有馈义"（《周易古经今注》卷三）。
[2] 阮元校刻《十三经注疏·周易正义》卷二，第 27 页上栏。
[3] 同上书，卷三，第 42 页上栏。
[4] 同上书，卷五，第 61 页中栏。
[5] 同上书，卷六，第 63 页中栏。

总之，尽管筮法不起源于西周，并且在西周以后筮法依然长期行用于世，但西周时期却是筮法发展的一个极为重要的阶段。筮法在这个时期逐渐系统化，卦爻辞的整理和加工则反映了占筮理论的完成。就卦象而言，西周时期已经由数字趋于用卦画符号来表示。从西周时期社会情况看，筮法使用的频繁已经远远超过甲骨占卜。闪耀着上古时代智慧之光的《周易》一书于西周时期基本完成，可以说是与那个历史时代筮法的发展完全相称的，从而也是顺理成章的事情。

"穆卜""枚卜"与"蔽志"
——周代占卜方式的一个进展

《尚书·金縢》所载"穆卜",是一种不向神龟讲所占卜之事而只是默念于心的占卜方式。春秋时期的"枚卜",依杜预所言是一种"不斥言所卜以令龟"的占卜。穆卜和枚卜都是默卜。春秋时期的"蔽志",只是枚卜的一个环节,指将作为问卜之事的"志"蔽藏于心而不说出。战国楚简记载的那个时期的占卜的"思攻解",正是"蔽志"的具体体现。"穆卜""枚卜"这一类占卜方式,自周初直到战国时期楚简所载的"思攻解"类的文字中,仍然可以望见默卜方式若隐若现的影子。和殷代占卜方式相比,这类默卜的方式应当是一个进展。

一、关于"穆卜"意蕴的探寻

"穆卜"见于《尚书·金縢》篇。是篇载武王克商之后不久病笃,周公为其占卜祈祷。过程如下:

既克商二年,王有疾,弗豫。二公曰:"我其为王穆卜。"周公曰:"未可以戚我先王。"公乃自以为功,为三坛同墠。为坛于南方,北面，周公立焉。植璧秉珪，乃告大王、王季、文王。[1]

"二公"（召公、太公）欲进行"穆卜"，周公认为此法会使先王忧虑而不妥。他要自己完成此事功[2]，求三王保佑武王，并设坛告祭。关于《金縢》篇所载太公、召公想要进行的"穆卜"之意，有不同的理解。

我们先来看郑玄的说法。他认为"穆卜"是"二公欲就文王庙卜"[3]，段玉裁认为之所以如此，是因为在周代昭穆系列中，文王为穆，并且《尚书·酒诰》有"乃穆考文王"之说。[4]清儒王鸣盛发挥郑玄的说法，谓"穆卜为古人问卜之名，盖周家有大事辄诣文王庙卜，其后遂名此卜曰穆卜"[5]。揆其意是以为周代在文王庙举行的贞问大事之占卜称为"穆卜"。此说看似圆通，但周代大事颇多，为什么不见别的占卜称为穆卜，而独于二公之卜称为"穆卜"呢？这个问题依此说颇难说得通。

郑玄此说的问题还在于商周时代占卜并无固定地点，据礼书记载，一般是在"祢庙庙门阒外闑西南"[6]处布席陈龟，再进行占卜的种种程序。既然没有占卜的固定场所，所以在文王庙占卜称为穆卜，虽有可能，但于其他地方的占卜又该如何称呼呢？周王宗庙很多，至今尚未见"昭

---

1 阮元校刻《十三经注疏·尚书正义》卷十三，第196页上栏。
2 经文的"功"字，《史记·鲁周公世家》作"质"。清儒段玉裁说这个质字读若《左传》"周郑交质"之质（见《古文尚书撰异》卷一四，《续修四库全书》第46册，上海古籍出版社，2002年，第191页）。按，此说虽通，然揆诸经文，周公是以己身代死，并非去为人质。宋儒或谓"功"指功事、功劳，"周公不爱其身，欲代武王之死功事也。'自以为功'，言其身任此事也"（陈大猷《书集传》卷七引王氏说，《续修四库全书》第42册，第106页）。清儒牟庭说：作"质"，是"真孔古文，训功为质也……《释诂》曰：'功，成也。'《释诂》又曰：'质，成也。'此则功、质义同"（《同文尚书·周书·金縢》，《续修四库全书》第47册，第449页）。此说较圆通，可从。虽然质、功两字之意古通，但作"功"的可能性更大些，清华简这个字作"扛"[李学勤主编《清华大学藏战国竹简》（壹），第158页]，是为一证。
3 《史记》卷三十三《鲁周公世家》，中华书局，1959年，第1516页。
4 见孙星衍：《尚书今古文注疏》卷十三，第324页。
5 王鸣盛：《尚书后案》卷十三，《续修四库全书》第45册，第161页。
6 《周礼·春官·大卜》贾公彦疏，阮元校刻《十三经注疏·周礼注疏》卷二十四，第803页下栏。

卜"的记载。如果都要记上占卜地点的话，那就应当有许多"某卜"的记载，但至今也未发现。后世的经学家，多不认同郑玄此说，这应当是一个重要原因。

关于"穆卜"之意，在郑玄之后较早出现的解释，是伪孔传的说法。伪孔传云："穆，敬。……敬卜吉凶。"孔颖达疏谓："为王敬卜吉凶，问王疾病瘳否。"[1] 后来的学者对此说多不持异议，还从多方面论证补充此说。宋儒陈大猷谓："穆，敬也，和也，而有深远之意，故卜称穆卜。"[2] 从文字训诂上看，"穆卜"之"穆"释为敬，是完全没有问题的，但于解释文意方面却还有不足之处，即《金縢》篇末段载周成王启金縢之书以后曾哭着说："其勿穆卜！"若谓这个"穆卜"即敬卜，语意就很别扭，为什么会说不要敬卜呢？这是很难说清楚的问题。宋儒蔡沈谓："先儒专以穆为敬，而于所谓'其勿穆卜'，则义不通矣。"[3] 蔡沈此说确实击中了以"敬"释"穆"说的要害。再者，若谓"穆卜"意即敬卜，那么是否还有另外的不敬的占卜呢？从商周时人对于占卜和神意的恭敬看，怕是很难找到例证。若此，我们就可以说既然所有的占卜都是恭敬的，那又何必于此单独列出一个敬卜呢？

对于"穆卜"的另外一种解释是释"穆"为"和"。宋儒蔡沈说："古者国有大事卜，则公卿、百执事皆在，诚一而和同，以听卜筮，故名其卜曰'穆卜'。"[4] 清儒姜兆锡赞同蔡沈的说法，强调"穆卜犹言共卜"[5]。《尚书·洛诰》篇有"我二人共贞"之句，也可为此说的佐证。

---

1 阮元校刻《十三经注疏·尚书正义》卷十三，第196页上栏。按，《左传·成公十六年》"虔卜于先君"，此例支持"穆卜"意即"敬卜"之说。
2 陈大猷：《书集传》卷七，《续修四库全书》第42册，第106页。
3 蔡沈：《书集传》卷四，凤凰出版社，2010年，第152页。按，清末民初的学问家简朝亮也看出这方面的问题，"穆卜"意指敬卜或共卜，则"由是言之，下文曰'其勿穆卜'则窒矣"，并且指出从这个角度说，若言"穆卜"即卜，"则可也"（《尚书集注述疏》卷一三，《续修四库全书》第52册，第334页）。
4 蔡沈：《书集传》卷四，第152页。元儒金履祥赞同此说，见《书经注》卷八（《续修四库全书》第42册，第556页）。
5 姜兆锡：《书经参议》卷四，《续修四库全书》第43册，第574页。

或释穆卜义为求卜。吴汝伦说《史记·鲁世家》穆卜作缪卜，《集解》引徐广说"穆字古作缪"，"缪读为摎。张衡《思玄赋》'摎天道其焉如'，注：'摎，求也。'缪卜，求卜也。"[1]

或将"穆卜"释为一般的占卜。如元儒金履祥谓：《金縢》所说"勿穆卜"，意即"不必更卜"，他直接以"卜"释"穆卜"。[2]清儒戴钧衡说："当时凡卜皆言穆。"[3]清儒邵懿辰说："'穆卜'犹《虞书》'昌言'，盖当时习语也。"[4]刘起釪先生总结这种说法，认同释"穆"为敬之说，谓："'穆卜'为当时统治者占卜的专用术语，使用'穆'字，显然乃是取其'敬肃''肃穆'的意义，反映他们对于这种占卜的敬重程度。"[5]此说的问题在于，既然是占卜习语，那就可以直接称"卜"，而不必另加一词在"卜"字上。有了这个"穆"字，必然是表示它与一般的占卜不同。

或认为"穆卜"就是秘密占卜。清儒牟庭说："穆之言密也。穆、睦声同。《韦贤传》注曰：'睦，密也。'《释诂》曰：'密，静也。'《扬雄传》注曰：'穆穆，静也。'《文选·非有先生论》注曰：'穆，犹默静思貌也。'据此知穆、密，音近而义通。古者国有恐惧，密卜于先王之庙，谓之穆卜也。……周公欲自祷，以身代武王，不欲二公知之，故拒二公，不听穆卜也。"[6]此说颇有可取之处，但谓"穆卜"只是秘密占卜，仍有于意未安之处。

也有专家将"穆卜"理解为特殊的占卜，所特殊之处在于卜问内容（"以身代死"）特殊、"不让被占卜者（按，指武王）本人知道"、占卜者与被占卜者有"血缘关系"、"有一套特殊的仪式流程"。[7]这个说法指

---

1 吴汝伦：《尚书故》卷二，《续修四库全书》第50册，第624页。
2 金履祥：《书经注》卷八，《续修四库全书》第42册，第559页。
3 戴钧衡：《书传补商》卷五，《续修四库全书》第50册，第63页。
4 同上书，引邵懿辰说。按，"昌言"见《尚书·皋陶谟》篇，意为谠言、善言，与"穆卜"虽非一义，但作为日用习语则有相似之处。
5 刘起釪：《尚书校释译论》，第1225页。
6 牟庭：《同文尚书·周书·金縢》，《续修四库全书》第47册，第448页。
7 姚苏杰：《论〈尚书·金縢〉中的"穆卜"》，《安徽大学学报》2013年第1期。

出"穆卜"的特殊性是可取的。但是，把它定为周公所进行的占卜，则是不对的。愚以为"特殊的仪式流程"并非周公所进行的占卜，而应当是恰恰相反的，因为经文已经明言欲"穆卜"者是"二公"，而周公当时则是反对"穆卜"的。

总括以上诸说，"穆卜"之意有：（一）至文王庙而卜，（二）敬卜，（三）共卜，（四）求卜，（五）占卜习语，（六）密卜，（七）特殊占卜等七说。七说虽然各自皆有道理，于文字训诂亦能通畅，但于释解文意皆似有窒碍之处，所以尚有再探讨的余地。

愚以为释解"穆卜"文字训释固然重要而不可或缺，但也要辅之以分析上下文意。两者兼顾，庶几可有较好的解释。

我们试可从《金縢》篇的文意再做一下梳理。这篇记载表明，太公和召公"二公"进行"穆卜"的主张被周公否定。周公自作主张进行了另外的一场占卜。可以肯定，周公所进行的不是"穆卜"。由此我可以知道"穆卜"不是什么样的占卜。这对于理解"穆卜"的情况，显然是一个可贵并且可信的启示。

周公占卜的过程是筑坛、告神与龟卜，其主要特点是向大王、王季和文王等"三王"报告。报告前，周公要先"植（置）璧秉珪"（将玉璧置于三王的祭坛献祭再手执桓圭），然后隆重地说出周公代武王而死的志向，及恳请三王允许的理由。这理由用《金縢》所载周公自己的话来说就是"予仁若考，能多材多艺，能事鬼神"，这表明"三王"喜欢被人周到地伺候，至于下界经国理政的大事倒还在其次。周公占卜过程中尤为重要的是如下的过程，即"（周公）乃告大王、王季、文王。史乃册祝曰"，孔颖达疏解其意是"史乃为策书，执以祝之曰"[1]，可见史官是将周公之语录之简册，然后在占卜时读简册之语以祷告于神灵。这是周公占卜的核心过程。合理的推测，应当是"二公"所主张的"穆卜"

---

1 阮元校刻《十三经注疏·尚书正义》卷十三，第196页中栏。

没有这一过程。"穆卜"应当是不读简册以祷告神灵的占卜。太公、召公为协助武王灭纣的主要助手，对于武王之大业的认识，应当与周公不相上下。他们未必没有代武王去死的意愿，但他们所要采取的"穆卜"的方式，不能充分表达此一忠心以求让武王继续完成大业的事功，所以周公"自以为功"，要独当重任，以死相救武王。让史官册祝而祷告，是充分表达周公意志之举。这种方式必当为"穆卜"所无者。周公否定"穆卜"的理由是"未可以戚我先王"，意即，只在心中默念，不能够感动先王。

能够从侧面证明"穆卜"意义的是《金縢》所记成王知道周公占卜真相后的感动，成王拿着册书哭泣着说："其勿穆卜，昔公勤劳王家，惟予冲人弗及知。"（"以后不要再穆卜了，从前周公勤劳王家之事，我这年轻人都不知道。"）可见，"穆卜"与成王不知道事情原委有直接关系，所以他才会有"勿穆卜"之说。可见，"穆卜"，应当是保密性最强的占卜方式。如果占卜时将所贞问之事大声读出而祷告神灵，那样做的话，保密性就差得多了。

二、"穆卜"即默卜

"穆"字古有静默之意。就其造字本义言，穆字从禾，从㣎，盖从禾穗独有锋芒之尖锐处取意。其本字当即㣎，段玉裁说："凡经传所用穆字皆假穆为㣎。㣎者，细文也。从彡，㬎省。彡言文，㬎言细，凡言穆穆、于穆、昭穆皆取幽微之义。"[1]《尚书·洛诰》"旁作穆穆迓衡不迷文武勤教"[2]，穆穆即迷茫不清。屈原《楚辞·九章》"穆眇眇之无垠"、

---

1 段玉裁：《说文解字注》七篇上，第321页。按，徐灏《说文解字注笺》卷七上（见《续修四库全书》第226册，第37页）完全同意段注此说。
2 《洛诰》此句，愚以为此十二字当作一句读，意与《尧典》"烈风雷雨弗迷"类。章太炎《古文尚书拾遗定本》说此句"言遭横逆而心不断"（转引自刘起釪《尚书校释译论》，第1486页）。总之，此句意谓在迷漫横逆中不迷失而执著于文武教诲。

《远游》"形穆穆以浸远"[1]的"穆眇眇""形穆穆"与《洛诰》的"穆穆"意皆相同。《吕氏春秋·至忠》:"穆行之意,人知之不为劝,人不知不为沮,行无高乎此矣。"《淮南子·原道训》讲"道"的特质时,谓:"穆忞隐闵,纯德独存,布施而不既,用之而不勤。是故视之不见其形,听之不闻其声,循之不得其身,无形而有形生焉。"高诱注:"穆忞、隐闵,皆无形之类也。"[2]《淮南子·原道训》:"物穆无穷,变无形像。"王念孙指出,"物穆"当作"沕穆",意即颜师古所言的"深微貌"。[3]《文选·非有先生论》:"吴王穆然。"李善注:"穆,犹默,静思貌也。"[4] 穆与默,不仅古意相涵,而且古音亦相近。穆为觉部明纽,默为职部明纽。这两个字声纽相同,声部相近。这与两字意义相涵与其古意相涵应当是有关系的。

从"穆"字的静默本义看,"穆卜"当即默卜,即不将所贞问之事项说出来而占卜,只是贞问占卜者所想之事是为吉,抑或是凶。我们前面总结了关于"穆卜"的七种解释,其第六种解释是将"穆卜"解为密卜。只是说秘密占卜于先王宗庙,并非占卜方式的变化。我们于此所言的"默卜",强调的是与普通占卜不同的占卜方式,即在命龟这一环节上与普通占卜有了重大区别。陈梦家分析卜辞内容曾经将完整的卜辞分为前辞、命辞、占辞、验辞四个部分。"命辞,即命龟之辞"[5],就是占卜所贞事项的内容。王宇信先生也将完整的卜辞分为这样四个部分,指出,"命辞,又称贞辞,即此次占卜所问的内容"[6]。据《史记·龟策列

---

1 朱熹:《楚辞集注》卷四、卷五,蒋立甫校点,第99、104页。朱熹以"广大幽深"释"穆眇眇",甚是。
2 刘文典:《淮南鸿烈集解》卷一,第29页。
3 王引之说:"《史记·贾生传》'形气转续兮,变化而嬗,沕穆无穷兮,胡可胜言'。《汉书》作'沕穆无间'。颜师古曰:'沕穆,深微貌。'"(《读书杂志》第十二册《淮南内篇》,第71页)
4 萧统:《昭明文选》卷五十一,上海古籍出版社,1986年,第2243页。按,朱骏声说:"默、穆,亦一声之转。"(《说文通训定声·孚部》,第299页)
5 陈梦家:《殷虚卜辞综述》,第43页。
6 王宇信:《甲骨学通论》,中国社会科学出版社,1989年,第130页。

传》所言古代灼龟占卜的情况，王宇信先生说占卜述命辞的过程是，"在灼龟时，一边祷祝，一边述说所卜之事，灼完以后，就可根据正面所呈现的兆象来判断吉凶"[1]。总之，普通的占卜是必须将占卜的内容向神龟讲清楚的，而"穆卜"则是不向神龟讲所占卜的内容，只是默念于心。这在占卜程序上是对于"命辞"的一大变化。

《尚书·金縢》载周公否定二公所主张进行"穆卜"的关键理由是"穆卜"的方法"未可以戚我先王"。我们于此来讨论一下经文"戚"字。专家或谓这个字当读为祷，并指出《说文》璹读若淑，是卡寿二声相通之证[2]。从音读上看，这个说法是可以成立的。但是，按照这个读法，"未可以戚我先王"，即成为反问句，谓："难道不可以直接祈祷于先王吗？"这就将二公所言"穆卜"排除于祈祷过程之外。若如此，则难以疏通文意。从《金縢》所载可知周公并不排斥龟卜，他自己就"卜三龟"。因此，可以说读"戚"为"祷"，于音理可通，于事理则有碍。经文"戚"字依照一般看法，理解为"忧戚"，还是可信的。清儒戴钧衡指出的别一说，认为"'戚'读若《孟子》'于我心有戚戚焉'之'戚'（赵岐注：'戚戚然心有动也。'）"[3]，从经文意思看，此说是比较妥当的。经文的"戚先王"，意犹使先王忧戚。

为什么"穆卜"不能忧戚先王呢？

龟卜的结果，是要通过占视纹兆来判断吉凶。其所传达的吉凶判断是神意，抑或是神龟之意，是难以区分的。殷墟卜辞中，"大甲若""祖乙若""帝……不若"[4]等，可以确定是神意，而另一类关于某神是否降祟

---

1 王宇信：《甲骨学通论》，第 114 页。
2 周秉钧：《尚书易解》，岳麓书社，1984 年，第 147 页。
3 戴钧衡：《书传补商》卷五，《续修四库全书》第 50 册，第 63 页。
4 《合集》第 1458、1637、7861 片。

的卜辞，则不应当是神灵之意，而应当是神龟之意。[1] 除此之外的大量的不说明某神之意而只是说吉凶咎祸的卜辞，则无法截然判断。采用默卜方式的"穆卜"，将所问事项（甚至所求助的神灵），藏于占卜者之心而不显露，这是所祈祷的神灵所无法知晓的。周公说这种方式，"未可以戚我先王"，是我们解释"穆卜"方式的一个重要参考。

要之，"穆卜"的方式，赋予占卜者以更多的主动权，单就这种方式所展现的神人关系看，是神围绕人的意志来判断吉凶，而不是人匍匐于神灵之前的禀报与祈祷。

三、枚卜："不斥言所卜以令龟"

我们再来讨论和"穆卜"相类似的"枚卜"。

"枚卜"之说，最早见于《左传·哀公十七年》：

> 王与叶公枚卜子良，以为令尹。（杜注："枚卜，不斥言所卜以令龟。"）沈尹朱曰："吉。过于其志。"叶公曰："王子而相国，过将何为？"他日改卜子国，而使为令尹。[2]

楚惠王和叶公采用"枚卜"的方式，决定是否任命子良担任令尹。占视龟兆的沈尹朱说："龟兆为吉兆，并且吉利的情况超过了惠王与叶公要任用子良为令尹之志。"叶公说："子良身为王子而担当令尹的重任，已是高官显贵之巅，若超过这个志，将会要干什么呢？"改日，惠王和叶公就枚卜子国，使他担任令尹。子良是楚惠王之弟，楚惠王和叶公"枚卜"任命他为令尹是否吉利。时为太宰的沈尹朱占视龟兆，结果是虽然

---

[1] 陈来先生指出："占问的对象不一定直接就是鬼神祖灵，如卜辞中有问是否祖在作祟，显然不是问祖自己。《史记·龟策列传》的说法以灵龟为沟通上下的媒介，其说应有所本。"（《古代宗教与伦理》，生活·读书·新知三联书店，1996年，第73页）

[2] 阮元校刻《十三经注疏·春秋左传正义》卷六十，第2179页中栏。

是吉兆，但却过于惠王和叶公任命子良为令尹之志。叶公即判断说在令尹之上就是王位，所以作为惠王弟的子良，有可能图谋楚国王位（"过将何为"）。这应当是楚惠王最为忌讳的事情。因此，虽然是吉兆，但因不合占卜者之志而未被采纳。他日的任用子国为令尹，其枚卜的结果必然是合乎惠王之志者。

"枚"字本有"微"之意。《诗·大雅·旱麓》："莫莫葛藟，施于条枚。"毛传此处于"枚"字无释[1]。郑笺谓："延蔓于木之枚。"葛蔓延木势而上升，先树干后树枝，先树枝之粗处再延于其细微之尖端。郑笺此释显然是正确的。而枚之意则指枝条之细微顶端，若隐若现之处。就字的本义说，枚与微近。就古音而论，"枚"字为明纽微部字，与微相同。朱骏声说"枚通微"[2]，是可以成立的。

"微"字的核心意义是隐匿。《说文》："微，隐行也。……《春秋传》曰：'白公其徒微之。'"段玉裁指出："《左传》哀十六年文。杜曰：'微，匿也。'与《释诂》'匿，微也'互训。皆言隐，不言行。"他在解释"枚"字时亦谓："《豳风》传曰：'枚，微也。'《鲁颂》传曰：'枚枚，砻密也。'皆谓枚为微之假借也。"[3]《左传·襄公十九年》"崔杼微逆光"，洪亮吉引服虔说谓："微，隐匿也。"[4]在这里很可以令我们重视的是，《左传·哀公十七年》杜预注所说的"枚

---

1 按，毛传已在《旱麓》之前两释"枚"字，所以此处不再释。《诗·汝坟》"伐其条枚"，毛传："枝曰条，干曰枚。"孔疏谓："枝者木大，不可伐其干，取条而已。枚，细者，可以全伐之也。《周礼》有'衔枚氏'，注云'枚状如箸'，是其小也。"（《十三经注疏·毛诗正义》卷一，第282页下栏）按，孔疏说为优。毛传此处当为偶失。毛传释《诗·豳风·东山》"勿士行枚"时谓"枚，微也"，孔疏："枚为细物也。"毛传于"枚"字之两释，一谓干，一谓微。细绎《旱麓》"施于条枚"之意，当以释为细微近是。
2 朱骏声：《说文通训定声·履部》，第602页。
3 段玉裁：《说文解字注》二篇下，第76页；六篇上，第249页。
4 洪亮吉：《春秋左传诂》卷十三，中华书局，1987年，第549页。按，洪亮吉所引服虔说，见《太平御览》卷一四六《皇亲部·太子一》。竹添光鸿亦谓"枚当读为微"（《左氏会笺·昭三》，第1824页）。

卜"之意[1]，即"不斥言所卜以令龟"，杜预认为枚卜就是不宣示所卜的内容来命龟。这种占卜，显然是只让龟卜判断吉凶即可，所卜问的内容则是隐匿于占卜者内心的。依杜预注此义，则"枚卜"的"枚"正应当通假而读若"微"，意即隐匿。杜预言"枚卜"即"不斥言所卜以令龟"，是很精当的解释。[2] 孔颖达曾以伪孔传所释"枚卜"为"历卜"之说来解释《左传·哀公十七年》"枚卜子良"之事，[3] 日本学者竹添光鸿不同意此说，谓："楚所卜者止子良一人，何历卜之有？"[4] 正击中"历卜"说的要害。再说，"他日改卜子国"，亦只有子国一人，亦无"历卜"之事。若果真为"历卜"，必当为子良、子国等候选者一起占卜，当无"他日改卜"之事。

"枚卜"是起源甚早的一种占卜方式，我们如若将商代的情况置而不论的话，可以说先周文化就开始有了这种占卜方法。周原甲骨有如下一版卜辞（图一，图二）：

王以我枚单咒，勿卜。[5]

首先将此辞与枚卜联系在一起解释，是庞朴先生的发现。他指出："此文同《左哀十七年》的'王与叶公枚卜子良以为令尹'句，完全相

---

[1] 后世学者多无视杜预此言，而将"枚卜"理解为"历卜"。伪古文《尚书·大禹谟》"枚卜功臣"，伪孔传："枚谓历之而从其吉。"孔颖达疏："《周礼》有'衔枚氏'，所衔之物状如箸，今人数物云一枚、两枚，则'枚'是'筹'之名也。"（《十三经注疏·尚书正义》卷四，第136页下栏）
[2] 庞朴先生分析《左传》相关记载，谓杜注所谓"不斥言所卜以令龟"，语意不明，"究竟是不斥言所卜之事，还是不斥言所卜之人，抑或二者俱不斥言？杜注语焉不详，莫名其指"。（《"枚卜"新证》，《历史研究》1980年第1期）愚以为杜注说的"不斥言所卜"的"所卜"，既指占卜之人，亦指占卜之事。杜预之释已经明晰，而无须再分别言说。
[3] 孔颖达说见《十三经注疏·春秋左传正义》卷四十五，第2063页中栏。
[4] 竹添光鸿：《左氏会笺·昭三》，第1824页。
[5] 图一为此版卜辞的局部，周原甲骨原编号为79FQH1∶1，转引自曹玮编著《周原甲骨文》，世界图书出版公司，2002年，第143页。图二转引自庞朴《"枚卜"新证》，《历史研究》1980年第1期。

"穆卜""枚卜"与"蔽志" 275

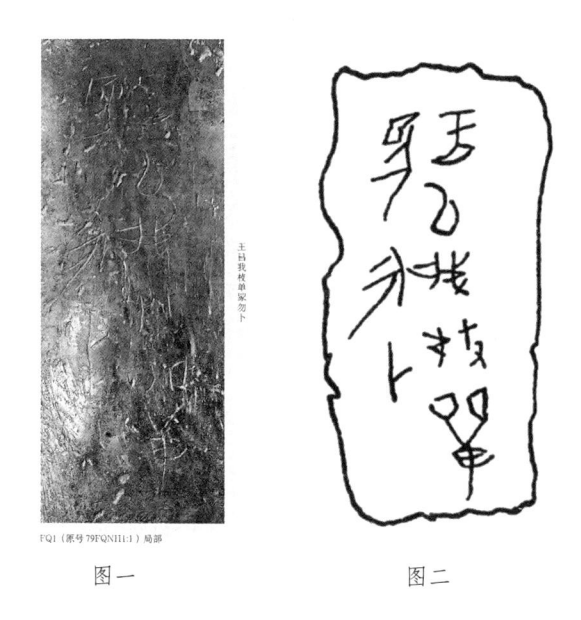

图一　　　　　　　　　图二

当。……'枚'本身是一种占法,而不是"枚数",于此得到有力证明。"[1]愚以为此条卜辞中的"枚"为"枚卜"之省称。辞中的"单"字,田宜超先生说"音转为'射'"[2],其说可从。此条卜辞内容是说,王与占卜者("我")枚卜射兕之事,抑或是不进行枚卜。"兕"为猛兽,射杀兕有相当的危险,并且兕皮厚实而不易射杀。故而用枚卜的方式来贞问吉凶。此中当有用"枚卜"的方式,利于保守秘密不惊动兕的用意。这条卜辞的意思是说:王与我去射兕,是要进行枚卜,还是不进行枚卜。这是为是否枚卜而进行的占卜。

庞朴先生曾经以周原甲骨的材料和民俗学的资料,说"枚卜","只是一种简单的以枚为卜的决疑法","犹有以竹块二枚,掷地视其向背,

---

[1] 庞朴:《"枚卜"新证》,《历史研究》1980年第1期。按,"枚卜"之义古多以为是历卜。清儒朱骏声说:"枚是筹之名也,伪《禹谟》'枚卜功臣',《方言》十三'枚,凡也'。"(《说文通训定声·履部》,第602页) 一个一个地历卜,犹数筹然,故谓之枚。庞先生以民俗学资料和周原甲骨材料进行论说,将相关研究向前推进了一步。
[2] 田宜超:《"王以我枚单兕勿卜"解》,宋镇豪、段志洪主编《甲骨文献集成》第33册,第384页。

以定吉凶者，殆枚卜之孑遗"[1]。这是个很有启发性的创见，上古时代，民智未繁，此类简单的方法，确实更适合普通民众贞问吉凶的需要。但此类方法非必用"枚"来卜，庞先生所说的民俗是以"竹块"，而非类于枚的竹棍、竹竿。竹片（或竹块）可以分为向背，而竹棍、竹竿则不好区分。大凡玉片、瓦片、木片之类皆可用抛落或旋转骤停的方法看其正反向背而定吉凶。这些片状或块状之物不当以"枚"为称。要之，若把"枚卜"的"枚"作为占卜工具，尚待更多的证明才可成立。若此，则似不如将"枚卜"理解为与"穆卜"相同的默卜较为妥当。

与"枚卜"类似的占卜方式，《左传》记载的还有"枚筮"。春秋后期鲁国季氏费邑宰南蒯密谋发动叛乱，为预料吉凶而进行"枚筮"。《左传·昭公十二年》载：

> 南蒯枚筮之。遇坤䷁之比䷇，曰："黄裳元吉。"以为大吉也。

关于这种"枚筮"方法，杜预注谓："不指其事，泛卜吉凶。"孔疏亦谓"不告筮者以所筮之事"而占筮。[2] 所谓"泛卜吉凶"，意即浮泛地占问吉凶，并不确指为何事而筮。南蒯要发动叛乱，必当密其事，所以在枚筮的时候，不言明其所筮之事。以情理度之，南蒯的"枚筮"应当是默筮，将所筮谋叛之事默念于心，而只泛卜其所默念之事的吉凶。这与杜

---

[1] 庞朴：《"枚卜"新证》，《历史研究》1980年第1期。专家或对庞先生的说法提出异议，谓"古人决疑之术，皆以卜、筮，而不以'枚'，其言'枚'，必兼及卜、筮。由此观之，'枚'之不可拟于卜、筮，亦已明矣。若谓"枚卜"为"决疑之术"，则是"犹治丝而棼之"（田宜超：《"王以我枚卜罔勿卜"解》，《甲骨文献集成》第33册，第384页）

[2] 阮元校刻《十三经注疏·春秋左传正义》卷四十五，第2063页中栏。清儒俞樾说："枚，当读为微。《诗·东山》'勿士行枚'，毛传'枚，微也'，是其证也。襄十九年传'崔杼微逆光'，服虔曰：'微，隐匿也。'哀十六传'其徒微之'，杜曰'微，匿也'，匿其事而使之筮，故为微筮。哀十六年传'王与叶公枚卜子良以为令尹'，义亦同此。"（《群经平议》卷二十七，《续修四库全书》第178册，第438页）按，俞樾此说良是，其所论枚卜之义类乎枚筮，说甚可从。

注所谓"不斥言所卜"而卜的"枚卜",在方法上是一致的。[1]

我们还可以举出一个春秋时期进行默卜的实例,来证成杜预所言"不斥言所卜以令龟"的占卜方式确实存在。《左传·成公十年》载晋景公因为曾经杀过赵氏族人,所以梦见大厉鬼来捉他,很害怕,便召见桑田巫为其占梦,"巫言如梦。公曰:'何如?'曰:'不食新矣!'"关于"巫言如梦",杜预注云:"巫云鬼怒,如公所梦。"[2]竹添光鸿说:"公不告而巫言之,因知恶梦之不可免,故问凶征何如也。"[3]可见晋景公召桑田巫占卜时,并没有告诉他自己的梦境,但桑田巫所言的情况则与晋景公之梦境完全吻合("巫言如梦")。这种"不告"所梦情况而卜问的方式实即默卜,与枚卜是一致的。

总之,《左传》所载的"枚卜"之意不是一个一个地所进行的"历卜"[4],也不是以"枚"为工具的占卜,而是如杜预注所言"不斥言所卜以令龟"的方式所进行的占卜。"枚卜"的最关键之处是隐匿所言之事项而进行贞问。合理的解释,应当说"枚卜"就是默卜,"枚筮"就是默筮。这里的"默",指占卜时将所卜问之事默念于心,而只看卜、筮结果的吉凶。我们前面已经说过,"枚"字的本义为微,用若隐匿。我们可以说,"枚卜",即西周时期"穆卜"的延续。或者说默卜的方式,在西周时期称为"穆卜",而在春秋时期则称为"枚卜"。

---

[1] 唐兰先生早曾认为,甲骨文"囗""象卜在卤中,当即枚卜之属","以囗字之形观之,当是以荆条竹枝之类投于卤中,验其所向或俯仰以定吉凶。……卜字本象捶楚之类,或即筹策,古人用为占卜之具"(唐兰:《天壤阁甲骨文存》第5片考释,宋镇豪、段志洪主编《甲骨文献集成》第2册,第464页)后来的研究中,学者多认为甲骨文"囗"与枚卜无关。薛理勇先生将枚筮与枚卜相区分,谓:"'枚筮'是以'枚'代'蓍'",是《周易》"以蓍草为筮的筮法的发展与演变。"(《"枚筮"新证》,《中国社会科学》1985年第3期)这个意见虽然可取,但愚以为在具体过程中,不斥言所卜内容,则又是"枚卜"与"枚筮"两者相同的地方,至于是否以枚代蓍草,则尚要待更多的证明。薛先生自己也十分谨慎地指出以枚代筮之法,是为"猜测"。
[2] 阮元校刻《十三经注疏·春秋左传正义》卷二十六,第1906页下栏。
[3] 竹添光鸿:《左氏会笺》第二册,第1040页。
[4] 伪古文《尚书·大禹谟》"枚卜功臣,惟吉之从",伪孔传"历卜之而从其吉",皆把"枚卜"理解为"历卜",不合周代"枚卜"之制。此点,应当是伪古文后出之一证。

四、"蔽志"：枚卜的一个环节

关于占卜的"蔽志"之说，最初见于《左传·哀公十八年》所引《夏书》。据载，巴国军队侵楚的时候，楚王有选择率军迎敌作战将领之事：

> 巴人伐楚，围鄾。初，右司马子国之卜也，观瞻曰："如志。"故命之。及巴师至，将卜帅。王曰："宁如志，何卜焉？"使帅师而行。……君子曰："惠王知志。《夏书》曰：'官占，唯能蔽志，昆命于元龟。'其是之谓乎。《志》曰：'圣人不烦卜筮。'惠王其有焉。"[1]

这个记载说，巴国军队伐楚并且围攻楚的鄾地之时，楚国卜选率兵迎敌的将帅。当初，在卜选右司马的时候，楚惠王先选定了子国，卜官名观瞻者断定龟兆所示符合楚惠王任命子国为右司马之志。这次，在选将帅时，惠王说："我任命子国（按，即'宁'）之志，已经为龟卜所赞成，为何还要再占卜呢？"于是，便准此而由子国任帅，率兵出发。据《左传》记载，子国率兵迎敌获大胜，不负楚惠王之望。《左传》的作者评论此事说："楚惠王很知道'志'的重要。《夏书》说：'实施占卜（"官

---

[1] 阮元校刻《十三经注疏·春秋左传正义》卷六十，第 2180 页上栏—中栏。

占")[1]，要能够蔽志[2]，然后再向大龟发布命辞。'说的就是惠王这样的事情吧。《志》说：'圣人不多次烦扰卜筮。'楚惠王做到了这些啊。"

《左传》这个记载，值得重视的是在占卜时"志"的重要。据《左传》记载，鲁哀公十七年，枚卜子国为令尹。翌年，即鲁哀公十八年卜选迎击进犯的巴军之帅时，谓"初，右司马子国之卜也"，是子国担任右司马之职必当在鲁哀公十七年之前。假若子国被卜选为右司马是在鲁哀公十六年，那么鲁哀公十八年选帅所依据的惠王之"志"已是两年前的事。由此可见王"志"的权威，并且这个权威是要延续很长时间的。《左传》的作者赞扬楚惠王能够"蔽志"而枚卜并且"不烦卜筮"的做法。细绎《佐左传》之说，可以知道"蔽志"实为枚卜过程的一个环节。

那么，"蔽志"是什么意思呢？

诠释《左传》和伪古文《尚书·大禹谟》的学者皆认为"蔽志"就是断志。杜预注《左传》说："蔽，断也。昆，后也。言先断意，后用龟也。"[3] 伪古文《尚书·大禹谟》"蔽志"，伪孔传和孔疏皆以"断人志"

---

[1] "官占"，杜注谓"卜筮之官"，伪古文《尚书·大禹谟》孔传："帝王立卜占之官，故曰'官占'。"细绎其意，似有不恰之处，"官占"，当是前一字释后一字，而非相反再加上一个设立之意，成为"立占官"。"官"本指官吏治事之处，后来这些治事者与治事都引申而称为"官"，再引申，即"官"就有了"事""任"等意，如《吕氏春秋·安死》"不肯官人事"，王念孙说："官，犹事也（事如'请事斯语'之事），言不肯事其民事也。《乐记》'礼乐明备天地官矣。'郑注曰：'官，犹事也。''人事'，即指耕稼而言。高误以'官'为居官，遂分耕稼与人事为二。"（《读书杂志》第三册，卷十六，第34页）《孟子·万章下》"孔子尝仕，有官职"，焦循에："官、职义皆为事。"（《孟子正义》卷二十一，第724页）依此，"官占"意当为实施占卜。

[2] 伪古文将此处所引《夏书》纳入《大禹谟》篇的时候，据陆德明《释文》说，"能"字改为"克"。能、克两字意通。专家指出："后人传写，遂讹作先耳。"（吴静安《春秋左氏传旧注疏证续》引陈树华说，东北师范大学出版社，2005年，第2221页）从《左传》到伪古文《尚书》，这个字的变化，先是改"能"为"克"，又以字形相近而讹为"先"。字作"先"可以与经文的作后意的"昆"相对应，语意虽通，但实不若作"能"为优。字作"能"，谓始终先后皆"蔽志"，而字作"先"，只是表示先蔽志，而其后则未必蔽志。

[3] 阮元校刻《十三经注疏·春秋左传正义》卷六十，第2180页中栏。

为释。后来的学者也皆是这样的说法。[1]日本学者竹添光鸿还补充证据说："《周礼》谓断狱为蔽狱,是蔽为断也。"[2]

关于"蔽志"的研究,饶宗颐先生很早就指出,它反映了占卜过程中"人事的决断是很重要的",并且认为殷卜辞中"十分重要性的决定,可看出当日如何由先蔽志而后命龟的情形"。[3]后来,连劭名先生说占卜的"蔽志",就是在卜前"要在意愿上做出决定"。[4]

近年由于和"蔽志"相关的内容见诸战国简帛,所在专家的相关研究有了大大的推进。今将战国简帛中的材料,简要叙述于下,再来研读专家关于"蔽志"问题的精见。

其一,上博简第四册《柬大王泊旱》的记载。

记载楚简王(即简文所说的"柬大王")为消除旱灾而命"龟尹"名罗者进行龟卜。楚简王亲自莅临占卜。龟尹知道楚简王有严重的疥疮,主管卜筮的釐尹命令龟尹为王疾速卜,遂"詖而卜之于大夏"之龟,并将龟卜的结果向楚简王禀报。下面的简文是报告的情况:

釐尹致命于君王:"既詖而卜之,戁(孚)。"王曰:"如戁(孚),

---

1 例如宋儒朱熹说"先蔽志"即"吾志已是先定"(《朱子语类》卷六十六,第1627页)。再如元儒金履祥《书经注》卷二亦谓"蔽,断也"(《续修四库全书》第42册,第448页)。再如清儒王先谦引梅氏说"蔽志"意即"断意"(《尚书孔传参正》卷三,2011年,第155页)。
2 竹添光鸿:《左氏会笺》第五册,第2412页。
3 转引自沈培:《从战国简看古人占卜的"蔽志"》,陈昭容主编《古文字与古代史》第一辑,台北"中央研究院"历史语言研究所,2007年,第393页。
4 连劭名:《商代占卜丛考》,刘大钧主编《象数易学研究》第二辑,齐鲁书社,1997年,第7页。

速祭之。吾瘇鼠（一）病。"[1]

简文的意思是，釐尹禀报说："已经祕而卜之了，结果是符合占卜愿望的。"楚简王说："若真是符合占卜愿望，那就赶快祭祀吧，我的病越来越厉害了。"简文为什么要用"祕"字，应当是有原因的。楚简王有严重的疥疮，难言之隐，不便在占卜时说出，所以要"祕而卜之"。显然"祕"字之意，濮茅左先生释为隐秘，应当是正确的。

其二，天星观祭祷简的材料。

天星观祭祷简里有一类关于"思攻解"的卜辞，多和"謚志"相联系，其比较完整和典型的见于如下的例子：

謚志，思攻解于不殆（辜）、强死者与祖（诅）诐（位）。[2]

关于"謚志"的解释，我们下面再集中讨论。在这里只是要强调一点，那就是"謚志"往往和"思攻解"相联系。可以推测，"思攻解"当包括于"謚志"的范围之内。

其三，包山楚简的材料。

包山简的卜筮祭祷简全部是为担任楚国"左尹"的名砣者所进行的

---

[1] 简文见于上博简第四册《柬大王泊旱》第4—5简，释文据濮茅左先生所释，载马承源主编《上海博物馆藏战国楚竹书》（四），上海古籍出版社，2004年，第198—199页。简文"廌"读若孚，是陈剑先生的创见（《上博竹书〈昭王与龚之脽〉和〈柬大王泊旱〉读后记》，武汉大学简帛研究中心：《简帛网》2005年2月15日）。沈培先生说这表示"占卜的结果跟所断之志相符"（《从战国简看古人占卜的"蔽志"》，陈昭容主编《古文字与古代史》第一辑，第407页）。简文"鼠"读若一，是刘洪涛先生的卓见 [《读〈上海博物馆藏战国竹书（四）〉札记》，武汉大学简帛研究中心：《简帛网》2006年11月8日]。他称引李家浩先生的研究，指出"一"可以用作"程度副词"，表示甚、极之意，《庄子·大宗师》"回一怪也"、《晏子春秋·内篇·谏上》"寡人一乐之"，是为其例。
[2] 引自晏昌贵《天星观"卜筮祭祷"简释文辑校（修订稿）》（武汉大学简帛研究中心：《简帛网》2005年11月2日）辑文第166条。与此条相关的文字，见于天星观竹简的第22、188、273、292、326、337、338、355、726、884等简。

多次占卜的记录，共分为26组。[1] 其第1、2组有关于"志事"的记载，主要内容如下：

> ……占之，恒贞吉，少有恩于躬身，且志事少迟得，以其故敓之。[2]
>
> ……占之，恒贞吉，少外有恩，志事少迟得，以其故敓之。……志事速得，皆速赛之。占之，吉。[3]

这两条简文的大意是说，左尹名??者所进行的占卜虽然都是吉兆，但也稍有不尽如人意处，那就是王的恩惠少加于左尹之身，左尹所志之事迟迟没有实现。因为这个缘故，便"敓之"（责让鬼神）。后来，若因"敓之"而使"志事速得"（心想事成），就快快地进行报答神灵恩惠的赛祭。龟卜的结果认为这样做是吉利的。简文未明言"志事"的内容，从为左尹占卜的这些记录看，他所关心的主要是得到楚王恩惠与自己身体健康两项。简文的"志事"当不出乎此。左尹将所"志事"内容默念于心而不说出，占卜者只卜问其所"志事"能否实现，是不是吉利。左尹默念"志事"，应当就是《左传》所引《夏书》所言的"蔽志"。

关于简文"蔽志"，沈培先生指出："战国卜筮祭祷简中所谓'囟'或'思'开头的话原来是'蔽志'的话。"[4] 此说甚是。这里可以略作补充说明的是，战国卜筮祭祷简中所谓"囟"或"思"开头的话，并不是"蔽志"所有内容，而只是其所蔽之志的一个方面的内容。我们下面将

---

[1] 陈伟先生将这些占卜记录称为"26件简书"（《包山楚简初探》，武汉大学出版社，1996年，第151页）。

[2] 包山楚简第198简。湖北省荆沙铁路考古队：《包山楚墓》上册，文物出版社，1991年，第364页。本文所引的包山简材料均自此书的"附录一，刘彬徽、彭浩、胡雅丽、刘祖信撰《包山二号楚墓简牍释文与考释》"。个别文字据刘信芳《包山楚简解诂》（台北艺文印书馆，2003年）、陈伟《包山楚简初探》两书进行订正调整。

[3] 包山楚简第199—200简。

[4] 沈培：《从战国简看古人占卜的"蔽志"》，陈昭容主编《古文字与古代史》第一辑，第410页。

包山简里相关的材料集录如下：

> 思攻解于人愚（偶）。占之，甚吉。
> 思攻解于盟诅，且叙于宫室。五生占之曰：吉。
> 思攻解于不辜。苛嘉占之曰：吉。
> 思攻叙于宫室。五生占之曰：吉。
> 思攻解于岁。鹽吉占之曰：吉。
> 思攻解于含（祖）与兵死。……陈乙占之曰：吉。
> 思攻解于水上与溺人。五生占之曰：吉。
> 思攻解日月与不辜，无吉占之曰：吉。[1]

这类简文"思"字，原作"囟"，是个起源很早的字，专家所论有释为"鬼"，或读若"思""斯""使""式""尚""当"等说，已经有了相当深入的讨论和研究。[2] 大体说来，这些解释对于释解相关的材料，皆可通读而无碍，或者可以说，在不同的语境里面这个字会有不同的用法。愚以为在"思攻解"里，它当用如"念""虑""谋"等。[3]"思攻解"就是心中想着（或者说默念）攻解，而不说出。

这类简文中的"攻解"之意，专家一致认为当即《周礼·大祝》"六祈"之职的第五项"攻"，郑玄注谓"攻如其鸣鼓然"。按，依郑玄意，"攻"当如《论语·先进》篇的"小子鸣鼓而攻之"的"攻"。在"六祈"之中的"攻""说"虽然皆是"以辞责之"，但"攻"的责之意

---

[1] 上引八条简文，依次见包山简第198、211、217、229、238、241、246、248等简。第198简的"甚"字，原释为"当"，刘信芳改释为"甚"，甚确。
[2] 见沈培《周原甲骨文里的"囟"和楚墓竹简里的"囟"或"思"》（武汉大学简帛研究中心：《简帛网》2005年12月23日）一文所称引和总结的丁声树、裘锡圭、李学勤、王宇信、张玉金、夏含夷、陈斯鹏、陈伟、刘信芳诸家的说法。
[3] 段玉裁训"虑"字时谓："心部曰：'念，常思也；惟，凡思也；怀，念思也；想，觊思也；䚡，同意之和也。'同一'思'而分别如此。"（《说文解字注》十篇下，第501页）思字本义当即虑念，由此而引申为想、尚、冀、当、使等义。简文"思"字当用其本义。

尤强烈，当类于谇，而"说"则类于责。简文的"解"，意即解除祟祸。

这些"思攻解"类的简文有如下两个特点。

一是用"攻解"方式所解祟的对象，皆为妖怪一类的"鬼"，而非天神或祖先神。如"人偶"即像人形的木偶或土偶，"古代巫师攻解多以土木偶以代鬼怪"[1]。再如"盟诅"，本作"䜩禙"，或读为"明祖"，疑非是。刘信芳先生说当读为"盟诅"[2]，比较可信，但其意疑非主盟誓诅祝之神，而应当是盟誓时所诅之鬼怪。《诗·小雅·何人斯》："出此三物，以诅尔斯。"毛传云："三物，豕犬鸡也。民不相信，则盟诅之，君以豕，臣以犬，民以鸡。"此诗中所诅咒的就是"为鬼为蜮"的无耻小人。春秋初年有"盟诅不及三王"[3]之说，可见盟诅之事出现得较晚。春秋战国时人认为许多鬼怪甚至物品、处所都会作祟，须以"诅"之方式除祟。《国语·晋语一》"狂夫阻（诅）之衣"，韦注："狂夫，方相氏之士也。阻，古'诅'字。将服是衣，必先诅之。"此是将衣物视为作祟之物的一例。再如"不辜"，即无罪而冤死之鬼；"溺人"，即淹死之鬼；"兵死"，即作战而死之鬼。天星观简"思攻解"者的"强死"即死于非命之鬼。[4] 涉及能够作祟的处所者，有"宫室""水上"等，这些都可以归之于天星观简所谓"诅位"（即被诅之位置）。总之，"思攻解"的对象多为鬼怪或被诅的所在。

"思攻解"之类的简文的第二个特点是简文于其后紧接着只是占问吉凶，并不涉及占问的内容，也不祈祷和进献祭品。这种情况正说明在占卜时，卜问的内容（即所"思攻解"者）只藏于占卜主人心中，所以只是卜问主人所"思"之事是吉是凶。这种方式与杜预释"枚卜"时所言"不斥言所卜以令龟"，完全符合。

---

1 刘信芳：《包山楚简解诂》，第213页。
2 同上书，第228页。按，《汉书·王子侯表上》鄐侯丹"坐祝禙上，要（腰）斩"，师古曰"禙，古诅字也"（《汉书》卷十五上，第478页），是为简文此字当读诅之证。
3 《穀梁传·隐公八年》。
4 《左传·文公十年》"三君皆将强死"，孔颖达疏："强，健。无病而死，谓被杀也。"

总之,"穆卜""枚卜"这一类占卜方式,自周初至战国,一路迤逦走来,直到战国楚简的"思攻解"类的简文中,仍然可以望见它若隐若现的影子。

我们的讨论还是回到"蔽志"的问题上吧。

我们先看《左传》的相关材料。春秋后期晋卿范宣子命叔鱼处理积压案件,有雍子与邢侯之讼,其罪本在雍子,但雍子"纳其女于叔鱼",所以"叔鱼蔽罪邢侯"。杜注:"蔽,断也。"[1]《孔子家语》述此事作"弊狱邢侯",王肃注谓:"弊,断。断罪归邢侯。"《周礼·大司寇》:"凡庶民之狱讼,以邦成弊之。"郑玄注引郑众说谓:"弊之,断其狱讼也,故《春秋传》曰'弊狱邢侯'。"弊、蔽,两字音同字通。除了"蔽志""蔽罪"之外,还有"弊谋"。《周礼·小司寇》讲外朝"三询"之事,谓小司寇"以众辅志而弊谋",孙诒让释其意谓:"以众论辅助王之志虑,赞其断决。"[2]可见"弊谋"即断谋。

总之,说"蔽志"为"断志",这有前人之论,有《周礼》"蔽罪""弊谋"的材料以为旁证,[3]并且可以通畅地解释与"蔽志"相关的材料,自然是可以信据的,但仍似有未达一间的感觉。问题在于"蔽"字何以为"断"之意呢?

"蔽"字本意为遮蔽。《说文》云"蔽蔽,小草也(貌)"[4],这个训释,应当自小草覆盖地面取义。朱骏声说"此字本训盖覆也"[5],是很正确的。上古文献多从"蔽"字的盖覆本义出发,用若微、障、隐、闭、塞、匿、极等。"蔽"字用为"断",是其引申用法,《左传·昭公十四年》

---

[1] 《左传·昭公十四年》,阮元校刻《十三经注疏·春秋左传正义》卷四十七,第2076页下栏。
[2] 孙诒让:《周礼正义》卷六十六,第2766页。
[3] 杜预注《左传·哀公十七年》"蔽志"谓"蔽,断也"。孔颖达疏谓:"《周礼》谓'断狱'为'蔽狱',是蔽为断也。"按,《周礼·大司寇》:"凡庶民之狱讼,以邦成弊之。"《周礼·小司寇》"至于旬,乃弊之",《乡士》"断其讼,弊其狱于朝",孔颖达盖据此为说。
[4] 段玉裁说此处的"也"字,当作"貌"(《说文解字注》一篇下,第40页)。
[5] 朱骏声:《说文通训定声·履部》,第595页。

所言"蔽罪",意将罪盖覆于邢侯之身。从这个引申义出发,《周礼》所言的"弊之""弊谋"的"弊(蔽)"用如"断",也是完全可以的。古汉语中,有多种用法的字,往往要辨析其使用的语境。在一种语境的用法,到别一语境中就未必合适,"蔽志"之蔽用若断,表面看来是可通的,先定下己志再来发布命辞,本不为错,但所有的占卜,事先都是有目的(亦即有"志")的,若用"断志"来作解释就无法将它和一般的占卜区别开来。采用"蔽志"方式占卜与一般性的占卜的区别就在于他不宣示自己占卜之志,而是将己"志"藏于心中,将"志"遮蔽起来而藏于心中固然也是断志,但这并不是"蔽志"的核心意思。"蔽志"之核心意思只在于"不斥言所卜",不将所卜之志宣示出来,而只让龟卜来判断占卜者所想之事是否吉利。

《左传·哀公十八年》讲过"蔽志"之事以后,还引《志》的"圣人不烦卜筮"的说法,进行补充论证。这个《志》的说法在启发我们,要认识到卜筮的权威在春秋战国时期实际上正在下降。人们虽然不反对卜筮,但实际上采取了敬而远之的态度。汉儒王符对于此点有很好的说法:

> 圣人甚重卜筮,然不疑之事,亦不问也。甚敬祭祀,非礼之祈,亦不为也。故曰:"圣人不烦卜筮","敬鬼神而远之"。夫鬼神与人殊气异务,非有事故,何奈于我?故孔子善楚昭之不祀河,而恶季氏之旅泰山。今俗人筴(狎)于卜筮,而祭非其鬼,岂不惑哉![1]

从总体趋势上看,春秋时期的卜筮决疑,正经历着由重鬼神、重卜筮,转向重人事、重己志的过程。楚惠王的"蔽志",正是这一趋势的反映。

---

[1] 王符:《潜夫论·卜列》,汪继培笺,彭铎校正《潜夫论笺校正》卷六,第295—296页。按,原文的"筴"字,《校正》疑为"狎"字,当是。

五、余论:"事鬼敬神而远之"

占卜方式的演进,从一个侧面反映了商周文化的差异。

大体而言,商代频繁的占卜和祭典表明,神就在你身边。神会如影随形般地影响着你的生活。个人与族群、社会的命运都要靠神来掌控、指点和提示。我们从大量的卜辞中可以体悟到商代的文化氛围的主要色彩,那就是神灵之威严与人们的恭顺。从总体来看,周文化则与之不同,虽然依然恭敬于各路神灵,但却将神(包括祖先神和天神)抬到了很高的高度。让这些神灵和人世有了长长的距离。神灵被高置而不再像商代那样频频介入世人的生活,不再像商代人那样事无巨细皆依附于神灵,而是越来越多地体现出人的主动性。揆周人之意,当是认为既然神灵高高在上,那就不要用琐碎事、烦心事来干扰他们,这些神灵只需拱手垂裳而在天国静享无穷福祉就可以了。人们认为只是在有大事时才汇报于天神(天和祖先神),并且要多报告人世间的喜庆,少说些让天神烦扰、忧愁的事。何必打扰他们呢?周代(特别是东周时期)人们对神灵的恭敬掩盖着人对于日益增长的自身能力的沾沾自喜。

就是在这样的沾沾自喜中蕴含了周文化比之于前代的一个重大进展,那就是对于人自身力量和认知能力的信任。在天神面前,人不再是完全驯服的羔羊,而可以是指点江山、擘画大业进而震烁古今名扬青史的强者。在周文化的氛围里,人们的眼睛不再如殷人那样虔诚而畏惧地盯着天神,而是日益自信地与神灵相处。简言之,可以说商人眼睛向上而周人眼睛向下。《礼记·表记》分析周文化与殷商文化的区别说"周人尊礼尚施,事鬼敬神而远之,近人而忠焉",又说"周人强民,未渎神"[1],都道出了周文化里面人本因素的增强,而神灵虽然依旧受尊敬而未被亵渎,但其影响却是处于下降的状态。所谓"事鬼敬神而远之",正可说是周文化的特色之一。

---

[1] 阮元校刻《十三经注疏·礼记正义》卷五十四,第 1642 页上栏。

第五章

王权与神权

殷代的王权与神权

在殷史研究中，人们常常认为盘庚武丁时期，甚至商汤时期已经有了强大的王权，而神权则是王权的附庸，是为殷王统治服务的。实际上神权不仅有与王权相适应的一方，还有矛盾以至斗争的一面。从整体上看，殷代的王权是由弱变强的，与之相反，神权则由强而弱地衰退下去。本文拟就殷代王权与神权的关系及其在社会政治结构中的地位等问题，试作考察。

一

神权在殷人社会生活中占有极为重要的位置。殷人崇拜包括帝、社、风雨、山川等自然神，也崇拜先公、先王、先妣、旧臣等祖先神。殷代，特别是其前期，王室和贵族几乎每日必卜，每事必卜，对神权的膜拜是无以复加的。贞人是神权的体现者，由贞人沟通神与人的联系。贞人可以宣告神命，他们在殷代政治生活中是举足轻重的。

但是，如果把武丁至廪辛作为殷的前期，康丁至帝辛作为后期，就会发现前后期贞人政治地位的显著不同。

第一，殷代前期，已经考知的贞人就有一百几十位，最著名的则有二三十位，如武丁时期的宾、殻、争、亘、古，祖庚祖甲时期的兄、出、大、行、旅，廪辛时期的何、壴等；而后期卜辞则多无贞人之名，比较可信的仅黄、派等屈指可数的几人，并且都在帝乙帝辛时期。

第二，前期贞人占卜的范围包括任免、征伐、田猎、王的行止祸福、祭祀、田地垦殖、赋役征发、王妇生育、年成丰歉、王室贵族疾病生死、旬夕祸福等。后期贞人占卜的范围则只剩下卜旬、卜夕和田猎征伐等几项，比之于前期，范围大大缩小。

第三，前期卜辞大部记有贞人名，由贞人选定卜问内容，有时还由贞人发布占辞，突出贞人的权威。后期卜辞则处处体现王的意志，卜辞内容由王选定，格式呆板，有不少卜辞只是王的行止记录。这时候的贞人已经从前期的颐指气使的赫赫大员变为记录例行公事的差役，地位下降很多。

上述这些变化的原因，当与贞人所代表的社会势力变化有关。殷王朝是以子姓为核心的许多部族的联合体，贞人则是诸部族势力在王朝中的代表之一。商灭夏得力于"诸侯群后"的支持，[1] 殷王朝的形成实际上是许多部族不断汇合发展的过程。商本是以鸟为图腾的部族，可是，在殷人所祭祀的先公里，与称高祖的夒[2]、王亥[3]、上甲[4]等并列的还有河和岳[5]。他们是以河和山为图腾的部族的首领。因为这些部族跟商已经融合，所以其首领亦被殷人尊奉。以河为图腾的部族世代居于黄河之滨，其后世为殷的诸侯，古书上称为"河伯"[6]。贞人何有可能出自这个部族。卜辞里有贞人岳，他与殷人尊奉的先祖岳不是偶然的重名。贞人岳当出自曾经以山为图腾的岳部族。卜辞中的岳为习见的地名之一，很可能是这个部族的居地。殷之先世多有"贤臣"佐助，《尚书·君奭》说汤时有伊

1　《史记》卷三《殷本纪》，第 95 页。
2　《合集》第 30398 片。
3　《合集》第 30447 片。
4　《屯南》第 2113 片。
5　《合集》第 34275 片。
6　《山海经·大荒东经》注引《竹书》，见袁珂《山海经校注》，巴蜀书社，1992 年，第 406 页。

尹，太甲时有保衡，太戊时有伊陟、臣扈、巫咸，祖乙时有巫贤，武丁时有甘盘等。其实他们都是与商结有牢固联盟的部族首领。这些部族的历史很悠久，如伊尹，"有侁氏女采桑，得婴儿于空桑，母居伊水，命曰伊尹"[1]，可溯源于母系氏族时代。这些部族在殷王朝发挥了重大作用，如伊尹放逐太甲；太戊"赞伊陟于庙，言弗臣"，要与伊陟平起平坐；祖乙时巫贤任职，使"殷复兴"[2]，因此他们受到殷人的隆重祭祀。卜辞里有"伊尹五示"[3]"伊宾"[4]的记载，伊的五代受到尊崇附祭于殷先王。伊尹子伊陟[5]，卜辞称"尹陟"[6]，又称"戊陟"[7]，即伊陟，伊尹的后人是做了巫史的。祖乙时"贤臣"巫贤亦当为巫史一类人物。推测贞人尹为伊尹部族的后人，当不为臆说。融合于商的诸部族首领的后人，入殷后多为贞人。由于这些部族在殷代前期尚有一定影响，所以殷前期对河、岳、伊尹等部族首领的祭祀很多。到殷代后期这些部族的影响微弱了，或者说已经和商完全融合了，所以河等便鲜列于祀典，这些部族的贞人也逐渐从政治舞台上销声匿迹。

贞人集团中，属于已经与商融合的部族的贞人是少数，多数贞人仍属于那些尚未与商融合却又臣属于殷的部族。在卜辞中有不少贞人名同时又是地名、部族名，如亘为武丁时期贞人，但亘又为地名，卜辞里有到亘地祭祀的记载[8]，卜辞还有亘方和亘入贡的记载，亘亦当为部族名。卜辞里这种情况很多，如宾、内、旅、凸、㱿、逐、余、陟、充、何、

---

1 《史记》卷三《殷本纪》司马贞《索隐》引《吕氏春秋》，第94页。
2 《史记》卷三《殷本纪》，第101页。
3 《合集》第33318片。
4 《合集》第32799片。
5 《尚书·咸有一德》，阮元校刻《十三经注疏·尚书正义》卷八，第166页。
6 《合集》第20360片。
7 《殷虚古器物图录》13。
8 《合集》第7897片。

彭、夸、卢、寅、壹、逆、徐、俑、犬、卯、甽、永、大、宦、歔等[1]都是人名、地名、族名合一的。这些人在自己部族的属地为部族首领，供职于殷王朝则为贞人。正因为这些人为诸部族的代表，有部族力量为后盾，所以他们在殷王朝中颇有地位。担任十分重要的"小臣"之职的就有庚甲时期的中、凸[2]，廪辛时期的口[3]等贞人。安阳曾出土有殷觚、亚殷畀、亚癸尊、亚癸畀，说明武丁时期的贞人殷和祖甲时期的癸或其后人曾为"亚"职。武丁时期的贞人古、夸，祖甲时期的犬、喜，在卜辞中又称古伯、侯夸、犬侯、侯喜，[4]不少贞人为殷的侯伯。贞人所属部族的女子往往为殷王室之妇，如帚内、帚喜、帚永、帚壹等[5]与贞人内、喜、永、壹就属同一部族。能与殷王室联姻，这些部族的势力相当可观。

贞人所属部族的势力增长时亦往往兼领别的地区，如贞人古原为古伯，后来又称伊侯古，卜辞载"牧于义、伊侯古图"[6]，古拥有义地的大片牧场。贞人出后来出任㲋地首领，故卜辞又称之为"㲋伯出"[7]。

卜辞里有"旅邑""自喜""䒑京""丘俑"等[8]记载，这说明武丁时的贞人䒑、俑，祖甲时的旅、喜等，拥有私属的邑、自、京、丘等居住地区。卜辞又有"王田充""从狩卢涉""在寅林"等[9]记载，武丁时的贞人卢、充，祖甲时的贞人寅在自己的属地上分别有猎场、河流和山林。正因为许多贞人有自己的属地和经济力量，所以卜辞中有贞人纳贡的记载，如武丁卜辞：

---

1 依次见《合集》第 17230、2626、30267、26879、3458、39538、37645、27670、18633、11274、32903、1175、112、24343、36904、8591、9793、36511、36484、37779、36917、16331 片。
2 《合集》第 5575、32663 片。
3 《合集》第 27884 片。
4 依次见《合集》第 40914、3346、6812、36483 片。
5 依次见《合集》第 7103、40684、21795、13943 片。
6 《合集》第 32982 片。
7 《合集》第 8947 片。
8 依次见《合集》第 30267、24338、24400、8591 片。
9 依次见《合集》第 37645、32903、1175 片。

辛丑卜宾贞，旖罙殷氏羌。[1]
丁丑卜争贞，来乙酉眢用永来羌。[2]
贞屮来犬。
屮来马。[3]
贞乃用卢氏羌。[4]

贞人殷、永、屮、卢等拥有羌俘、牲畜，所以能以此为贡纳。卜辞中有不少贵族，如雀、㠱等贡纳龟甲的记载，亦有不少贞人贡纳的记载，如"壴入四十""喜入五""臣大入一""毳入十""亘入十""逆入十""冉入十"等。[5]从贡纳的数量看，这些贞人的经济实力是比较雄厚的。武丁时期贞问受年、受禾者有㠱、雀、犬、帚妌帚好、箙等侯伯、王妇和贞人，说明这些部族拥有大片土地。殷代后期卜辞则仅卜问商、四方、四土、大邑等是否受年、受禾，不再贞问那些部族了。这反映了诸部族的势力在殷后期已经衰落。

总之，殷前期的贞人多数为各部族首领，他们有自己的属地和经济力量，他们入于殷王朝担任贞人之职，力图通过神权左右殷王朝的军政大事。殷代的神权实质上是族权在政治舞台上的表现，族权是神权的后盾。到殷代后期，由于王权的提高和各部族力量的削弱，贞人的地位也逐渐衰退。帝乙、帝辛时期虽然有黄、派等贞人出现，但这些贞人都不是某个部族的代表，也没有自己的属地和经济实力。他们是王权的附庸，其地位和权力远非昔日可比。

1　《合集》第 267 片。
2　《合集》第 239 片。
3　《合集》第 945 片。
4　《合集》第 259 片。
5　依次见《合集》第 9253、9259、914、9275、9289、270、902 片。

二

在商代的社会政治生活中诸部族发挥着重要作用。《史记·殷本纪》说："契为子姓，其后分封，以国为姓，有殷氏、来氏、宋氏、空桐氏、稚氏、北殷氏、目夷氏。"[1] 殷只是以子姓为核心的部落联盟中的一个部族，其他如宋氏当即卜辞中的"宋伯"[2]，卜辞中有地名"来"[3] 当即来氏居地。据《殷本纪》所载，商王朝兴衰与"诸侯"很有关系。汤时，"诸侯毕服，汤乃践天子位"；太甲时"伊尹摄行政当国以朝诸侯"；雍己时"殷道衰，诸侯或不至"；太戊时"殷复兴，诸侯归之"，中丁以后，"比九世乱，于是诸侯莫朝"；盘庚时"殷道复兴，诸侯来朝"。甲骨文"侯"字与"族"字相近，殷的所谓诸侯实际上即诸部族。殷代前期这些部族势力强大，卜辞多有记载。到了后期其数目增多了，但每一族的势力则大大削弱，成了受殷王朝控制的宗族组织。武王灭商后分封给鲁国卫国的"殷民六族""殷民七族"[4]，就不是殷代前期像宋氏、来氏那样强大的部族，而是人数不多的宗族了。

殷代前期王权的弱小与诸部族在社会政治生活中的强大影响有关系。

卜辞里"古王事"的记载颇多，均为武丁卜辞。"古王事"即处理殷王朝的军政大事。某人"古王事"是指某人代行王事，并非处理殷王委派之事。"古王事"者主要是臬、雀、禽、盂定化、旨、自般、犬侯等[5]部族首领和贵族，这些人在征伐、祭祀等大事中的权势是炙手可热的。此外还有㱿、宕、行、卯、豖、壴等[6] 贞人。卜辞里有王族、多子族或众人跟随某人"古王事"的记载，如武丁卜辞：

1　《史记》卷三《殷本纪》，第 109 页。
2　《合集》第 20075 片。
3　《合集》第 20907 片。
4　《左传·定公四年》，阮元校刻《十三经注疏·春秋左传正义》卷五十四，第 2134 页中栏、第 2135 页上栏。
5　依次见《合集》第 5463、5443、5480、5440、5479、5467、6812 片。
6　依次见《合集》第 12948、5442、5455、5471、5470、5449 片。

乙卯卜允贞，令多子族从犬侯寇周古王事，五月。[1]
乙酉卜争贞，收众人乎从挚古王事，五月。[2]

"古王事"都是由贞人卜问的卜辞，尚未见到由王来贞问的辞例，这说明选派某人"古王事"乃是贞人的意愿。"古王事"的卜辞从未有王的占辞，说明王与"古王事"人员的选派无涉。"古王事"是部落联盟时代诸部族首领轮流执掌权力的原始民主形式的遗存。

从卜辞里可以看到，殷代前期的贞人不是殷王所属的惟命是从的官吏，贞人集团的位置往往超出于殷王和诸部族。关于"我"的卜辞应当引起注意。卜辞里"我"大都是第一人称代词，指殷部族而言。卜辞中的诸部族常和"我"，即殷部族处于平等的位置。如与"我受年"[3]相类的有"箙受年""禽受年""永受年""雀受年"[4]；与"我人"[5]相类的"崔人""雀人""挚人""吏人"[6]；与"我自"[7]相类的有"甾自""奠自""宫侯自"[8]。关于入龟的记事刻辞里常有雀、壴、臭、亘、冉等部族首领及贞人贡纳的记载。上述例证说明贞人集团是高于诸部族的，这与部落联盟会议高于各部落的情况有相似之处。

在殷代前期的政治权力结构上，王权已经居于重要位置，卜辞中习见"王固曰"，表明王有发布占辞的决断的权力，但这权力却受到不少限制。首先是王必须在贞人占卜的基础上判断吉凶。前期卜辞少有"王贞"的辞例，大多数都是由贞人署名的贞问。在大多数卜辞里，问题的范围要由贞人划定，贞问的方式也是贞人意志的表达。如武丁卜辞：

---

[1]《合集》第6812片。
[2]《合集》第22片。
[3]《合集》第12948片。
[4] 依次见《合集》第9741、9775、9840、9760片。
[5]《合集》第22577片。
[6] 依次见《合集》第8720、3069、1031、40047片。
[7]《合集》第11274片。
[8] 依次见《合集》第32485、32275、3289片。

> 壬子卜，争贞，我其乍邑帝弗左，若。
> 乙丑卜，争贞，勿乍邑帝若。[1]

这两条卜辞无论哪一条灵验，结论都是不应当"乍邑"，表现出贞人不赞成修筑城邑的态度。其次，有些贞人也和王一样有决断的权力。如武丁时期的卜辞：

> 丙寅卜古，王告取若。古固曰：若，往。[2]
> 自贞，王曰㞢孕妨。扶曰妨。[3]
> 贞余勿彳延奠。古曰：吉，其乎奠。[4]

这三例都是由贞人裁断王的问题。卜辞里有不少"古固曰"[5]，说明贞人古也可以发布占辞。最后，贞人对于占而不准的王的占辞，往往在验辞部分如实记载，如《甲骨文合集》第641片为贞人亘的卜辞，问何时能得到逃跑的臣，王固曰："其得隹甲、乙。"验辞证明王说得不对，既非甲日，也不是乙日，而是"旬㞢五日丁亥执"，即十五天以后的丁亥日才捉到的。在这里，贞人并没有"为尊者讳"。另外，贞人对王的占辞有时也表示怀疑，如武丁卜辞"贞王固曰，莘勿执"[6]，就是贞问王的占辞对不对。由此可见王的占辞并不一定是最终裁决。

殷代前期的占卜活动可以说是原始的部落联盟会议的蜕变，占卜的巫术给古老的民主形式笼罩了神秘色彩，并在很大程度上限制了殷代王权的发展。

1　《合集》第14206片。
2　《合集》第20534片。
3　《合集》第21071片。
4　《合集》第20070片。
5　见《合集》第2141、21206片。
6　《合集》第5930片。

三

殷王权在同神权斗争中发展起来，与殷王室的经济发展有关系。由于殷王室可以较多地支配各部族的劳力、收取贡纳，所以它在经济发展中处于有利地位。殷王室比较重视农业生产的发展，大力垦田，"受禾""足雨"的卜问，反映了殷王室对农业收成的关心。卜辞还有不少"眚卣"的记载，可见殷王室拥有不少粮仓。殷墟曾出土有数百件集中堆放的石镰，殷王室拥有的农作物数量一定不少。殷墟出土的铜器、骨器等作坊遗址，说明殷王室还拥有比较发达的手工业。

随着经济力量的增长，殷王逐渐冲破神权的桎梏。殷王选派王室人员担任贞人，以打破各部族代表的垄断局面。武丁时的贞人韦，卜辞又称"子韦"[1]，祖甲时的贞人洋，又称"子洋"[2]，廪辛时的贞人何，又称"子何"[3]，壴又称"子壴"[4]。这几位贞人都是与王室关系甚近的多子族首领。除此之外，殷王还派亲信大臣直接去占卜，如祖庚卜辞"辛未王卜曰：余告多君曰般卜又祟"[5]，即让自般去进行占卜。有时殷王也亲临占卜场所，如武丁卜辞：

> 癸酉卜永贞旬亡咎。王占……率矢于卜。
> 丁丑贞王于卜方。[6]

这两例是武丁卜辞。殷王对于贞人的占卜并不放心，有时候就自己进行贞问，如：

1　《合集》第 3270 片。
2　《合集》第 17070 片。
3　《合集》第 12311 片。
4　《合集》第 3508 片。
5　《合集》第 24135 片。
6　依次见《合集》第 16846、32982 片。

>   壬戌卜宾贞，王固卜曰子昌其佳丁冥，其佳不其妫。
>   乙亥王卜中延。
>   辛丑王卜夨延。[1]

上引第一例为武丁卜辞，其他为庚甲卜辞。王亲自卜贞的卜辞在武丁时期还比较少，以后便逐渐增多。

在选用人才的问题上，殷王也力图削弱诸部族的影响。武丁曾经"三年不言"，靠了"夜梦得圣人"的计谋，才选拔出身卑贱的傅说执掌大权。[2] 任用傅说不是靠贞人的占卜，也不是出于贞人的意志，而完全是殷王意志的体现。选用一位服苦役的"胥靡"，而不是一位部族首领，这本身就是王权对族权斗争的胜利。"梦得圣人"的计谋一方面说明神权势力之大，以致殷王不能公然任用官员，另一方面也说明武丁颇有心计、善于斗争，他利用神权，达到了自己的目的。

到了殷代后期，对族权的打击更为强烈。

从卜辞里我们可以清楚地看到王权的逐步提高和贞人地位的下降，如卜旬辞例：

>   癸未卜宾贞，旬亡咎，三月。
>   癸未卜王在丰贞，旬亡咎，在六月。
>   癸卯贞旬又祟，王亡咎。
>   癸亥卜黄贞，王旬亡咎。
>   癸巳王卜贞，旬亡咎。王固曰：吉。在六月甲午彡羌甲。佳王三祀。[3]

---

[1] 依次见《合集》第 39498、41249、23669 片。
[2] 《史记》卷三《殷本纪》，第 102 页。
[3] 依次见《合集》第 16657、24387、32970、36823、37838 片。

第一条为武丁时期卜旬标准辞例，是由某位贞人卜问整个殷王朝是否有灾祸。第二条是庚甲卜辞，虽然还是卜问整个殷王朝是否有灾祸，但发布者已经是殷王了。第三条为武文卜辞，指出即使整个殷王朝有灾祸，王也无甚妨害。第四、五条为帝乙卜辞。第四条不是卜问殷王朝，而是卜问殷王个人有无灾祸。第五条不仅贞问者是王、发布占辞者为王，而且还记上"隹王三祀"，即殷王在位年数。大体说来，前期的卜旬是对整个殷王朝负责的，后期则是对殷王个人负责。武丁时期习见的"古王事"为处理殷王朝的军政大事，后来则变为"古朕事"。如祖庚卜辞：

　　甲戌卜王，余令角帚古朕事。[1]

这里的余和朕均为殷王自称。"古朕事"即处理我所委派之事，是对殷王个人负责的。

　　前期卜辞多为贞人卜问殷王朝的军政大事，关于殷王的卜问并不占很大比重。后期卜辞则几乎全是关于殷王的占卜，就连记事性质的卜辞也惟殷王马首是瞻。如乙辛卜辞：

　　甲午王卜贞，柞余彫，朕祈彫，余步，从侯喜正人方，上下㲃示受又，……告于大邑商，在䟒。王㽞曰：吉。在九月遘上甲䇣，隹十祀。[2]

这条卜辞由王亲自"卜贞"，大意是为我准备举行彫祭，我将进行祈祷祭祀。我将统率侯喜征伐人方，上下神祇定会给予保佑，使我不会遇到灾祸。我在大邑商的䟒地进行祷告。王的占辞为"吉"。这次占卜的时间是殷王十祀的九月，正逢䇣祭上甲的日子。这条卜辞自始至终充满着王

---

[1]《合集》第 5495 片。
[2]《合集》第 36482 片。

的威严，体现了王的意志。

王权与神权之争，有时还采取激化的矛盾形式。如武丁卜辞：

> 癸丑卜贞，执古子。[1]

贞人古之子被拘执，这是对古的打击。卜辞里有"执壴"[2]的残辞，似为逮捕贞人壴。卜辞中的"炆婢""炆奴"[3]等是焚人祈雨之祭。乙辛卜辞有"戊申卜其炆永，毋雨"[4]的记载，卜问是否将贞人永作炆祭的牺牲。

文献记载表明前期殷王对神灵颇为尊重。例如武丁在祭祀时"有飞雉登鼎耳而呴"[5]，使武丁很害怕。到了后期，殷王对神灵就很不以为然了。如：

> 帝武乙无道，为偶人，谓之天神。与之博，令人为行。天神不胜，乃僇辱之。为革囊，盛血，卬而射之，命曰"射天"。[6]

据记载武乙在狩猎时遭雷击而死。这在贞人看来，自然是武乙侮辱天神的报应。《殷本纪》于众多的殷王当中独独记载了武乙的死因，这当是贞人以武乙之死为快，因此注意记载而得以流传的结果。后期殷王对神灵的怠慢还可以从卜辞里得到证明。"王空"卜辞是贞问王要不要亲自去参加祭祀。这类卜辞以乙辛时期最多。这说明殷代末期，殷王已经不经常参加祭祀，所以周武王所列举的纣的罪状中就有"昏弃厥肆祀弗

---

1 《合集》第 5906 片。
2 《合集》第 5948 片。
3 依次见《合集》第 1123、1139 片。
4 《合集》第 32297 片。
5 《史记》卷三《殷本纪》，第 103 页。
6 《史记》卷三《殷本纪》，第 104 页。

答"[1]一条。殷代前期偏重于祭神,特别是自然神,后期则主要祭祀祖先并特别重视父辈的祭祀,神灵的圈子大大缩小。前期卜辞里,殷王名号仅以祖、父、兄等连上天干称之,如祖甲、父乙之类。这和当时的普通贵族的称谓并没有什么区别。后期殷王则冠以康、武、文等美称,称为康丁、武乙、文丁(卜辞称文武丁),后来又将上帝名号拿来,称帝乙(卜辞称文武帝)、帝辛。这不仅反映了王权的提高,而且反映了神权也在发生变化。武丁时期的帝,基本上是自然神,到了殷代后期则逐渐转化为人世间祸福的主宰,成为具有某种人格的至上神。殷代最后的两个王称帝乙、帝辛,就标志着这个转化的完成,也说明了王权已经和神权相结合。殷代的王权与神权之争以王权的胜利宣告结束。

四

旧日的传统和习俗是历史发展的惰力,历史往往在克服这种惰力的斗争中前进。殷代社会就是在克服神权和族权这种历史惰力的斗争中前进的。

在殷代前期部族林立的情况下,王权是统一的象征,是社会相对安定局面的保证。随着王权的提高,在殷代后期已经控制了今山东、河南、河北的大部和安徽、江苏的北部。在这个空前广大的地域里,各个部族可以较多地接触和融合。从整个殷代来看,战争的次数是逐渐减少的。武丁时期一直与殷敌对的羌方,到了殷代后期即臣属于殷,故乙辛卜辞有"在羌""田羌"[2]的记载,显然是化干戈为玉帛了。被征服的方国多成为殷的侯伯。乙辛卜辞有"其从多田与多白正盂方"[3]的记载,即指臣属于殷的称为多甸与多伯的诸部族首领随王出征。现有的考古材料表明,北至内蒙古、东北,南至湖南、江西,西至陕西、甘肃,东至海

---

1 《尚书·牧誓》,阮元校刻《十三经注疏·尚书正义》卷十一,第183页中栏。
2 《合集》第37564、37421片。
3 《合集》第36511片。

滨，纵横数千里的地区都发现有殷代后期的青铜器，可见殷后期文化影响之大。殷王权的发展不仅使日臻完善的国家机构逐渐消除蒙昧野蛮的部落联盟的影响，而且在一定程度上促进了社会经济文化的发展。

殷代的大规模的人祭、人殉与生产力低下有密切关系，但是强大的神权则是人祭、人殉得以盛行的直接原因。杀死数十百千的人去进行祭祀，这是在贞人的操纵下进行的。殷墟侯家庄西北岗一座前期大墓，墓内殉290人，东侧陪葬坑埋68人。小屯西地一处宫殿基址用人牲601人。据统计，殷墟人祭人殉总数当在5000人以上。[1] 据有关人祭的甲骨统计，全部人祭数至少为14197人。其中武丁时期用人9532人，无论是总数，或是一次杀伐的人数都以武丁时期最多。[2] 武丁时期是殷代神权最强大的时期，又是人祭人殉最盛行的时期，这并不是偶然的巧合，而是神权野蛮性质的表现。正是狂热的迷信使成百上千的人被𢦏（砍头）、㲋（肢解）等酷刑处死。殷、宾等贞人则是一幕幕惨剧的导演者。此外，殷代前期，不仅大量的社会劳动力被用作神权的牺牲，而且已经创造出来的大量社会财富也都在祭祀中做了毫无价值的耗费。卜辞里用牛羊豕祭祀的记载比比皆是，一次可达"千牛"[3]"百牛"[4]之多，共浪费的数目是惊人的。

殷代后期，人祭人殉虽未绝迹，但其数量大大减少，许多残忍的刑法也不见于后期卜辞，俘获的羌人已经用于狩猎和垦田。祭祀时用畜数量也有明显减少。史载帝辛时期，"慢于鬼神"[5]，是有根据的。对鬼神的怠慢是好事，因为它保存了较多的社会劳动力，减少了社会财富的浪费。和神权比较起来，王权乃是使社会走向文明的积极因素。

1　黄展岳：《我国古代的人殉和人牲——从人殉、人牲看孔丘"克己复礼"的反动性》，《考古》1974年第3期。
2　胡厚宣：《中国奴隶社会的人殉和人祭》，《文物》1974年第8期。
3　《合集》第1027片。
4　《合集》第40507片。
5　《史记》卷三《殷本纪》，第105页。

关于殷代后期的社会政治，应当提出这样两个方面：一是王权同神权的斗争取得了成效，促进了殷王朝的发展；二是殷王只注意了对诸部族的斗争，而忽略了对诸部族的联合，这是殷王朝覆灭的一个重要原因。殷代后期，文丁杀死周部族的首领季历[1]，帝辛杀死九侯[2]、鄂侯，结果"诸侯以此益疏"，纷纷"叛纣，而往归西伯"[3]。周灭殷之后正是从这两个方面吸取了殷的历史经验和鉴戒。

---

1 见《晋书·束晳传》引《纪年》，《晋书》卷五十一，中华书局，1974年，第1432页。
2 《史记·殷本纪》裴骃《集解》引徐广曰："一作鬼侯"，九侯当是殷后期归服于殷的鬼方首领。见《史记》卷三，第107页。
3 《史记》卷三《殷本纪》，第106—107页。

先秦社会最高权力的变迁及其制约因素

简单来说，先秦时期的社会最高权力起初是以"神主"的面貌出现的。夏商之"王"虽然是社会最高权力的实际掌控者，但却受到神灵世界的束缚。周天子挟"天命"以令诸侯，王权虽然增强，但却牢笼于宗法与分封的制度。随着宗法分封制度的颓坏，春秋战国时期的各国君主手中的权力远胜于前，但社会上民众亦远非昔比，成为有影响的社会力量，"民本"理念成为先进思想家与有识之士的共识，各国君主亦挥动"民本"之旗来为君权张目。专制君权在战国后期方粗具规模。先秦社会最高权力由弱而强之路，即渐次摆脱神权束缚、走出制度牢笼、摆脱民众舆论羁绊的过程。

权力是社会关系中的控制力量，是社会运转的必需手段。"权"，本指秤锤，有衡量之意，后来亦作为权力、权势、权谋等的代称。"权力"

一词虽然出现得比较晚[1]，但其意蕴却出现得很早。先秦时期，人们曾经用各种方式表达"权力"这一概念。[2]社会上的权力有不同的层次和范畴，先秦时期，社会权力观念起初是以"主"的名义出现的。本文即以此为论题，讨论商周时期国家最高权力的构成及变化问题。

由甲骨卜辞，可以看到神灵是商代最高权力的体现。这种神的权力被称为神权，神权的物化形式是"神主"。从权力的角度来说，商代就是神权（亦即神主）的时代。到了周代，周天子和各诸侯国的国君手中拥有社会最高的权力，这可以称为君权（亦即君主）的时代。春秋战国时期还出现了"民主"的概念。这个概念并非是民众作主，而是国君为民作主，实际上是"君主"概念的另一种表达。尽管如此，"民主"这一概念的出现毕竟是民众在社会生活中的影响增强的结果，所以仍是一件颇有意义的事情。这就是在秦王政称"始皇帝"之前，商周社会最高权力运转的大致情况。应当指出，这些在社会的实际的表现和发展中却远非如此简单。缕析商周时代社会最高权力的演变脉络及其特点，就是本文所讨论问题的中心。关于商代神权、周代君权及春秋战国时期"民

---

[1] 先秦时期，未见"权力"一词，汉代则多见。如《新书·藩伤》云"权力不足以徼幸，势不足以行逆"（贾谊撰，阎振益、钟夏校注《新书校注》，中华书局，2000年，第37页），《汉书·贾谊传》"天子春秋鼎盛，行义未过，德泽有加焉，犹尚如是，况莫大诸侯，权力且十此者乎！"《汉书·货殖传》"衰举其半赂遗曲阳、定陵侯，依其权力，赊贷郡国，人莫敢负"，《汉书·游侠传》万章"与中书令石显相善，得显权力，门车常接毂"等，是为其例。关于"权力"的定义，提出著名的"酋邦"理论的美国学者塞维斯认为，"'权力'一词最为广泛使用的涵义是：某人或某集团使他人或他集团服从的相对的能力，或者反过来说，某人或某集团对他人或他集团'不必屈服'的能力"（转引自易建平《酋邦与专制政治》，《历史研究》2001年第5期）。我们可以说，在商周时代使全社会的人或集团都服从的权力就是神权和王权，只是这一最高权力有一个发展变化的过程，有着不同的表现方式。这种最高权力不一定是强制性的暴力，也可能是传统习俗所形成的权威。

[2] 先秦时期曾经用作为器物把的"柄"，以及作为缰绳的"辔"作为权力的代称。如《左传·襄公二十三年》："子在位，其利多矣。既有利权，又执民柄。"《管子·任法》："明王之所操者六：生之杀之，富之贫之，贵之贱之；此六柄者，主之所操也。"（黎翔凤：《管子校注》下册，第909页）《吕氏春秋·审分》："有道之主，其所以使群臣者亦有辔。其辔何如？正名审分，是治之辔已。"（陈奇猷：《吕氏春秋新校释》下册，上海古籍出版社，2002年，第1040页）这里所说的"柄""辔"皆指君主治理臣民的权力。此正如《管子·山至数》篇所说："圣人理之以徐疾，守之以决塞，夺之以轻重，行之以仁义，故与天壤同数。此王者之大辔也。"（黎翔凤：《管子校注》下册，第1340页）所谓"大辔"，意即御马的大缰索，喻指君王的最高权力。

主"观念的兴起,多有专家论析,但从最高权力的演进这个角度进行的系统缕析尚未之见。不揣谫陋,特从这个角度出发试行讨论,以供方家参考。

一、神主与商代国家祭祀

商代去上古未远,其最高社会权力(亦即王权)除了靠初期的国家权力来巩固之外,[1] 还十分需要传统的神灵崇拜发挥作用。神灵世界实际上成了商王所持有的最高权力的保护伞。商王作为商代社会最高权力的代表,必须为这权力寻找依据,证明其存在的正当性与合理性。《尚书·汤誓》篇载商汤动员众庶灭夏时,历数夏桀败坏的德行,说道:"夏德若兹,今朕必往……致天之罚。"奉天罚罪,就是殷革夏命的理由。那么,商王执掌社会最高权力的依据又是什么呢?从《尚书·盘庚》这篇公认的商代文献中我们所看到的是"先后神灵"和"恪谨天命"两项,强调祖先神灵和天命。

中国古代历朝帝王皆炫耀自己品德之高尚、能力之非凡,有的还编造出"龙种"之类的神圣光环放到自己头上,来为自己最高权位的合理性作证据。自夸和让他人来夸,无所不用其极。说来也怪,我们无论是从文献中抑或是从卜辞里都罕见商王自夸的文字。史载只出现过一位商王(即商纣王)颇能自我炫耀,可是他却遭到亡国的命运。[2] 不自夸并不能肯定是不想自夸,而是因为手中权力还不够强大因而夸不起来。然而,正所谓"盗亦有道",商王既然不能靠炫耀自身来增强权威,那么,他就独辟蹊径,借"神"来达到目的。《礼记·表记》所载孔子的

---

1 商代的国家形态,不具备完全成熟的性质,商王朝尚属初期国家范畴。相关讨论参见晁福林《先秦社会形态研究》(北京师范大学出版社,2003年)一书第2章。
2 《诗经·商颂·长发》所云"武王载旆,有虔秉钺",盖为仅见的赞美商王个人的话。《史记·殷本纪》说商纣王"矜人臣以能,高天下以声,以为皆出己之下",应当是一个很能自夸的君主。虽然与其他商王不同,但却是一个亡国之君,可见于商王而言,自夸不仅非为常事,而且亦无好的结果。

一段话颇可说明此点:"殷人尊神,率民以事神。先鬼而后礼,先罚而后赏。"商王率领民众侍奉神灵,并且一切以神灵世界为先("先鬼"),目的就是强化自己手中的权力,商王历来坚持敬神灵而强己威的路线("先罚而后赏"),颇有假鬼神以令天下之意。

商代祭祀中受祭的对象即人们心目中的神灵,这些受祭的神灵是以"主"的形式出现的。在殷人十分庞大而复杂的神灵世界里,神灵固然虚幻,然而,作为神灵物化载体的神主则是现实的。商周时代物化的神主有石质与木质两类,称为"祏"或"宔"。《说文》谓:"祏,宗庙主也。""宔,宗庙宔祏。"主、宔两个字当为古今字,并且祏也是主。所以主、宔、祏皆神主之意。[1] 殷墟卜辞里习见的表示祖先神灵的"示"字与"主"字通用,或者说两者为一字之分化。[2] 示,即神主,诸家之说比较一致。卜辞中有关于"示帝"的贞问,裘锡圭指出:"'示'的本义是神主,'示帝'可能是给康丁立神主的意思。"[3] 卜辞中有大量的关于"示"的记载,如"大示""小示""上示""下示""示癸""示壬"等,分别表示不同的先王。为了称谓方便亦将神主用数量表示,称为集合神主,如七示、九示、十示、十示又几示、二十示等。和"示""主"具有同等地位的还有"尸"。神主是神灵附着于物,称为"主";神尸则是神灵附着于"人",称为"尸"。"尸"亦有"主"之意,即人化的神主。春秋时期晋国祭天,"祀夏郊,董伯为尸",韦注:"尸,主也。"可见董伯曾经为"尸",作为天的神主受祭。《礼记·礼器》篇有"殷坐尸"的说

---

1 参见徐灏《说文解字注笺》卷七下,《续修四库全书》第 226 册,上海古籍出版社,2002 年,第 72 页。
2 关于"主"字起源,除了说它源于表示神主的"示"字以外,还有源于火烛之说,由王献唐先生在 20 世纪 40 年代所撰写的《古文字中所见之火烛》(齐鲁书社,1979 年影印本)一书中提出,后来何琳仪据新出考古资料进行探讨,其结论仍然认为"'主''示'实乃一字之分化"[《战国文字通论(订补)》,江苏教育出版社,2003 年,第 309 页]。商代神主具体形制尚不明确。春秋时期的神主,据说"其状正方,穿中央,达四方。天子长尺二寸,诸侯长一尺"(《穀梁传·文公二年》)。按,关于商代的"示"的起源与性质,我的认识是浮浅的。现在已经有所转变,特附识于此。
3 裘锡圭:《关于商代的宗族组织与贵族和平民两个阶级的初步研究》,《古代文史研究新探》,江苏古籍出版社,1992 年,第 299 页。

法,盖谓殷代的"尸"是坐着受祭的。[1]

商代社会比较稳定,没有出现过大的动乱,也没有大规模的民众起义,《史记·殷本纪》所说的"比九世乱",只是继统方式之不合常规而造成的短时段的王位继承之乱,而非社会动荡。这与商王恰当地采用神权来维护其统治有很大关系。频繁的大大小小的祀典,名目众多的祈祷,使得整个商王朝就是一座被神监视着的心灵监狱。众多的神灵(神主和神尸)似乎都在睁大眼睛注视着众人的一切行动,使祭拜者的心灵受到巨大而持久的震撼。法国学者福柯曾将监狱的无所不在的监视,称为"全景敞视主义",这种无所不在的监视除了人对人的监视以外,还要靠"上帝"。福柯指出百年前欧洲的一些监狱,"囚室的墙上书写着黑色大字:'上帝注视着你'"。[2]商代祭典上的神灵所展现的就有这种"注视"的效果。商王在祭典上自然也同样为神灵所慑服。商代王权所受到的限制,这是其中之一。

商代王权所受到的限制还表现在所祭神灵的多样性,反映了诸多方国部族在商代政治生活中有较大影响,使商王不能独断天下。商王朝的占卜和祭祀形式上表面看来是商王的行为,实际上是国家祭祀,并非商王一人之祭典。这主要表现在如下几个方面。

首先,商王朝的祭典所祭的神灵中异姓氏族的首领也占有一席之地。特别是那些对于商王朝贡献卓著的大族的祖先,在祀典中享有与商王族的先公、先王几乎同等的祭祀规格。最著名的例子就是协助成汤立国的伊尹。伊尹曾与成汤一起受祭,伊尹的配偶和商先王配偶一样也受祭。[3]不惟如此,卜辞中还有"伊二十示又三"[4]的记载,这表明伊尹部落

---

[1] 郑玄注《礼记·礼器》篇谓"无事犹坐",然孔颖达疏谓"是为恒坐之法……,言尸本象神,神宜安坐",两说相较,孔疏为优。是可见在祭祀时,"尸"坐而受祭,乃是出于对"尸"的尊重。
[2] 米歇尔·福柯:《规训与惩罚:监狱的诞生》,刘北成、杨远婴译,生活·读书·新知三联书店,2003年,第219、338页。
[3] 参见陈梦家《殷虚卜辞综述》,第363—364页。
[4] 《合集》第34123片。

首领世代都被列入国家祭祀之中。《尚书·盘庚》篇记载，商王盘庚曾经告诫民众说："兹予大享于先王，尔祖其从与享之。"意思是说现在我隆重祭祀先王，你们的祖先也一起受祭。这些听盘庚讲话者有些与商王并不同祖，所以盘庚才会说"尔祖其从与享之"。盘庚还告诫这些人要与他同心，如果不这样做，他们的先祖"乃断弃汝，不救乃死"。作为商王族与其他各族的保护神的祖先神灵，既有商朝的先公先王，也有非王族的祖先，他们共同构成了祖先神灵世界。[1] 周代祭祀的一个重要原则是只祭本族的先祖，[2] 而商代的情况却并不如此。

作为商王族的子姓氏族的发展壮大，除了本族的繁衍生息之外，还应当有另外的途径，那就是接纳和融合其他的氏族部落。为子姓氏族部落的早期发展做出重大贡献的原本是异姓氏族部落的首领，为殷人世代尊崇和记忆并称之高祖。卜辞中称为高祖者除了像"高祖王亥""高祖夒""高祖上甲"这样的子姓部落首领以外，有些被称为高祖者有可能属于异姓氏族部落。如"高祖河"[3]，就有可能是原居住于大河附近的部落后来融入子姓部落者，作为此部落首领的"河"留在商人的记忆中，亦

---

[1] 商代祭典亦祭异姓部落首领，表明部落联盟于商代社会上的重大影响。后世对此情况，常以"君臣观"视之，如《孔丛子·论书》篇载："《书》曰：'兹予大享于先王，尔祖其从与享之。'季桓子问曰：'此何谓也？'孔子曰：'古之王者，臣有大功，死则必祀之于庙，所以殊有绩劝忠勤也。盘庚举其事以厉其世臣，故称焉。'"（王钧林、周海生译注《孔丛子》，中华书局，2009 年，第 23 页）是为此种观念的一个典型表达。

[2] 关于周人祭典的原则，《国语·鲁语上》篇谓"非是族也，不在祀典"，《左传·僖公三十一年》说"鬼神非其族类，不歆其祀"。这应当是那个时代的一般规则。但是，也有不同的思考，郑国的子产曾经说："夫鬼神之所及，非其族类，则绍其同位。是故天子祀上帝，公侯祀百辟，自卿以下不过其族。"关于"非其族类，则绍其同位"，韦注云："绍，继也。殷、周祀之是也。"（《国语·晋语八》）在韦昭看来，殷周时代的祭祀应当有超出只祭本族先祖这一般原则的情况。从卜辞所反映的情况看，商代可能尤为如此。常玉芝曾经举出伊尹、伊奭、黄尹、黄奭、咸戊五位异族神的祭祀情况，并指出"说明了后世古书上所说的'神不歆非类，民不祀非族'（《左传·僖公十年》）的规则在商代尚未施行；而'非我族类，其心必异'（《左传·成公四年》）的说法也不是人人皆然的"（常玉芝：《商代宗教祭祀》，第 419 页）。

[3] 《合集》第 32028 片。关于这条卜辞的"高祖河"，陈梦家读为"高祖、河"，于省吾读为"高祖河"（陈梦家：《殷虚卜辞综述》，第 343 页），今从于先生说。

被尊为高祖。[1] 再如"岳",虽然在卜辞中没有称其为高祖之例,但有卜辞记载他和高祖同样受祭,接受同样的祈祷:"戊午卜,宾贞,彡,祈年于岳、河、夒。"[2] 卜辞中有许多向"高祖"及"河""岳"等祈年的记载,也有上引这条卜辞是岳、河同与高祖夒受祈年之彡祭,表明岳、河与高祖夒的性质应当是一致的。

其次,各氏族向商王朝进献占卜用的龟甲,以示对于国家祭礼的参与。这在记事刻辞中有所记载。对于殷墟甲骨的甲桥、甲尾、背甲、骨臼、骨面等不便施以钻凿之处所刻的记事之辞,胡厚宣先生曾经做过系统研究,他所见到的这些记事刻辞有 825 例之多[3],这些刻辞常记载甲骨的来源,如某氏族进贡甲骨之数量,或到某氏族征集甲骨之数量。兹举骨臼刻辞的情况略作说明。骨臼刻辞多有"示屯"的记载,常见的格式是某氏某数量之屯,如:

　　癸巳,妇井示(氏)一屯,亘。
　　壬寅,妇宝示(氏)三屯,岳。
　　古示(氏)十屯㞢(又)一く,宾。

---

[1] 关于这类高祖神,齐文心、王贵民曾经指出:"有的可能是属于一个部落联盟,但不一定是有血缘关系的部落首领,由于他的功勋卓著,逐渐形成为共同崇拜的保护神,又成为象征性的祖先神。"(齐文心、王贵民:《商西周文化志》,上海人民出版社,1998 年,第 107 页)按,这是一个很精辟的认识。愚以为除了这种可能性之外,还可能是原始意识留存的结果。远古时代,民智未开,不能将人与外物完全区分。《国语·楚语下》所谓"民神杂糅,不可方物"(韦注:"同位故杂糅。方,犹别也。物,名也。"),亦有这种远古思维的影响的印迹。此一问题较为复杂,存以待考可也。
[2] 《合集》第 10076 片。
[3] 参见胡厚宣《武丁时五种记事刻辞考》,《甲骨学商史论丛初集》,齐鲁大学国学研究所,1944 年,第 599 页。按,除了胡厚宣先生的研究之外,曹锦炎又发现在龟腹甲中甲右方也刻有记事刻辞,称为"中甲刻辞",他所发现的三例刻辞皆属自组,是时代较早的记事刻辞。参见曹锦炎《中甲刻辞——武丁时代的另一种记事刻辞》,《东南文化》1999 年第 5 期。

丁丑，邑示（氏）四屯，耳。[1]

上引刻辞的意思是，某日，某氏族进献之兽骨多少屯（读若捆），验收的贞人某。骨臼刻辞所载妇某的氏族和其他的氏族进献龟甲的各约四十多个。[2] 如果加上骨臼刻辞以外的记事刻辞所载者，进献龟甲的氏族应当更多一些。这类刻辞所表明的进献，到底是氏族的主动行为，抑或是商王朝征取的结果，从现在所见的辞例中不能做出明确判断。可是，有些刻辞所表现的则很可能是商王朝征集的结果。可举两例如下：

庚申，中（得）自雩十屯。
乙酉，䒭二屯，岜自匽中（得）。[3]

上引第一条是骨臼刻辞，意思是说庚申这天从雩族（或雩地）得到龟甲十捆。上引第二例的意思是说乙酉这天䒭族进献龟甲两捆，是贞人名岜者从匽地得到的。占卜所用牛胛骨易得，而龟甲则较难寻，所以各氏族进献龟甲成为一项重要任务。众多氏族向商王朝进献龟甲，其意义固然表示了对于商王朝的政治上的支持，但更重要的一项应当是表示各氏族参与了商王朝的祭祀。在殷人看来龟甲兽骨是交通神灵的神物，是探赜索隐的利器，神意要通过其上的裂纹方可显示。某氏族进献（或被征集）龟甲，盖寓有本氏族的神物参与祭祀之意，表示其氏族亦参加了商

---

[1] 依次见《合集》第130、17511、17581、17563 臼。关于"示屯"类刻辞的研究，郭沫若先生虽未释此字为"屯"，但指出刻辞表明此类卜骨"有所包裹而加缄縢"，并且是"两骨一包"（郭沫若：《殷契粹编》，科学出版社，1965 年，第 748 页）。胡厚宣说："〈"字，"疑为片字之古文。……言'十屯又一〈'者，背甲十对又一半也。"（胡厚宣：《武丁时五种记事刻辞考》，《甲骨学商史论丛初集》，第 596 页）

[2] 参见晁福林《殷墟骨臼刻辞"示屯"及其相关的一些问题》，《殷都学刊》1990 年第 2 期。

[3] 《合集》第 5512 臼、第 17629 片。两例"中"字，专家多释为"乞"，愚曾另献一说，以广思路，将其释为甲骨文中的另一类"中"字，在卜辞中它可以读若"得"，或释为"可"之意（参见晁福林《甲骨文"中"字说》，《殷都学刊》1987 年第 3 期）。

王朝的国家祭祀。

其三，时王的祖若父（特别是父），按说是神灵世界中最能增强商王个人权威者，但在商代祭典中，对于祖若父并不特别重视。史载商王祖庚肜祭其父高宗武丁，祭品比较丰盛，即受到贤臣祖己的批评，说"罔非天胤。典祀无丰于昵"（《尚书·高宗肜日》），意即所有的先祖没有不是天之后嗣者，因此贡献祭品不应于父亲的祢庙特别丰盛。卜辞表明，历代商王皆举行种类繁多的祀典祭祖，特别是周祭，这是"用翌（日）、祭、𠷎、劦（日）、彡（日）五种祀典对自上甲以来的所有先王和自示壬之配妣庚以来的先妣轮番和周而复始地进行的一种祭祀"[1]，其所表现出的是对祖先神灵的厚今而不薄古的态度，说明商王是以祭典的方式在尽量大的范围内团结商的王族及子族，再通过其他的祭典和方式，让子姓部族以外的部族也参与到国家祀典中来。神灵世界（特别是祖先神灵）已成为商王朝各个邦国部族的共同信仰之所在。祀典也就成为各邦国部族与商王族联系的重要纽带，表现出非王诸族对于商王的影响之大。

其四，如果说神灵是下界投影的话，那么表达王权强大的应当是"帝"。卜辞中的"帝"的情况便折射出商王的影子。商代后期商王名号有称"文武帝""帝乙""帝辛"者，表明了商王对于"帝"的欣赏和重视。

"帝"在商代神灵世界中的地位如何呢？迭经专家研究，现在大家比较一致的看法可以概括如下。关于"帝"的神能：（一）它能支配风、雨、雷、晴、旱、涝等气象，可以影响年成好坏。（二）它保佑某些征伐之事，支持建造城邑。（三）它对于有些事情可以作祟、降咎，破坏甚至灭绝城邑。总结这些方面的内容，可以看出"帝"的性质，专家指出它"是个具有巨大威力的自然神"[2]，是很正确的。但是，还应当看到

---

1 常玉芝：《商代宗教祭祀》，第 427 页。
2 常玉芝：《由商代的"帝"看所谓"黄帝"》，《文史哲》2008 年第 6 期。

"帝"的权力是有限的,它不做(或不能做)的尚有许多事情,最主要的是它不像祖先神灵那样可以指挥人世间的具体事务。卜辞表明,商王及其他人的吉凶祸福、生老病死诸事,以及官吏任命等皆向祖先神灵祈祷福佑,而不祈祷于帝。可以说,"帝"的权力是十分有限的。

总之,帝对于人世间的影响虽然很大,但只是一种自然而然的行为,人们虽然希望它来保佑一些事情,但大部分事情并不指望它。卜辞中的"帝"类似于战国时期荀子所说"天行有常,不为尧存,不为桀亡"[1]的"天",虽然高悬于人世之上,但与世间的事务并没有多少关系。[2]这一点在文献中亦可找到证据。《尚书·高宗肜日》说:"惟天监下民,典厥义。降年有永有不永,非天夭民,民中绝命。"这里所说虽然有"人在做,天在看"的意思,但其所强调的是天与民没有直接关系,[3]如果民遭遇祸害,乃是民自己伤害了自己,并非天的缘故。正因为求它也罢,不求它也可,所以,"帝"在商代虽然也多见于卜辞,但却门庭冷落,没有香火祭祀。有的商王甚至有侮辱天神之举。[4]若把它作为人世间威严的主宰一切的君主的投影,似有不妥。恩格斯说:"一个上帝如没有一个君主,永不会出现,支配许多自然现象,并结合各种互相冲突的自然力的上帝的统一,只是外表上或实际上结合着各个因利害冲突互相

---

1 《荀子·天论》。
2 关于帝与天的关系,朱芳圃曾经引明义士、叶玉森说指出帝源于商周时代的焚天的燎祭,指出:"《说文》示部:'祡,烧柴燎以祭天神,从示此声。'盖以火光之熊熊,象征天帝之威灵,《诗经·大雅·皇矣》:'既受帝祉',郑笺:'帝,天也。'"(朱芳圃:《殷周文字释丛》,中华书局,1962年,第39页)可见,帝与天从造字时即有意义之密切关联。
3 《高宗肜日》篇的"天监下民",《史记·殷本纪》引此没有"民"字,《尚书》别本所载亦多如此(刘起釪指出有云窗本、内野本、岩崎本、神宫本等,见《尚书校释译论》,第1004页)。按,足利本亦如此,参见顾颉刚、顾廷龙辑《尚书文字合编》,上海古籍出版社,1996年,第1196页。所以原文当即"天监下",而非"天监下民"。若此可信的话,那么更增加了"天"与"民"的距离。
4 商王对"天"不恭,于史载所见者无过乎武乙,相传他曾"为偶人,谓之天神。与之博,令人为行。天神不胜,乃僇辱之。为革囊,盛血,卬而射之,命曰'射天'"(《史记》卷三《殷本纪》,第104页)。

抗争的个人的东洋专制君主的反映。"[1] 这段话能否作为商代已经出现了统一的专制君主的证据呢？愚以为是不行的。关键在于此上帝非彼上帝。恩格斯所说的上帝是西方基督教中的上帝，它是惟一的至上神，是宇宙和万物的创造者。殷墟卜辞中的"帝"，虽有"帝"之名，但却无西方上帝之实。卜辞里的帝，论其影响只是与祖先神、自然神的地位差可比肩的神。商王朝时期还处于早期国家阶段，[2] 还没有出现专制的中央集权统治。商代社会是以商王族为核心的各部族的联合体，还远不是恩格斯所提到的"东洋专制君主"。按照"一个上帝如没有一个君主，永远不会出现"这个原则，商王朝时期还没有这样的君主，作为惟一至上神的"上帝"自然也不会出现。

以"神"为主，这并非商代的发明，而是商人对于原始文化传统的继承。远古时代的古国中多"神守"之国，孔子曾说："山川之灵，足以纪纲天下者，其守为神。"[3] 这里所说的"守"即是"主"，"神守"，亦即神主。按照章太炎的说法，这样的古国靠神权立国，"不守社稷而亦不设兵卫，……神国无兵，而皂牢亦不选具"，进入文明时代以后依然保持"神守"传统，"营于禨祥，不务农战，亦鲜与公侯好聘，故方策不能具，及其见并，盖亦摧枯拉朽之势已"。[4] 殷商时代，将"神守"传统发展到了极致，这以后，神守传统的影响逐渐削弱，这是文明时代社会文化进步与社会权力演进的结果。

纵观有商一代历史，可以说商王依赖神灵世界，以神为主的做法，

---

[1] 《马克思恩格斯通信集》第一卷，生活·读书·新知三联书店，1957年，第53页。
[2] 关于中国早期国家问题，谢维扬所著《中国早期国家》（浙江人民出版社，1996年）一书做出了重大贡献，他将夏商周（包括春秋战国）都划入中国的早期国家阶段的说法是可信的。愚以为早期国家是否有"中央集权"这一问题，尚有继续研究的余地。
[3] 《国语·鲁语下》。韦昭注"其守为神"云："山川之守主，为山川设者也。"所谓"守主"，当即山川之神的神主。
[4] 章太炎：《封建考》，《章太炎全集》第四卷，上海人民出版社，1985年，第112—113页。关于"神守国"的研究，详见杨向奎《中国古代社会与古代思想研究》上册，上海人民出版社，1962年，第160—169页；杨向奎：《再论老子——神守、史老、道》，《史学史研究》1990年第3期；吴锐：《论"神守国"》，《齐鲁学刊》1996年第1期。

在一定程度上达到了维护最高权力的目的，也适应了社会政治发展的需要。[1]但是，从另一方面看，商代的神权同时也给予王权以限制，使得商王不得不忌惮于非王诸族及异姓方国部族的势力和影响。商王虽然青睐"帝"，但在神灵世界中，"帝"远没有成为定于一尊的至上神。这应当是商王权势尚被束缚的情况的反映。要之，商代的"神主"之权固然为加强商王所拥有的最高权力提供了一定的帮助，但这"神主"也是对王权的一种限制。商代的神灵世界犹如一张巨大无比的天网，商王之权在一定程度上正是被这张天网所约束。

二、宗法王权：周代君主的盛与衰

经过周革殷命的政权更迭，周王朝的最高权力呈现着前所未有的新面貌。周代最高权力掌握在周王以及其下大大小小"君主"手里。[2]周天子以及诸侯国君主的权力在周初主要是经由两个途径来实现的：其一，采用殷商故技，托庇于神灵；其二，创立宗法体系，实施分封制度。关于这两个方面，专家多有精辟论析。这里，愚以为值得进一步思考和探讨的问题是，在因袭商人做法的同时，周统治者又进行了怎样的创新与发展。

我们先来考察周人神灵世界的问题。周人对于殷商神灵世界不仅多有继承，依然尊奉天神和祖先神，而且为适应宗法王权的需要，还大力

1　关于天、神对于社会政治的影响，梁启超早就指出："在天监督下以行政治，则本来之最高主权属之于天，甚明。"（梁启超：《先秦政治思想史》，东方出版社，1996年，第36页）亚里士多德说："人们原来用人的模样塑造着神的形象，那么凭人类生活来设想群神的社会组织也就极为自然了。"（亚里士多德：《政治学》，吴寿彭译，商务印书馆，1983年，第7页）
2　"君主"一词虽至战国时期才出现，但"君"为社稷之主人的观念在春秋时期已经多见，如《左传·隐公三年》："先君以寡人为贤，使主社稷。"《左传·庄公十四年》："苟主社稷，国内之民谁不为臣？臣无二心，天之制也。"《管子·侈靡》篇所谓"社主"应当是社稷主的简称。《管子·形势解》谓："主牧万民，治天下，莅百官，主之常也。"春秋时期虽然未见"君主"之称，但却已经到了呼之欲出的地步。战国时代的文献，"君主"之称则屡见不鲜，如《韩非子·十过》、《韩非子·爱臣》、《晏子春秋·外篇》、《韩诗外传》卷九等。周代各诸侯国君主所拥有的虽然不是周王朝的最高权力，但却是诸侯国的最高权力。

进行创新和改造。十分显著的是，周人拉近了原来被高悬一格、不食人间烟火的"帝"与人世的距离。周代的"帝"不仅"降懿德"[1]（降下美好的德行）于周人，而且，用周厉王的话来说，还可以降下"大鲁令（命），用黥保我家、朕位、胡身"[2]（降下伟大嘉美的命，用以保护我的王家、我的王位以及我自身）。还有的彝铭谓："肆皇帝亡斁，临保我又（有）周，雩四方民，亡不康静。"[3]意思是说，辉煌的帝不厌其烦地俯视和保佑着我们周王朝，以及四方庶民，使得普天之下无不安康稳固。《诗经·大雅·皇矣》篇亦谓："皇矣上帝，临下有赫。监观四方，求民之莫。"这里说上帝十分关注民生，了解民众疾苦。[4]由此可见，从周王到庶民皆为天帝所保佑。

此外，周人创造出"帝廷"作为天帝"办公"场所。据说，周人的祖先可以到帝廷并侍奉在帝之左右，传达帝的旨意。《诗经·大雅·文王》说："文王在上，於昭于天。周虽旧邦，其命维新。有周不显，帝命不时。文王陟降，在帝左右。……仪刑文王，万邦作孚。"周文王的神灵侍奉于帝之左右，这于彝铭亦有证。《天亡簋》说"丕显考文王事喜上帝"[5]，清楚地表达了周王拥有最高权力而使"万邦作孚"（天下万国信服）的原因，那就是周人最伟大光荣的文王的神灵升之于天，侍奉在帝之左右，得到了帝所授予的统治天下的命令，后世周王以文王为榜样（"仪型文王"），所以天下顺服。可以说"帝"成为周代王权最有力的靠山。一座巍峨的"帝廷"出现于天国。帝廷之中，先王仍然可以监临天下，《尚书·金縢》说："（先王）乃命于帝庭，敷佑四方，用能定尔子孙于下地。"在天国的"帝廷"与人世间，周先王上下"陟降"，通于神

---

1 《瘋钟》，《殷周金文集成》251。
2 《胡簋》，《殷周金文集成》4317。
3 《师訇簋》，《殷周金文集成》4342。
4 《皇矣》"莫"，传笺释为"定"，三家诗作"瘼"。今从三家诗之说。说见马瑞辰《毛诗传笺通释》卷二十四，第838页。
5 《天亡簋》，《殷周金文集成》4261。

人之际，传达天命于下界。周厉王曾说："朕皇文剌（烈）祖考……其瀕（频）才帝廷陟降……陁陁降余多福宪豋、宇慕远猷。"[1]意思是说，我的辉煌、典雅、有伟大功业的祖先，频繁地在帝廷升降，传达帝的旨意，绵绵不断地降给我许多幸福美善以及安定国家的谋略和计划。周的先王总是居于"帝廷"，侍奉于帝之身边，彝铭谓"先王其严才（在）帝左右"[2]，是说先王的神灵庄严地在帝左右侍奉。开始的时候似乎只有周先王之神灵才可以升到"帝廷"，后来，商人后裔亦仿此例，把自己的先祖也抬到天上去侍奉帝，说"赫赫成唐（汤）又（有）敢（严）才（在）帝所，尃受天命"[3]。这是殷商后裔向周人学习的结果。然而，只说成汤升到"帝所"（帝所在的处所），但并未登堂入室，所以只是怯怯地表示升到了帝之居处，尚不敢与在"帝廷"侍奉于天帝左右的周先王比肩。

通过改造，以"帝""天"为主的神灵世界成为周代王权强有力的后盾。周人曾经劝说殷遗民要顺服于周，说这是"天命靡常"[4]的结果。春秋中期，楚庄王问鼎王城之下的时候，周人还以"天命"作为利器而使楚不敢轻举妄动，周人说："成王定鼎于郏鄏，卜世三十，卜年七百，天所命也。周德虽衰，天命未改！"[5]使得不可一世的赫赫霸主楚庄王在周的"天命"面前不敢造次，对于天命的重视于此可见。后世有"挟天子以令诸侯"[6]之枭雄，如果相比较的话，可以说周王正是挟天帝以令诸侯了。

周人创造了"天子"之称，作为其神圣性质的根本依据，亦是其

---

[1] 《胡簋》，《殷周金文集成》4317。

[2] 《尃狄钟》，《殷周金文集成》49。

[3] 《叔尸钟》，《殷周金文集成》275。

[4] 《诗经·大雅·文王》。

[5] 《左传·宣公三年》。

[6] 《三国志·魏书·武帝纪》注引《献帝春秋》载，有人向曹操建议："若挟天子以令诸侯，四海可指麾而定。"（《三国志》卷一《魏书·武帝纪》，中华书局，1971年，第16页）

天命理论的进一步发展。[1]"天子"之称应当与周代宗法制的创制有关。宗法的核心在于嫡长子继承制。嫡长子有宗法观念里面的"承重""传重"之责，即嫡长子有继承和延续宗族祭祀和宗族统绪的重责。在宗族的各种关系里，父子关系是至为重要者。父亲要将一切重大责任和权力传给嫡长子。周王得天命，犹言天之重责和大权传给周王，周王亦即天之嫡长子，天子之称实即宗法关系里的父子关系的投影。天子即天的嫡长子，所以《尚书·召诰》篇说："皇天上帝，改厥元子兹大国殷之命。惟王受命，无疆惟休。"皇天上帝更改其长子即此大邦殷之命，将这命授予周。周王接受天命，拥有无疆界的美善。《尚书·立政》篇载周公告成王语谓"拜手稽首。告嗣天子王矣"，称成王为"天子王"，意即以天子的身份为王。"天子"之称的潜台词是说，天帝把统治天下的权力赐予周王，就好像父亲把宗族大权传授给其长子一样。"天子"之称亦是周人的一大发明。

周人对于最高权力的总体设计是：周王向上对于天国而言，垄断了天国和天命；向下对于社会而言，则是以宗子的身份而凌驾于芸芸众生。自周公制礼作乐以降，周王即成为天下大宗的宗子。可以说，周代社会的最高权力可以称为"宗法王权"。宗法与分封是周王最高权力的两翼，宗法偏重于周王子孙，分封则兼及整个社会。自"君统"而

---

[1] 据文献记载，好像夏商时期就已经有了天子之称，但那是后人追记的结果。《郭店楚简·唐虞之道》"古者尧生于天子而又（有）天下"（陈伟、彭浩主编《楚地出土战国简册合集》（一），文物出版社，2011年，第61页），此为称尧为天子之例。《郭店楚简·穷达以时》"舜耕于鬲（历）山……立而为天子"（陈伟、彭浩主编《楚地出土战国简册合集》（一），第42页），《礼记·中庸》"舜其大孝也与？德为圣人，尊为天子，富有四海之内"（阮元校刻《十三经注疏·礼记正义》卷五十二，第1628页上栏），此为称舜为天子之例。《韩非子·难势》"桀为天子"（王先慎：《韩非子集解》卷十七，钟哲点校，中华书局，1998年，第388页），此为称夏王为天子之例。《墨子·兼爱下》"汤贵为天子，富有天下"（孙诒让：《墨子间诂》卷四，第123页），《韩非子·初见秦》"昔者纣为天子"（王先慎：《韩非子集解》卷一，第11页），此为称商王为天子之例。早期的可靠文献记载，如《诗经·商颂·长发》"允也天子，降予卿士"，《尚书·西伯戡黎》奔走告于王曰"天子，天既讫我殷命"，这两例皆为后人的述古之作，而殷墟甲骨卜辞和最可靠的商代作品《尚书·盘庚》篇里则只有"王"称而无"天子"之称。若谓殷商时期尚无周代那样的"天子"之称出现，从现今所见卜辞和文献资料的情况看，应属可信。

言,周王是社会政治的主宰;自"宗统"而言,他又是普天之下最高的宗子。"君统"言其政治地位;"宗统"则表示其传统的宗族关系。在西周时期,这二者是合一的。周王的最高权力通过分封诸侯(以及重申任命)、巡狩、赏赐、设监以"监国""监军",诸侯依礼朝聘、纳贡等措施得以实现。以至于《诗经·小雅·北山》所云"溥天之下,莫非王土。率土之滨,莫非王臣",成为周人口头禅一样的信条。《礼记·曾子问》引孔子语谓"天无二日,土无二王,……尊无二上",是周王拥有最高权力的反映。对此,王国维说得最为精当,他说:周公东征之后,行宗法分封之制,"新建之国皆其功臣昆弟甥舅,本周之臣子,而鲁卫晋齐四国,又以王室至亲为东方大藩,夏殷以来古国方之蔑矣。由是天子之尊,非复诸侯之长而为诸侯之君"[1]。

周人对于最高权力的设计,周到细密,简直无懈可击。你看,周王所拥有的最高权力有天命、帝廷作为其终极的无敌的后盾;有宗法以网罗天下大大小小的宗族;有分封以保证开拓和稳固天下疆土;有作为贤才的卿士为其操劳朝政。还有什么可担心的呢?然而,周天子还是不放心,我们从文献和彝铭记载中见不到周天子意满志得、飞扬跋扈之态,倒是可以窥见其"战战兢兢,如临深渊,如履薄冰"的心绪。周公告诫成王要像保持火焰永远燃烧一样延续王权,"叙弗其绝",还说"继自今嗣王,则其无淫于观、于逸、于游、于田"[2];周厉王自言其勤政,"亡康昼夜"[3];周平王呼吁晋文侯"汝多修,扞我于艰"[4]。这类语言固然表现了最高权力拥有者勤于德政的自勉之意,但也流露出许多忧愁。周天子志得意满之后的忧愁的原因何在?值得我们探究。

正所谓"成也萧何,败也萧何",周王拥有的最高权力因宗法分封

---

[1] 王国维:《殷周制度论》,《观堂集林》卷十,第467页。
[2] 《尚书·洛诰》《尚书·无逸》。
[3] 《胡簋》,《殷周金文集成》4317。
[4] 《尚书·文侯之命》。

而兴，亦因之而衰。[1] 宗法与分封固然把周王架到无与匹敌的最高位置，但也让他不接"地气"，即不与基层社会权力发生关系。周代等级层次纷繁，社会统治权力亦层层相叠压，即《左传·昭公七年》所谓"天有十日，人有十等。下所以事上，上所以共神也"，周王的地位虽然至高无上，但其所直接臣属的仅限于诸侯公卿一级。各诸侯国的大夫、士、庶民仅对其直接的"上"（即诸侯、大夫、士）负责，而与周王无直接干系。周王所拥有的社会最高权力便层层消弭于这个层次结构之中。尽管周天子是普照的光，然而，"普照"却类乎"不照"，中下层的受赐者无须对周王直接感恩戴德。西周前期，周王带"天子"之光环，携文武之余烈，拥"六师"之兵众，巡狩会同而威加诸侯，"君主"之姿，荣焉耀焉。然而好景不长，西周后期，形势即急转直下，周厉王时的"共和行政"可谓一个标志。这一转变，实肇端于因王室经济的匮乏而实行的侵犯贵族利益的"专利"政策，由此而引起国人暴动。周厉王狼狈逃窜，最后不得不由卫国诸侯入主朝政而平息祸乱。貌似强大的周厉王溃败于贵族们的现实经济利益。得益于宗法与分封制度的贵族们为实利而不惜与周天子翻脸，这一方面是他们数典忘祖的表现，另一方面也展现了周王所拥有的最高权力已是江河日下。

总之，宗法王权的确立，虽然为周王拥有社会最高权力开辟了新的路径，但随着贯彻宗法精神的分封制度的不断实施，王权也随之衰落。并且，被高高悬置于上苍的天国只是周王专擅天命的后盾，而不可能如同商代那样成为限制王权的天网。从这个角度可以说，社会最高权力在西周时期进入了"有法无天"的时代。可是，这个"法"（即宗法）对于王权也是一种限制。王权要摆脱羁绊，真正成为"无法无天"的专制

---

[1] 曾有学者认为宗法分封加强了中央集权，谓"周人所分过于琐细，宗愈分愈多，亦愈分愈小，亦愈能中央集权"（李玄伯：《中国古代社会新研》，开明书店，1948年，第42—43页）。这恐怕是以汉代"推恩令"来类比的结果。汉武帝时，取主父偃建议，"推恩分子弟，以地侯之。彼人人喜得所愿，上以德施，实分其国，必稍自销弱矣"（《汉书》卷六十四《主父偃传》，第2802页）。其实，周、汉社会结构不一，汉代中央集权制度已经确立，似非周代层次性的社会结构可比拟。

权力,还有一长段路要走。

三、"民主":新君权的影子

周王朝自厉幽以后,王权日益下降,社会最高权力渐渐分散到各国诸侯手中。春秋以降的各国"君主",没有了头上的光环,也不再专擅天命,他们手中的利器之一就是"民主"。

正如神主的光芒下"君主"已经悄然显现一样,在君主的光芒中"民主"也开始露出。一个饶有兴味的现象是我国上古时代"民主"的理念,最初是穿着君主的袍子,迈着君主的步伐登上政治殿堂的,或者可以说它只是"君主"观念的折射,只是"君主"的另一种表达。先秦时期的"民主"的观念与"君主"没有太大的区别。"民主"一词,在西周初年就出现于《尚书·多方》:"亦惟有夏之民叨懫,日钦劓割夏邑。天惟时求民主。……克以尔多方,简代夏作民主。……天惟五年须暇之子孙,诞作民主。"这段话是周公在平定三监之乱以后对因参与叛乱而被迁到洛邑的各方国人员的讲话。周公说道:有夏之民贪饕忿戾,残害夏邑。上天因为这个原因才为夏民寻求其主,并且大大地降下光显嘉命给成汤,让他殄灭有夏。……成汤在你们多方的支持下取代夏做了天下民众之主。商朝末年的时候,上天对商王宽待了五年,让他仍然做商民之主。这个时候的"民主",实即君主,"民主"意即民之主人,也是君为民做主的意思。

商周时代君权神授,天命可以授权于君,也可以将这权力拿走而转与他人。春秋时期则不然,君权可以为国人、庶人、民众等的态度所左右。春秋初期,卫懿公得不到"国人"支持,于狄族入侵时落得身死国灭的下场;[1]《左传·僖公十五年》载晋惠公被秦俘获时,"朝国人而以君命赏",才得以挽救危难;《左传·文公十八年》载,莒国太子名仆

---

1 事见《左传·闵公二年》和《史记·卫康叔世家》。见阮元校刻《十三经注疏·春秋左传正义》卷十一,第 1787 页下栏—第 1788 页上栏;《史记》卷三十七,第 1594 页。

者，靠国人支持杀掉莒纪公，史称"因国人以弑纪公"；《左传·襄公十九年》载，郑卿子孔专权，国人不满，贵族子西便"率国人伐之，杀子孔而分其室"；《左传·昭公十三年》载，楚灵王时，楚国内乱，右尹子革曾建议他"待于郊，以听国人"，让国人决定楚灵王的命运，但因"众怒不可犯也"，终究得不到国人支持而选择了自杀；《左传·襄公十四年》载，卫献公无道，"百姓绝望"，被驱逐出国。晋人评论此事说："天之爱民甚矣，岂其使一人肆于民上，以从其淫，而弃天地之性。必不然矣。"这些史实都反映了国人对于诸侯国君权的影响之巨。

春秋时期，残暴的国君为国人所驱逐之事屡有发生，作为"君主"（亦即"民之主人"的"民主"），为民所废，这个现象如何解释呢？《左传·襄公十四年》载，在天命论的笼罩下，春秋时期的人对这个问题有这样的表述："夫君，神之主也，民之望也。若困民之主、匮神乏祀、百姓绝望、社稷无主，将安用之？弗去何为？天生民而立之君，使司牧之，勿使失性。"[1]

从思想史的发展途径上可以看出，这里所强调的内容承继了"神主"的观念，只是突出了"君"的地位。君，一方面是神主，一方面又指出他是民望，即民众希望之所在。民众对于君的希望是什么呢？照这里的说法，就是希望"君"能够统领、管理（"司牧"）民众，使民众不至于失却纯朴的本性（"勿使失性"），犹如一群绵羊希望有一个好的牧羊人来管理自己一样。如果这位牧羊人不好好管理这群羊，反而虐待它们（"困民之主"），那么这样的牧羊人有什么用呢（"将安用之"）？那就应当被换掉。这一段话，体现着春秋中期人们的"民主"观念。这个"民主"的意思就是"民之主人"，就是"牧羊人"。按照这个"民

---

[1] 这里所说的"牧"，先秦时期文献，讲君主管理民众，多称用之，虽然已是管理的意思，但其根源依然是放牧牲畜。《尚书·吕刑》有"天牧"之辞，意即替天牧民。上古时代的诸侯（即各氏族方国的酋长），在《尚书·尧典》中称为"群牧""十有二牧"。《管子》有《牧民》篇，专讲治理民众之事。孟子亦用"牧民"的观念，曾经向子思请教如何牧民的问题（见《孔丛子·杂训》），《逸周书·命训》篇讲古代的明王的职责就在于"以牧万民"。

主"观念，君主天生就是民的主人，[1]这是天所安排好了的。这样的"民主"对于"民"有着生杀予夺的权力，所以"民"必须拥戴其主，正如《管子·国蓄》篇所说："予之在君，夺之在君，贫之在君，富之在君。故民之戴上如日月，亲君若父母。"民尊奉君主（亦即"民主"），其根源不仅有着信仰、伦理道德方面的因素，而且更为直接的则是经济基础方面的因素。春秋时期各国有远见卓识者，强调"民"对于国家政治影响之巨大的言论不绝于史载，足可反映"民"在社会舞台上的位置的重要。春秋后期所出现的这种君主的理念，其核心内容是强调君主应当是一个好的"牧羊人"，而不应当是一个在民众头上作威作福的暴君。这种"为民做主"的理念比之于"替天做主"，显然是一个不小的进步。

春秋时期的"民主"观念，大致可以分为两个方面。上述这些可以算作第一方面。这个方面的要点在于强调国君是"民"之主人，是"民"之管理者，并且这是由天意来安排和决定的。这是那个时代的"民主"观念的主要方面。另外一个方面，就是以民为本的理念。前一个方面实质上是强调"君"对于"民"的重要，强调"君"治民乃是天经地义的事情，而后一个方面，则是努力阐明"民"之重要。具体说来，春秋时期，这一逐渐兴起的理念固然离不开周王朝政治理念中"保民""惠民""恤民""治民"等老调子，但比之于其前的"民主"观念，也可以看出以下几个新的特点。

其一，能够成为"民主"者，不再完全是由上天所决定，而可以是凭借个人的高尚品德而为"民主"。依照商周之际的政治理念，君所以治民，那是上天的安排，所以《尚书·洪范》谓："天子作民父母以为

---

[1] 这时候的"民主"，不一定指国君，就是大臣亦可有此称。春秋中期，晋国刺客行刺晋贤臣赵盾的时候，见他兢兢业业于国事，受到感动，说道："不忘恭敬，民之主也。贼民之主，不忠。"（《左传·宣公二年》）这位刺客宁肯自杀也不愿意刺杀赵盾，因为他是刺客心目中的"民主"。再如晋卿赵文子苟且贪财，鲁贤臣穆叔预言："赵孟将死矣，其语偷，不似民主。"（《左传·襄公三十一年》）春秋中期郑大夫子展说："国卿，君之贰也，民之主也。"（《左传·襄公二十二年》）可见各诸侯国之卿即被视为"民主"。

天下王。"到了东周时期这一观念有所转变,"为民父母"者非必为"天子",而是道德高尚者,《诗经·大雅·泂酌》云"岂弟君子,民之父母",[1]孔疏谓"有道德,为民之父母"。郭店楚简的《唐虞之道》篇谓:"古者尧之举舜也:昏(闻)舜孝,智(知)其能养天下之老也;昏(闻)舜弟,智(知)其能事天下之长也;闻舜慈乎弟[象□□,知其能]为民主也。"[2]在《唐虞之道》篇的作者看来,舜因为有慈爱品德所以能成为"民主"。这与春秋中期晋臣所谓"恤民为德"[3]的意思是相通的。

其二,不称职的"民主"可以被撤换。"民之主人",犹如牧羊人有责任把自己的羊群放牧好一样,有责任管理好民众。如果不能管理好民众,则这样的"民主"被撤换是很正常的事情,此正如《左传·襄公十四年》载晋国的师旷语所谓"岂其使一人肆于民上"。《左传·昭公元年》载,春秋后期的人引用《尚书·泰誓》的话说"民之所欲,天必从之",大致可以理解为民众之欲望假天之手来实行之。但是至于如何撤换不称职的"民主",由谁来撤换,对于这个问题尚未有明确说法。春秋时期弑君、逐君之事层出不穷,反映出君民关系淡漠化的趋势。鲁昭公被逐在外,终死未能返鲁,晋臣史墨就评论说:"民忘君矣。虽死于外,其谁矜之?社稷无常奉,君臣无常位,自古以然。故《诗》曰:

---

1 《泂酌》虽然被编入《诗经·大雅》,但其诗为民歌之风。《诗序》谓是篇为"召康公戒成王",姚际恒说此说"未有以见其必然"(《诗经通论》卷十四,第290页)。方玉润谓:"其体近乎风,匪独不类大雅,且并不似小雅之发扬蹈厉,剀切直陈者。"(《诗经原始》卷十四,中华书局,1986年,第520页)当代专家推测,"可能本是周地民歌,因其颂美之意浓厚而收入《大雅》"(程俊英、蒋见元:《诗经注析》,中华书局,1991年,第830页)。这个推测是可信的,愚以为此篇时代当同于《国风》诸篇,为春秋早期的作品,此诗何时何故而被编入《大雅》的问题,可存以待考。
2 陈伟、彭浩主编《楚地出土战国简册合集》(一),第61页。按,此条简文"能事天下之长"的"事"字,原整理者读为"嗣",裘锡圭指出,"从文义看,也可能读为'事'"(荆门市博物馆:《郭店楚墓竹简》,文物出版社,1998年,第159页),今从之。
3 《左传·襄公七年》。

'高岸为谷，深谷为陵。'三后之姓，于今为庶。"[1]春秋中期鲁贤臣臧文仲所云"民主偷，必死"[2]，已经成为名言被传颂。以前的"民主"要由天命来更换，春秋以降则是由民来更换。这是新的历史时期出现的新认识。

其三，君民关系由"利"来系连。君利之，民则归附；否则，民则离去。春秋中期周贤臣富辰对周襄王说，君主举措如果有利，"民莫不固其心力以役上令"，否则的话，"民乃携贰，各以利退"[3]，即民众就会离心离德，各自因为自身的私利而退去。鲁庄公曾想以施小惠于民而获得支持，鲁臣曹刿即谓："小惠未遍，民弗从也。"[4]可见施"惠"是统治民众的一个办法。由于利害关系的背反，所以君民关系有时会相当紧张。周卿士单襄公曾经用古谚语"兽恶其网，民恶其上"[5]，来说明"民"对凌于"其上"的统治者的憎恶。晋贤臣叔向反对郑国铸刑书，谓："民知争端矣，将弃礼而征于书。锥刀之末，将尽争之。乱狱滋丰。"[6]认为民就是趋利而行，君应当制止这种倾向。齐国贤臣晏婴讲齐国陈氏坐大的原因就在于"陈氏厚施焉，民归之矣"[7]，所谓"厚施"，就是以物质利益聚拢民心。在此之前，支撑君权的民心要由共同的信仰（神灵崇拜）来维系，后来又要靠由宗法和分封所体现的血缘关系来维系，这两者虽然至东周时期一直沿用，但起主导作用的则逐渐变成了现实的经济利益。

其四，国家的最高权力表现在对于民众的管理和控制。和此前相

---

[1]《左传·昭公三十二年》。按，春秋时期不仅国君一级的"民主"可以被废黜，就是卿大夫一级者，亦可如此。例如，郑大夫"驷秦富而侈，嬖大夫也而常陈卿之车服于其庭。郑人恶而杀之。子思曰：《诗》曰：'不解于位，民之攸墍。'不守其位，而能久者鲜矣"（《左传·哀公五年》）。驷秦被杀，依子产之孙国参（即子思）的说法，卿大夫的本分是安于其位，能够让民众休息安稳。若做不到而被杀，是正常的。

[2]《左传·文公十七年》。

[3]《国语·周语中》。

[4]《左传·庄公十年》。

[5]《国语·周语中》。

[6]《左传·昭公六年》。

[7]《左传·昭公二十六年》。按，陈氏兴起的原因，《左传·昭公三年》所载晏婴跟叔向的谈话中有明指，其中的"以家量贷，而以公量收之"（亦即以大斗借贷于民，而以小斗收回，从而施利于民），是为典型。

比，在"民主"的时代，那种神秘的温情的面纱渐被揭去，逐渐凸显出赤裸的直接的对于民众的统治。春秋前期的人有"政以治民"[1]之说。春秋后期大政治家子产所谓"民不可逞"[2]（意即不可让民众欲望得逞），也是基于治民的一种说法。春秋后期楚臣所说"以礼防民，犹或逾之"[3]，足见统治者对于民众之提防心态。春秋时人对于君民关系的理想状态，可以用春秋中期晋贤臣师旷的话作为代表，他说："良君将赏善而刑淫，养民如子。盖之如天，容之如地。民奉其君，爱之如父母，仰之如日月，敬之如神明，畏之如雷霆。"[4]国君掌握的政治权力是统治民众的主要手段，所谓"赏善而刑淫"，就是其中的两项。春秋初年郑国大夫说："苟主社稷，国内之民其谁不为臣？"[5]可见"主社稷"，掌握政权是为"治民"的关键。[6]春秋时期的君主力图将民纳入礼治轨道，鲁大夫臧僖伯说："君，将纳民于轨物者也。"[7]认为君就是要将民纳入法度（"轨物"）的人。

要之，春秋时期"民主"观念的兴起，是自西周后期以来庶民群众力量逐渐登上历史舞台的标志。由于民之重要，所以君主要为民做主，即成为民之主人，而在此之前，君主则只对天或祖先负责。这一转变的意义非同小可，它既标识着社会最高权力冲破天命和宗法的束缚而取得更大的行为自由，另一方面在社会实践中君主的权力也处处受到"民"

---

1 《左传·隐公十一年》。
2 《左传·昭公四年》。
3 《左传·哀公十五年》。
4 《左传·襄公十四年》。
5 《左传·庄公十四年》。
6 国家政权以"社稷"称之，盖肇端于两周之际（"社稷"之辞，最初见于《左传·隐公三年》。《史记·殷本纪》载汤迁夏社事，后儒或以为是变置社稷，盖非此所谓"社稷"之义）。关于国家政权的理念，春秋时人逐渐有所认识。原先以为君主就是国家，就是政权，但逐渐认识到国家政权在君主之外，君主只是社稷之主而已，因此春秋后期齐贤臣晏婴说："君民者岂以陵民？社稷是主。"（《左传·襄公二十五年》）
7 《左传·隐公五年》。

（包括国人、庶民、庶人等）的限制和掣肘。[1]

四、余论

纵观先秦时代社会最高权力的迤逦变迁之路，可以看出，三代君主在其权力尚未强大的时候，无不充分利用天、祖、民这些影响巨大的力量为其权势服务，为其权势寻求终极的依据，宣示自己权力的合理与合法。应当说，社会最高权力的增强有其合理性。三代之君主，在邦国林立之时他们是天下之中的旗帜，在漫无秩序的状态之中他们是秩序的标识。可是，等到这权力逐渐发展时，君主们的贪欲和权势欲日益膨胀，摆脱"天命"、宗法，以及"民"之羁绊，就成为他们梦寐以求的企盼。贪婪的君主们虽然需要光环，需要保护伞，需要被拥戴，但绝不希望被掣肘，被制约，被束缚。天命也好，祖宗也罢，就连民众也让君主们忧虑和担心，此正如《礼记·曾子立事》篇所说："天子日旦思其四海之内，战战唯恐不能乂；诸侯日旦思其四封之内，战战唯恐失损之。"

历史进入战国时代，各国变法运动引起了巨大社会变革。推动变法的各国君主，其目的就是使其手中所拥有的权力最大化，将束缚其权力的最后一块绊脚石踢开，把"民"彻底驯服，把这块绊脚石变为提高其君权的踏脚石。战国时期各国大力推行的变法运动，实际上是为君权的进一步提升创造条件。《管子·明法》篇所说"威不两错，政不二门"[2]，汉代桓谭所说"权统由一，政不二门"[3]，都强调集权力于君主一人之手的重要性。君主集权，是变法运动对于先秦时期社会最高权力变迁的最大贡献。战国时期直至秦统一天下，社会巨大运转与变化的荦荦大端者

---

[1] 对于君权予以限制者，除了"民"之外，还有贵族阶层的内部力量。这种力量与体现周代贵族政治的"三朝制"有关，也与原始民主遗存有关。对此，刘家和《三朝制新探》（《古代中国与世界》，武汉出版社，1995年，第356—376页）、徐鸿修《周代贵族专制政体中的原始民主遗存》（《中国社会科学》1981年第2期）等，有深入而详细的研究。

[2] 黎翔凤：《管子校注》下册，第1212页。

[3] 桓谭：《新论·王霸》，朱谦之校辑《新辑本桓谭新论》卷二，中华书局，2009年，第3页。

有以下几项。其一，通过废井田开阡陌，实行授田制，将宗族里的士庶变为国家直接控制的自耕农民。其二，设三公九卿为皇帝之仆，直接听命于皇帝。强化郡县乡里制度，使普通劳动群众直接为君主所控制。其三，虚置天神和祖先，极力宣扬皇帝个人权威。秦始皇统一六国、专制皇权横空出世，可谓战国变法运动在政治上的最终成果。对于皇帝的最高权力来说，把该抛弃的都扔掉了，该虚置的都淡化了，该控制的都紧握在皇帝一人之手了。秦始皇为夏商周三代社会最高权力的发展画上一个森严无比的句号。从此开始，专制权力压迫于民众头上，忠君观念荼毒于民心两千余年，直到明清之际的早期启蒙思想家方明确指出专制君主是"天下之大害"[1]，开始对它发出一点影响微弱的批判声音。

---

[1] 黄宗羲：《明夷待访录·原君》，《黄宗羲全集》第一册，浙江古籍出版社，1985年，第3页。

先秦时期的神道设教

"神道设教"一词最初出现于春秋战国时期形成的《易传》,然而,作为一种社会教化形式,它却是十分久远的,可以说它与鬼神观念的出现同步。原始时期,世代相传的敬神事鬼的形式中就包含着神道设教的意义,但并非由统治者命令所形成,而是社会习俗的表现。商周时代众神所在的"天国"观念的发展使得神道设教有了更强大的思想背景,"百众以畏,万民以服",神道设教影响巨大。春秋战国时期有些思想家将"神"内化为人自身的精神,他们对于精神自由的追求,从根本上动摇了神道设教的思想基础。然而,神道设教仍然是当时社会习俗的主流。儒家学派将神道与礼俗融汇,这对于整个古代中国的社会思想都产生着重要影响,值得我们进行探讨。

"神道设教"是行之久远的古代社会习俗,研究者多视其为妖妄骗术,视其为统治者的愚民之策,实际上却忽略了它在不同历史时期的表现方式及社会影响亦有所不同这一重要的侧面。先秦时期的"神道设教",其目的在于通过祭祀祈祷等曲折迂回的道路以达到教化效果,它在迷信外衣下隐藏着理性因素。先秦时期的"神道设教"适应了当时的知识背景和社会结构,展现着与秦汉以降的神道设教颇不相同的面貌。

一、"神道设教"的出现及其与社会思想的关系

概括言之,在一定的历史时代的社会中,具有普遍意义的思想是为社会思想。直接对社会历史发展起着影响作用的往往在于社会思想,而不是若干精英的思想。古代统治者对于这一点似乎并不陌生,历来所主张的"神道设教",已经有了这个方面的含义在内。《易·观》卦的《象传》云:"观天之神道,而四时不忒。圣人以神道设教,而天下服矣。"孔颖达疏谓:

> "神道"者,微妙无方,理不可知,目不可见,不知所以然而然,谓之"神道",而四时之节气见矣。岂见天之所为,不知从何而来邪?盖四时流行,不有差忒,故云"观天之神道而四时不忒"也。"圣人以神道设教,而天下服矣"者,此明圣人用此天之神道,以"观"设教而天下服矣。天既不言而行,不为而成,圣人法则天之神道,本身自行善,垂化于人,不假言语教戒,不须威刑恐逼,在下自然观化服从,故云"天下服矣"。[1]

"神道"即"神"示之规律和道理。它一方面是"微妙无方"而难以理喻的,另一方面又是为天下民众所慑服而易知的。高深的哲理可能为民众所不解,而信奉鬼神则是家喻户晓的事情。汉代王充深谙"神道设教"之意,指出:"圣人举事,先定于义,义已定立,决以卜筮,示不专己,明与鬼神同意共指,欲令众下信用不疑。"[2] 众人对于神的意旨"信用不疑",自然可以统一意志和思想,统治者"设教"的目的自然可以顺利达到。圣人(即在上的统治者)"以神道设教",即充分注意到了社会思想的影响之所在。这里可以举出一个事例进行说明。

上古时代龙崇拜出现的时间很早。考古资料表明,新石器时代早

---

[1] 阮元校刻《十三经注疏·周易正义》卷三,第36页上栏—中栏。
[2] 《论衡·辨祟》,黄晖:《论衡校释》卷二十四,第1009页。

期,已有不少龙造型的玉器出现,后来的陶器及玉器上又出现了多种龙纹。出现于商周之际的《易》以乾、坤两卦为纲[1],而这两卦却以龙作为诠释卦意的主体。这两卦多次以"龙"为喻以说明道理,后儒解释其间的原因所在,多以为是"龙"喻天之阳气,喻君子之美之德。《坤》卦上六爻辞说"龙战于野,其血玄黄"[2],本指双方交战之剧烈,流血混杂,染得泥土皆呈黑黄之色。可是古人却借此而阐述教化意蕴。关于此爻辞之意,孔子说得最为明晰。他说:

> 此言大人之广德而施教于民也。夫文之孝(教),采物毕存者,其唯龙乎?德义广大,法物备具者,[其唯]圣人乎?"龙战于野"者,言大人之广德而下綏民也。"其血玄黄"者,见文也。圣人出瀍(法)教以道民,亦猷龙之文也。可胃(谓)"玄黄"矣。故曰"龙",见龙而称莫大焉。[3]

这里所说的意思是:所谓"龙战于野,其血玄黄",其所说的就是作为统治者的那些"大人"要扩展其德以施教化于民的道理。"大人"的文化教育必定结果丰硕文采辉煌,可以说明这个道理的,那不就是龙吗?法制仪物都准备完善者,那不就是圣人吗?[4]所说"其血玄黄",就是表现出文教的意思。圣人推广法教以教导民众,就好像龙施文采于天下一

---

1 《易·系辞》上篇谓"乾道成男,坤道成女。乾知大始,坤作成物。乾以易知,坤以简能。……易简而天下之理得矣。天下之理得,而成位乎其中矣"(阮元校刻《十三经注疏·周易正义》卷七,第76页上栏—中栏)。《系辞》下篇引孔子语谓乾坤两卦为"易之门"(阮元校刻《十三经注疏·周易正义》卷八,第89页上栏),帛书《易传》作"易之门户"。凡此皆可见乾坤两卦在《易》中的重要。
2 阮元校刻《十三经注疏·周易正义》卷一,第18页下栏。
3 帛书《易传·三三子问》第6—7行。释文据陈松长、廖名春《帛书〈二三子问〉、〈易之义〉、〈要〉释文》(载陈鼓应主编《道家文化研究》第三辑,上海古籍出版社,1993年,第424—435页)写出,另据廖名春《帛书〈易传〉初探》(台湾文史哲出版社,1998年)一书第5编《帛书〈易传〉释文》(见该书第259—292页)和邓球柏《帛书周易校释》(湖南人民出版社,2002年,第443页)。
4 帛书的"法"字,或释作"鸣",通名。疑非。

样,其文采就是玄黄的颜色呀。爻辞因此才说到"龙",才说到龙的出现所喻指的道理没有比它再重要的了。在这段话里,孔子阐明了为何以龙进行喻指的原因,那就是为了教化天下民众的需要。龙是民众信奉的"神",《易》以龙为喻,就是神道设教的需要,依孔子的话来说,就是"施教于民"。神道设教固然是"圣人""大人"统治的高妙之策,但归根到底是对于社会思想的适应。

一般说来,先秦时期的统治者(包括远古时代的氏族部落酋长),不仅对于神道皆笃信不疑,而且其人多为君主与大巫两者的统一与结合,最高统治者自己就是神道的代表。当时的认知水平和知识范围都比较有限,对于神鬼的理性认识尚处于低级阶段。上古时代"神道设教",非为愚民,而多在于注重传统的承继,依照《淮南子·泛论训》的说法就是"重仁袭恩"[1],不忘前辈先祖奋斗的业绩,人们祭祀灶神、社神、稷神、宗庙之神,实际上是对于炎帝、大禹、后稷、后羿等历史伟人的怀念,是对他们业绩的继承。上古时代的神道设教,并非统治者为愚民而特设,而应当是一种行之有效的、为民众信服的教育形式。这种"神道设教"对于社会观念的形成影响是巨大的。当然,先秦时期历时非常悠久,各个历史阶段的情况也不相同,所以神道设教的内容及其表现形式也不尽一致。大致可以肯定的是,就先秦时期这个漫长的历史时段看,时代越是遥远,神道设教的妖妄欺骗成分越是微弱,而晚至战国时期,则其愚民的因素越是浓厚。然而就在这个战国时期,在诸子百家的学说中对于神道设教的理性认识也发展到了前所未有的水平。关于此点,我们将在本文最后两个问题中进行探讨。

二、鬼神崇拜——神道设教的基础

"神道设教"与鬼神观念的兴起,这两者关系密切。可以说,最初

---

[1] 何宁:《淮南子集释》卷十三,中华书局,1998年,第985页。

的社会思想中鬼神观念占了很大部分。从逻辑的演进情况看，不断地进行区分（分类、划分）是为鬼神观念产生的主要路径。然而这种区分是与综合相统一的。可以说，先秦时代社会思想的演进走着"区分——综合——再区分——再综合"以至往复无穷的道路。远古时代，人们先将"人"从自然中区分出来，再回过头来逐渐造出一个神灵世界。通过祭祀及多种社会实践，逐渐形成了统一的社会习俗与观念。随着社会结构的变迁，后来逐渐出现了社会思想的区域化及族群化，春秋时人所说的"神不歆非类，民不祀非族"[1]，就是这种情况的表达。

让我们先来看远古时代的情况。鬼神最初作为人们崇拜对象的时候，首先是从自然中将"人"区分出来，然后对于各种自然力加以神化，再发展下去就是对于人的力量的赞颂，到了这个时候，人世间的英雄逐渐也就变成了神灵世界里的受人祭祀崇拜的对象。《礼记·祭法》篇所讲是比较全面的一例。是篇说：

> 夫圣王之制祭祀也，法施于民则祀之，以死勤事则祀之，以劳定国则祀之，能御大菑则祀之，能捍大患则祀之。是故厉山氏之有天下也，其子曰农，能殖百谷。夏之衰也，周弃继之，故祀以为稷。共工氏之霸九州也，其子曰后土，能平九州，故祀以为社。帝喾能序星辰以著众，尧能赏均刑法以义终，舜勤众事而野死，鲧鄣鸿水而殛死，禹能脩鲧之功，黄帝正名百物，以明民共财，颛顼能脩之，契为司徒而民成，冥勤其官而水死，汤以宽治民而除其虐，文王以文治，武王以武功，去民之菑。此皆有功烈于民者也。及夫日月星辰，民所瞻仰也。山林川谷丘陵，民所取财用也。非此族也，不在祀典。[2]

---

1 《左传·僖公十年》，阮元校刻《十三经注疏·春秋左传正义》卷十三，第 1801 页下栏。
2 阮元校刻《十三经注疏·礼记正义》卷四十六，第 1590 页中栏—下栏。

这里所讲到的因有功烈而受祭祀的神灵，大体上是自厉山氏、共工氏开始直到舜禹时期的"英雄"，他们是受到民众普遍拥戴的。那个时代，民众所普遍信仰的另一类神灵就是以日月星辰和山林川谷为代表的自然神。上帝的影子在这个时候的神灵世界里面尚未之见。鬼神观念的出现除了信仰的因素之外，实质上也是教化群众的需要。从思想发生的次第看，鬼神观念的出现及形成，乃是"神道设教"的必不可缺的前提条件。

当社会思想重心由神灵世界开始转向人世间的时候，社会文明的程度就已经有了不少的提升。然而，人世间的观念依然需要"神道设教"，依然要把"神道"（而非"人道"）放在非常重要的位置。社会思想的发展与社会政治间有着某种内在关联。当社会政治从"神政"（神权政治）转向充满"人道"精神的"德政"的时候，社会观念亦由"神教"（神道设教）转向了"德教"（道德教化）。这个转变是上古时代社会巨大运转的结果，这个巨大运转所绵延的时间是颇为久长的，可以说直到周代后期才可以略微看出这个运转的轨迹之所在。需要注意的是，即令是孔子大谈仁、义等道德观念的时候，即令是战国诸子对于神道进行理性探索的时候，"神道设教"也并未退出历史舞台，而是依然在社会观念的厅堂上占据着重要位置，而非只有一席之地。

上古时代的神道设教与礼俗融为一体。关于礼俗的起源，或谓起自饮食和祭祀，这可能是近于实际的。《孔子家语·问礼》篇载孔子语谓：

> 夫礼，初也，始于饮食。太古之时，燔黍擗豚，汙樽抔饮，蒉桴土鼓，犹可以致敬鬼神。及其死也，升屋而号，告曰："高！某复——"然后饮腥苴熟。形体则降，魂气则上，是谓天望而地藏也。故生者南向，死者北首，皆从其初也。[1]

---

[1] 杨朝明、宋立林主编《孔子家语通解》卷一，第52页。

这里是说，礼最初是从饮食开始的。远古的时候人们用烘热的石板将黍和猪肉烤熟而食，地上挖个小坑作为酒樽，双手捧起，作为酒杯来饮酒，用泥烧制鼓和鼓槌奏乐。就是这样简陋，也一样致敬于鬼神。待到人死，亲人就会升到屋顶上呼喊："啊！某某，你回来呀——"招魂无效才将生米填满死者的嘴，下葬的时候还要用草包些熟肉随葬。这样做了之后，死者的形体埋葬于地下，而他的魂魄则升往上空，这叫作望天招魂，入地埋葬。由于北方属阴，所以死者埋葬时都头朝北，而活着的人则都朝南居住。所有这些都是依从最初的习俗所形成的。这个表述说明了在最初的礼俗中对于天神和人鬼，皆充满着敬意。原始时期，世代相传的敬神事鬼的形式中就包含着神道设教的意义，但它最初并不是由统治者命令所形成的，而是社会礼俗的表现。

三、商周时代"神道设教"的特色

商周时代的社会思想中，"神道设教"的氛围和过去相比，显得更为浓厚。殷商时代虽然没有宗法制度出现，但是对于祖先的崇敬程度却丝毫不亚于周代。"天国"观念的出现是先秦时代"神道设教"的重大发展。据可靠的文字记载，可以说"天国"的观念在商代已经完全形成。殷商时代，居于"天国"主要位置的是祖先神灵。殷卜辞所反映的殷商时代祭祀制度的一个重要特点是，尽量将所有的先祖都纳入祭典系统进行有规律的祭祀，实际上是以此为手段团结尽量多的殷商氏族于商王朝周围。我们从盘庚迁殷这件著名的事例中，可以窥见殷商时人的"天国"情况。盘庚在动员氏族首领及民众和他一起迁都的时候，其所说的一个最重要的理由就是：

予念我先神后之劳尔先，予丕克羞尔，用怀尔然。失于政，陈于兹。高后丕乃崇降罪疾曰："曷虐朕民？"汝万民乃不生生，暨予一人猷同心。先后丕降与汝罪疾曰："曷不暨朕幼孙有比？"故有爽德。自上其罚汝，汝罔能迪。古我先后，既劳乃祖乃父，汝共作我畜民。汝有戕则在乃心。我先后绥乃祖乃父。乃祖乃父，乃断弃汝，不救乃死。兹予有乱政同位，具乃贝玉。乃祖先父丕乃告我高后曰："作丕刑于朕孙！"迪高后丕乃崇降弗祥。[1]

盘庚在这里所说的主要意思是，我的祖先和你们的祖先都在天上保佑着大家，如果我虐待了你们，或者你们不跟我同心同德，他们都会在天上知道，并且会降下惩罚。在盘庚的这段话里面，并没有出现"帝"的影子，保佑和惩罚下民的都是在天上的先祖们。由此我们也可以想到殷卜辞大多数是祭祖卜辞的原因所在了。盘庚的这一大番话苦口婆心，情理交融，犹今时之"政治动员"。盘庚说服大家的主要理由就在于天上的祖先在监督和考察我们的行动。这是一种那个时代典型的"神道设教"。盘庚顺利率领民众迁都，说明他的"神道设教"是颇有效果的。

殷人笃信鬼神，以丰盛的祭品（如"牺牲"或"人牲"）向祖先神灵表达虔敬。殷卜辞所反映的所有这些现象，都可以将根源追溯到当时殷人的神道设教观念。到了周代，虽然祭祀的形式有了不少变化，但对于神灵的虔敬则被继承了下来。《礼记·祭义》篇曾经讲到在祭典上的心情：

祭之日，入室，僾然必有见乎其位。周还出户，肃然必有闻乎其容声。出户而听，忾然必有闻乎其叹息之声。是故先王之孝也，色不忘乎目，声不绝乎耳，心志嗜欲不忘乎心。致爱则存，致悫则著，著存不忘乎心。夫安得不敬乎？[2]

这段话的意思是：祭祀者进入庙堂的时候，必定会隐约看到祖先安处于神位。祭毕走出庙堂的时候，必定会肃穆地听到祖先的声音犹在耳边，

---

1 《尚书·盘庚》，阮元校刻《十三经注疏·尚书正义》卷九，第171页上栏—中栏。
2 阮元校刻《十三经注疏·礼记正义》卷四十七，第1592页下栏。

好像是在叹息其后世子孙之多难或不争气。所以说对于祖先的孝心就表现在祖先的容颜不会从眼中消失，他们的声音不会从耳中断绝，他们的心志嗜好不会从心中遗忘。正因为有了对于祖先的爱，所以这些都会存在而永不淡忘，如此说来，怎么能够不敬重祖先呢？这种对于祖先的虔敬祭典，先秦时期长期存在，所以《吕氏春秋·务本》篇就有了"安危荣辱之本在于主，主之本在于宗庙"[1]的说法。

总之，商周时代的社会思想里，对于鬼神的敬重和祭典占有很大成分；而其鬼神世界里，祖先神灵又占据着重要位置。这一点在殷商时代尤为显著，殷卜辞所表现出的对于祖先神的祭祀范围之广大与祭祀形式之隆重，就是明证。关于神道设教的本质和原因，孔子在回答宰我的问题时曾有很精辟的说明，他指出：

> 气也者，神之盛也；魄也者，鬼之盛也。合鬼与神，教之至也。……因物之精，制为之极，明命鬼神，以为黔首则，百众以畏，万民以服。[2]

在这里，孔子已经把神道设教的意义和作用推崇到了极致。"百众"和"万民"的畏服正是三代以来"神道设教"的终极目的之所在。"神道"之神圣化及其在社会政治生活以及民众日常生活中的影响巨大，可以说是商周时代社会的一大特色。当然这些都主要是殷商与西周时代的事情。到了东周时期，情况已经发生着重大变化，这变化的基本途径就是随着理性思考的光芒日著，"神道"在政治生活中有些退缩；在普遍民众的日常生活中，"神道"的内容有所变化。

---

[1] 许维遹：《吕氏春秋集释》卷十三，第 298 页。
[2] 《礼记·祭义》，阮元校刻《十三经注疏·礼记正义》卷四十七，第 1595 页中栏—下栏。按，本段所说"以为黔首则"，"黔首"一词，似为晚出。所以说这段话可能有后儒增饰的成分，但其本意，则还应当是孔子的思想。

四、道家学派的理性思考及其对于"神道设教"的突破

商周时代的"神道设教",到了诸子百家之时有了根本性的突破,这个突破的切入点和关键就是客观外在的"神",逐渐内化为人自身的精神。诸子之前的商周时代神灵世界虽然庞大而复杂,但其所有的神,皆在个人之外。那个时候的"神",有些是可以看得见、摸得着的,是人的感官所能够认识的;有些神虽然存在于人的思想之中,但这样的"神"也是处于个人之外的他者,而非人自身的精神,"帝"与"天"就是这种神的代表。这样的神灵观念可以说是客观的神灵,所以才容易以神道而设教,形成广泛的社会影响。这种情况可以说是"超世"的"神",造就了完全"入世"的社会观念。春秋战国诸子百家的时代,社会上传统的神道设教依然盛行,神灵世界也不断地进行着改造,神灵的座次和面貌也都有着新时代的特色。[1] 然而在思想的精英那里,"神"的观念则发生着本质的变化。

诸子时代的神灵,固然并未完全排除客观外在之"神",但在不少杰出的思想家(特别是道家学派)那里,"神"已经逐渐内化为人自身的精神。老子提出"道",将它置于"帝之先",还谓"谷神不死,是谓玄牝。玄牝之门,是谓天地根。绵绵若存,用之不勤"[2],虽然神已不再是具体的偶像,但它仍然是客观外在的"道"的表现。到了庄子的时候,"神"还是保持了这种性质,《庄子·大宗师》篇即谓:"夫道,有情有信,无为无形;可传而不可受,可得而不可见,自本自根,未有天地,

---

[1] 战国后期阴阳五行学说盛行之时,神灵也多纳入阴阳五行的系统之中,例如按照《吕氏春秋》的说法,春季三个月"其帝太皞,其神句芒",夏季三个月"其帝炎帝,其神祝融",秋季三个月"其帝少皞,其神蓐收",冬季三个月"其帝颛顼,其神玄冥",而一年之间正中间的时间则是"其帝黄帝,其神后土",完全凑足了五行之数,这种神灵体系显然是战国后期五行家排比的结果。(分别参见《吕氏春秋》卷一《孟春纪》、卷四《孟夏纪》、卷七《孟秋纪》、卷十《孟冬纪》、卷六《季夏纪》,许维遹:《吕氏春秋集释》,第5、83、154、215、133页)

[2] 王弼本《老子》第六章(王弼注、楼宇烈校释《老子道德经注校释》,中华书局,2008年,第16页)。关于此句前人解释甚多,其意盖指"谷"喻道之虚怀处卑,"神"喻道之变化莫测,"不死"指道永存不灭,"用之不勤"谓用之不见或用之不尽(说详高明《帛书老子校注》,中华书局,1996年,第247—250页)。

自古以固存，神鬼神帝。"[1] 尽管如此，庄子在另一方面又强调"神"即人的精神。[2] 到了庄子后学，就有了更显然的发展变化，他们指出：

> 泰初有无，无有无名。一之所起，有一而未形。物得以生，谓之德；未形者有分，且然无间，谓之命；留动而生物，物成生理，谓之形；形体保神，各有仪则，谓之性。[3]

这里所说的"形体保神"，唐代人注解谓"禀受形质，保守精神"[4]，是很正确的。可见这里已经将神内化为人的精神。庄子后学提倡保守精神，谓"纯素之道，唯神是守。守而勿失，与神为一。一之精通，合于天伦。野语有之曰：'众人重利，廉士重名，贤士尚志，圣人贵精。'故素也者，谓其无所与杂也；纯也者，谓其不亏其神也。能体纯素，谓之真人。"[5] 战国后期的道家学派，将精神的玄妙深奥性质推崇到了极致，谓：

> 精充天地而不竭，神覆宇宙而无望，莫知其始，莫知其终，莫知其门，莫知其端，莫知其源，其大无外，其小无内，此之谓至贵。[6]

---

1 郭庆藩：《庄子集释》卷三上，中华书局，1961年，第246—247页。
2 关于这一点，《庄子·养生主》篇通过庖丁解牛之事强调了"以神遇，而不以目视，官知止而神欲行"（同上书，卷二上，第119页）。这里所说的"神"，实即《庄子·人间世》篇的"心斋"，即"若一志，无听之以耳而听之以心，无听之以心而听之以气。听止于耳，心止于符。气也者，虚而待物者也。唯道集虚。虚者，心斋也"（同上书，卷二中，第147页）。
3 《庄子·天地》，同上书，卷五上，第424页。按，关于庄子与庄子后学思想的区分，这里采取了多数专家所认定的以《庄子·内篇》主要为庄子本人思想的划分方式，而外、杂篇中则以庄子后学思想为主。
4 《庄子·天地》，同上书，卷五上，第426页。
5 《庄子·刻意》，同上书，卷六上，第546页。
6 《吕氏春秋·下贤》，许维遹：《吕氏春秋集释》卷十五，第370页。按，在《审分》篇中还有如下的表述："神通乎六合，德耀乎海外，意观乎无穷，誉流乎无止。"（许维遹：《吕氏春秋集释》卷十七，第436页）对于人自身精神的肯定与《下贤》篇有异曲同工的效果。

可以充满天地、覆盖宇宙的精神，被置于"至贵"的位置。可见这些学者对于人的精神满怀着无限的自信，对于人的精神保持着特别优雅从容的态度。这是与传统的神道设教大不相同的另一种社会观念与舆论声音。从客观外在的神灵，内化为人的精神，商周以来的鬼神观念到诸子时代的这种深刻变化表现出社会思想进展的飞跃，只要比较一下殷周时人所说的"念我先神后"[1]、"怀柔百神，及河乔岳"[2]，与庄子后学所强调的保守人自身精神的观念的区别，就可以觉察到这方面的思想变化之巨大。

如果说春秋以前的历史时代，超世俗的"神"的观念，造就了完全"入世"的社会思想。那么，可以说，春秋以降的融入人自身的"神"（即"精神"）的观念，则造就了向往"出世"的社会观念。人与自然的和谐以及保守人自身精神的思想在战国后期影响很大。道家学派对于精神自由的诉求与他们"出世"的社会观念有着直接关联。在他们看来，世俗的一切都是精神自由的羁绊，超凡脱俗才是他们精神自由的必然途径。大致说来，道家思想将"神"置于自己心中，这是对于人性本质的深刻理解。[3]

这里需要指出的一点是，战国后期的道家学派虽然极力肯定人的精神，可是并不否定客观外在的"神"的存在。不仅如此，而且还认为这两者是可以沟通的，《吕氏春秋·勿躬》篇所谓"神合乎太一，生无所屈，而意不可障；精通乎鬼神，深微玄妙，而莫见其形"[4]，就是一个典

---

1 《尚书·盘庚》，阮元校刻《十三经注疏·尚书正义》卷九，第171页上栏。
2 《诗经·周颂·时迈》，阮元校刻《十三经注疏·毛诗正义》卷十九之二，第589页上栏。
3 战国晚期的道家学派以"反诸己"为最高的道德修养之所在，指出："何谓反诸己也？适耳目，节嗜欲，释智谋，去巧故，而游意乎无穷之次，事心乎自然之涂，若此则无以害其天矣。无以害其天则知精，知精则知神，知神之谓得一。凡彼万形，得一后成。故知一，则应物变化，阔大渊深，不可测也。德行昭美，比于日月，不可息也。"（《吕氏春秋·论人》，许维遹：《吕氏春秋集释》卷三，第74页）可见这里所说的"神"就是深不可测的"道"，就是阔大渊深的"一"。而这个"神"不在别处，而是在人的自身，具体说来，就在人的心中，就是"游意乎无穷之次"的人的心灵。
4 许维遹：《吕氏春秋集释》卷十七，第451页。

型的表述。虽然人的精神要奔向"太一",要通达鬼神,但是人毕竟要生活在世俗之中,还要有衣食住行之事为基础。因此,如何超脱尘世,就成为道家中人苦苦思索的问题,渴望"出世",但又不得不"入世",不得不生活在熙熙攘攘的尘世之中。先秦时期的道家中人在"出世"与"入世"之际的凝思,构成了当时社会思想中极其深刻而辉煌的一页。

五、儒家之"礼"及其与"神道设教"的关系

随着自西周后期以来的宗法制度的衰落,春秋时期对传统怀念与承继的人的社会思想语境中,"礼"的地位更显得重要。"礼"既是传统,又是文化,还是社会身份地位的标识。儒家将"神道设教"纳于"礼"的轨道,《礼记·礼运》篇讲述这个思想时谓:

> 夫礼,必本于天,殽于地,列于鬼神,达于丧祭射御、冠昏朝聘。故圣人以礼示之,故天下国家可得而正也。[1]

在"礼"的范畴之内,"神"虽然重要,但却不处于中心位置,儒家主张"务民之义,敬鬼神而远之"[2],孔子即"不语怪、力、乱、神"[3]。这表明儒家非不信鬼神,而只是存而不论,不去深究,并且在需要的时候,还是要祭祷于鬼神,[4]对于历史上圣贤的祭祷持赞赏态度,大禹的"菲饮

---

[1] 阮元校刻《十三经注疏·礼记正义》卷二十一,第1415页上栏。
[2] 《论语·雍也》。
[3] 《论语·述而》。
[4] 按:《论语·述而》篇载"子疾病,子路请祷。子曰:'有诸?'子路对曰:'有之。诔曰:祷尔于上下神祇。'子曰:'丘之祷久矣。'"朱熹解释"祷"意,谓"祷者,'悔过迁善,以祈神之佑也'"(《四书章句集注》卷四,第101页)。由此可见儒家并不排斥神灵保佑。另外,民间游行驱疫之傩舞时,孔子要"朝服而立于阼阶"(《论语·乡党》),也表明了他从俗而敬神的态度。墨家学派笃信鬼神,尊天事鬼为其纲领,"明天鬼之所欲,而避天鬼之所憎"(《墨子·尚同》,吴毓江:《墨子校注》卷三,中华书局,1993年,第118页),是圣王之要务。墨家学派的这种态度,是当时民众愿望的表现,儒家"敬鬼神而远之"的思路也没有排斥鬼神。凡此皆是对于民众认识水平适应的结果。大致说来,墨家是从俗而俗,儒家则是从俗而不俗。

食，而致孝乎鬼神"[1]，就被孔子视为禹的一个伟大之处。

儒家讲求的神道设教，关键在于要有敬畏之心。主张对于神灵的尊敬，要超过祭品的丰盛。儒家还讲求心灵与神灵的沟通，此即孔子所言"祭如在，祭神如神在"[2]。儒家的神道观念到了孟子的时候，抬出一个位置在万事万物之上的"天"，将所有的神都融入于天。《孟子·万章上》篇说"使之主祭而百神享之，是天受之"，可见"百神"即"天"的属下。需要注意的是，在孟子那里，天虽然高于所有的神灵，但它只是虚悬一格。这种抬高，实际是将鬼神淡化、精神化。这是完全符合"敬鬼神而远之"这一路径的，实际上不是拉近而是远离了鬼神。到了战国末年荀子的时候，鬼神被推得更为遥远，《荀子·天论》篇说："日月食而救之，天旱而雩，卜筮然后决大事，非以为得求也，以文之也。故君子以为文，而百姓以为神。以为文则吉，以为神则凶也。"[3] 这里实际上是说不要把求神真当回事儿，如果把求神真当回事儿，那就不会有好结果。荀子虽然也从精神、神明的意义上来理解"神"，但他更为关注的是将"神"作为圣王的化身。荀子所讲的"神"的形象中往往透着人的影子。他说：

> 天之所覆，地之所载，莫不尽其美，致其用，上以饰贤良，下以养百姓而安乐之。夫是之谓大神。诗曰："天作高山，大王荒之；彼作矣，文王康之。"此之谓也。[4]

在荀子看来，周文王就是无比神圣的"大神"。荀子主张"法后王"，按照其逻辑，那些有功于世的"后王"们也是"大神"。荀子还十分肯定祭礼的人文性质，谓"祭者，志意思慕之情也，忠信爱敬之至矣，礼节

---

[1] 《论语·泰伯》。
[2] 《论语·八佾》。
[3] 王先谦：《荀子集解》卷十一，第316页。
[4] 《荀子·王制》，王先谦：《荀子集解》卷五，第162页。

文貌之盛矣",又说对于先祖的整个祭礼过程,"哀夫！敬夫！事死如事生,事亡如事存,状乎无形影,然而成文"。[1]在儒家看来,包括祭祖、祭天等在内的神道设教,实质上是一场连贯过去与现在,让人们承继传统的诗化教育过程,是使人们通过真挚情感的表达与宣泄从而达到道德品格升华的有效办法。

商周时代,祭礼是神道得以表现而行施教化的主要方式。在神道设教的时候,人们匍匐于神前祷告祈求。到了战国后期,已经有人认识到用这些烦琐的祭礼祭神是没有多少用处的。"神"在哪里？"神"就在你的心中。在这个思路下面,《荀子·劝学》篇说:"积善成德,而神明自得,圣心备焉。"[2]《吕氏春秋·士容》篇说:"夫骥骜之气,鸿鹄之志,有谕乎人心者,诚也。人亦然。诚有之,则神应乎人矣。"[3] 从匍匐于神前,到"神明自得""神应乎人",观念转变之大,可以想见。然而,必须指出的是,"神明自得""神应乎人"的想法还只是先进思想家们的观念,而普通群众思想中大量充斥的依然是对于鬼神的笃信与虔诚,客观外在的神灵世界依然风光无限地、玄秘地存在于社会之上,战国时期的各国统治者依然将"神道设教"作为其加强统治的良策妙计。这个传统在整个中国古代一直是绵延不绝的,但秦汉以降的"神道设教",从形式到内容都与先秦时代有了很大的不同。

---

1 《荀子·礼论》,王先谦:《荀子集解》卷十三,第376、378页。
2 同上书,卷一,第7页。
3 许维遹:《吕氏春秋集释》卷二十六,第678页。

参考文献

（一）

班固：《汉书》，北京：中华书局，1962年。

毕沅注《山海经》，光绪三年浙江书局校刻本。

蔡沈：《书集传》，南京：凤凰出版社，2010年。

陈大猷：《书集传》，《续修四库全书》第42册，上海古籍出版社，2002年。

陈立：《白虎通疏证》，吴则虞点校，北京：中华书局，1994年。

陈奇猷：《韩非子新校注》，上海古籍出版社，2000年。

陈奇猷：《吕氏春秋新校释》，上海古籍出版社，2002年。

陈寿：《三国志》，北京：中华书局，1971年。

戴钧衡：《书传补商》，《续修四库全书》第50册，上海古籍出版社，2002年。

杜佑：《通典》，北京：中华书局，1988年。

段玉裁：《说文解字注》，上海古籍出版社，1981年。

范祥雍：《山海经笺疏补校》，上海古籍出版社，2013年。

房玄龄：《晋书》，北京：中华书局，1974年。

傅亚庶：《孔丛子校释》，北京：中华书局，2011 年。

高亨：《诗经今注》，上海古籍出版社，1980 年。

高亨：《周易古经今注》，北京：中华书局，1984 年。

高明：《帛书老子校注》，北京：中华书局，1996 年。

顾炎武著，黄汝成集释《日知录集释》，栾保群、吕宗力校点，上海古籍出版社，2006 年。

郭庆藩：《庄子集释》，北京：中华书局，1961 年。

郝懿行：《尔雅义疏》，上海古籍出版社，1983 年。

何宁：《淮南子集释》，北京：中华书局，1998 年。

洪亮吉：《春秋左传诂》，北京：中华书局，1987 年。

洪兴祖：《楚辞补注》，北京：中华书局，1983 年。

胡承珙：《毛诗后笺》，合肥：黄山书社，1999 年。

胡培翚：《仪礼正义》，《续修四库全书》第 92 册，上海古籍出版社，2002 年。

皇甫谧：《帝王世纪》，《二十五别史》，济南：齐鲁书社，2000 年。

黄怀信、张懋镕、田旭东：《逸周书汇校集注》，上海古籍出版社，1995 年。

黄晖：《论衡校释》，北京：中华书局，1990 年。

贾谊撰，阎振益、钟夏校注《新书校注》，北京：中华书局，2000 年。

简朝亮：《尚书集注述疏》，《续修四库全书》第 52 册，上海古籍出版社，2002 年。

姜兆锡：《书经参议》，《续修四库全书》第 43 册，上海古籍出版社，2002 年。

焦循：《孟子正义》，北京：中华书局，1987 年。

金履祥：《书经注》，《续修四库全书》第 42 册，上海古籍出版社，2002 年。

黎靖德编《朱子语类》，北京：中华书局，1986 年。

黎翔凤：《管子校注》，梁运华整理，北京：中华书局，2004 年。

李如圭：《仪礼集释》，《丛书集成初编》本，上海：商务印书馆，1939 年。

刘宝楠：《论语正义》，北京：中华书局，1990 年。

刘起釪：《尚书校释译论》，北京：中华书局，2005 年。

刘文典：《淮南鸿烈集解》，北京：中华书局，1989 年。

刘向辑录，范祥雍笺证《战国策笺证》，上海古籍出版社，2006 年。

刘勰著，范文澜注《文心雕龙注》，北京：人民文学出版社，1962 年。

马端临：《文献通考》，浙江书局本。

马瑞辰：《毛诗传笺通释》，北京：中华书局，1989 年。

牟庭：《同文尚书》，《续修四库全书》第 47 册，上海古籍出版社，2002 年。

聂石樵：《楚辞新注》，上海古籍出版社，1980 年。

皮锡瑞：《经学通论》，北京：中华书局，1954 年。

钱大昕：《廿二史考异》，上海古籍出版社，2004 年。

钱大昕：《潜研堂集》，上海古籍出版社，1989 年。

秦蕙田：《五礼通考》，光绪六年（1880）江苏书局刻本。

屈万里：《尚书集释》，上海：中西书局，2014 年。

阮元编《清经解》，上海书店，1988 年。

阮元校刻《十三经注疏》，北京：中华书局，1980 年。

司马迁：《史记》，北京：中华书局，1959 年。

孙星衍：《尚书今古文注疏》，北京：中华书局，1986 年。

孙诒让：《墨子间诂》，孙启治点校，北京：中华书局，2001 年。

孙诒让：《札迻》，济南：齐鲁书社，1989 年。

孙诒让：《周礼正义》，北京：中华书局，1987 年。

汤炳正：《楚辞今注》，上海古籍出版社，1995 年。

汪继培笺，彭铎校正《潜夫论笺校正》，北京：中华书局，1985 年。

王弼注、楼宇烈校释《老子道德经注校释》，北京：中华书局，2008年。

王钧林、周海生译注《孔丛子》，北京：中华书局，2009年。

王鸣盛：《尚书后案》，《续修四库全书》第45册，上海古籍出版社，2002年。

王念孙：《读书杂志》，北京：中国书店，1985年。

王先谦：《尚书孔传参正》，北京：中华书局，2011年。

王先谦：《诗三家义集疏》，北京：中华书局，1987年。

王先谦：《荀子集解》，沈啸寰、王星贤点校，北京：中华书局，1988年。

王先谦编《清经解续编》，上海书店，1988年。

王先慎：《韩非子集解》卷十七，钟哲点校，北京：中华书局，1998年。

王引之：《经义述闻》，台北：世界书局，1975年。

吴静安：《春秋左氏传旧注疏证续》，长春：东北师范大学出版社，2005年。

吴任臣：《山海经广注》，四库全书本。

吴汝伦：《尚书故》，《续修四库全书》第50册，上海古籍出版社，2002年。

吴毓江：《墨子校注》，北京：中华书局，1993年。

徐灏：《说文解字注笺》，《续修四库全书》第226册，上海古籍出版社，2002年。

徐元诰：《国语集解》，北京：中华书局，2002年。

许维遹：《吕氏春秋集释》，梁运华整理，北京：中华书局，2009年。

杨伯峻：《春秋左传注》，北京：中华书局，1990年。

杨伯峻：《列子集释》，北京：中华书局，1979年。

杨朝明、宋立林主编《孔子家语通解》，济南：齐鲁书社，2009年。

姚际恒：《诗经通论》，北京：中华书局，1958年。

姚际恒：《仪礼通论》，《续修四库全书》第86册，上海古籍出版社，2002年。

俞樾：《群经平议》，《续修四库全书》第178册，上海古籍出版社，2002年。

袁珂：《山海经校注》，成都：巴蜀书社，1992年；上海古籍出版社，1980年。

曾运乾：《尚书正读》，北京：中华书局，1964年。

张震泽：《孙膑兵法校理》，北京：中华书局，1984年。

郑玄：《驳五经异义》，《丛书集成初编》本，上海：商务印书馆，1936年。

周秉钧：《尚书易解》，长沙：岳麓书社，1984年。

朱谦之：《老子校释》，北京：中华书局，1984年。

朱谦之校辑《新辑本桓谭新论》，北京：中华书局，2009年。

朱熹：《楚辞集注》，蒋立甫校点，上海古籍出版社，2001年。

朱熹：《四书章句集注》，北京：中华书局，1983年。

诸祖耿：《战国策集注汇考》，南京：江苏古籍出版社，1985年。

竹添光鸿：《左氏会笺》，成都：巴蜀书社，2008年。

（二）

白川静：《诗经的世界》，杜正胜译，台北：东大图书公司，2002年。

曹玮编著《周原甲骨文》，北京：世界图书出版公司，2002年。

常玉芝：《商代宗教祭祀》，北京：中国社会科学出版社，2010年。

晁福林：《先秦社会形态研究》，北京师范大学出版社，2003年。

陈复华、何九盈：《古韵通晓》，北京：中国社会科学出版社，1987年。

陈来：《古代宗教与伦理》，北京：生活·读书·新知三联书店，1996年。

陈梦家：《殷虚卜辞综述》，北京：中华书局，1988年。

陈伟、彭浩主编《楚地出土战国简册合集》（一），北京：文物出版社，2011年。

陈伟：《包山楚简初探》，武汉大学出版社，1996年。

陈兆复：《古代岩画》，北京：文物出版社，2002年。

陈兆复：《中国岩画发现史》，上海人民出版社，1991年。

陈子展：《诗三百解题》，上海：复旦大学出版社，2001年。

程俊英、蒋见元：《诗经注析》，北京：中华书局，1991年。

程俊英：《诗经译注》，上海古籍出版社，1985年。

岛邦男：《殷墟卜辞综类》，东京：汲古书院，1977年。

邓球柏：《帛书周易校释》，长沙：湖南人民出版社，2002年。

方玉润：《诗经原始》，北京：中华书局，1986年。

冯友兰：《中国哲学史》，北京：中华书局，1961年。

盖山林：《巴丹吉林沙漠岩画》，北京图书馆出版社，1997年。

盖山林：《阴山岩画》，北京：文物出版社，1986年。

顾颉刚：《古史辨》，上海古籍出版社，1982年。

顾颉刚：《史林杂识初编》，北京：中华书局，1963年。

郭沫若：《中国古代社会研究》，北京：人民出版社，1964年。

郭沫若主编，胡厚宣总编辑《甲骨文合集》，北京：中华书局，1978—1982年。

《郭沫若全集·考古编》，北京：科学出版社，1982年。

《郭沫若全集·历史编》，北京：人民出版社，1982年。

何琳仪：《战国文字通论》，北京：中华书局，1989年。

何琳仪：《战国文字通论（订补）》，南京：江苏教育出版社，2003年。

胡厚宣：《甲骨学商史论丛初集》，成都：齐鲁大学国学研究所，1944 年；宋镇豪、段志洪主编《甲骨文献集成》第 21 册，成都：四川大学出版社，2001 年。

湖北省博物馆：《随县曾侯乙墓》，文物出版社，1980 年。

湖北省荆沙铁路考古队：《包山楚墓》上册，北京：文物出版社，1991 年。

湖北省文物考古研究所：《江陵九店东周墓》，北京：科学出版社，1995 年。

黄怀信：《上海博物馆藏战国楚竹书〈诗论〉解义》，北京：社会科学文献出版社，2004 年。

黄宣佩：《福泉山——新石器时代遗址发掘报告》，北京：文物出版社，2000 年。

《黄宗羲全集》第一册，杭州：浙江古籍出版社，1985 年。

《姜亮夫全集》，昆明：云南人民出版社，2002 年。

蒋善国：《尚书综述》，上海古籍出版社，1988 年。

荆门市博物馆：《郭店楚墓竹简》，北京：文物出版社，1998 年。

李镜池：《周易探源》，北京：中华书局，1978 年。

李玄伯：《中国古代社会新研》，上海：开明书店，1948 年。

李学勤、齐文心、艾兰：《英国所藏甲骨集》，北京：中华书局，1982 年。

李学勤：《商代地理简论》，北京：科学出版社，1959 年。

李学勤主编《清华大学藏战国竹简》（壹），上海：中西书局，2010 年。

梁启超：《先秦政治思想史》，北京：东方出版社，1996 年。

廖名春：《帛书〈易传〉初探》，台北：文史哲出版社，1998 年。

林庚：《天问论笺》，北京：人民文学出版社，1983 年。

刘家和：《古代中国与世界》，武汉出版社，1995 年。

刘师培：《刘申叔遗书》，南京：江苏古籍出版社，1997年。

刘信芳：《包山楚简解诂》，台北：艺文印书馆，2003年。

罗振玉：《三代吉金文存》，1936年。

马承源主编《商周青铜器铭文选》，北京：文物出版社，1988年。

马承源主编《上海博物馆藏战国楚竹书》（四），上海古籍出版社，2004年。

河南省文物研究所：《信阳楚墓》，北京：文物出版社，1986年。

牟钟鉴、张践：《中国宗教通史》，北京：社会科学文献出版社，2000年。

齐文心、王贵民：《商西周文化志》，上海人民出版社，1998年。

裘锡圭：《古文字论集》，北京：中华书局，1992年。

容庚编著《金文编》，北京：中华书局，1985年。

谭维四：《曾侯乙墓》，北京：文物出版社，2001年。

唐兰：《天壤阁甲骨文存》，宋镇豪、段志洪主编《甲骨文献集成》第2册，成都：四川大学出版社，2001年。

唐兰：《殷墟文字记》，北京：中华书局，1996年。

王国维：《古史新证》，北京：清华大学出版社，1994年。

王国维：《观堂集林》，北京：中华书局，1959年。

王力：《同源字典》，北京：商务印书馆，1982年。

王献唐：《古文字中所见之火烛》，济南：齐鲁书社，1979年影印本。

王宇信：《甲骨学通论》，北京：中国社会科学出版社，1989年。

王筠：《说文释例》，北京：中华书局，1987年。

《闻一多全集》第三册《诗经编上》，武汉：湖北人民出版社，1986年。

谢维扬：《中国早期国家》，杭州：浙江人民出版社，1996年。

徐旭生：《中国古史的传说时代》，北京：文物出版社，1985年。

杨树达：《词诠》，北京：中华书局，1965年。

杨树达:《积微居小学述林》，北京：中华书局，1983年。

杨向奎:《中国古代社会与古代思想研究》，上海人民出版社，1962年。

姚孝遂、肖丁:《小屯南地甲骨考释》，北京：中华书局，1985年。

于省吾:《甲骨文字释林》，北京：中华书局，1978年。

于省吾主编《甲骨文字诂林》，北京：中华书局，1996年。

张亚莎:《西藏的岩画》，西宁：青海人民出版社，2006年。

《章太炎全集》第四卷，上海人民出版社，1985年。

中国《山海经》学术讨论会编辑《〈山海经〉新探》，成都：四川省社会科学院出版社，1986年。

中国社会科学院考古研究所:《殷周金文集成》，北京：中华书局，1984—1994年。

中国社会科学院考古研究所安阳工作队:《殷墟妇好墓》，北京：文物出版社，1985年。

朱芳圃:《殷周文字释丛》，北京：中华书局，1962年。

朱骏声:《说文通训定声》，北京：中华书局，1984年。

爱弥尔·涂尔干、马塞尔·莫斯:《原始分类》，汲喆译，上海人民出版社，2000年。

黑格尔:《小逻辑》，贺麟译，北京：商务印书馆，1980年。

列维-布留尔:《原始思维》，丁由译，北京：商务印书馆，1981年。

路易斯·亨利·摩尔根:《古代社会》，北京：商务印书馆，1977年。

《马克思恩格斯通信集》，北京：生活·读书·新知三联书店，1957年。

《马克思恩格斯选集》，北京：人民出版社，1972年。

米歇尔·福柯:《规训与惩罚：监狱的诞生》，刘北成、杨远婴译，北京：生活·读书·新知三联书店，2003年。

亚里士多德：《政治学》，吴寿彭译，北京：商务印书馆，1983 年。

（三）

白瑞斯：《古代玛雅人的丧葬仪礼与死亡观念》，《新疆师范大学学报》2008 年第 1 期。

曹定云：《新发现的殷周"易卦"及其意义》，《考古与文物》1994 年第 1 期。

曹锦炎：《中甲刻辞——武丁时代的另一种记事刻辞》，《东南文化》1999 年第 5 期。

常玉芝：《由商代的"帝"看所谓"黄帝"》，《文史哲》2008 年第 6 期。

晁福林：《卜辞所见商代祭尸礼浅探》，《考古学报》2016 年第 3 期。

晁福林：《补释甲骨文"？"字并论商代与之相关的社会观念》，《中华文史论丛》2007 年第 2 期。

晁福林：《从盘庚迁殷说到〈尚书·盘庚〉三篇的次序问题》，《中国史研究》1989 年第 1 期。

晁福林：《发现"人"的历史》，《学术月刊》2008 年第 5 期。

晁福林：《关于殷墟卜辞中"示"和"宗"的探讨》，《社会科学战线》1989 年第 3 期。

晁福林：《甲骨文"中"字说》，《殷都学刊》1987 年第 3 期。

晁福林：《论殷代神权》，《中国社会科学》1990 年第 1 期。

晁福林：《墙盘断代再议》，《中原文物》1989 年第 1 期。

晁福林：《上博简〈诗论〉"〈汉广〉之智"与〈诗·汉广〉篇探论》，《古籍整理研究学刊》2003 年第 2 期。

晁福林：《先秦时期"德"观念的起源及其发展》，《中国社会科学》2005 年第 4 期。

晁福林：《殷墟骨臼刻辞"示屯"及其相关的一些问题》，《殷都学刊》1990 年第 2 期。

陈道生：《重论八卦的起源》，《周易研究论文集》第一辑，北京师范大学出版社，1987 年。

陈剑：《上博竹书〈昭王与龚之脽〉和〈柬大王泊旱〉读后记》，武汉大学简帛研究中心：《简帛网》2005 年 2 月 15 日。

陈可畏：《拓跋鲜卑南迁大泽考》，《黑龙江民族丛刊》1989 年第 4 期。

陈梦家：《商代的神话与巫术》，《燕京学报》第 20 期，1936 年。

陈梦家：《殷代铜器》，《考古学报》第七册，1954 年。

陈全方：《周原新出卜甲研究》，《人文杂志》丛刊第二辑《西周史研究》，1984 年。

陈松长、廖名春：《帛书〈二三子问〉、〈易之义〉、〈要〉释文》，陈鼓应主编《道家文化研究》第三辑，上海古籍出版社，1993 年。

承德文物保护管理所：《河北承德发现商代古牌饰》，《文物》1990 年第 7 期。

仇士华、黎兴国：《山顶洞人生活时期动物化石的 C^{14} 年代测定》，《科学通报》1980 年第 3 期。

葛介屏：《安徽阜南发现殷商时代的青铜器》，《文物》1959 年第 1 期。

顾颉刚：《〈山海经〉中的昆仑区》，《中国社会科学》1982 年第 1 期。

郭宝钧：《一九五〇年春殷墟发掘报告》，《中国考古学报》第 5 册，1951 年。

胡厚宣：《殷卜辞中的上帝和王帝》，《历史研究》1959 年第 9 期、第 10 期。

胡厚宣：《中国奴隶社会的人殉和人祭》，《文物》1974 年第 8 期。

湖北省荆州地区博物馆：《江陵天星观 1 号楚墓》，《考古学报》1982 年第 1 期。

淮阴市博物馆：《淮阴高庄战国墓》，《考古学报》1988 年第 2 期。

黄展岳：《我国古代的人殉和人牲——从人殉、人牲看孔丘"克己复礼"的反动性》，《考古》1974 年第 3 期。

贾兰坡：《氏族公社在山顶洞人时期已经形成》，《历史教学》1959 年第 8 期。

贾兰坡：《远古的食人之风》，《化石》1979 年第 1 期。

江西省文物考古研究所等：《江西新干大洋洲商墓发掘简报》，《文物》1991 年第 10 期。

李学勤：《放马滩简中的志怪故事》，《文物》1990 年第 4 期。

李学勤：《试论新发现的䵼方鼎和荣仲方鼎》，《文物》2005 年第 9 期。

李学勤：《谈安阳小屯以外出土的有字甲骨》，《文物参考资料》1956 年第 11 期。

李学勤：《西周筮数陶罐的研究》，《人文杂志》1990 年第 6 期。

连劭名：《商代占卜丛考》，刘大钧主编《象数易学研究》第二辑，济南：齐鲁书社，1997 年。

廖名春：《上海博物馆藏诗论简校释》，《中国哲学史》2002 年第 1 期。

令狐若明：《埃及前王朝时代的埋葬习俗》，《吉林大学社会科学学报》2007 年第 4 期。

刘洪涛：《读〈上海博物馆藏战国竹书（四）〉札记》，武汉大学简帛研究中心：《简帛网》2006 年 11 月 8 日。

刘乐贤：《睡虎地秦简日书〈诘咎篇〉研究》，《考古学报》1993 年第 4 期。

刘文英：《原始思维怎样走向逻辑化》，《哲学研究》1987 年第 7 期。

刘信芳：《〈招魂〉"像设君室"与楚简帛之"象"》，《云梦学刊》2011 年第 1 期。

刘钰：《关于易经卦画起源之研究》，《周易研究论文集》第一辑，北京师范大学出版社，1987 年。

罗新慧：《说新蔡楚简"婴之以兆玉"及相关问题》，《文物》2005 年第 3 期。

内蒙古自治区文物考古研究所：《内蒙古林西县白音长汗新石器时代遗址发掘简报》，《考古》1993年第7期。

庞朴：《"枚卜"新证》，《历史研究》1980年第1期。

彭邦炯：《卜辞"作邑"蠡测》，《甲骨探史录》，北京：生活·读书·新知三联书店，1982年。

裘锡圭：《关于商代的宗族组织与贵族和平民两个阶级的初步研究》，《古代文史研究新探》，南京：江苏古籍出版社，1992年。

裘锡圭：《说卜辞的焚巫尪与作土龙》，《裘锡圭学术文集·甲骨文卷》，上海：复旦大学出版社，2015年。

屈万里：《易卦源于龟卜考》，《周易研究论文集》第一辑，北京师范大学出版社，1987年。

饶宗颐：《殷代易卦及有关占卜诸问题》，《文史》第二十一辑。

沈培：《从战国简看古人占卜的"蔽志"》，陈昭容主编《古文字与古代史》第一辑，台北"中央研究院"历史语言研究所，2007年。

沈培：《周原甲骨文里的"囟"和楚墓竹简里的"囟"或"思"》，武汉大学简帛研究中心：《简帛网》2005年12月23日。

沈文倬：《略论礼典的实行和〈仪礼〉书本的撰作》（上）（下），《文史》第15辑、第16辑，北京：中华书局，1982年。

四川省文物管理委员会等：《广汉三星堆遗址二号祭祀坑发掘简报》，《文物》1989年第5期。

四川省文物管理委员会等：《广汉三星堆遗址一号祭祀坑发掘简报》，《文物》1987年第10期。

宋恩常：《云南彝族的宗教观及其演变》，《云南少数民族研究文集》，昆明：云南人民出版社，1986年。

随县擂鼓墩一号墓考古发掘队：《湖北随县曾侯乙墓发掘简报》，《文物》1979年第7期。

田广林：《红山文化"坛、庙、冢"与中国古代宗庙、陵寝的起源》,《史学集刊》2004 年第 2 期。

田宜超:《"王以我枚单咒勿卜"解》,宋镇豪、段志洪主编《甲骨文献集成》第 33 册,成都:四川大学出版社,2001 年。

汪宁生:《八卦起源》,《考古》1976 年第 4 期。

王和:《文王"受命"传说与周初的年代》,《史林》1990 年第 2 期。

王辉:《殷人火祭说》,《古文字研究论文集》《四川大学学报丛刊》第十辑,成都:四川人民出版社,1982 年。

王明达:《反山良渚文化墓地初论》,《文物》1989 年第 12 期。

王子今:《秦人屈肢葬仿象"窑卧"说》,《考古》1987 年第 12 期。

吴锐:《论"神守国"》,《齐鲁学刊》1996 年第 1 期。

肖楠:《安阳殷墟发现"易卦"卜甲》,《考古》1989 年第 1 期。

徐鸿修:《周代贵族专制政体中的原始民主遗存》,《中国社会科学》1981 年第 2 期。

薛理勇:《"枚筮"新证》,《中国社会科学》1985 年第 3 期。

严一萍:《美国纳尔森艺术馆藏甲骨卜辞考释》,《中国文字》第六卷,1967 年。

晏昌贵:《天星观"卜筮祭祷"简释文辑校(修订稿)》,武汉大学简帛研究中心:《简帛网》2005 年 11 月 2 日。

杨伯达:《玉傩面考》,《中原文物》2004 年第 3 期。

杨虎、刘国祥:《兴隆洼文化居室葬俗及相关问题探讨》,《考古》1997 年第 1 期。

杨向奎:《再论老子——神守、史老、道》,《史学史研究》1990 年第 3 期。

姚苏杰:《论〈尚书·金縢〉中的"穆卜"》,《安徽大学学报》2013 年第 1 期。

易建平:《酋邦与专制政治》,《历史研究》2001 年第 5 期。

于省吾:《释从天从大从人的一些古文字》,《古文字研究》第十五辑，北京：中华书局，1986 年。

张明华：《良渚文化玉掩面试探》，《考古》1997 年第 3 期。

张亚初、刘雨：《从商周八卦数字符号谈筮法的几个问题》，《考古》1981 年第 2 期。

张政烺：《试释周初青铜器铭文中的易卦》，《考古学报》1980 年第 4 期。

中国社会科学院考古研究所陕西六队：《陕西兰田泄湖战国墓发掘简报》，《考古》1988 年第 12 期。

周国兴：《远古的人们是怎样认识自己的起源的》，《化石》1973 年第 4 期。

朱凤瀚：《商人诸神之权能与其类型》，吴荣曾主编《尽心集——张政烺先生八十庆寿论文集》，北京：中国社会科学出版社，1996 年。

后　记

彼岸世界是一个恒久不衰的话题，每个时代的人对它都有不一样的感悟，不一样的认知和愈益深刻的思考。我国先秦时期关于彼岸世界的认识，大体可以分为两大类。

一类认识是将人迹罕至的非常遥远的界域视为彼岸世界。这是人生在世时可望而不可即的地方。严格说来，它是存在于现实世界（即此岸世界）的人的想象中的世界，还不能算是严格意义上的"彼岸世界"。对于这类彼岸世界的描绘不乏赞美和向往。用现在的话来说，它就是人们理想中的"诗与远方"。这个地方的一切都美妙绝伦，人世间一切高级优雅的所在都集中于此。它是神仙居住的地方，这个地方在《山海经》[1]和庄子的书里有非常认真的描绘。在那里居住和生活完全可以无忧无虑，庄子说：

藐姑射之山，有神人居焉，肌肤若冰雪，淖约若处子。不食五谷，吸风饮露。乘云气，御飞龙，而游乎四海之外。其神凝，使物

---

[1] 《山海经》一书是记载我国远古先民所认知的天下世界面貌的资料渊薮，它所记载的光怪陆离的景象，正是上古先民对于世界的审视。这部书不仅是我国文化史上的瑰宝，也是世界文化史上的瑰宝。

不疵疠而年谷熟。[1]

"藐"是辽远的意思。这个神仙居住的"藐姑射山",据说就是《山海经·海内北经》所说的"列姑射山",是一座海上仙山。《山海经·东山经》里面也有记载,地点却并不在海上。可见《山海经》的撰作者已经不清楚其具体所在。要之,那是一个非常神奇的地方。庄子善于寓言,他叙述的这个地方很可能是他想象中的所在。在中国西部地区也有一座称为"昆仑"的神山,《山海经》和《淮南子》对它都有描绘,说它的周遭有浩瀚奔腾的大川盘绕,山上的城池有宫殿,皆为精美的建筑,每一个城门都有人面九头的神兽守卫。山上万物尽有,并且有数不清的玉石制作的器皿。这座神山显然也是人们想象中的彼岸世界,一般人是无法登临其上的。我国上古时代的岩画里对于这些神仙所居之处有许多描绘,足证当时人们想象力的丰富。

和此类遥不可及的美妙的"诗与远方"的彼岸世界不同,在先秦时代人们的认知里,还有另一种所在。它们也在非常遥远的地方,但并不美妙,而是令人奇怪和恐怖。《山海经》里所描绘的许多怪人和怪兽,以及奇怪的树木和花草,都是人所未见但又能够"确认"的实在。因奇怪而产生的恐怖,在屈原老夫子的笔下有具体的描绘。他在《招魂》诗里写遥远的东方"十日代出,流金铄石",南方则满是蝮蛇、封狐、雄虺之类的食人巨兽,西方则是"五谷不生"的"流沙千里"之地,北方则是层层冰封的"飞雪千里"之处。[2] 屈原写四方遥远处的苦艰乃是美好无比的现实世界的衬托,在现实世界里,就宫室建筑与陈设而言,已是"层台累榭""网户朱缀""兰膏明烛""华镫错些"[3],令人神往的所在。对彼岸世界的恐惧,激发着对现实世界的热爱与眷恋。

---

[1] 《庄子·逍遥游》,郭庆藩:《庄子集释》卷一上,第28页。
[2] 朱熹:《楚辞集注》卷七,蒋立甫校点,第130—132页。
[3] 同上书,第133、138页。

另外一类彼岸世界是人死后的世界，依后世佛家所说即是涅槃的世界。先秦时期的人们认为祖先去世后可以生活在天上，特别著名的人物还可以生活在天帝左右。《诗经·大雅·文王》篇说周文王去世后的情况就是这样，"文王在上，於昭于天"，"文王陟降，在帝左右"[1]，还在保佑着人世间的周族之人。此种观念可以溯源到远古时代的岩画，那里面生活在天上的大大小小的人像，应当就是大大小小的部落酋长的形象。

人们对于彼岸世界的探寻，激发了对于人的生死观念的感悟。殷商时代就有祈求生命的降生与延续的观念。卜辞里有不少"祈生"的记载，如：

> 戊申卜，祈生五妣。
> 癸未贞，其祈生于高妣丙。
> ……辰卜…，祈生妣己。[2]

祈求生育的对象多见于高妣丙、妣己，还有妣庚。这些先妣的神灵是殷人特别信奉的司生育的祖先神。甲骨文"𣨏"，被考定为"死"字，卜辞记载，商王曾贞问某人会不会死，其辞谓：

> 己酉卜，王，𣨏不惟死。
> 己酉卜，王，𣨏惟死，九月。[3]

这条在某年九月己酉日的占卜，商王关心地询问名𣨏者会不会死去。除了关心生死之外，商代对于死去的先祖们的生活，也非常关心。频繁的

---

1 《诗经·大雅·文王》，阮元校刻《十三经注疏·毛诗正义》卷十六，第503页下栏—第504页上栏。
2 以上三条卜辞，依次见《合集》第22099、34078、21060片。
3 《合集》第17059、17060片。

祭祀和奉献祭品就是明证。所献祭品最多的就是食品和酒，除了五谷之外，最要紧的就是称为"大牢"的圈养的牛，以及称为"小牢"的猪和羊。常见的献祭方式称为"燎"，即将牺牲放在火堆上烧，让香气上达于天，似乎在表示，天上的先祖闻到香气就会食欲猛开而大快朵颐。周人的诗歌所言"苾芬孝祀，神嗜饮食"[1]，就是这个意思。周代祭祀时：

卬盛于豆，于豆于登，其香始升。上帝居歆，胡臭亶时。[2]

这几句诗的意思是说，我将酒肉及汤汁盛在豆和登里，热气腾腾，香味儿上升，上帝神灵闻到浓烈的香味非常满意，如同亲自品尝了一样。按照商周时代人们的观念，在祭典上，祖先不能亲自前来享用丰盛的祭品，那就请现实中的人担任"尸"，作为先祖的代表前来接受祭拜和享用祭品。这种情况表明，商周时代的人认为先祖虽然去世，但一定是生活在彼岸世界里，他们也和现实世界的人一样吃饭饮酒。彼岸世界的生活如同此岸世界一样令人惬意。

然而，想象很丰满，现实却很骨感。现实世界所看到的荒冢枯骨，使人们会想到彼岸世界未必那么美好。晋代陶渊明的《挽歌》诗，正道出了现实世界人们送别亲人到彼岸世界的路程中的感悟。他写道：

荒草何茫茫，白杨亦萧萧！严霜九月中，送我出远郊。四面无人居，高坟正嶣峣。马为仰天鸣，风为自萧条。幽室一已闭，千年不复朝；千年不复朝，贤达无奈何！向来相送人，各自还其家；亲戚或余悲，他人亦已歌。死去何所道，托体同山阿。[3]

---

1 《诗经·小雅·楚茨》，阮元校刻《十三经注疏·毛诗正义》卷十三，第469页上栏—中栏。
2 《诗经·大雅·生民》，同上书，卷十七，第532页中栏。
3 《挽歌诗三首》，王瑶编注《陶渊明集》，人民文学出版社，1956年，第97—98页。

诗中的"托体同山阿"一句,以及白居易哀叹故去的友人"逝者已成尘"[1]的诗句与西哲所谓人生"来自尘土,归于尘土"的意念相同。这个认识实际上否认了彼岸世界的存在,表现了人们在直面死亡时的冷静与无奈。人终究要走向彼岸世界,去到那个"千年不复朝"的幽室。

面临这不可避免的必定要走向的彼岸世界,先秦时期的人们进行着不断地思索,我们今天通过各种材料所能望见的其心路历程,可谓希望与失望同在,彷徨与无奈并存。人人皆有所思,所思又往往各不相同。就连智慧如庄子者也得不出一个明白的结论。就其梦蝶之事看,他可能是将此岸世界与彼岸世界混淆而为一的。这是他被后世的哲学家冠以相对主义帽子的主要根据之一。

先秦时期具有大智慧的圣人,如孔子,坚持要在此岸世界积极奋斗进取。子路向孔子请教关于"死"的问题,孔子说:"未知生,焉知死?"[2]孔子所强调的是首先要做好人生之事,儒家强调生能俯仰无愧于天地世人,死则浩然于天壤,生时光明正大于天下,死者自正大光明于后世。幽明之中的死后之事,乃不急之务,子路之问不切于实用,故而孔子不答。孔子和儒家之论是先秦时期对于彼岸世界问题的最为正确而积极的回答。

近年我被西北师范大学聘为特聘教授,甚感荣幸。北京师范大学与西北师范大学有深厚的历史渊源,能够尽绵薄之力,与同行致力于西北师大历史学科的发展,是很有意义的事情,自当矻矻努力。

我的这本小书能够面世,得力于新星出版社马汝军社长和责任编辑孙立英的帮助,谨向他们致以衷心感谢!由于我的学识所限,书中会有不少错误和不妥之处,敬请专家多多指正。

作者 谨识于 2025 年 5 月 23 日

---

[1] 《哭诸故人,因寄元八》,《全唐诗》卷四三四。
[2] 《论语·先进》。